Franz Josef Strauß (1915–1988)
VERTEIDIGUNGSMINISTER
Will Adenauers Nachfolger werden, der SPIEGEL steht ihm im Weg. Lässt SPIEGEL-Redakteur Ahlers in Spanien festsetzen und begeht damit Amtsanmaßung und Freiheitsberaubung.
Später **Ministerpräsident** in Bayern (1978–1988), **Kanzlerkandidat** (1980)

Die Drahtzieher

Volkmar Hopf (1906–1997)
STAATSSEKRETÄR
Koordiniert die Maßnahmen des Verteidigungsministeriums gegen den SPIEGEL.
Später **Präsident des Bundesrechnungshofs** (1964–1971)

Walter Strauß (1900–1976)
STAATSSEKRETÄR
Lässt sich von Strauß einspannen und informiert nicht den zuständigen Justizminister Stammberger.
Später **Kammerpräsident am EuGH** (1967/68)

(„Aufgrund von Landesverrat") und ruft zum Anzeigenboykott auf.

Karl Carstens (1914–1992)
STAATSSEKRETÄR
Hilft Strauß hinter dem Rücken des Außenministers bei dem Versuch, des SPIEGEL-Redakteurs Ahlers in Spanien habhaft zu werden.
Später **Bundespräsident** (1979–1984)

Conrad Ahlers (1922–1980)
STELLV. SPIEGEL-CHEFREDAKTEUR, TITEL-AUTOR
Wird in der Nacht vom 26./27. Oktober in seinem Urlaubsort in Spanien verhaftet.
55 Tage in Haft
Später **Regierungssprecher** (1969–1972)

Claus Jacobi (geb. 1927)
SPIEGEL-CHEFREDAKTEUR
18 Tage in Haft

Rudolf Augstein (1923–2002)
SPIEGEL-HERAUSGEBER, -CHEFREDAKTEUR
Stellt sich am 27. Oktober der Polizei.
103 Tage in Haft

Hans Schmelz (1917–1987)
CO-AUTOR DES TITELS
81 Tage in Haft

Gerhard Jahn (1927–1998)
INFORMANT VON SCHMELZ
Später **Justizminister** (1969–1974)

Johannes K. Engel (geb. 1927)
SPIEGEL-CHEFREDAKTEUR
1 Tag in Haft

Hans Dieter Jaene (1924–2004)
SPIEGEL-BÜROLEITER IN BONN
1 Tag in Haft

Gustav Heinemann (1899–1976)
SPD-ABGEORDNETER
Augstein schickt ihm 1962 ein erstes Exposé. Helmut Schmidt bittet ihn um Unterstützung gegen die Bundesanwaltschaft.
Später **Justizminister** (1966–1969), **Bundespräsident** (1969–1974)

Josef Augstein (1909–1984)
SPIEGEL-ANWALT
6 Tage in Haft

Hans Detlev Becker (geb. 1921)
SPIEGEL-VERLAGSDIREKTOR
Hält Kontakt zu Oberst Wicht.
34 Tage in Haft

Oberst Adolf Wicht (geb. 1910–1996)
BND-RESIDENT IN HAMBURG
Lässt Fragen zum Titel prüfen, warnt Becker vor Ermittlungen.
49 Tage in Haft

Helmut Schmidt (geb. 1918)
HAMBURGER INNENSENATOR UND STRATEGIE-EXPERTE
Hilft Ahlers mit inhaltlichen Tipps und warnt Augstein vor dem Verteidigungsministerium. Gegen ihn wird bis Ende 1966 wegen des Verdachts auf Beihilfe zum Landesverrat ermittelt.
Später **Kanzler** (1974–1982)

Horst Ehmke (geb. 1927)
RECHTSPROFESSOR
Vertritt Ahlers vor dem BGH und den SPIEGEL vor dem Bundesverfassungsgericht. Später verschiedene **Ministerämter** (1969–1974)

Martin Doerry | Hauke Janssen (Hg.)
Die SPIEGEL-Affäre

Martin Doerry | Hauke Janssen (Hg.)

Die SPIEGEL-Affäre

Ein Skandal und seine Folgen

Deutsche Verlags-Anstalt

Verlagsgruppe Random House FSC® N001967
Das für dieses Buch verwendete FSC®-zertifizierte Papier *EOS*
liefert Salzer, St. Pölten.

1. Auflage
Copyright © 2013 Deutsche Verlags-Anstalt, München,
in der Verlagsgruppe Random House GmbH und
SPIEGEL-Verlag, Hamburg
Alle Rechte vorbehalten
Typografie und Satz: Brigitte Müller/DVA
Gesetzt aus der Dante
Druck und Bindung: GGP Media GmbH, Pößneck
Printed in Germany
ISBN 978-3-421-04604-8

www.dva.de

Inhalt

9 Vorwort
Von Martin Doerry und Hauke Janssen

»Ein Abgrund von Landesverrat« –
50 Jahre SPIEGEL-Affäre
Konferenz am 22./23. September 2012

I. Einführung

19 Eröffnung der Konferenz
Von Georg Mascolo

24 Weckruf für die Demokratie – die SPIEGEL-Affäre:
50 Jahre danach
Von Hans-Ulrich Wehler

II. Der SPIEGEL vor der Affäre

37 Der SPIEGEL, die Freiheit der Presse und die Obrigkeit
in der jungen Bundesrepublik
Von Norbert Frei

50 Den frühen SPIEGEL neu lesen –
Zwischen NS-Netzwerken und gesellschaftlicher
Modernisierung
Von Lutz Hachmeister

III. Die SPIEGEL-Affäre

69 Griff nach der Bombe? Die militärischen Pläne
des Franz Josef Strauß
Von Eckart Conze

86 Augstein, Strauß und die SPIEGEL-Affäre
Von Peter Merseburger

112 Der Bundesnachrichtendienst in der SPIEGEL-Affäre 1962
Von Jost Dülffer

130 Die SPIEGEL-Affäre – ein Versagen der Justiz?
Von Wolfgang Hoffmann-Riem

150 »Augenblick bitte, Herr Minister Strauß möchte Sie sprechen« – Die außenpolitische Dimension der SPIEGEL-Affäre
Von Michael Mayer

IV. Der Protest

177 »Augstein raus – Strauß rein«. Öffentliche Reaktionen auf die SPIEGEL-Affäre
Von Axel Schildt

202 Eine Stadt macht mobil – Hamburg und die SPIEGEL-Affäre
Von Frank Bajohr

215 Die SPIEGEL-Affäre und das Ende der Ära Adenauer
Von Frank Bösch

V. Die Folgen

233 Ein neues Selbstverständnis der Medien nach der SPIEGEL-Affäre?
Von Daniela Münkel

248 »Wer hat Angst vorm schwarzen Mann?« – Franz Josef Strauß, die CSU und die politische Kultur einer Gesellschaft im Aufbruch
Von Thomas Schlemmer

Zeitzeugen-Gespräche

279 »Das war ein Kälteschock.«
Zeitzeugen-Gespräch mit Hans-Dietrich Genscher,
Bundesminister a. D., Horst Ehmke, Bundesminister a. D.,
Dieter Wild und David Schoenbaum
Moderation und Bearbeitung: Hauke Janssen

300 Familien-Geschichten: Franziska Augstein und
Monika Hohlmeier über ihre Väter Rudolf Augstein
und Franz Josef Strauß
Moderation und Bearbeitung: Martin Doerry

328 »... dann gehe ich mit auf die Barrikaden.«
Zeitzeugen-Gespräch mit dem Altbundeskanzler und
damaligen Innensenator Hamburgs Helmut Schmidt
Moderation und Bearbeitung: Georg Mascolo

343 Zusammenfassung und Ergebnisse
Von Hauke Janssen

Anhang

365 Dokumentationsmaterial zur SPIEGEL-Affäre
442 Kurzbiographien der Beiträger
447 Personenregister
455 Sachregister

Vorwort

Von den Herausgebern Martin Doerry und Hauke Janssen

»Ein Abgrund von Landesverrat« – 50 Jahre SPIEGEL-Affäre

Es waren dramatische Tage im Herbst 1962. Die Kuba-Krise steuerte auf ihren Höhepunkt zu, ein dritter Weltkrieg schien nicht mehr fern. Auch in der bundesdeutschen Hauptstadt Bonn war die Anspannung groß, zumal Politiker, Staatsanwälte und Ministerialbürokraten noch einen inneren Feind erkannt zu haben meinten, das kritische Nachrichten-Magazin DER SPIEGEL. Tatsächlich bereiteten die Vertreter der Staatsmacht eine umfangreiche Polizeiaktion vor, die später als SPIEGEL-Affäre in die Geschichtsbücher eingehen sollte.

Am Montag, dem 8. Oktober 1962,[1] war das Hamburger Magazin mit dem Konterfei des Generalinspekteurs der Bundeswehr, Friedrich Foertsch, auf der Titelseite erschienen und hatte aus Anlass des Nato-Herbstmanövers »Fallex« in einem detailreichen Artikel die deutschen Streitkräfte als nur »bedingt abwehrbereit« beschrieben. Damit aber war die auf dem Einsatz von Atomwaffen beruhende Militärstrategie des Verteidigungsministers Franz Josef Strauß grundsätzlich infrage gestellt worden.

Mit Unterstützung des Bundesverteidigungsministeriums nahm die Staatsanwaltschaft nur wenige Tage nach Erscheinen

---

1 Der SPIEGEL war damals bereits montags im Handel, obwohl die Heftumschläge den Mittwoch als Erscheinungstag auswiesen. Entsprechend wird in der Literatur häufig der 10. Oktober als das Datum genannt, an dem der Artikel »Bedingt abwehrbereit« erschien. Tatsächlich war es Montag, der 8. Oktober.

der Titelgeschichte Ermittlungen gegen den Herausgeber des SPIEGEL, Rudolf Augstein, und die für den Artikel verantwortlichen Redakteure Conrad Ahlers und Hans Schmelz sowie gegen ihre vermeintlichen Informanten bei der Bundeswehr auf. Der Vorwurf lautete: Verdacht auf Landesverrat, landesverräterische Fälschung und Bestechung.

In der Nacht vom 26. Oktober auf den 27. Oktober 1962 hatten die Sicherheitskräfte ihren großen Auftritt: Redaktions- und Verlagsräume des SPIEGEL in Hamburg und Bonn wurden durchsucht und versiegelt, Manuskripte, Archiv-Unterlagen und Materialien bis hin zu den Schreibmaschinen beschlagnahmt, Rudolf Augstein wurde in Hamburg verhaftet und Conrad Ahlers während seines Urlaubs in Spanien festgesetzt.

Das Vorgehen der Behörden löste die wohl folgenreichste politische Presse-Affäre der deutschen Nachkriegszeit aus: Am Ende musste Verteidigungsminister Strauß zurücktreten, und die Vorwürfe gegen den SPIEGEL erwiesen sich als haltlos.

Was genau damals passiert und wer an der Affäre beteiligt gewesen war, welche Bedeutung das Geschehen für die weitere Entwicklung der Gesellschaft und die Rolle der Medien in der Bundesrepublik hatte – das sollte anlässlich des 50. Jahrestages der Ereignisse neu erörtert werden.

Der SPIEGEL hatte dazu am 22. und 23. September 2012 namhafte Historiker, Politiker, Journalisten und Zeitzeugen nach Hamburg in das neue SPIEGEL-Haus an der Ericusspitze geladen; mehr als 500 Gäste sowie viele Mitarbeiter der SPIEGEL-Gruppe verfolgten die spannenden Vorträge und Diskussionen. Der vorliegende Band dokumentiert diese Konferenz.

Zunächst begrüßte Chefredakteur Georg Mascolo die Gäste, anschließend gab der Bielefelder Historiker Hans-Ulrich Wehler in seinem Eröffnungsvortrag einen ersten Überblick über die SPIEGEL-Affäre und ihre Folgen.

Vorwort

*Rudolf Augstein wegen »Flucht- und Verdunkelungsgefahr«
weiter in Haft: Nach dem dritten Haftprüfungstermin eskortieren ihn
Polizisten aus dem Gerichtssaal, Karlsruhe 8. Januar 1963*

Der weitere Verlauf der Tagung gliedert sich thematisch in vier große Blöcke:

Im ersten Teil geht es um die Analyse der Jahre im Vorfeld der SPIEGEL-Affäre: Kultur, Politik, Wirtschaft, Justiz und auch die Presse der Adenauer-Ära verdrängten das nationalsozialistische Erbe mehr, als dass sie es aufarbeiteten. Auch mancher SPIEGEL-Mitarbeiter hatte eine braune Vergangenheit, es waren sogar ehemalige SS-Offiziere darunter. Welchen Einfluss hatten diese Redakteure und Dokumentare auf das noch junge Magazin? War der SPIEGEL auch vor der Affäre ein »Sturmgeschütz der Demokratie« oder etwa ein »Hort Ewiggestriger«? Welche Rolle nahm der SPIEGEL in der Presselandschaft der frühen Bundesrepublik ein?

11

Der zweite Block behandelt die Affäre selbst, die militärischen und politischen Hintergründe und die handelnden Figuren: beim SPIEGEL der Verleger Augstein und Titel-Autor Ahlers; auf der anderen Seite ihr Gegenspieler Franz Josef Strauß. Wichtig ist auch der Blick auf die Rolle der Nachrichtendienste und auf die der Justiz – bis mit dem Urteil des Bundesverfassungsgerichts zur SPIEGEL-Affäre im Jahr 1966 schließlich das Verhältnis von Pressefreiheit und Sicherheitsbedürfnis des Staates neu bestimmt wurde. Block 3 und 4 thematisieren den spontan aufkeimenden Protest gegen das Vorgehen der Behörden und die Folgen der Affäre. Das Bürgertum ging auf die Straße und demonstrierte für die Pressefreiheit: »SPIEGEL tot, Freiheit tot«, hieß es, und ein mutiger Hamburger Innensenator namens Helmut Schmidt setzte sich für die angeblichen Landesverräter ein und protestierte gegen das rücksichtslose Vorgehen der Bundesbehörden.

Trotz Kuba-Krise war offenbar ein großer Teil der Bevölkerung nicht mehr dazu bereit, den antikommunistisch legitimierten Gesetzesverstößen von Kanzler Konrad Adenauer und Franz Josef Strauß zu folgen. Mit dem fadenscheinigen Vorwurf des Landesverrats konnten obrigkeitsstaatliche Übergriffe nicht mehr ausreichend begründet werden.

Die SPIEGEL-Affäre gilt auch als Zäsur in der Entwicklung der westdeutschen Medien. Aber berichtete man fortan wirklich kritischer als zuvor? Oder waren die Kontinuitäten stärker als die Brüche? Und wie lebendig war sie wirklich, die vielzitierte politische Kultur einer »Gesellschaft im Aufbruch«, ist sie tatsächlich als Folge der SPIEGEL-Affäre zu erklären?

Antworten findet der Leser in dem vorliegenden Band, der die zumeist leicht überarbeiteten Referate versammelt, die auf der Konferenz vorgetragen wurden. Daneben finden sich Auszüge aus den öffentlichen Zeitzeugen-Gesprächen sowie ein umfangreicher dokumentarischer Anhang, unter anderem mit Briefen und einem Faksimile-Nachdruck des SPIEGEL-Titels »Bedingt abwehrbereit«, also des Artikels, der einst die Affäre ausgelöst hatte.

Wie der SPIEGEL heute über die SPIEGEL-Affäre und ihr zeithistorisches Umfeld urteilt, das haben die Redakteure Georg Bönisch, Gunther Latsch und Klaus Wiegrefe in den Heften 38 und 39 des Jahres 2012 in einer kleinen Serie aufgeschrieben. Der interessierte Leser sei auf diese Stücke, ebenfalls abgedruckt im Anhang, verwiesen.

Der SPIEGEL trat bei der Hamburger Tagung, wie Georg Mascolo am Anfang betonte, »einmal als Veranstalter dieser Konferenz, zum anderen als Objekt derselben«, also »in einer doppelten Rolle«, auf. Ehemalige und aktuelle Redakteure beteiligten sich an den lebhaften Diskussionen, vor allem aber hörten sie den Referenten zu. Dabei mussten sie sich auch unangenehmen Thesen und Tatsachen stellen, ob es sich nun um die Nazi-Vergangenheit einzelner SPIEGEL-Mitarbeiter handelt oder um die politische Relevanz der SPIEGEL-Affäre.

Dieser Maxime gemäß haben die Herausgeber des Konferenz-Bandes SPIEGEL-kritische Passagen nicht »wegverhandelt«. Sie haben auch darauf verzichtet, in Anmerkungen »ihre Sicht der Dinge« darzulegen. Fußnoten der Herausgeber dienen lediglich als Literatur- und Querverweise oder als sachliche Erläuterung komplexer Vorgänge.

Doch sollte dem Leser bewusst sein, dass sich der SPIEGEL mit der Veröffentlichung mancher Beiträge in dem hier vorliegenden SPIEGEL-Buch nicht unbedingt die Meinung der Autoren zu eigen macht. Wer, 50 Jahre nach der SPIEGEL-Affäre, die Presse- und Meinungsfreiheit ohne jeden Abstrich verteidigen will, darf gerade dann, wenn es ihn selbst betrifft, keine Kompromisse machen.

»EIN ABGRUND VON LANDESVERRAT« –
50 Jahre SPIEGEL-Affäre

Beiträge zur Konferenz
22. und 23. September 2012 in Hamburg

Teil I
Einführung

Eröffnung der Konferenz

Von Georg Mascolo

Sehr geehrte Damen und Herren,

herzlich willkommen hier auf der Ericusspitze, herzlich willkommen zu unserer Konferenz anlässlich des 50. Jahrestages der SPIEGEL-Affäre.
In den kommenden zwei Tagen wollen wir über jene Ereignisse diskutieren, die im Herbst 1962 die noch junge Bundesrepublik gleichermaßen erschütterten wie aufrüttelten. Auslöser war, wie den meisten von Ihnen bekannt sein dürfte, jene SPIEGEL-Titelgeschichte, die sich kritisch mit dem Zustand der Bundeswehr befasste; mit ihrer Fähigkeit, auf mögliche Angriffe zu reagieren, und mit ihren Strategien für den Fall eines drohenden militärischen Konflikts. Alles in allem, so die Autoren damals in ihrem Fazit, sei die Bundeswehr nur »bedingt abwehrbereit«.
Ein derartiger Text, eine derartige Analyse würden heute kaum jemanden mehr erregen. Seinerzeit aber sah sich die Staatsmacht massiv herausgefordert. Nichts weniger als Landesverrat, landesverräterische Fälschung und aktive Bestechung warfen die Strafverfolgungsbehörden dem Nachrichten-Magazin vor. Inspiriert und angeführt vom damaligen Verteidigungsminister Franz Josef Strauß, der bisweilen abseits der Legalität agierte.
Alle Anschuldigungen erwiesen sich später als falsch. Aber erst nachdem Polizisten das Hamburger Pressehaus in einer Nacht-und-Nebel-Aktion besetzt hatten und nachdem Rudolf Augstein, der Gründer und Herausgeber unseres Magazins, sowie andere Redakteure inhaftiert worden waren. Und auch

erst nachdem sich bundesweit Tausende Menschen in einem bis dahin beispiellosen Akt öffentlichen Aufbegehrens gegen den Versuch zur Wehr gesetzt hatten, der Pressefreiheit Handschellen anzulegen.

SPIEGEL tot – Freiheit tot!

Dieser Ruf rollte damals durch die Republik, und er zeigte, dass viel mehr auf dem Spiel stand als die Existenz einer kritischen Zeitschrift. Es ging um die junge Pflanze Demokratie, die 17 Jahre nach Kriegsende in Deutschland noch ziemlich schwache Wurzeln hatte.

»Was da stinkt«, befand die »Frankfurter Allgemeine«, »geniert nicht nur den SPIEGEL, nicht nur die Presse, es geniert die Demokraten in unserem Land.«

Der massive Versuch staatlicher Instanzen, den SPIEGEL mundtot zu machen, war eine Zäsur in der Geschichte des Nachrichten-Magazins. Darüber hinaus gilt er aber auch als ein Wendepunkt in der Historie dieser Republik. Die immer noch weitgehend obrigkeitsstaatlich organisierte Nachkriegsgesellschaft zeigte Risse.

»Mit der SPIEGEL-Affäre 1962 begann das Jahr 1968«, schrieb Franziska Augstein jetzt im SPIEGEL. 1962 sei also der Grundstein gelegt worden für jene gesellschaftlichen Umbrüche, die von 1968 an unser Land umfassend und nachhaltig renovierten.

Dies alles ist Grund genug, ein halbes Jahrhundert später zu fragen: Was ist damals eigentlich genau passiert? Wie war die Vorgeschichte, und was waren die Folgen? Welche neuen Erkenntnisse gibt es?

Dem wollen wir nachgehen. Und ich freue mich, dass wir namhafte Historikerinnen und Historiker sowie prominente Zeitzeugen gewinnen konnten, sich daran zu beteiligen.

Der SPIEGEL tritt hier in doppelter Rolle auf – einmal als Veranstalter dieser Konferenz, zum anderen als Objekt derselben. An den Diskussionen werden wir uns zwar beteiligen. Aber wir wollen auch zuhören und lernen. Und wir werden uns auch unangenehmen Tatsachen stellen.

Denn wer über den SPIEGEL von 1962 spricht und über die Jahre danach, der muss über die Zeit davor ebenfalls reden. Über jene Jahre also, in denen auch beim SPIEGEL alte Nazis beschäftigt waren; unter ihnen sogar einige SS-Offiziere. Da war der SPIEGEL nicht besser als der Rest der Republik.

Und das ist ja auch längst kein Geheimnis mehr: An verschiedenen Stellen ist darüber in den vergangenen Jahren bereits berichtet worden. Wir selbst haben unsere Erkenntnisse gleichermaßen öffentlich gemacht.

Nicht allen war das ausreichend und umfassend genug. Hier gibt es jetzt Gelegenheit, das Thema zu vertiefen.

Aus heutiger Sicht – und das ist leicht einzuräumen – war es gewiss ein Fehler, sich dieser Leute mit brauner Vergangenheit zu bedienen. Ebenso gewiss ist allerdings, dass eine Handvoll Nazis zu keiner Zeit das von Rudolf Augstein ins Leben gerufene Projekt Aufklärung hätte gefährden können.

Dann schon eher jene entfesselte Staatsmacht, die in den Abendstunden des 26. Oktobers 1962 gegen den SPIEGEL auffuhr. Immer noch sind die Umstände dieses maßlosen Übergriffs nicht restlos aufgeklärt.

So hält der Bundesnachrichtendienst bis heute seine Unterlagen zur SPIEGEL-Affäre geheim. Was, so muss man fragen, gibt es da noch zu verbergen?

Offenbar einiges, wie aktuelle Recherchen ergaben. Etwa, dass der Bundesnachrichtendienst jahrelang Spitzel in der Redaktion sitzen hatte. Wer diese zweifelhaften Kollegen waren, wissen wir bis heute nicht. Auch dass der BND versuchte, Einfluss auf die Berichterstattung des SPIEGEL zu nehmen, lässt sich nun beweisen.

In den vergangenen Monaten ist es SPIEGEL-Redakteuren gelungen, zahlreiche bislang geheim gehaltene Akten einzusehen. Die Kollegen wurden unter anderem bei der Bundesanwaltschaft, im Kanzleramt, in Ministerien und verschiedenen Landesarchiven fündig.

Die Unterlagen offenbaren, wie anmaßend staatliche Stellen damals auftraten, wie sie die Wahrheit bogen und logen, um ihre rechtlose Aktion gegen den SPIEGEL zu legitimieren.

Erschreckende und bizarre Wortprotokolle sind darunter; etwa jenes nächtliche Telefongespräch, in dem Franz Josef Strauß einem deutschen Diplomaten in Madrid befahl, mit Hilfe örtlicher Sicherheitskräfte den damaligen stellvertretenden Chefredakteur und Titelautor Conrad Ahlers festzusetzen. Strauß sprach tatsächlich von einem »dienstlichen Befehl«.

Nach Durchsicht der neu entdeckten Dokumente lässt sich nun erstmals zweifelsfrei belegen: Bundesregierung und Bundesanwaltschaft hatten seit langem schon den SPIEGEL im Visier. Sie warteten nur auf eine Gelegenheit, ihn zu erledigen.

Der Versuch misslang bekanntlich. Zum einen, weil sich die Vorwürfe gegen das Blatt und dessen Titelautoren als falsch erwiesen. Weit wichtiger aber war – zum anderen – die unglaublich breite Solidarität durch eine demokratisch sensibilisierte Bevölkerung.

Rudolf Augstein, dessen Todestag sich im November 2012 zum zehnten Mal jährt, bedankte sich nach seiner Haftentlassung für die öffentliche Unterstützung. Ohne diesen Beistand hätte der SPIEGEL dem – wie er sagte – »mit so ungeheurer Perfektion geführten Stoß nicht standhalten können«.

Die SPIEGEL-Affäre ist daher kein Thema, das allein dem SPIEGEL gehört.

Die SPIEGEL-Affäre ist Teil der deutschen Geschichte. Auch deshalb haben wir diese Tagung organisiert.

Ich wünsche Ihnen und uns interessante Diskussionen und spannende Einblicke.

Weckruf für die Demokratie – die SPIEGEL-Affäre: 50 Jahre danach

Von Hans-Ulrich Wehler

Ist die SPIEGEL-Affäre von zahlreichen Sympathisanten zum Mythos eines heroischen Kampfes um Meinungsfreiheit überhöht worden – und bedarf sie deshalb der realistischen Zurückstutzung auf das Format eines Skandals unter vielen anderen? Oder hat sie sich zu Recht als Wendepunkt in der politischen Kultur der Bundesrepublik erwiesen, mit außerordentlich langlebigen positiven Auswirkungen bis in unsere unmittelbare Gegenwart hinein? Kann also die Geschichte der westdeutschen Innenpolitik, der politischen Mentalität des Landes, der Reformfähigkeit seines politischen und sozialen Systems ohne die Anerkennung dieses Wendepunktes gar nicht angemessen erfasst werden?

Gegen die Kritik, wie sie Christina von Hodenberg am intelligentesten in ihrem faszinierenden Buch über die westdeutsche Medienöffentlichkeit zwischen 1945 und 1973 präsentiert hat,[2] möchte ich den Charakter der SPIEGEL-Affäre als Unikat verteidigen.

Zuvor eine persönliche Bemerkung, wo und wie mich die SPIEGEL-Affäre erreichte. Ich war seit dem Sommer 1962 mit meiner Familie in Stanford, um ein Buch über den amerikanischen Imperialismus voranzutreiben. Der Aufenthalt wurde durch ein großzügiges Stipendium der Dachorganisation aller amerikanischen wissenschaftlichen Institutionen, des »Council of Learned

---

2 Christina von Hodenberg: *Konsens und Krise Eine Geschichte der westdeutschen Medienöffentlichkeit 1945–1973*, Göttingen 2006.

Societies«, finanziert: ein üppiges Monatsgehalt, Sondergeld für Bücher und den Besuch von Archiven und Tagungen, vor allem aber eine beispiellose Förderungsdauer: Wenn man sein Projekt nicht in zwei Jahren schaffen konnte, stand eine Verlängerung auf vier oder fünf Jahre in Aussicht.

Mitten in diese paradiesische Idylle platzte die Nachricht von der SPIEGEL-Affäre. Die amerikanischen Medien berichteten wie immer kärglich über die deutschen Dinge, zumal sie die Kuba-Krise gleichzeitig mit ganz anderen Problemen konfrontierte. Aber ich bekam mit knapper Verspätung den SPIEGEL immer zugesandt, da ich mit dem ersten Geld für Nachhilfestunden den SPIEGEL vom ersten Heft an abonniert hatte, mithin als SPIEGEL-Leser der ersten Stunde auch in Amerika nicht auf ihn zu verzichten brauchte.

Die Affäre wurde zum Dauergespräch mit den amerikanischen Kollegen. Unsere Empörung hielt sich auf hohem Niveau. Wir litten unter der Abwesenheit vom Schauplatz der Ereignisse, spürten die Ohnmacht von Leserbriefschreibern. Schließlich beschlossen wir, in Amerika zu bleiben, wenn die Krise keinen positiven Ausgang nähme, und das blieb wochenlang ganz ungewiss. Ich hatte gerade ein Angebot von der Universität in Berkeley erhalten und hielt es mir, obwohl ich trotz der Kennedy-Begeisterung die Bundesrepublik mit ihren politischen Problemen für weitaus attraktiver hielt, als Absage an eine drohende Strauß-Republik offen. Erst nach dem Rücktritt von Strauß, nach der Neubildung der Bonner Regierung und nach Augsteins Entlassung löste sich die Drucksituation auf. Aber ich habe in Kalifornien aus der Entfernung die Polarisierung der westdeutschen öffentlichen Meinung bereitwillig mitgemacht.

In aller Kürze, da die Tagung sicherlich auf alle Aspekte eingehen wird: Worum ging es? Der SPIEGEL hatte am 8. Oktober 1962 den Artikel »Bedingt abwehrbereit« über das Nato-

Manöver »Fallex 62«, die katastrophalen Folgen eines atomaren Angriffs der Sowjetunion, die niedrigste dabei erteilte Abwehrnote für die Bundesrepublik, deutsch-amerikanische Gegensätze in der atomaren Kriegsführung gebracht und das alles mit pointierter Kritik an Bundeswehr-Generalinspekteur Friedrich Foertsch und Verteidigungsminister Franz Josef Strauß verbunden. Fast alle Informationen, die sorgfältigen Recherchen zu verdanken waren, waren schon vorher publiziert worden. Doch hatte der SPIEGEL von Oberst Alfred Martin aus dem Führungsstab des Heeres auch delikates Geheimmaterial zugespielt bekommen.

Die Bundesanwaltschaft begann bereits am nächsten Tag mit Ermittlungen gegen das Magazin und eventuelle Nachrichtengeber. Nach einer merkwürdigen Atempause stürmten gut zwei Wochen später fünfzig Polizisten in einer Nachtaktion die Redaktionsräume und beschlagnahmten Abertausende von Dokumenten. Rudolf Augstein wurde verhaftet, ebenso sein Rechtsanwaltsbruder Josef Augstein, Verlagsdirektor Hans Detlev Becker und dank der illegalen Intervention von Strauß beim deutschen Militärattaché in Madrid auch Conrad Ahlers, der stellvertretende Chefredakteur, der aus dem spanischen Urlaub zurückflog und am Flughafen in Frankfurt verhaftet wurde.

Die Reaktion in der Öffentlichkeit gewann geradezu den explosiven Charakter eines Erdbebens. In dichter Abfolge reagierten die Fernsehmagazine und großen Illustrierten, die Rundfunksender und die Organe der Tagespresse. Binnen kurzem fiel die harsche Kritik unisono aus. In allen Universitätsstädten fanden sich Professoren und Studenten zu Protestveranstaltungen zusammen. Die seit den späten 1950er Jahren anlaufende Entwicklung zu einer kritischen Öffentlichkeit wurde mit massiver Schubkraft beschleunigt. Adenauers törichte Invektive gegen den »Abgrund von Landesverrat« trug das ihre dazu bei.

Im Nu weitete sich die Affäre auch zu einer Regierungskrise aus. Justizminister Wolfgang Stammberger von der FDP war über den Vorgang nicht informiert worden und trat mit vier anderen FDP-Ministern aus der schwarz-gelben Koalition aus. Selbst vier CDU-Minister wollten nicht länger mit Strauß im Kabinett bleiben. Der entschuldigende Kommentar von Innenminister Hermann Höcherl, die Affäre sei »etwas außerhalb der Legalität verlaufen«, konnte nur Hohn auslösen. Strauß hatte vor dem Parlament zunächst jede Beteiligung abgestritten, musste dann aber seine Lüge, namentlich in der Causa Ahlers, zugeben. Am 30. November trat er endlich von seinem Ministeramt zurück. Die Bundeswehr verabschiedete sich ganz so instinktlos mit dem anachronistischen Ritual des Großen Zapfenstreichs von dem politischen Lügner, wie sie das auch fünf Jahrzehnte später mit dem Plagiatkünstler tat.

Adenauer hatte inzwischen mit der SPD Gespräche über eine Große Koalition geführt, band die FDP jedoch zurück an ein straußfreies Kabinett und konnte am 13. Dezember die neue CDU/FDP-Regierung mit dem Versprechen präsentieren, dass er selber im Sommer 1963 nach 14 Amtsjahren zurücktreten werde. So wurde die schwerste innenpolitische Krise der Bundesrepublik seit 1949 mit Schmerzen gelöst.

Augstein wurde im Februar 1963 nach 103 Hafttagen entlassen, umgeben vom Nimbus des Heros der Meinungsfreiheit. Denn in der Bundesrepublik hatte sich in den vergangenen Wochen ein mächtiger Trend der Protestmobilisierung zugunsten der Pressefreiheit, damit aber überhaupt ein kraftvoller Liberalisierungsschub und die Abwendung von obrigkeitsstaatlichen Traditionen durchgesetzt.

Diese Befreiung zum entschiedenen Protest zugunsten der liberalen Demokratie löste namentlich unter Intellektuellen eine heftige Polarisierungswelle aus. Amnesty International, die

Humanistische Union, der Kongress für kulturelle Freiheit, die Gruppe 47 und andere Verbände fanden sich alle im Lager der SPIEGEL-Verteidiger wieder, während das Häuflein der Regierungsverteidiger schnell zusammenschmolz.

Typisch für den Konflikt war der aufsehenerregende Briefwechsel zwischen dem Freiburger Historiker Gerhard Ritter und dem Bonner Politikwissenschaftler Karl Dietrich Bracher. Diese Kontroverse bleibt ein besonders aufschlussreiches Dokument der damaligen Gegensätze. Ritter, eine streng etatistische, borussophile Leitfigur der Historikerschaft in der frühen Bundesrepublik, verteidigte in der »FAZ« (10.11.1962) emphatisch die Regierung. Der wahre »Skandal« stecke im »Theaterdonner der politischen Literaten und Parteiinteressen«. Verständnisvoll äußerte er sich über die »eine oder andere Unschicklichkeit (oder auch Inkorrektheit) unserer Strafverfolgungsorgane«, da doch der »Terror der Nachrichten-Magazine« und ihre »Giftpfeile« ausschlaggebend seien. Sie stünden für eine »jämmerliche Sorte von demokratischer Freiheit«.

Sofort antwortete Bracher (13.11.1962), der mit seiner »Auflösung der Weimarer Republik« eines der wichtigsten politischen Bücher der alten Bundesrepublik geschrieben hatte. Ritters Brief sei ein »bestürzendes Dokument«, das der sogenannten »Staatsräson den fast bedingungslosen Vorrang vor innerer Freiheit und Rechtsstaatlichkeit« einräume. Ritter stilisiere sich als Bewahrer »vaterländischer Empfindung« gegen »unsere schwatzhafte Demokratie«, rechtfertige aber »nichts anderes als den so verhängnisvollen Obrigkeitsstaat auf Kosten unserer Demokratie.« Den »schon heute unübersehbaren« Schaden der Affäre sah Bracher in einem »Anschauungsunterricht, der Zynismus und Resignation erzeugt«, anstatt »das Verständnis für das Wesen und die Probleme der Demokratie« zu unterstützen. Zutage trete damit die Gefahr eines »Fortbestehens rein obrigkeitsstaatlicher

Staatsideologie, die die Bürger zu Untertanen degradiert« und einer »Militärverteidigung die Prinzipien der Demokratie« unterwirft. Freilich gebe es auch den »positiven Aspekt«, dass die Affäre gefährliche Tendenzen aufdecke und eine »umfassende Diskussion in Gang setze«.

Bracher argumentierte hier repräsentativ für die politische Mentalität der jungen Generationen, die sich vom Anachronismus der Ritter'schen Position abgestoßen fühlten. In dieser hin und her wogenden Diskussion tauchten erstmals die Fronten auf, die in der Fischer-Kontroverse über die deutschen Kriegsziele im Ersten Weltkrieg, dann im Streit um die Ostverträge der Regierung Brandt, zuletzt im Historikerstreit der 1980er Jahre immer wieder auftauchten. Bei den damit verbundenen Unterschriftenaktionen fanden sich immer wieder dieselben Namen zugunsten der beiden konkurrierenden Lager.

Juristisch endete die Affäre mit einem Debakel der Regierung. Nach der Besetzung der Redaktion ließ sich zum Beispiel die Bundesanwaltschaft die Druckfahnen der Notausgaben des SPIEGEL ausliefern: Das war fraglos eine Zensur ohne jede Rechtsgrundlage. Rund zwanzig Millionen Dokumente wurden geprüft – ohne verwertbares Ergebnis. Der pauschale Vorwurf des Verrats von Staatsgeheimnissen, den Bundesanwaltschaft und Verteidigungsministerium sogleich erhoben hatten, konnte nie erhärtet werden. Das Bundesgericht lehnte im Mai 1965 nach einer beschämend langen Wartezeit die Eröffnung des Hauptverfahrens gegen Augstein und Ahlers wegen des Mangels an Beweisen ab. Anderseits wies das Bundesverfassungsgericht im August 1966 nach einer noch längeren Wartezeit eine Verfassungsbeschwerde des SPIEGEL mit einem Stimmenverhältnis von 4 zu 4 zurück.

Statt seiner unheiligen, dann auch noch ergebnislosen Hast, hätte sich die Bundesanwaltschaft 17 Jahre nach dem Krieg einmal darum bemühen sollen, wenigstens einen der Richter an Freislers

Volksgerichtshof oder einen der Richter an den NS-Sondergerichten mit ihren Tausenden von Todesurteilen vor den Kadi zu bringen (was auch danach nicht geschah). Inzwischen dominierten die innenpolitischen Wirren der Erhard'schen Kanzlerschaft. Doch die wichtigsten Einwirkungen der SPIEGEL-Affäre auf die politische Kultur der Bundesrepublik hielten weiter an. Wo lag die Motorik der Affäre? Welche Konstellation löste ihren Liberalisierungsschub und die unübersehbare Ablehnung obrigkeitsstaatlicher Maulkorbtraditionen aus? Wie lange hielten sich die Wirkungen der Affäre? Dazu nur drei Gesichtspunkte.

1. Christina von Hodenberg hat das sozial- und mentalitätsgeschichtliche Konzept der politischen Generation für ihre Interpretation der veränderten Medienöffentlichkeit in den 1950er und 1960er Jahren aufgegriffen. Damit konnte sie an der »Generation 45«, wie wir heute gern sagen, an den etwa seit 1925 geborenen Journalisten nachweisen, dass diese ehemaligen Jungsoldaten, Flakhelfer, Hitlerjungen den Zusammenbruch des Dritten Reiches als Befreiung und Chance für den Aufbau eines demokratischen Staates verstanden haben. Ein generationeller Umbruch am Ende der 1950er und zu Beginn der 1960er Jahre beförderte sie nach dem Ausscheiden der durch den Nationalsozialismus diskriminierten Vorgänger auf die Chefredakteursposten oder jedenfalls auf einflussreiche Redaktionsstellen in den Zeitungen und Illustrierten, vor allem aber auch in den Fernseh- und Rundfunkredaktionen. Mit dieser Bereitschaft zum politischen Aufbauengagement und beeinflusst von alliierten Presseoffizieren und Seminaren in den USA, wo sie den investigativen Journalismus aus nächster Nähe kennengelernt hatten, wandten sie sich vom Konsensjournalismus ab und der öffentlichen Kritik zu. Deshalb kam es zu einer beispiellosen Dichte von aufgedeckten Skandalen in der Zeit zwischen 1958 und 1964, als die neue Avantgarde angriff: Gert von Paczensky, Joachim Fest, Peter Merseburger,

Klaus Harpprecht, Peter Boenisch, Günter Prinz, Claus Jacobi, Matthias Walden und natürlich als einer der Jüngsten Rudolf Augstein.

Welchem typischen Weltbild, welchen Interpretationsmustern war diese »Generation 45« verpflichtet? An erster Stelle, als Reaktion auf den Zusammenbruch von 45, der Ablehnung der nationalsozialistischen Glaubenswerte, der Führerideologie und der Verpflichtung auf die Nation. Sodann der Aufgeschlossenheit gegenüber dem bislang verketzerten Westen, dem Ziel der nachzuholenden inneren Demokratisierung, damit der Verantwortung für den Neustaat, den sie mit aufbauen und stabilisieren wollten. Daraus stammte die zentrale Aufgabe der Zeitkritik und die Ablösung des Konsensjournalismus ihrer Vorgänger.

Daher griff die »Generation 45« mit Leidenschaft soziale Missstände, Aufrüstungsfragen, Probleme der Meinungsfreiheit, der NS-Vergangenheit und der deutschen Frage auf. Die SPIEGEL-Affäre fügte sich in diese dichte Abfolge von Kontroversen ein, ragt aber bis heute aus ihnen hervor. Wer erinnert sich denn noch an die Affären um den Bundeswehrbeauftragten Vize-Admiral Hellmuth Heye, an die umstrittene »Panorama«-Sendung über die Strafverfolgung von Kommunisten, an Hansjakob Stehles ostpolitische TV-Sendung, an die Zensur des Fernsehkabaretts »Hallo Nachbarn«?

Entscheidend war damals *nicht* der Kampf um die Marktanteile (die SPIEGEL-Affäre war nur durch die Politik ausgelöst worden), auch nicht um die neue Leitrolle von Fernsehen und Illustrierten. Vielmehr ging es im Kern stets um genuine Normenkonflikte, in denen über das Verhältnis von kritischer Öffentlichkeit und Politik gestritten wurde. Dem SPIEGEL wurde vorgehalten, dass er gegen das Arkanum verstoßen habe, die Verteidigungspolitik als Tabu zu behandeln. Die Regierung verletzte wiederum die Norm der Pressefreiheit. In diesen Normenkonflikten spiegelte sich die anlaufende Binnendemokratisierung der Bundesrepublik wider, die Wendung von einer konservativen zu einer liberalen Staatsauffassung, mithin die Abkehr vom fatalen autoritären Erbe. Die vieldiskutierte Kritik des SPIEGEL an Strauß als Verfechter atomarer Bewaffnung und zugleich als korrupter Lobbyist überdeckte nur diese tiefer liegenden Gegensätze.

2. Der unleugbare Erfolg der neuen kritischen Öffentlichkeit, wie sie die »Generation 45« verfochten hat und schließlich durchsetzte, mündete aber nicht nur in den Sieg des Magazins über seine Kontrahenten, sondern führte auch zur Initiierung eines politischen Mobilisierungsprozesses mit Langzeitwirkung. Die 68er-Bewegung folgte zwar vier Jahre später ihren eigenen Motiven. Aber in zahlreichen Familien hatten die leidenschaftlichen Debatten über die SPIEGEL-Affäre eine stimulierende Wirkung auf die Jüngeren ausgeübt. Als zehn Jahre nach der Affäre der Streit um die Ostverträge einen eher noch schärferen Disput erzeugte, gehörte der Erfolg von 1962/63 bereits zur Mentalität eines mehrheitsfähigen Teils der Staatsbürgerschaft. Und diese Mentalität stabilisierte sich, wurde in zahllosen familiären und schulischen Sozialisationsprozessen weitergegeben. Dem Rückgriff auf autoritäre, obrigkeitsstaatliche Elemente haftete seither ein nicht mehr zu überwindender Makel an. Die Skandaldichte von 1958 bis 1964 hat daher nicht von ferne einen vergleichbaren Effekt ausgelöst wie der fundamentalistische SPIEGEL-Konflikt um Meinungsfreiheit und Regierungskrise.

3. Und was die strukturelle Veränderungsbilanz angeht, hat die SPIEGEL-Affäre einem machtvollen säkularen Trend zum Sieg verholfen. Das war die Etablierung einer vierten Verfassungsmacht in Gestalt der kritischen Öffentlichkeit. Diese vierte Staatsgewalt ist zwar noch immer ein ungeschriebener Machtfaktor. Aber alle Richter, die ich im Bundesverfassungsgericht kenne,

behandeln ihn voller Respekt und als geradezu selbstverständliche Größe.

Das ist der gewaltige verfassungspolitische Erfolg, der unleugbar eine Konsequenz der SPIEGEL-Affäre ist. Das hebt sie aus allen anderen Skandalgeschichten hervor: Das leidenschaftliche Engagement der »Generation 45«, einer kritischen Öffentlichkeit zum Durchbruch zu verhelfen, die damals ausgelösten politischen Modernisierungsschübe und gewonnenen Normenkonflikte und schließlich der machtvolle Trend hin zur vierten Staatsgewalt, ohne die wir nicht mehr leben wollen. Das alles verdanken wir dem Kampf des SPIEGEL um die Meinungsfreiheit, der in einen tiefen Verfassungswandel der Bundesrepublik mündete. Das ist der eigentliche, der bleibende Erfolg, der sich mit der SPIEGEL-Affäre auf lange Sicht verbindet.

Teil II
Der SPIEGEL vor der Affäre

Der SPIEGEL, die Freiheit der Presse und die Obrigkeit in der jungen Bundesrepublik

Von Norbert Frei

Zum fünfzigsten Jahrestag der nach ihm benannten Affäre – die in Wahrheit die Affäre seiner Gegner war – fand sich im September 2012 im neuen Redaktionsgebäude des SPIEGEL ein stattliches Aufgebot damaliger Augen- und Ohrenzeugen, ja Betroffener und Mitwirkender ein.[3] Die Tagung illustrierte damit nicht nur das schöne Faktum der im Verlauf des 20. Jahrhunderts gestiegenen allgemeinen Lebenserwartung; sie unterstrich zugleich eindrucksvoll, wie vergleichsweise jung viele der Akteure im Moment des Geschehens waren.

    Diese Jugendlichkeit war seinerzeit ein wichtiges Faktum. Hans-Ulrich Wehlers Eröffnungsvortrag demonstrierte das nachdrücklich, indem er noch einmal die Wahrnehmung der SPIEGEL-Affäre durch seine Generation und ihre daran gewachsene Empörungsbereitschaft evozierte. Was darin zum Ausdruck kam, war der Widerschein einer zeitgenössisch ziemlich kritischen Haltung zur Entwicklung der jungen Bundesrepublik – jene Perspektive, in der die Affäre geradezu als Katalysator fungierte für die Überwindung des vielbeschworenen Muffs der Adenauerzeit. Anders gesagt, rief Wehler eine generationsstiftende Pathosformel auf: die verdichtete Erinnerung eines politischen Erlebnisses, das sei-

[3] Für die Drucklegung ergänzte Fassung meines Beitrags zu dieser Tagung; vgl. auch Norbert Frei: »"Auf immer verbieten": Vor der Spiegel-Affäre geriet der ›Stern‹ unter Beschuss: Die junge Bundesrepublik musste sich ihre Pressefreiheit mühsam erkämpfen«, in: *Die Zeit* vom 11.10.2012, S. 21.

nerzeit offenkundig dazu beitrug, das Zusammengehörigkeitsgefühl einer Alterskohorte zu stärken, die manchen Historikern inzwischen als die Generation der »45er« gilt.[4]

Gemeint ist damit die zweite Kriegsjugend des 20. Jahrhunderts: die Flakhelfer und die ganz jungen Frontsoldaten, die den Schock des Frühjahrs 1945 rasch als Chance verarbeiteten und denen Adenauers »Kanzlerdemokratie« dann ebenso rasch auf die Nerven ging. Zum Zeitpunkt der SPIEGEL-Affäre waren das noch immer ziemlich junge Leute – Anfang/Mitte dreißig –, und sie als »45er« zu titulieren, ist ein wenig missverständlich schon deshalb, weil sich damals die Nicht- und Anti-Nazis aus der Generation *davor* als »45er« verstanden: Also Linkskatholiken wie Eugen Kogon und Walter Dirks, aber auch Liberale wie Dolf Sternberger oder Linke wie Axel Eggebrecht – Intellektuelle mithin, die Anfang der 1950er Jahre von »Restauration« und »Renazifizierung« sprachen und die Rückkehr allzu vieler »49er«, vulgo: »131er« beklagten.[5]

Lässt man solche Etikettierungsprobleme beiseite, so bleibt der Einwand, dass das Argumentieren mit politischen Erfahrungsgenerationen eine heikle Sache ist und tendenziell zu überdeterminierten Zuschreibungen führt. In diesem Sinne wäre auch das Argument zu relativieren, das Franziska Augstein zum Jubiläum der Affäre im SPIEGEL vorgetragen hat: '68, so ihre These, begann '62.[6] Das ist sicher nicht falsch, aber doch wohl allzu zugespitzt, zumal im Licht des nicht nur von Wehler beglaubigten kritischen Engagements seiner, der »skeptischen Generation«.

4 Dirk Moses: »Die 45er. Eine Generation zwischen Faschismus und Demokratie«, in: *Neue Sammlung* 40 (2000), S. 233–263.
5 Symptomatisch dafür war ein mittlerweile vielzitierter Text von Eugen Kogon: »Beinahe mit dem Rücken zur Wand«, in: *Frankfurter Hefte* 9 (1954), S. 641–645.
6 Neu abgedruckt im Anhang des vorliegenden Bandes.

Ergiebiger als die Verfolgung generationeller Einzelfährten erscheint es am Ende, von einer generationenübergreifenden, ja fürs Erste geradezu generationenverbindenden Bedeutung der SPIEGEL-Affäre zu sprechen – und von einem in den Jahren zuvor erkennbar vorangekommenen Prozess der Sensibilisierung der Öffentlichkeit. Denn offenkundig war der Einschnitt im Oktober 1962 weniger scharf, als es den damaligen Protagonisten und den sich heute an diesen heißen Herbst Erinnernden erscheint. Zu Recht ist darauf hingewiesen worden, dass nach der Verhaftung von Rudolf Augstein Professoren und Studenten gemeinsam demonstrierten.

Überhaupt waren der spezifischen Kontinuitäten mehr, als es die Fokussierung auf das Ereignis SPIEGEL-Affäre nahelegt. Schon ein kursorischer Blick auf die Situation von Presse und Rundfunk im Jahrzehnt davor erweist: Die Absicht, dem SPIEGEL einen Maulkorb anzulegen, ihn vielleicht gar zu ruinieren, war beileibe nicht die erste Attacke auf die Meinungsfreiheit.

Wie schwer sich die Bonner Exekutive mit dem Gedanken tat, den Medien jenen freien Lauf zu lassen, den das Grundgesetz versprach, demonstrierte bereits 1951/52 der Versuch einer autoritären Bundespressegesetzgebung.[7] Wenn das monströse Vorhaben mit seinen nicht weniger als 64 Paragraphen gegen Ende der ersten Legislaturperiode in der Versenkung verschwand, so war das nicht allein das Verdienst des SPIEGEL. Aber dessen Redaktion hatte durch ihre ebenso beharrliche wie minutiöse Berichterstattung ihren Anteil daran: nicht zuletzt, indem sie die meist weniger intensiv recherchierenden Kollegen von den Tageszeitungen und deren Verleger gegen

---

7 Dazu ausführlich Norbert Frei: »›Was ist Wahrheit?‹ Der Versuch einer Bundespressegesetzgebung 1951/52«, in: Hans Wagner (Hg.): *Idee und Wirklichkeit des Journalismus,* München 1988, S. 75–91.

das »Maulkorb-Gesetz eines soliden Obrigkeitsstaates« mobilisierte.[8]

In Sachen Pressefreiheit war der SPIEGEL von Anfang an auf der Hut. So erinnerte das Blatt, als 1952 die Bundeszentrale für Heimatdienst (später: für politische Bildung) ihre Arbeit aufnahm, an das Schicksal der Vorgängerbehörde in der Weimarer Republik: »Am 15. März 1933 ging die Reichszentrale im neuen Propagandaministerium auf.« Und als Adenauers Kanzleramts-Staatssekretär Otto Lenz 1953 für seine Zukunft nach der zweiten Bundestagswahl ein »Informationsministerium« ersann, da feuerte der SPIEGEL, unterstützt von der »Zeit«, ganze Breitseiten gegen ein an Goebbels gemahnendes »Über-Ministerium« – auch in diesem Falle mit Erfolg.[9]

Als im Februar 1959 schließlich die Illustrierte »Stern« beschlagnahmt wurde, weil sie es gewagt hatte, den Verfassungsschutz zu kritisieren, gab es für Augstein kein Halten mehr: »Das Schlimmste, was gegenüber der Presse seit Kriegsende exerziert worden ist.« Das Vorgehen der Exekutive sei ihm »in die Glieder gefahren«. Denn wohl noch nie, so setzte er dem »Liebe(n) SPIEGEL-Leser« in seiner Briefkolumne auseinander, sei das »verbohrte Streben der Bundesregierung, die Freiheit der Kritik zum Schweigen zu bringen«, derart eklatant in Erscheinung getreten. Man müsse das Ganze als »Teilstück eines Schlieffen'schen Umfassungsangriffs gegen die Pressefreiheit« begreifen, meinte der Ex-Leutnant alarmiert. Und fast seherisch fügte er hinzu: »Für diesen Brief also bekäme ich dann drei Monate«.[10]

8 Vgl. DER SPIEGEL vom 26.3.1952, S. 6f.
9 Zu Lenz' Plänen für ein »Über-Ministerium« vgl. DER SPIEGEL vom 26.8., S. 5f., 16.9., S. 5f., 23.9., S. 5f. und 30.9.1953, S. 5; *Die Zeit* vom 1.10.1953, S. 2.
10 DER SPIEGEL vom 4.3.1959, S. 14.

Was war geschehen? Der »Stern« hatte, nicht zum ersten Mal, eine Reportage mit der mäßig originellen Frage überschrieben: »Wer schützt uns vorm Verfassungsschutz?«[11] Darin berichtete Mainhardt Graf Nayhauß, das Bundesamt habe eine gutgläubige Sekretärin des Bonner Wirtschaftsministeriums erst als Lockvogel missbraucht und dann nicht vor dem Gefängnis bewahrt, in gesetzeswidriger Weise überall im Land Polizeibeamte angeheuert und Kriegsheimkehrer aus Russland in einwöchigen Blitzkursen zu Agenten geschult.

Verfassungsschutzpräsident Hubert Schrübbers fühlte sich durch derlei Details beleidigt, eilte von Köln nach Hamburg und erwirkte beim dortigen Landgericht eine einstweilige Verfügung. Aber noch ehe der Beschluss den »Stern« erreichte, lag das inkriminierte Heft an den Kiosken. Unbeeindruckt von ihrem Fehlschlag stellten Schrübbers, Innenminister Gerhard Schröder und das Bundeswirtschaftsministerium Strafantrag gegen den Autor und die verantwortlichen Redakteure. Gut möglich, dass dabei auch ein gewisses Rachebedürfnis eine Rolle spielte. Denn im Februar 1958 hatte Graf Nayhauß, damals noch beim SPIEGEL, über peinliche Sauftouren der Kölner Schlapphüte berichtet – und eine Welle journalistischer Solidarität erfahren, als deshalb gegen ihn wegen Landesverrats ermittelt wurde.[12]

Dass es dann im März 1959 zu dem zwar faktisch gescheiterten, aber mit vollem Ernst betriebenen Versuch gekommen war,

11 Stern vom 21.2.1959, S. 44–48; vgl. Norbert Frei: »Die Presse«, in: Wolfgang Benz (Hg.): *Die Geschichte der Bundesrepublik Deutschland*. Bd. 4: *Kultur*, Frankfurt am Main 1989, S. 370–416, hier 397.
12 Zu Nayhauß' Vorgeschichte beim SPIEGEL jetzt – mit interessantem Material aus dem Redaktionsarchiv – Hauke Janssen: »Eine Prügelei unter Verfassungsschützern und was sie auslöste«, in: SPIEGEL*blog* vom 20.11.2012 (http://www.spiegel.de/spiegel/spiegelblog/wie-die-pressefreiheit-in-deutschland-erkaempft-wurde-a-868287.html).

den »Stern« zu zensieren, beruhte bestenfalls in zweiter Linie auf der Schnüffelkunst der Verfassungsschützer. Eigentlich in die Bredouille gebracht hatte das Blatt die Tatsache, dass es, wie Rudolf Augstein formulierte, »mit Siebenachtel-Mehrheit einem treuen CDU-Bundestagsabgeordneten und Spezi des Bundesinnenministers gehört«. Gemeint, wenngleich nicht genannt, war damit der Hamburger Verleger Gerd Bucerius, Augsteins unmittelbarer Konkurrent auf dem Markt der politischen Wochenpresse, der mit den Erlösen aus Henri Nannens erfolgreichem »Stern« die damals noch darbende »Zeit« subventionierte.

Folgt man der detailgespickten Recherche des SPIEGEL, dann hatte sich Bucerius nach Vorablektüre des heiklen Berichts mit Generalbundesanwalt Max Güde beraten. Hinter der Rückversicherung bei seinem Parteifreund – der zwar keinen Rat hatte, aber dem Bonner Innenministerium rapportierte – stand offenbar die Furcht, diesmal nun könne der »Stern« den mit Zuchthaus bedrohten Vorwurf des Landesverrats auf sich beziehungsweise auf seinen Verleger ziehen. Denn in Nayhauß' Artikel war auch von einem englischen Agenten im Verfassungsschutzamt die Rede.

Dreieinhalb Jahre vor der SPIEGEL-Affäre demonstrierte die Episode nicht nur, wie sehr die Logik des Kalten Krieges die freie öffentliche Meinungsbildung in der Bundesrepublik behinderte. Überdies und einmal mehr offenbarte der Vorfall die Entschlossenheit der Regierung Adenauer, mit dem Argument der inneren und äußeren Sicherheit die Medien zur Räson zu bringen.

So gesehen, war das Vorgehen gegen den SPIEGEL im Herbst 1962 weder völlig neu noch gänzlich unerwartet. Aber es brachte ein ob des autoritären Gebarens gegenüber der Presse schon gut gefülltes Fass des Unmuts zum Überlaufen. Nicht mehr nur bei denen, die dafür ein Auge hatten – auch in einer weiteren Öffentlichkeit geriet die Exekutive nun schlagartig an den

Pranger. Friedrich Sieburg, gewiss kein Freund der Hamburger Gazetten, leitartikelte in der »Frankfurter Allgemeinen Zeitung«: »Eine Freiheitsregung hat sich in unserem öffentlichen Leben bemerkbar gemacht. Sie ist bisher fast immer ausgeblieben, wenn man glaubte, auf sie hoffen zu dürfen. Aber nun ist sie zu spüren. Wird sie dauern? Das wäre das glückliche Ergebnis einer unglücklichen Sache.«[13]

Tatsächlich wird man ex post und in einer demokratiepolitisch etwas weiteren Perspektive sagen können: Die mobilisierende Kraft der SPIEGEL-Affäre beflügelte den Umbau der postnationalsozialistischen Volksgemeinschaft in die Gesellschaft der Bundesrepublik.

Außer dem greisen Kanzler und natürlich Franz Josef Strauß profitierten am Ende eigentlich fast alle: die Demokratie, die FDP, die Freiheit der Presse, das bald vielgefeierte »kritische Bewusstsein« – besonders aber der SPIEGEL selbst. Denn der war nun plötzlich Symbol und publizistischer Motor einer sich selbst erfindenden, sich dabei zugleich liberalisierenden modernen Gesellschaft, und wie diese streifte er nun zusehends die Schlacken älterer Gesinnungen und Mentalitäten ab. Dass Rudolf Augstein diese Selbsthäutung seines Magazins gleichwohl in die martialische Metapher vom »Sturmgeschütz der Demokratie« packte, das kann nur den verwundern, der den frühen SPIEGEL nie gründlich gelesen hat.

Das aber galt, so viel Selbstkritik muss sein, für mich wie wohl für die meisten Historiker meiner Generation eine ganze Weile lang. Als die Bundesrepublik vor einem »Abgrund von Landes-

---

13 Friedrich Sieburg: »Nie mehr wie vorher«, in: *FAZ* vom 10.11.1962, S. 1. Das Zitat findet sich auch in einem am Tag der Hamburger Konferenz erschienenen Aufsatz des ehemaligen SPIEGEL-Redakteurs Dieter Wild: »Der Tag, an dem die Republik erwachte«, in: *SZ* vom 22./23.9.2012, S. V2/4f.

verrat« stand, war ich siebeneinhalb Jahre alt, also schwerlich in der Lage, das Drama zu erfassen. Ein Jahrzehnt später dann hat mich die Lesart der Affäre geprägt, wie der SPIEGEL selbst sie vortrug und wie sie von der Generation Wehler bestätigt wurde. Das ist in meinem Fall ganz konkret gemeint: Ich hatte nämlich einen wunderbaren jungen Klassenlehrer diesen Alters. Von Menschen wie ihm lernten wir, warum der SPIEGEL 1962 so gebeutelt worden war und was seine Existenz für Demokratie und Aufklärung bedeutete. Unsere bald einsetzende eigene Lektüre des SPIEGEL – kritisch, versteht sich – machte diese Deutung jedenfalls nicht unplausibel. Und dabei blieb es, in meinem Falle bis in die frühen 1990er Jahre, als ich begann, mich für die Vergangenheitspolitik der 1950er Jahre zu interessieren, und dabei im SPIEGEL Erstaunliches entdeckte.[14]

Dazu gleich noch ein paar Sätze mehr. Vorher aber doch ein Wort des Erstaunens über die Gegenwart: darüber nämlich, dass sich Fragmente der umstandslos in die Frühzeit des SPIEGEL zurückverlängerten Heldengeschichte sogar noch in der Jubiläumsausgabe finden: »Keck, forsch, oftmals schnoddrig im Ton«, so heißt es dort, sei das Blatt in den eineinhalb Jahrzehnten vor der Affäre gewesen. Es habe Skandale enthüllt und sich – »ganz im Gegensatz zur meist staatsgetreuen Tagespresse« – gern mit Politikern angelegt.[15] Glücklich die Institution, die ein so süßes Gewissen ihr Eigen nennen darf!

Was davon stimmt? Lutz Hachmeister hat schon vor Jahren ausführlich über alte Seilschaften im jungen SPIEGEL geschrieben und seine Erkenntnisse für diesen Band noch einmal zusammengefasst. Ohne diese Befunde relativieren zu wollen, wird man

---

14 Vgl. Norbert Frei: *Vergangenheitspolitik. Die Anfänge der Bundesrepublik und die NS-Vergangenheit*, München 1996 (Neuausgabe 2012).
15 DER SPIEGEL 38/2012, abgedruckt im Anhang.

sagen müssen, dass sie leider alles andere als ungewöhnlich sind: Sieht man nur genau genug hin, findet sich Ähnliches bei etlichen Zeitungen und Zeitschriften, übrigens auch im öffentlich-rechtlichen Rundfunk. Die »Stunde Null der deutschen Presse« war einmal ein einprägsamer Buchtitel,[16] aber sie war kaum weniger eine Illusion als die Vorstellung von einer »Stunde Null« im Ganzen.[17]

Tatsächlich haben die Besatzungsmächte, voran die Amerikaner, seit 1945 in keinem anderen Bereich so sehr auf weiße Westen geachtet wie beim Neuaufbau der Presse. Und trotzdem ergatterte mancher eine Lizenz als Verleger oder Herausgeber, dessen politische Biographie den postulierten Ansprüchen nicht genügte. Seit 1949 gab es ohnehin kein Halten mehr – nun kehrten fast alle zurück, die schon unter Goebbels geschrieben hatten. Und mancher, der allzu belastet war, um im öffentlichen Dienst noch einmal unterzukommen, machte jetzt auf Journalist. Der immer wieder genannte SS-Hauptsturmführer Georg Wolff und sein Kompagnon Horst Mahnke, beide seit 1950 für den SPIEGEL tätig, waren zwei von dieser Sorte; man fragt sich, warum das Zeitgeschichtsressort des Hauses nicht längst einmal seinen Ehrgeiz dareingesetzt hat, deren Einfluss auf den Inhalt des Blattes genauer zu bestimmen.[18]

Ich selbst habe das sagenumwobene SPIEGEL-Archiv nie gesehen, mich im Unterschied zu anderen allerdings auch nicht vergeblich um Zugang bemüht. Was ich zum SPIEGEL vor der

---

16 Harold Hurwitz: *Die Stunde Null der deutschen Presse. Die amerikanische Pressepolitik in Deutschland 1945–1949*, Köln 1972.
17 Dazu als Überblick: »Stunde Null der deutschen Presse?« in: Norbert Frei/Johannes Schmitz (Hg.): *Journalismus im Dritten Reich*, München 1989, 4. Auflage 2011, S. 181–196.
18 Die erste substanzielle Erwähnung der Kontinuitätsproblematik findet sich in einem Artikel von Hans Hielscher zum 50. Geburtstag des SPIEGEL vom 15.1.1997, S. 10–17. Sie mündet freilich in den schönen Satz: »Der SPIEGEL war immerdar ein antifaschistisches Geschütz.«

Affäre sagen kann, beruht folglich vor allem auf einer kontextualisierenden Lektüre des Produkts, und zwar eher in der Absicht, dadurch einige charakteristische Elemente herauszuarbeiten, als mit dem Ziel, das Blatt nur aus einer nach dem Besonderen schielenden Vogelperspektive in der Presselandschaft der 1950er Jahre zu verorten.

Letzteres liefe darauf hinaus, neben dem damals noch recht unüblichen Faible für das Investigative seine zu Teilen zweifellos gegebene *Nonkonformität* hervorzuheben – namentlich Augsteins beharrliche, freilich auch schon von ihm selbst auratisierte Kritik am Kurs des Kanzlers, zumal in der Außenpolitik. Das aber hieße, die kaum weniger erhebliche zeittypische *Konformität* des Blattes zu übersehen, zum Beispiel hinsichtlich der darin vertretenen gesellschaftlichen Rollenbilder. (Man studiere dazu nur einmal die alten Titelfotos, was auf SPIEGEL ONLINE ja leicht möglich ist.) Und ebenso wenig geriete in der Draufsicht aus großer Höhe die irritierende Gleichzeitigkeit von Apologie und Aufklärung in den Blick, die der SPIEGEL beim Thema Nationalsozialismus an den Tag legte.

Die diesbezüglichen Verdienste des Blattes wären einer genaueren, auf Ambivalenzen und Zwischentöne achtenden Betrachtung wert – etwa die Berichterstattung über Adenauers Staatssekretär Hans Globke, dessen »Mythos« der SPIEGEL im Frühjahr 1956, mithin ein halbes Jahrzehnt nach der ersten Kritik aus den Reihen der Sozialdemokratie, in einer langen Titelgeschichte mit dem »Schicksal des Jud Süß« verglich: »Gerichtet zu werden für ungetane Dinge, wobei freilich die getanen, wüßte man sie alle, sehr möglich für den Urteilsspruch ausgereicht hätten.«[19]

19 Vgl. DER SPIEGEL vom 4.4.1956, S. 15–25 (Bildunterschrift des Titelporträts: »Bürovorsteher im Vorraum der Macht«). Eine frühe Anspielung auf Globkes Tätigkeit als Kommentator der Nürnberger Rassegesetze findet sich in einer Überschrift im SPIEGEL vom 3.2.1954, S. 6: »Globke kommentierte«.

Was die Apologie betrifft: Der SPIEGEL der späten vierziger und frühen 1950er Jahre war meilenweit entfernt von jener prinzipiell kritisch-aufklärerischen Haltung zur NS-Vergangenheit, die darin vermuten würde, wer das Blatt erst in den 1970er Jahren zu lesen begann. Der SPIEGEL dieser Jahre trat, ganz im Gegenteil, für die sogenannten »Landsberger«[20] ein, er kolportierte die Rede von den »Kriegsverurteilten« und die schamlos verharmlosende Propaganda ihrer Anwälte; er kritisierte die Ahndungsbemühungen der Alliierten, und er hielt mit Ressentiments gegenüber »Nürnberg« ebenso wenig hinter dem Berg wie mit Vorurteilen gegenüber Displaced Persons. Und wo die Redaktionsexperten, wie etwa bei den Bonner Straffreiheitsgesetzen von 1949 und 1954, Gefahr im Vollzuge sahen, da warnten sie die sogenannten »Illegalen« vor zu viel Vertrauen in die Geltungskraft der Amnestie.[21]

Einen Prozess wie den gegen Franz Rademacher, der als Legationsrat im Auswärtigen Amt seine Reisekostenabrechnung 1941 mit der Begründung versehen hatte, »Liquidation von Juden in Belgrad«, hielt der SPIEGEL der 1950er Jahre nicht für erwähnenswert – die »FAZ« berichtete kontinuierlich. Viel lieber polierte das Nachrichten-Magazin in diesen Jahren am vermeintlich unbefleckten Schild der Wehrmacht, glorifizierte Erich von Manstein als deren »größten überlebenden Armeeführer«[22], schilderte mit sarkastischer Genugtuung die gelungene Flucht zweier verurteilter deutscher Kriegsverbrecher aus britischer Haft – und ergötzte sich an der Volkswut im ostfriesischen Aurich, als der Ortsvorsitzende der SPD einen der Entflohenen der Polizei meldete und deshalb als »Verräter« bespuckt wurde.[23]

---

20 Vgl. zum Beispiel DER SPIEGEL vom 13.11.1948, S. 7f.; 31.1.1951, S. 8ff.; 13.6.1951, S. 13.
21 Vgl. DER SPIEGEL vom 15.12.1949, S. 2 und vom 9.6.1954, S. 4.
22 DER SPIEGEL vom 22.7.1953, S. 8f.; vgl. auch 2.4.1952, S. 8–14.
23 DER SPIEGEL vom 8.10.1952, S. 6f.

Aber mit den Zeiten änderte sich auch der SPIEGEL, und gegen Ende des Jahrzehnts fand man das Blatt öfters auf der Seite derer, die gegen Antisemitismus, Verdrängung und Verleugnung eintraten. Bleibende Verdienste erwarb sich ein junger Reporter aus dem Stuttgarter Büro, der gegen Jahresende 1957 über einen brutalen Antisemiten im Schuldienst berichtete und damit einen weltweit beachteten Skandal ins Rollen brachte.[24] Studienrat Ludwig Zind, der einem jüdischen Tischnachbarn im Wirtshaus zugerufen hatte, man habe ihn wohl »vergessen zu vergasen«, gelang nach Suspendierung und Verurteilung nur Tage vor dem Berufungstermin die angekündigte Flucht nach Ägypten, und im Jahr darauf verewigte Wolfgang Staudte diese unglaubliche »Panne« der deutschen Justiz in seinem Kinofilm »Rosen für den Staatsanwalt«.

Das Beispiel verdeutlicht, welche Wirkungsmacht der SPIEGEL inzwischen zu entfalten vermochte, und zwar in die Gesellschaft hinein, nicht nur gegenüber dem politischen Establishment. Den Status eines Leitmediums hatte er 1962 längst erreicht, trotz etlicher gut gemachter Tageszeitungen und vielleicht gerade wegen einer noch ziemlich vielfältigen Konkurrenz von Wochenblättern. Zum wachsenden Nimbus des SPIEGEL gehörte, dass man in Bonner Regierungskreisen an ihm litt. Aber schon damals galt zugleich, dass nicht wenige ihre Angstlust vor der nächsten Ausgabe genossen.

Angesichts der Schlachten, die in den 1950er Jahren um die Freiheit der Presse schon geschlagen worden waren, und angesichts der Niederlagen, die Adenauer dabei immer wieder hatte einstecken müssen – zuletzt 1961 bei dem Versuch, ein regierungsfrommes »Deutschland-Fernsehen« aus dem Boden zu stampfen –, kam die SPIEGEL-Affäre eigentlich zur Unzeit: als eine Art Abschiedsgeschenk zum Ende einer Ära.

24 DER SPIEGEL vom 18.12.1957, S. 35.

Jedenfalls war es ein Akt von ungewöhnlicher Torheit der Regierenden, als die geballte Staatsmacht am 26. Oktober 1962 über Augstein und seine Redakteure herfiel. Ein paar Monate später lag dies offen zutage: Der alte Kanzler musste, um noch ein wenig weiterregieren zu können, erneut seinen baldigen Rückzug versprechen, Franz Josef Strauß war nicht mehr Verteidigungsminister – und der SPIEGEL galt einem aufgewachten Publikum als Inbegriff einer freien Presse. Was hätte dem Blatt Besseres passieren können?

Rudolf Augstein hat das rasch begriffen. Und mit Jubiläumsfeiern, die von Dekade zu Dekade größer auszufallen scheinen, geben seine Nachfolger zu erkennen, dass man dies im SPIEGEL bis heute weiß.

Den frühen SPIEGEL neu lesen – Zwischen NS-Netzwerken und gesellschaftlicher Modernisierung

Von Lutz Hachmeister

Rudolf Augstein war verblüfft, als ihn die Moderatorin Sabine Christiansen um die Weihnachtszeit 1996 in den »Tagesthemen« fragte, ob es denn wahr sei, dass ehemalige SS-Offiziere in der Frühphase des SPIEGEL als Ressortleiter amtiert hätten. Es war ein Interview zum 50. Geburtstag des deutschen Nachrichten-Magazins, und da hätte Augstein, der doch das »Sturmgeschütz der Demokratie« erfunden hatte, gerne etwas angenehmere Erzählvorgaben gehabt. Nun ja, es handele sich nur um »zwei Fälle«, und wenn man ihm »eine Stunde Zeit gäbe«, könne er auch alles erklären, so Augstein, von Sylt aus zugeschaltet.

Vor der Sendung hatte ich mit Sabine Christiansen telefoniert, damit aus einem absehbar langweiligen Jubiläumsinterview eine spannendere Sache werden könnte, ganz im Sinne des investigativen SPIEGEL-Journalismus. Die Berliner »Taz« hatte einen leicht überarbeiteten Auszug aus meiner Habilitationsschrift[25] veröffentlicht, und jede weitere mediale Beachtung dafür war erwünscht. Die Arbeit beschäftigte sich mit dem SS-Brigadeführer Franz Alfred Six, Heydrichs jungem Mann für »Gegnerforschung« im Reichssicherheitshauptamt (RSHA) und Professor für die neue NS-»Auslandswissenschaft« an der Berliner Friedrich-Wilhelm-Universität. Der radikale NS-Multifunktionär war ursprünglich Studentenpolitiker und Presseforscher in Heidel-

---

25 Lutz Hachmeister: *Der Gegnerforscher. Die Karriere des SS-Führers Franz Alfred Six*, München 1998.

berg und Königsberg gewesen. Seine Mentalität, seine Entourage und vor allem sein Leben nach 1945 hatten mich interessiert, und so recherchierte ich von 1990 an sieben Jahre lang, neben dem Direktorat beim Grimme-Institut, über jene Massenmörder und SS-Strategen, die dann später Jonathan Littells Roman »Die Wohlgesinnten« bevölkerten.

Da war der Ex-Hauptsturmführer Dr. Horst Mahnke, von 1952 bis 1958 Ressortchef beim SPIEGEL, dann bis Ende 1959 Korrespondent im Bonner Büro. Er war seinem Mentor Franz Alfred Six seit den Königsberger Studentenzeiten getreu in den SD, ins RSHA, ins »Vorkommando Moskau«, ins Auswärtige Amt und dann 1945 in den Untergrund gefolgt. Bei Six hatte Mahnke, Jahrgang 1914, auch über die »freimaurerische Presse« promoviert, über praktische Erfahrungen im Journalismus verfügte er allerdings nicht. Anfang 1946 wurde Six von einem Rechercheteam des US-State-Departments in Hessen entdeckt, Assistent Mahnke fast zeitgleich in Hannover von den Briten festgenommen und interniert. Keine andere zeithistorische Quelle – mit Ausnahme der diversen Geheimdienst-Archive – informierte über diese alliierten Aktionen so detailliert, mit Autokennzeichen, Telefonnummern, Namen des »Verräters« Walter Hirschfeld (ein SS-Mann, der als Lockspitzel für den amerikanischen Militärgeheimdienst CIC arbeitete), wie der SPIEGEL. Überhaupt war das junge Magazin, dessen Präzeptor Augstein auf forcierten politischen Einfluss drang und sich – vor allem mit seinen »Jens Daniel«-Kolumnen – rasch als Chefopponent der Adenauer-Administration profilierte, wie kein anderes Blatt in Deutschland über Aufenthaltsorte und neue Betätigungen der ehemaligen SD- und Gestapo-Intelligentsia im Bilde. Das lag nicht nur an den beiden Auslands-Ressortchefs und engen persönlichen Freunden Horst Mahnke und Georg Wolff, sondern auch an deren SD-Kameraden, die inzwischen bei der »Organisation Gehlen« (dem BND-Vorläufer) untergekommen waren – wie die Ost-Spezialisten und Einsatzgruppen-Täter Dr. Rudolf Oebsger-Röder und Dr. Emil Augsburg. Natürlich hatte Augstein nicht bewusst nach SD-Leuten für den SPIEGEL gesucht, mit ihrem Erfahrungswissen und ihren alten nachrichtendienstlichen Verbindungen kamen sie ihm aber auch nicht ungelegen.[26] Viele SPIEGEL-Artikel der Anfangsjahre lesen sich wie ausgefeilte Geheimdienst-Dossiers, schon damals nur für Insider vollständig zu decodieren. Für die Leser des jungen Blattes klang das alles jedenfalls hoch spannend und überlegen, mit den schnoddrig, zynisch und abgeklärt geschriebenen Storys aus der »Verwandlungszone«[27] zwischen NS-Staat und Nachkriegsdeutschland ließen sich Auflage und Bedeutung steigern. Das kalkulierten Augstein und sein »geschäftsführender Redakteur« Hans Detlev Becker[28] ziemlich kühl; und so fielen auch die Einstellungsprüfungen zur NS-Vergangenheit eher lax aus: »Haben Sie Juden erschossen?«, fragte Augstein die beiden ehemaligen SD-Mitarbeiter Mahnke und Wolff. Dies konnte zumindest Letzterer ehrlich verneinen, weil er nur für die Lageberichterstattung (»Meldungen aus Norwegen«) aus Oslo an das Berliner Reichssicherheitshauptamt zuständig war, stationiert immerhin in einem Gebäude mit der handgreiflicheren Gestapo. Horst Mahnke war allerdings beim 20-köpfigen »Vorkommando Moskau« in dem Zeitraum physisch präsent, als dieses sich an der Erschießung von Juden und Partisanen im Raum Smolensk beteiligte. Mahnke und

26 Vgl. »Entnazifiziert war entnazifiziert«. Ex-Verlagsdirektor Hans Detlev Becker, Jahrgang 1921, über ehemalige Nationalsozialisten im SPIEGEL (2/2007), abgedruckt im Anhang des vorliegenden Bandes.
27 Vgl. Wilfried Loth/Bernd A. Rusinek (Hg.): *Verwandlungspolitik. NS-Eliten in der westdeutschen Nachkriegsgesellschaft*, Frankfurt/M. 1998.
28 Anm. der Herausgeber: Becker kam 1947 zum SPIEGEL, wurde 1950 »geschäftsführender Redakteur«, 1959 Chefredakteur und war von 1961 bis 1984 Verlagsdirektor und Geschäftsführer.

Wolff hatten sich, nachdem sie zunächst als »Marktbeobachter« bei einem Hamburger Kaffee-Kontor untergekommen waren, beim SPIEGEL als Informanten für eine umstrittene Serie über (zumeist jüdische oder ausländische) Kaffeeschmuggler empfohlen.[29]

Horst Mahnke wechselte 1960 zu Springer. Er dirigierte dort zunächst die Illustrierte »Kristall« und dann Axel Springers ominösen »redaktionellen Beirat«, so etwas wie das Politbüro des Verlegers. Mahnke blieb zeit seines Lebens zumindest nebenamtlich Agent. Dass er beim SPIEGEL einflussreich geworden war, hatte man schon vor meiner Publikation nachlesen können – in Kurt Ziesels »Das verlorene Gewissen« (1958), in einem »Konkret«-Artikel Otto Köhlers (5/1992), auch bereits in der gründlichen Studie Hans-Dieter Müllers über den Springer-Konzern (1968). Ziesel war ein weit rechts herumgeisternder Schwadroneur und Spezi von Franz Josef Strauß, Otto Köhler wiederum beim SPIEGEL als unbequemer Medienkolumnist im Unfrieden ausgeschieden – es fiel dem SPIEGEL also leicht, gar nicht zu reagieren. Von Otto Köhler abgesehen, hatte sich auch niemand die Mühe gemacht, die alten SPIEGEL-Texte inhaltsanalytisch zu sichten – etwa mit der Kategorienvorgabe, wessen Biographie aus welchem Anlass dort decouvriert wurde. Dass man in den alten Jahrgängen des SPIEGEL zahlreiche Texte mit

---

29 Es kam hier im Juli 1950 zu einem juristischen Vergleich zwischen dem SPIEGEL und dem »Anwalt der bayerischen Judenheit« (Augstein) Joseph Klibansky (Augstein: »dieser kleine dicke Mann, der mit der Behendigkeit eines Waschbären und in dem Habitus eines Pinguins den Gerichtssaal durchmaß«). Augsteins vergiftetes Lob für den Anwalt war in einem Brief an die SPIEGEL-Leser allerdings mit dem Hinweis gepaart, »daß wir uns selbst verbieten würden, wenn wir uns dabei ertappten, daß wir den wenigen deutschen Verbrechern und allen deutschen Spießern, denen antisemitische Scheuklappen Lebensbedürfnis sind, Sukkurs gewährten« (vgl. DER SPIEGEL vom 5.8.1950).

antijüdischem Subtext oder einer bedenklichen Faszination für das Nachrichtendienst-Milieu finden kann, dürfte heute kommunikationswissenschaftlich unbestritten sein, wenngleich eine systematische Untersuchung noch immer fehlt.[30] Und natürlich gab es auch biographisch anders situierte SPIEGEL-Mitarbeiter in den 1950er Jahren: so waren die Korrespondenten Kurt Bachrach-Baker in New York oder Dr. jur. Heinz Gustav Alexander in London jüdische Emigranten. In seinen unveröffentlichten Memoiren schildert Georg Wolff, einer der fleißigsten Autoren der SPIEGEL-Geschichte, dass er es zeitlebens nicht vermocht hätte, seinem geschätzten Londoner Kollegen Alexander über seine Zeit als SS-Offizier im von den Deutschen besetzten Norwegen zu erzählen. Zur Redaktionsmannschaft (oder zu den zeitweiligen Mitarbeitern) des frühen SPIEGEL zählten auch eine ganze Reihe von Journalisten, die dann beim öffentlich-rechtlichen Fernsehen Karriere machen sollten (wie Horst Jaedicke, Eduard Zimmermann, Claus Hardt, Wilhelm Bittorf und Ernst von Khuon-Wildegg), frühere Mitarbeiter der Wehrmachts-Propagandakompanien (PK) wie Benno Wundshammer, Egon G. Schleinitz oder Kurt Blauhorn, nur wenige Frauen (Hanne Walz, Christa Rotzoll, Eva Windmöller).[31]

Georg Wolff (1914 – 1996) hatte beim SPIEGEL damit angefangen, womit er vor 1945 aufgehört hatte – mit einem Text über

30 Vgl. für einen Teilaspekt: David Heredia: *Zum Judenbild nach Auschwitz. Die frühe Berichterstattung in der Zeitschrift DER SPIEGEL*, Freiburg i. Brsg. / Berlin / Wien 2008.

31 Die SPIEGEL-Impressen 1949 weisen rund 45 Redakteure und Mitarbeiter aus, 1952 (nach dem Umzug des Blattes von Hamburg nach Hannover) sinkt die Zahl auf 35; 1956: 40; 1960: 50 und 12 Dokumentare. Die Zahl der im Impressum vermerkten Redakteure / Mitarbeiter ist auch von der wechselnden Systematik der Funktions- und Ressortzuordnungen abhängig.

den norwegischen Chefkollaborateur Vidkun Quisling, mit Spezialwissen also. Der Norwegen-Spezialist des SD, nach 1945 für drei Jahre in Oslo und Umgebung interniert, entwickelte sich zu einem der profiliertesten Redakteure des SPIEGEL; er schrieb allein über 70 Titelgeschichten zu den unterschiedlichsten politischen und zeithistorischen Themen. Wolff und Mahnke[32] waren älter, erfahrener, machtbewusster als die übrigen SPIEGEL-Redakteure (Jahrgangsdurchschnitt: 1926) – Rudolf Augstein und Redaktionsmanager Hans Detlev Becker, die eine Kategorie für sich bildeten, einmal ausgenommen. Und 1959 wäre das Duo Mahnke/Wolff beinahe ganz nach oben gekommen: Wolff sollte Chefredakteur des SPIEGEL werden, Mahnke Leiter des Persönlichen Büros von Rudolf Augstein. Das alles kann man inzwischen detailliert in den unveröffentlichten Memoiren nachlesen, die Georg Wolff 1987 verfasste.

Aber 1959 verschärfte Augstein die SPIEGEL-Angriffe gegen Verteidigungsminister Franz Josef Strauß, und ein Chefredakteur mit SS-Vergangenheit hätte Strauß alle Möglichkeiten für eine eigene, besondere Kampagne gegen das Nachrichten-Magazin gegeben. Sein publizistischer Freund Ziesel wusste ja Bescheid. Augstein und Becker zogen die Reißleine; Wolff wurde mit dem Posten des Serienchefs, später mit dem neuen Ressort Geisteswissenschaften an der Brandstwiete gehalten. In seinen Memoiren,

---

32 Die beiden SD-Spezialisten hatten auch gleich nach der Entlassung von Franz Alfred Six aus dem Landsberger Kriegsverbrechergefängnis (1952) mit diesem eine SPIEGEL-Buchreihe gestartet, für dessen neues Unternehmen, den Darmstädter Leske-Verlag. Es erschienen Augsteins gesammelte »Jens Daniel«-Kolumnen (»Deutschland – ein Rheinbund?«, 1953), ein geopolitischer Rundumschlag von Mahnke und Wolff (»1954 – Der Frieden hat eine Chance«, 1953) und eine Automobilstudie der SPIEGEL-Journalisten Heinz-Jürgen Plathner/Wilhelm Bittorf (»Die brüllende Straße«, 1954).

in denen es auch tagebuchähnliche Passagen gibt, hat Wolff Augsteins Verlangen nach einem »Endkampf« gegen Strauß drastisch geschildert:

> »Nach der Redaktionskonferenz, die heute im kleineren Kreis in Augsteins Zimmer stattfand, bat Augstein Becker, Gaus und mich zu bleiben. Er wolle eine besondere Sache mit uns besprechen. Es handelte sich, wie sich dann herausstellte, darum, dass Augstein wieder einmal einen Artikel gegen Verteidigungsminister Strauß schreiben will. Der Plan ist alt. Schon im vorigen Jahr zeigte Augstein mir eine Sammlung sehr abstoßender Bilder von Strauß und sagte, dass er diese mal als eine Bildseite bringen wolle. Die Absicht war, Strauß als den Beelzebub der westdeutschen Politik abzumalen. Diese Absicht steckt auch in dem jetzigen Plan eines Aufsatzes über Strauß. Augstein ließ keinen Zweifel, dass der Aufsatz beleidigenden Charakter haben werde. Becker: ›Formalbeleidigungen sollten nicht drinstehen.‹ Augstein: ›Formalbeleidigungen im Einzelnen nicht – nein, aber insgesamt wird der Artikel beleidigend sein. Wenn es dann zu einem Prozess kommt, dann soll es mir recht sein. Dann gehe ich auch sechs Monate ins Gefängnis.‹«

Über diese prophetischen Interna wusste ich 1996 noch nichts, aber im Prinzip hat der damalige Text, der 2002 noch einmal für einen Sammelband (»Die Herren Journalisten«) ergänzt wurde, doch Bestand. Bevor er seinerzeit in der »Taz« erschien, hatte ich ihn meinem Hausblatt »Die Woche« angeboten; Chefredakteur Manfred Bissinger mochte ihn nicht drucken, warum auch immer. Er gelangte irgendwie auf den Schreibtisch von Stefan Aust, damals SPIEGEL-Chefredakteur. Aust erzählt gerne, dass er Rudolf Augstein davon zu überzeugen versucht habe, den Artikel doch im SPIEGEL selbst zu bringen, dann wäre die Sache vom Tisch. Augstein fand allerdings, damit sei sie erst recht auf dem Tisch, und lehnte entschieden ab. So kam die Geschichte des SPIEGEL vor der Staatsaffäre 1962 nur stückweise ans Licht – mittlerweile stehen alle Artikel des Nachrichten-Magazins im Internet zur Verfügung, und mit gewissem kombinatorischen Talent wären auch noch einige Trouvaillen zu entdecken. Zum Beispiel den Journalisten und Verfassungsschützer Hans-Jürgen Wiehe.

Im Juli 1978 ließ die niedersächsische Exekutive ein Loch in die Außenmauer des Gefängnisses in Celle sprengen, unter Mitwirkung schwerkrimineller V-Leute. Es sollte damals der Öffentlichkeit weisgemacht werden, dies sei die Tat von RAF-Mitgliedern im Umfeld des Stadtguerilleros Sigurd Debus, der damals in Celle einsaß. Die Abläufe des amateurhaft geplanten Staatsunternehmens kamen erst Jahre später ans Licht; die Aktion (Codename: »Feuerzauber«) zählt heute unter dem Signum »Celler Loch« zur Folklore der Verfassungsschutz-Skandale. Einer der Chefplaner von »Feuerzauber« war ein 60-jähriger Beamter namens Hans-Jürgen Wiehe, der 1985 verstarb, bevor ein parlamentarischer Untersuchungsausschuss des niedersächsischen Landtages sein Votum abgab.

Hans-Jürgen Wiehe, geboren 1917 in der Residenzstadt Bückeburg, gehörte von 1947 bis 1952 zur frühen Redaktionsmannschaft des SPIEGEL, bevor er, nach kurzen Zwischenstationen bei der »Revue« und beim »Stern«, Mitte der 1950er Jahre zum niedersächsischen Innenministerium wechselte, dort zuständig für Verfassungsschutzfragen. Er galt als Vertrauter von Günther Nollau (SPD), dem späteren Präsidenten des Bundesamts für Verfassungsschutz, und verfasste gemeinsam mit Nollau auch ein geopolitisch-nachrichtendienstliches Buch mit dem Titel »Rote Spuren im Orient. Persien – Türkei – Afghanistan«, das als »Russias South Flank« zudem in englischer Übersetzung zu haben war. Wiehe war kein unauffälliger SPIEGEL-Mitarbeiter, sondern offenbar ein wertvoller Kader der Anfangsjahre, der sich auf Kriminalgeschichten aus dem untergegangenen »Dritten Reich« spezialisiert hatte. Eine längere Story über den schillernden, der Gestapo-Kollaboration verdächtigten Nachtclub-Besitzer Zenobjucz Messing im August 1950 brachte Wiehe in Konflikt mit der Braunschweiger Staatsanwaltschaft, die den Verrat von Dienstgeheimnissen untersuchte. Über »Siggi« Messing schrieb Wiehe:

»Wer Messing von früher kennt, etwa aus dem ›Groschenkeller‹ in Berlin, aus Litzmannstadt, Warschau, Lübeck oder aus den besten ›strohhalm‹-Tagen, erkennt den langen ›Siggi‹ nicht wieder. Da sind zwar noch die stechenden, seit einer Typhus-Erkrankung leicht schielenden Augen, die typische Mund- und Kinnpartie und die schwarze, immer ins Gesicht fallende Mähne [...] Messing scheint verbraucht, verfallen, krank, übernervös, und neigt zu Weinkrämpfen und Nervenzusammenbrüchen.«

Deshalb hatte der Braunschweiger Strafsenat den Untersuchungsgefangenen Messing wegen Haftunfähigkeit nach Hause geschickt, was Reporter Wiehe zweifelhaft fand: »Ist dieser Messing nur der kleine Schwindler und Falschspieler, bemüht, sich durch kleine Gaunereien und Tricks aus dem galizischen Milieu in die bewunderte Welt der Schauspieler, Maler und Journalisten hineinzuschwindeln? Oder ist er doch der gerissene Drahtzieher, Spitzel, Erpresser oder gar Mörder?«[33]

Was immer jener Zenobjucz Messing verbrochen habe mochte, verglichen mit ihm, der mit typisch antijüdischen Kli-

---

33 Vgl. DER SPIEGEL vom 31.8.1950.

schees geschilderten ahasverischen Gestalt, kommen in Wiehes Artikel die ehemaligen Gestapo-Boys wesentlich besser weg. Die Litzmannstädter Gestapo-Beamten und Kriminalsekretäre Oskar Hein, Hermann Werner, Jürgen von Tesmar, Gerhard Hinz oder der SD-Wirtschaftsreferent in Warschau, Dr. Gerhard Stabenow, werden als brave und pflichttreue Staatsdiener geschildert, die unter den Schiebereien und dann auch noch unter der Nachkriegs-Rache von »Siggi« Messing zu leiden hatten.

Hans-Jürgen Wiehe[34] und mehr noch der SS-Hauptsturmführer Dr. Bernhard Wehner, Serien-Autor des SPIEGEL Ende der 1940er, Anfang der 1950er Jahre, spezialisiert auf Kripo-Fragen im Allgemeinen und Besonderen, stehen für eine Grundhaltung des frühen Nachrichten-Magazins: Public Relations für »anständige« ehemalige Fachleute, die nur wegen ihrer einstigen SS-»Dienstgradangleichung« dann nach 1945 im besetzten Westdeutschland ausgebootet worden seien. Deshalb konnten, so der SPIEGEL damals, ausländische wie jüdische Schmuggler und Hehler nahezu ungehemmt ihr Unwesen treiben. Bernhard Wehner, leitender Ermittler in Arthur Nebes Amt V (Kripo) des Reichssicherheitshauptamtes (RSHA), war allerdings schon 1931 in die NSDAP eingetreten, kein »Märzgefallener« oder »Maikäfer« also, sondern von der kriminalbiologischen NS-Konzeption durchaus überzeugt. 1949/50 arbeitete er gemeinsam mit Rudolf Augstein an der 30-teiligen Serie »Das Spiel ist aus – Arthur Nebe«, in der das ehemalige Berliner Reichskriminalpolizeiamt (das dann im RSHA aufging) als technisch-strategische Weltklasse-Institution geschildert wird. Einer der Helden der Fortsetzungsgeschichte:

34 Wiehe brachte auch einen weiteren niedersächsischen Verfassungsschützer, Fritz Tobias, 1956 mit dem SPIEGEL in näheren Kontakt. Daraus entwickelte sich die noch heute umkämpfte SPIEGEL-Serie über den Reichstagsbrand (»Alleintäterthese«). Für diese Auskunft danke ich Hauke Janssen.

Dr. Bernhard Wehner selbst, der dann auch folgerichtig ab 1954 wieder als Chef der Düsseldorfer Kripo und Redakteur des Fachblatts »Kriminalistik« amtieren konnte. Wehner hatte Rudolf Augstein zu Beginn der Serie zu folgendem Brief an die »lieben SPIEGEL-Leser« animiert: »Beim Schreiben wurde klar, wie gut es wäre, wenn sich die heutigen Polizei-Gewaltigen durch das kriminologische Studium der zwanziger und dreißiger Jahre einen Begriff davon verschafften, welche Aufgaben eine künftige Bundes-Kriminalpolizei erwarten. Wie gut es wäre, wenn diese Verantwortlichen alles täten, die Eifersucht auszuschalten, die eine überwiegende Mehrzahl erstklassiger Kriminalisten unter dem Vorwand fernhält, sie hätten dem Regime gedient.«[35] Dieser Brief an die SPIEGEL-Leser enthält noch interessante berufsphilosophische Reflexionen über die Unterschiede zwischen »gewissenhaften Publizisten« und den »Kriminalisten«; dass es in diesem Fall nun doch ein Kriminalist war, der die ausladenden Geschichten um RSHA-Häuptlinge wie Arthur Nebe, Reinhard Heydrich, Walter Schellenberg oder Franz Alfred Six zusammenkompiliert hatte, wurde dem »lieben SPIEGEL-Leser« verständlicherweise verschwiegen.

Es waren die Zeiten der Abrechnungen, Verdächtigungen, der Neuordnungen und Konspirationen der beginnenden Bundesrepublik unter alliierter Aufsicht. Der SPIEGEL war Teil dieser postnationalsozialistischen Rekonstitution, eben kein »antifaschistisches« Blatt von Remigranten. Dieser Einsicht näherte sich schrittweise auch Leo Brawand an, SPIEGEL-Wirtschaftsredakteur der ersten Stunde und so etwas wie der Haus-Historiograph an der Brandstwiete, mit drei Büchern über Augstein & Co. Seine letzte Monographie über den SPIEGEL als »Besatzungskind« fasste er 2007 für die »Jüdische Allgemeine« so zusammen:

35 DER SPIEGEL vom 29.9.1949.

»Kaum ein Blatt der bundesdeutschen Gründerjahre hatte eine so heterogene Redaktion wie der 1947 gegründete SPIEGEL. Der Bogen reichte von den ehemaligen SD-Offizieren Horst Mahnke und Georg Wolff aus dem Reichssicherheitshauptamt bis zu dem ›jüdischen Mischling ersten Grades‹ Ralph Giordano, der uns junge, kaum der Hitlerjugend entwachsene Redakteure, durch seine persönlichen Berichte über NS-Verbrechen und Holocaust aufklärte. Dazu das liberale Weltkind Rudolf Augstein in der Mitten. Mit Mahnke und Wolff habe ich zwei Jahrzehnte zusammengearbeitet. Ein öffentliches Thema wurde ihre NS-Vergangenheit erst spät; noch später, zugegeben, nämlich erst in meinem 2006 erschienenen Buch [...] der eigene Versuch, unsere ›blinden Flecken‹ in einem Extrakapitel aufzuarbeiten. Über dem Lärmen um angeblich braune Netzwerke bei uns geriet ein anderes Faktum der Gründungszeit in Vergessenheit: die Tatsache, dass an der Wiege des SPIEGELs vorrangig jüdische Helfer standen. Schon vor zwanzig Jahren nannte ich unser Nachrichten-Magazin deshalb in einem ersten Buch ›ein deutsch-englisch-jüdisches Gemeinschaftswerk‹.«[36]

Nun ging und geht es kommunikationswissenschaftlich und zeithistoriographisch nicht um das »Lärmen« über NS-Seilschaften auch beim SPIEGEL, auch nicht so sehr um die bekannten Ressortchefs mit SD-Hintergrund, sondern um die Kernfrage einer konkreten Kommunikationsforschung: welche (Nachkriegs-)Mentalitäten, politischen Absichten und Ideologien oder *Kampagnen ad personam* transportierte der SPIEGEL inhaltlich, in Serien und Artikeln? Diese Untersuchungen sind natürlich von jeweiligen Autoren und redaktionell Verantwortlichen nicht zu

---

36 Leo Brawand: *Der SPIEGEL – ein Besatzungskind. Wie die Pressefreiheit nach Deutschland kam*, Hamburg 2006; ders.: *Die SPIEGEL-Story. Wie alles anfing*, München 1987.

trennen, aber nur durch Analyse der frühen SPIEGEL-Ausgaben selbst zu fundieren – wobei ein Problem des Zeithistorikers schon hier erkennbar wird: bei den frühen unsignierten SPIEGEL-Storys ist häufig nur zu vermuten, wer Autor oder Informant war, und auch das SPIEGEL-Archiv kann häufig nicht weiterhelfen. Die *oral history* der noch lebenden Zeitzeugen aus den Anfangsjahren des Nachrichten-Magazins ist im Abstand mehrerer Jahrzehnte widersprüchlich.

Es können aber die wesentlichen Problemfelder für eine Analyse des Nachrichten-Magazins in den Jahren vor der SPIEGEL-Affäre benannt werden. Das kritische Jahrfünft, also die Zeit der stärksten Verbandelung des Blattes mit ehemaligen NS-Kadern innerhalb und außerhalb des SPIEGEL, ist für die Jahre 1949–1954 zu situieren. Zwar gab es SS-Geheimdienst- und Propagandafachleute in leitender Funktion auch bei anderen Blättern; bekannte Fälle sind hier Giselher Wirsing (bald schon Augsteins publizistischer Intimfeind) als Chefredakteur des auflagenstarken Wochenblattes »Christ und Welt« und später der NS-Filmfunktionär und »Propagandaschlacht«-Stratege Hans Weidemann beim »Stern«. Allerdings weist der frühe SPIEGEL eine besondere Zahl an Mitarbeitern aus dem Milieu der SS-Intelligentsia auf[37]: Mahnke zog noch seinen RSHA-Referenten Hans-Wilhelm Rudolph nach (in den 1950er Jahren in der SPIEGEL-Auslandsdokumentation tätig), und der langjährige Chef vom Dienst Johannes Mathiesen hatte beim SD im besetzten Dänemark gewirkt. Dazu kamen die RSHA-Kriminalstorys von Bernhard Wehner. Interessanter

---

37 Dazu jetzt auch eine Monographie des ehemaligen SPIEGEL-Redakteurs Peter-Ferdinand Koch: *Doppelagenten. Namen, Fakten, Beweise,* Salzburg 2011, auf allerdings uneinheitlicher Faktenbasis. So taucht hier Franz Alfred Six als Doppelagent von der Organisation Gehlen und Sowjet-Geheimdienst auf, »Quelle: eigene Recherchen«. Belege und Beweise wären erwünscht.

vielleicht noch sind Beiträge und Informationen aus dem Umfeld von SS, SD und anderen genuinen NS-Institutionen, die Eingang in das SPIEGEL-Weltbild fanden, aber nicht mehr genau zuzuordnen sind. Dies trifft etwa auf die beiden Artikel über den angeblichen »jüdischen Mischling« Walter Hirschfeld und seine Rolle beim gewaltsamen Tod der Six-Schwester Marianne zu, die 1949 erschienen, also drei Jahre nach den eigentlichen Vorfällen (und der damit verbundenen Gefangennahme von Horst Mahnke). Es gibt Hinweise darauf, dass über ihre Mitarbeit beim amerikanischen CIC oder der Organisation Gehlen die gleichfalls von Hirschfeld an die Falle gelockten SD-Spezialisten Klaus Barbie und Emil Augsburg mit der Entstehung dieser Abrechnungs-Texte zu tun hatten; dies muss aber in US-Archiven noch verifiziert werden.[38] Auch um diesen Fall hatte sich Rudolf Augstein in zwei Briefen an die SPIEGEL-Leser persönlich gekümmert; »was die deutsche Gerichtsbarkeit für die vergiftete Marianne Six tun will, bleibt abzuwarten«, schrieb er am 29.12.1949, und nachdem einige SPIEGEL-Rezipienten aus dem Text offenbar die Aufforderung entnommen hatten, gegen Hirschfeld handgreiflicher zu Werke zu gehen, beschwichtigte Augstein zwei Wochen später, es sei nicht angesagt, »dem Hirschfeld ein Leids zu tun«. Mit NS-Lynchjustiz wollte Augstein verständlicherweise nichts zu tun haben: »Sie haben falsch gelesen. Es wäre verkehrt, dem Hirschfeld ein Haar zu krümmen.«

Da der SPIEGEL personell mit der Geheimdienst-Szenerie des NS-Staates verbunden war, wäre detaillierter nach der Rolle des Blattes im Konkurrenzkampf der verschiedenen Nachrichtendienste in der Bundesrepublik zu fragen. Bekannt ist der Bundestags-Hinweis von Rudolf Augsteins FDP-Freund Wolfgang

---

38 Vgl. u. a. dazu demnächst Lutz Hachmeister: *Heideggers Testament. Der Philosoph und das SPIEGEL-Gespräch*, Berlin 2014.

Döring anlässlich der Affäre von 1962 auf jenen Geheimdienst, der mit dem SPIEGEL gearbeitet habe, und jenen, der dagegenagiert habe (offenkundig bezogen auf BND und MAD). Aber schon 1953/54 spiegelt sich die Auseinandersetzung zwischen Friedrich Wilhelm Heinz (im »Amt Blank«), dem dann spektakulär in die »Ostzone« retirierten Verfassungsschutz-Chef Otto John und dem ehemaligen Wehrmachtsgeneral Reinhard Gehlen mit umfangreichen Beiträgen im »deutschen Nachrichten-Magazin«, mit deutlichen Sympathien für Gehlens späteren BND. So heißt es in der SPIEGEL-Geschichte über den einstigen Freikorps-Verschwörer Friedrich Wilhelm Heinz: »Nachdem Heinz verschwunden ist, bleibt praktisch nur noch ein anderer, ungleich mächtigerer amtierender deutscher militärischer Nachrichtenmann übrig, der Generalmajor a.D. Gehlen. Gehlen ist während des Krieges Chef der Abteilung ›Fremde Heere Ost‹ im deutschen Generalstab gewesen. Seine Organisation ist nach dem Kriege mit amerikanischen Subsidien weitergeführt worden. Jetzt steht nichts mehr den Plänen im Wege, den Gehlen-Apparat wieder in deutsche Finanzgewalt zu übernehmen oder aber, falls sich die Millionensummen, die bisher zur Verfügung standen, von Bonn allein nicht aufbringen lassen, die Organisation als besonders wertvollen Beitrag in die EVG zu gemeinsamer Nutzung und Finanzierung einzubringen.« 1954 machten die Gehlen-Bewunderer beim SPIEGEL in einer unverhüllt werbenden Titelgeschichte (allen voran Redaktionsmanager Hans Detlev Becker) den Lesern dann weis, in Gehlens Stab befinde sich kein einziger SD- oder Gestapo-Mann – und das war glatt gelogen. Alte Six-Mitarbeiter und Mahnke-Bekannte wie Rudolf Oebsger-Röder oder Emil Augsburg bezogen längst ihr Salär von Gehlens »Org.«

Auf die enge Verbindung des SPIEGEL zur NS-belasteten Gründertruppe des BKA und der der Landeskriminalpolizei-Ämter ist bereits hingewiesen worden. Die SPIEGEL-Berichterstattung trug mittelbar dazu bei, dass mit den wiederinstallierten »Ehemaligen« die Verfolgung von NS-Gewalttaten nicht allzu intensiv betrieben wurde.[39] Eine direkte Verbindungslinie in die operative Politik, die auf den Inhalt des SPIEGEL selbst Einfluss nahm, war Augsteins Engagement für die »Jungtürken« in der FDP, also für die von politischen Gegnern als »Hitlerjungen« geschmähten Willi Weyer, Walter Scheel und Wolfgang Döring, denen es 1956 in Nordrhein-Westfalen gelang, den CDU-Ministerpräsidenten Karl Arnold zu stürzen. Dem akklamierte der SPIEGEL – kein Wunder, Chefredakteur Augstein sah darin ein willkommenes Vorzeichen für die Ablösung des Adenauer-Regimes in Bonn, strebte schon früh für die FDP ein Bundestagsmandat an und wollte zusätzlich zum SPIEGEL eine FDP-nahe Tageszeitung herausgeben. Die Nähe des SPIEGEL zum nationalliberalen Flügel der FDP brachte es aber auch mit sich, dass selbst die Strategie Ernst Achenbachs (auch er ein ehemaliger Six-Referent im Auswärtigen Amt vor 1945), die Freidemokraten mit jüngeren NS-Kadern in Schwung zu bringen[40], beim SPIEGEL kaum auf Kritik stieß. Kritisiert wurde vielmehr die britische Besatzungsmacht, weil sie der nach SPIEGEL-Ansicht überschätzten »Geheimbündelei« mit unangemessenen Verhaftungsmaßnahmen begegnet war. Allerdings hatte sich der SPIEGEL vom »lunatic fringe« rechtsextremer Gruppierungen

---

39 Dieser Komplex ist mittlerweile gut erforscht, vgl. Patrick Wagner: *Hitlers Kriminalisten. Die deutsche Kriminalpolizei und der Nationalsozialismus*, München 2004; Immanuel Baumann u. a.: *Schatten der Vergangenheit. Das Bundeskriminalamt und seine nationalsozialistische Gründergeneration*, Köln 2011.

40 Vgl. dazu jetzt Kristian Buchna: *Nationale Sammlung an Rhein und Ruhr. Friedrich Middelhauve und die nordrhein-westfälische FDP 1945–1953*, München 2010, und Norbert Frei: *Vergangenheitspolitik. Die Anfänge der Bundesrepublik und die NS-Vergangenheit*, München 1997.

in der Bundesrepublik (»Deutsche Bruderschaft«, »Sozialistische Reichspartei«) immer scharf abgegrenzt.

Schließlich wandelte sich der SPIEGEL mit der westdeutschen Gesellschaft; er war Medium und Faktor sozialkultureller Veränderungen, dabei so mächtig wie keine andere publizistische Institution. Durch den antiklerikalen Kurs Augsteins gegen die innenpolitische Restauration Adenauers galten SPIEGEL-Leser in den 1950er Jahren zunehmend als »links«. Zur Leserschaft zählten jetzt sowohl Ex-Flakhelfer, geläuterte Nationalsozialisten und Wehrmachtsoffiziere wie neue studentische Aktivisten, als deren Speerspitze sich bald der Sozialistische Deutsche Studentenbund (SDS) herauskristallisierte. Leitkolumnisten dieser Klientel waren nun Rudolf Augstein und Ulrike Meinhof. Aus den Anfängen der Blattgeschichte blieben eine besondere Nähe zu den Geheimdienst-Milieus und die Vorliebe für eine sozialliberale Koalition, die sich dann 1969 auch auf Bundesebene realisierte. In der Amtszeit des gemäßigt konservativen Chefredakteurs Claus Jacobi (1962 – 1968) bewegte sich der SPIEGEL im liberalen Mainstream, bis es im Zuge einer hausinternen Linksopposition (»Veto gegen Augstein«[41]) wieder zu redaktionsinternen Erschütterungen kam.

---

41 Vgl. das gleichnamige Buch von Bodo Zeuner, Hamburg 1972.

Teil III
Die SPIEGEL-Affäre

Griff nach der Bombe? Die militärischen Pläne des Franz Josef Strauß

Von Eckart Conze

Am Abend des 21. September 1962 begann der dritte Weltkrieg. Über einem Fliegerhorst der Bundeswehr explodierte eine Atombombe. »Weitere Atomschläge«, so war es im SPIEGEL zu lesen, »gegen die Flugplätze und Raketenstellungen der Nato in der Bundesrepublik, in England, Italien und der Türkei folgten.« Der Artikel vom 8. Oktober 1962, jene Titelstory unter der Überschrift »Bedingt abwehrbereit«, die mit einer Schilderung der Nato-Stabsrahmenübung »Fallex« begann, ist gut bekannt, wenn auch vermutlich wegen ihrer Länge und der komplexen Materie nur wenig gelesen. Am 21. September 1962 jedenfalls, so berichtete der SPIEGEL, wurde in dem Manöver »Fallex« aus dem Spannungsfall der Verteidigungsfall.[42]

Die Geschichte der SPIEGEL-Krise geht in ihrer immer wieder erzählten Wirkungsgeschichte nicht auf.[43] Und sie erschöpft sich

---

42 »Bedingt abwehrbereit«, in: DER SPIEGEL vom 10.10.1962, S. 34–60.
43 Die Darstellung dieser Wirkungsgeschichte reicht von David Schoenbaum: *Ein Abgrund von Landesverrat. Die Affäre um den SPIEGEL*, Wien 1968, bis hin Christina v. Hodenberg: *Konsens und Krise. Eine Geschichte der westdeutschen Medienöffentlichkeit 1945–1973*, Göttingen 2006. Auch in den jüngeren Gesamtdarstellungen zur Geschichte der Bundesrepublik finden Geschichte und Wirkungsgeschichte der SPIEGEL-Krise gebührende Aufmerksamkeit: vgl. beispielsweise Manfred Görtemaker: *Geschichte der Bundesrepublik Deutschland. Von der Gründung bis zur Gegenwart*, München 1999, S. 381–386; Edgar Wolfrum: *Die geglückte Demokratie*, Stuttgart 2006, S. 209–213; Eckart Conze: *Die Suche nach Sicherheit. Eine Geschichte der Bundesrepublik Deutschland von 1949 bis in die Gegenwart*,

auch nicht in der Geschichte der Auseinandersetzung zwischen dem SPIEGEL und Franz Josef Strauß. Es war kein Zufall, dass der SPIEGEL-Artikel, der die Krise auslöste, sich mit sicherheitspolitischen Entwicklungen beschäftigte. Den Kern des Artikels, für den die Berichterstattung über die »Fallex«-Übung nur ein Einstieg war, bildeten die Frage nach der Politik der Bundesrepublik – und speziell des Bundesverteidigungsministers – in dem von der Kennedy-Administration betriebenen Wandel der amerikanischen Militärstrategie und – vor diesem Hintergrund – eine scharfe Kritik an dem nuklearen Verteidigungskonzept von Strauß.

Diese Problematik wiederum – deutsche Sicherheitspolitik im amerikanischen Strategiewandel und nuklearpolitische Zielsetzungen des Verteidigungsministers – gehört in andere, in weitere Zusammenhänge, die für die Geschichte der Bundesrepublik in ihren ersten zwei Jahrzehnten von zentraler Bedeutung sind. Man muss sich, *erstens*, vergegenwärtigen, dass sich in den Jahren der Amtszeit von Franz Josef Strauß als Verteidigungsminister (Herbst 1956 bis Ende 1962) nicht nur in der Bundesrepublik, sondern im gesamten westlichen Bündnis diejenigen grundlegenden Strukturen herausbildeten, die die Militärstrategie und die Sicherheitspolitik des Westens letztlich bis zum Ende des Kalten

---

München 2009, S. 273–277; vgl. auch Axel Schildt: »Materieller Wohlstand – pragmatische Politik – kulturelle Umbrüche. Die 60er Jahre in der Bundesrepublik«, in: ders. u. a. (Hg.): *Dynamische Zeiten. Die 60er Jahre in den beiden deutschen Gesellschaften*, Hamburg 2000, S. 21–53; Per Øhrgaard: »›ich bin nicht zu herrn willy brandt gefahren‹ – Zum politischen Engagement der Schriftsteller in der Bundesrepublik am Beginn der 60er Jahre«, in: Axel Schildt u. a. (Hg.): *Dynamische Zeiten. Die 60er Jahre in den beiden deutschen Gesellschaften*, Hamburg 2000, S. 719–723, sowie Ulrich Herbert: »Liberalisierung als Lernprozess«, in: ders. (Hg.): *Wandlungsprozesse in Westdeutschland. Belastung, Integration, Liberalisierung 1945–1980*, Göttingen 2002, S. 7–49.

Krieges bestimmten. Genannt sei als Stichwort nur die Strategie der »Flexible Response«.[44] Die Herausbildung dieser Strukturen und die damit zusammenhängenden Grundentscheidungen waren das Ergebnis zum Teil scharfer politischer Auseinandersetzungen, und zwar innerhalb des westlichen Bündnisses ebenso wie innerhalb der Bundesrepublik und letztlich auch innerhalb der deutschen Streitkräfte und damit der militärischen und politischen Führung der Bundeswehr.

In diesen Entwicklungen und Auseinandersetzungen wurden, *zweitens*, Fragen der Außen- und Sicherheitspolitik breit öffentlich und zum Teil ausgesprochen kontrovers diskutiert. Außen- und sicherheitspolitische Fragen, so komplex sie auch gewesen sein mögen, blieben nicht Arkanpolitik, sondern sie wurden in einer sich liberalisierenden politischen Öffentlichkeit verhandelt – mit dem SPIEGEL als einem wichtigen Akteur in diesem Prozess. Das geschah nicht notwendig, wie das Verhalten von Strauß zeigt, mit Zustimmung aller beteiligten Protagonisten, aber auch ein Franz Josef Strauß konnte diese Demokratisierung von Außen- und Sicherheitspolitik nicht verhindern.[45]

Drittens schließlich – und damit zusammenhängend – waren die Jahre um 1960 auch für die militärische Elite der Bundes-

---

44 Zur Entwicklung der Nuklearstrategie nach 1945 siehe allgemein Lawrence Freedman: *The Evolution of Nuclear Strategy*, London/Basingstoke 1983; spezieller zur Entstehung der Strategie der »Flexible Response« Jane E. Stromseth: *The Origins of Flexible Response. NATO's Debate over Strategy in the 1960s*, London 1988.

45 Zu dieser Entwicklung siehe auch die Studien von Tim Geiger: *Atlantiker gegen Gaullisten. Außenpolitischer Konflikt und innerparteilicher Machtkampf in der CDU/CSU 1958–1969*, München 2008, oder Eckart Conze: »Staatsräson und nationale Interessen. Die ›Atlantiker‹-›Gaullisten‹-Debatte in der westdeutschen Politik- und Gesellschaftsgeschichte der 1960er Jahre«, in: Ursula Lehmkuhl u. a. (Hg.): *Gesellschaft und Internationale Geschichte. Festschrift für Gustav Schmidt*, Stuttgart 2003, S. 197–226.

republik, für die Generalität der Bundeswehr, eine wichtige Phase lernender Transformation, gerade auch weil sich in diesen Jahren in der Auseinandersetzung mit der Frage von Strategie und Kriegführung im Nuklearzeitalter unterschiedliche Ausprägungen militärischen Denkens und unterschiedlich ausgeformte militärische Erfahrungen gegenüberstanden und um Transformationsdominanz rangen.[46] All diese Entwicklungslinien und Arenen der Auseinandersetzung wurden außen- und deutschlandpolitisch überwölbt durch die permanente Krise um Berlin, die fortdauernde, ja sich verfestigende deutsche Teilung und die schwindenden Chancen einer baldigen Wiedervereinigung, während innenpolitisch spätestens seit der »Präsidentschaftskrise« 1959 das lange Ende der Kanzlerschaft Adenauers mit all seinen Wendungen und Dynamiken den Hintergrund bildete.

Diese vielschichtigen Entwicklungen sind mit der ebenso plakativen wie skandalisierenden Formulierung »Griff nach der Bombe« kaum angemessen überschrieben. Schwingt nicht in dieser Formulierung die Behauptung mit, Franz Josef Strauß habe danach gestrebt, die Bundesrepublik zu einer unabhängigen Atommacht zu machen – und ein wenig vielleicht auch die Behauptung, der SPIEGEL habe das verhindert?[47] Nach allem,

---

46 Zu diesen Transformationsprozessen siehe auch Klaus Naumann: *Generale in der Demokratie. Generationsgeschichtliche Studien zur Bundeswehrelite*, Hamburg 2007; ders.: »Integration und Eigensinn. Die Sicherheitseliten der frühen Bundesrepublik zwischen Kriegs- und Friedenskultur«, in: Thomas Kühne (Hg.): *Von der Kriegskultur zur Friedenskultur? Zum Mentalitätswandel in Deutschland seit 1945*, Hamburg 2000, S. 202–218; sowie auch verschiedene Beiträge in: Frank Nägler (Hg.): *Die Bundeswehr 1955–2005. Rückblenden, Einsichten, Perspektiven*, München 2007.

47 Diesen Titel sah das Tagungsprogramm vor, versehen allerdings mit einem Fragezeichen. Vgl. aber, der Titelthese durchaus folgend, die Studie von Matthias Küntzel: *Bonn und die Bombe. Deutsche Atomwaffenpolitik von Adenauer bis Brandt*, Frankfurt a.M./New York 1992.

Die SPIEGEL-Affäre

Franz Josef Strauß mit markiertem SPIEGEL-Heft und Oberst Willi Wagenknecht im November 1962 in Bonn

was wir wissen, wollte Strauß keine deutsche »Bombe«; er wollte keine nationale deutsche Verfügungsgewalt über Atomwaffen. Allerdings war Strauß davon überzeugt, dass militärische Macht politischen Einfluss bedeute, und militärische Macht bedeutete für ihn – im Nuklearzeitalter – in erster Linie nukleare Macht. Zugleich war für ihn die Verfügungsgewalt über nukleare Waffen – in spezifisch deutscher, spezifisch bundesrepublikanischer Perspektive – Ausweis staatlicher Souveränität und Gleichberechtigung.[48] Weder eine deutsche Diskriminierung – dafür stand bei Strauß die historische Metapher »Versailles« – noch eine deutsche Isolierung – »Potsdam« – war für ihn akzeptabel. Dennoch gilt:

---

48 Das taucht als Thema in Strauß' Erinnerungen fast durchgängig auf; siehe insbesondere Franz Josef Strauß: *Die Erinnerungen*, Berlin 1989, S. 242–442.

Auf nationale nukleare Waffen lief das nicht hinaus. Stattdessen lassen sich in der Amtszeit von Strauß als Verteidigungsminister insgesamt vier Optionen einer westdeutschen Nuklearpolitik identifizieren, die von ihm zu unterschiedlichen Zeitpunkten, teils getrennt von einander, teils kombiniert, stärker oder weniger stark betrieben wurden:

1. der Erwerb von Nuklearwaffen von den USA unter bilateraler Kontrolle;
2. die Koproduktion nuklearer Waffen mit Frankreich und eventuell weiteren Bündnispartnern;
3. ein gemeinsamer Atomwaffenpool der Nato;
4. eine europäische Atomstreitmacht.[49]

Deutlich davon trennen muss man demgegenüber ein bis etwa Mitte der 1960er Jahre und auch von Strauß verfolgtes Interesse, der Bundesrepublik eine – nicht näher definierte – nukleare Option offenzuhalten, die man gegebenenfalls bei Verhandlungen über eine Wiedervereinigung als – diplomatisches – Verhandlungsobjekt hätte einsetzen können.[50] Die Option war hier entscheidend – und gegebenenfalls der Verzicht darauf –, nicht eine tatsächliche Verfügungsgewalt. Doch dieses Interesse schwand, als sich seit dem Mauerbau und der Kuba-Krise und angesichts der amerikanisch-sowjetischen Entspannung der Status quo der Teilung in Deutschland und Europa verfestigte und Verhandlungen über eine Wiedervereinigung zunehmend unrealistisch wur-

---

49 Hier folge ich Helga Haftendorn: *Abrüstungs- und Entspannungspolitik zwischen Sicherheitsbefriedigung und Friedenssicherung*, Düsseldorf 1974, S. 114. Haftendorn war in den 1960er Jahren Sekretärin der »Studiengruppe für Rüstungskontrolle, Rüstungsbeschränkung und Internationale Sicherheit«, eines Gremiums, dem Politiker, Beamte aus dem Bereich der Außen- und Sicherheitspolitik und Wissenschaftler angehörten.

50 Vgl. ebd., S. 110.

den. Erst im »Zwei-plus-Vier«-Prozess 1990 tauchte die Thematik wieder auf.[51]

Aus dem Verzicht der Bundesrepublik auf eine unabhängige Verteidigungspolitik durch ihren Nato-Beitritt ergab sich ihr politisches Bestreben, ein angemessenes Mitspracherecht über die Angelegenheiten der gemeinsamen Verteidigung zu erhalten; ein Mitspracherecht, das sich angesichts der zentralen Bedeutung nuklearer Waffen in der westlichen Verteidigungsstrategie auch auf nukleare Fragen erstrecken musste. Diese Einschätzung teilten Adenauer und Strauß. Und daraus ergab sich auch die von Bundeskanzler und Verteidigungsminister gemeinsam getragene Politik einer Ausrüstung der Bundeswehr mit nuklearen Trägersystemen, nachdem 1956 – in der Bundesrepublik war gerade das Wehrpflichtgesetz verabschiedet worden – der amerikanische Radford-Plan den Abschied von einer Strategie der konventionellen Verteidigung und den Übergang zu einer taktisch-nuklearen Verteidigung eingeleitet hatte, den der Nato-Rat in seinem Dokument MC 70 (April 1958) offiziell zur Planungsgrundlage des Bündnisses machte.[52] Die Folge in der Bundesrepublik waren die inner- und außerparlamentarisch heftig bekämpften Bundestagsbeschlüsse zur Nuklearisierung der Bundeswehr.

So waren es also auf deutscher Seite zwei Faktoren, die die Ausrüstung der Bundeswehr mit nuklearen Waffen auslösten: zum einen die strategische Entwicklung innerhalb der Nato und insbesondere auf amerikanischer Seite, die von der Bundesrepublik Anpassungsleistungen verlangte; zum anderen das

---

51 Siehe dazu beispielsweise Philip Zelikow/Condoleezza Rice: *Sternstunde der Diplomatie. Die deutsche Einheit und das Ende der Spaltung Europas*, Berlin 1997, u. a. S. 467f.

52 Zu diesen Entwicklungen im Detail Axel F. Gablik: *Strategische Planungen in der Bundesrepublik Deutschland 1955–1967. Politische Kontrolle oder militärische Notwendigkeit?*, Baden-Baden 1996.

westdeutsche Bestreben, in der Allianz eine gleichrangige Rolle einzunehmen. Für Franz Josef Strauß trat – das stellten schon zeitgenössische Beobachter fest – eine regelrechte Faszination durch moderne Militär- und Rüstungstechnologie hinzu, deren Bedeutung in der Ost-West-Auseinandersetzung er genauso klar erkannte wie die technisch-industriellen *spin-offs* solcher Technologien nicht zuletzt für die industrielle Entwicklung des Freistaats Bayern (beispielsweise im Bereich der Luft- und Raumfahrtindustrie).[53]

In den Jahren 1958 bis 1961 stand die Rüstungsplanung der Bundeswehr ganz im Zeichen von MC 70.[54] Und die Nuklearisierung der Nato-Strategie sollte sich in Zukunft noch weiter fortsetzen: durch die Bereitstellung atomarer Waffen bis hin zu nuklearen Granatwerfern auf Bataillonsebene einerseits und durch eine aus Mittelstreckenwaffen bestehende atomare Streitmacht der Nato andererseits (Norstad-Plan), an der auch die Bundesrepublik hätte teilhaben können. Doch zu dieser von Strauß sehr begrüßten Entwicklung kam es nicht. Denn die im Januar 1961 an die Regierung gelangte Kennedy-Administration vollzog binnen weniger Wochen einen strategischen Kurswechsel, der die Nato-Staaten mit hegemonialer Wucht traf: Der Gedanke einer atomaren Streitmacht der Nato wurde fallen gelassen, ebenso die Idee, einzelne Bataillone mit nuklearen Gefechtsfeldwaffen auszurüsten. Stattdessen setzte man – wieder – auf die konventionelle Karte und verstärkte nicht nur die eigenen konventionellen Rüstungsanstrengungen, sondern

---

53 Vgl. Haftendorn, S. 114, sowie Wolfgang Krieger: *Franz Josef Strauß. Der barocke Demokrat aus Bayern*, Göttingen/Zürich 1995, S. 42f.
54 Dazu Christian Tuschhoff: *Die MC 70 und die Einführung nuklearer Trägersysteme in die Bundeswehr*, Arbeitspapier des Nuclear History Program (NHP), Ebenhausen 1990.

verlangte dies auch von den Alliierten, darunter nicht zuletzt der Bundesrepublik.[55]

Das strategische Umdenken in den USA hatte bereits in der Schlussphase der Eisenhower-Administration begonnen.[56] Ausschlaggebend waren dafür vor allem die Erfahrungen mit der sich seit Ende 1958 zuspitzenden Krise um Berlin, die die Grundannahmen der Strategie der »Massiven Vergeltung« erschütterte.[57] Würden die USA auf eine konventionelle Provokation der Sowjetunion, die Sperrung der Zufahrtswege beispielsweise oder den Beschuss eines westlichen Lastwagenkonvois, tatsächlich mit nuklearen Waffen reagieren, massiv reagieren, und dadurch eine nukleare Gegenreaktion auslösen, die – das war seit dem »Sputnik« klar – das amerikanische Territorium selbst treffen konnte? War Berlin, war irgendein anderer lokaler Krisenherd auf der Welt dieses Risiko wert? Und wie glaubwürdig war eine solche Nuklearstrategie? Musste man nicht versuchen, einem sowjetischen Angriff zunächst einmal wirksam konventionell begegnen zu können, um eine schnelle nukleare Eskalation zu verhindern? Sollte man nicht in einem möglichen Konflikt zunächst mit konventionellen Mitteln eine »Pause« erzwingen, bevor man nukleare Waffen einsetzte? Sollte man nicht eine möglichst hohe

---

55 Siehe dazu Christoph Hoppe: *Zwischen Teilhabe und Mitsprache. Die Nuklearfrage in der Allianzpolitik Deutschlands 1959–1966*, Baden-Baden 1993, sowie Johannes Steinhoff/Reiner Pommerin: *Strategiewechsel. Bundesrepublik und Nuklearstrategie in der Ära Adenauer–Kennedy*, Baden-Baden 1992.
56 Dazu Jane E. Stromseth: *Origins of Flexible Response,* sowie Andreas Wenger: *Living with Peril. Eisenhower, Kennedy, and Nuclear Weapons*, New York 1997.
57 Dazu sehr detailreich Christian Bremen: *Die Eisenhower-Administration und die zweite Berlin-Krise 1958–1961*, Berlin 1998, sowie Kori Schake: *Contingency Planning for the 1961 Berlin Crisis*, Arbeitspapier des Nuclear History Program (NHP), o.O. 1988.

konventionelle »Schwelle« errichten vor dem Einsatz atomarer Mittel? Um solche Fragen kreiste das strategischen Denken der neuen amerikanischen Militärführung – Verteidigungsminister McNamara, Stabschef Lemnitzer, Kennedys Militärberater General Taylor – und der zivilen *defence intellectuals*, die sie berieten. Franz Josef Strauß nannte sie später »eggheads« oder »Schreibtischkrieger«.[58]

Ohne die Bundesrepublik war eine solche Konventionalisierung der Strategie nicht zu denken, und genau an dieser Stelle kollidierten nun in den Jahren 1961 und 1962 die Vorstellungen der Amerikaner mit denen des deutschen Verteidigungsministers von einem weiteren atomaren Ausbau der Bundeswehr. Selbst wenn man Konventionalisierung und Nuklearisierung noch strategisch hätte verbinden können, war ein solches zweigleisiges Vorgehen für die Bundesrepublik aus finanziellen Gründen völlig ausgeschlossen. Das erforderte eine politische Richtungsentscheidung, und die Position von Strauß war dabei unzweideutig. Die verfügbaren Ressourcen sollten mit hoher Priorität für die nukleare Rüstung eingesetzt werden. Das betraf nicht zuletzt eines der teuersten Rüstungsprogramme der Bundeswehr: das amerikanische Jagdflugzeug F-104, den »Starfighter«, der in einer technisch modifizierten Version (als F-104 G) für nukleare Einsätze zur Verfügung stehen sollte. Die desaströsen Folgen der Entscheidung für den »Starfighter« sind bekannt und hier nicht weiter zu verfolgen. Wichtig in unserem Zusammenhang ist nur, dass die »Starfighter-Affäre« – bis 1991 269 Abstürze mit 116 Toten – in ihrer Genese von der Nuklearisierungspolitik von Strauß nicht zu trennen ist, und das selbst

---

58 Strauß: *Erinnerungen* (1989), S. 355 und 368; vgl. auch Catherine McArdle Kelleher: *Germany and the Politics of Nuclear Weapons*, New York 1975, S. 172.

wenn man die Frage einer möglichen Bestechung des deutschen Verteidigungsministers durch den amerikanischen Lockheed-Konzern völlig ausklammert.[59]

Nicht nur mit Blick auf den »Starfighter« hatte der deutsche Verteidigungsminister in der Führung der Luftwaffe und insbesondere in der Person von Luftwaffeninspekteur Josef Kammhuber starke Verbündete seiner Nuklearpolitik. Das hing mit den notorischen Rivalitäten der Teilstreitkräfte ebenso zusammen wie mit einer insgesamt stärkeren Technikaffinität der Luftwaffenoffiziere.[60] Unterstützung fand Strauß aber auch im Führungsstab der Bundeswehr (Fü B), der sich nach 1958 die Prämissen von MC 70 zu eigen gemacht hatte und eine umfassende nukleare Ausrüstung der Bundeswehr (von Gefechtsfeldwaffen bis hin zum Mittelstreckenbereich) für unabdingbar hielt.[61]

Aber es gab auch Widerspruch zu diesem atomaren Kurs. Strauß selbst hat schon 1961/62 und später immer wieder – bis zu seinen 1989 erschienen Memoiren – die Gegner seiner Politik als eine Art Offiziersfronde dargestellt und versucht, seine Opponenten als konservative Traditionalisten darzustellen.[62] Strauß' Presseoberst Schmückle schrieb, er schrieb auch öffentlich, wie sein Chef die Dinge hinstellen wollte: Es handele sich »um Militärs, die die Aufgabe der Heere im Atomzeitalter mit aller Gewalt nicht begreifen können und deren verhärtetes Gedächtnis immer noch damit beschäftigt ist, Panzer- und Kesselschlachten im Stil

---

59 Zur »Starfighter«- bzw. Lockheed-Affäre vgl. Michael Neu: »Die Starfighter-Beschaffung – ein politischer Skandal?«, in: Jürgen Bellers/Maren Königsberg (Hg.): *Skandal oder Medienrummel?*, Münster 2004, S. 65–120.
60 Vgl. Gablik: Strategische Planungen (1996), S. 184.
61 Vgl. ebd., S. 166–171.
62 Vgl. Strauß: Erinnerungen (1989), S. 370–373; Strauß' Sichtweise taucht zum Teil auch in der Literatur auf, beispielsweise Krieger: Strauß (1995), S. 52f.

des Zweiten Weltkriegs zu schlagen [...] Ach, diese heftigen Träume der Männer auf alten Lorbeeren!«[63]

Zwar gab es auch Stimmen, die sich für eine traditionelle konventionelle Kriegführung starkmachten und daraus einen Primat des Heeres unter den Teilstreitkräften ableiteten. Andere Offiziere, eher in einer national-konservativen Tradition stehend, wandten sich mit Argumenten wie »Liebe zum Vaterland« gegen den Einsatz nuklearer Waffen und eine nukleare Ausrüstung der Bundeswehr, weil sie wussten, dass sie damit Deutschland dem Risiko nuklearer Vernichtung aussetzten.[64] Drastisch stellte der stellvertretende Heeresinspekteur Laegeler fest: »Ich will mit diesem nuklearen Scheiß nichts zu tun haben, das sollen die Amis allein machen.«[65] Und Hans Röttiger, der erste Heeresinspekteur, der sich schon Ende 1956 unter dem Schlagwort »Atomdienstverweigerung« für eine konventionelle Option ausgesprochen hatte, argumentierte in späteren Auseinandersetzungen mit dem Minister: Er müsse, eingedenk der durch die Nürnberger Prozesse geschärften Verantwortung des die politische Entscheidung vollziehenden militärischen Führers, starke konventionelle Kräfte verlangen, um der Zwangslage entrinnen zu können, als Unterlegener zuerst »Massenvernichtungswaffen« einsetzen zu müssen oder zu kapitulieren.[66]

---

63 Gerd Schmückle: »Der Wandel der Apokalypse«, in: *Christ und Welt*, 26.1.1962, S. 3; vgl. dazu auch ders.: *Ohne Pauken und Trompeten. Erinnerungen an Krieg und Frieden*, Stuttgart 1982, S. 241–247, sowie Strauß: Erinnerungen (1989), S. 369–373.
64 Vgl. Gablik: Strategische Planungen (1996), S. 204.
65 Zit. nach: ebd., S. 153, Anm. 322.
66 Siehe Frank Nägler: »Zur Ambivalenz der Atomwaffe im Blick auf Baudissins frühe Konzeption der Inneren Führung«, in: Rudolf J. Schlaffer / Wolfgang Schmidt (Hg.): *Wolf Graf von Baudissin 1907–1993. Modernisierer zwischen totalitärer Herrschaft und freiheitlicher Ordnung*, München 2007, S. 151–164, hier 160.

Doch die Mehrzahl der hohen Offiziere und Generäle sowohl im Führungsstab des Heeres als auch in den integrierten Stäben der Nato vertraten ein Konzept der ausgewogenen, nuklearen und konventionellen, Bewaffnung und befanden sich damit – zum Teil schon seit den späten 1950er Jahren – sehr nahe bei den Vorstellungen, die aus dem Umfeld von McNamara ab 1961 entwickelt wurden. Die schlichte Gegenüberstellung »Traditionalisten vs. Modernisierer« greift also nicht, die Konstellation war deutlich komplexer. So war jener Oberst Alfred Martin, der ja als Hauptinformant des SPIEGEL 1962 gilt, im September 1956, also noch bevor Strauß das Verteidigungsministerium übernahm, Verfasser einer Denkschrift, die als das »Basisdokument für die Nuklearisierung der Bundeswehr« bezeichnet wird.[67] Adolf Heusinger und Hans Speidel können kaum als Vertreter einer Kriegführung nach dem Muster des Zweiten Weltkriegs gelten. Aber als Angehörige integrierter Stäbe, militärpolitisch versiert und in ständigem Austausch mit dem amerikanischen Verteidigungsestablishment, sahen sie die Gründe für den amerikanischen Strategiewechsel mit seinen Imperativen der Konventionalisierung und, vor allem, der Flexibilisierung.[68] Noch als Generalinspekteur der Bundeswehr hatte Heusinger allerdings auch einer reinen Technikgläubigkeit im Rüstungsbereich eine Absage erteilt. Auf der Kommandeurstagung der Bundeswehr 1959 erklärte der General: »Wir müssen diesen Neuaufbau [der Bundeswehr; E.C.] vornehmen in einem technischen Zeitalter, wo alles in einer Neugestaltung begriffen ist wie nie zuvor. Dabei sollten wir einen sicheren Blick bewahren für das militärisch Brauchbare und das militärisch Überspitzte. Sonst verlieren wir den Boden unter den Füßen. [...] Vor allem sollten wir uns darüber klar sein, dass auch

---

67 Gablik: Strategische Planungen (1996), S. 106.
68 Vgl. Kelleher: Germany (1975), S. 174.

in Zukunft der Mensch die Materie beherrschen muss, wenn er nicht zu ihrem Sklaven werden will.«[69]

Es waren keine Traditionalisten, die sich im Frühjahr 1962 in einer Denkschrift an Generalinspekteur Friedrich Foertsch (aus der später auch der SPIEGEL zitierte) für die von den USA geforderte konventionelle Stärkung der Bundeswehr einsetzten: Nur ein stärkeres deutsches Heer könne den Abschreckungsfaktor erhöhen und die Sowjets von einem Angriff abhalten. Auch gewährleiste allein eine Vermehrung der deutschen Truppen die »Vorwärtsverteidigung« an der Zonengrenze. Und politisch argumentierten die Verfasser, mehr Bundeswehrsoldaten vergrößerten das politische Gewicht der Bundesrepublik im atlantischen Bündnis, wohingegen ein Bonner Streben – das Streben von Strauß – nach Mittelstreckenwaffen nur Misstrauen wecke – im Westen, aber auch bei der Sowjetunion.[70]

Für Strauß stand demgegenüber fest, dass der strategische Kurswechsel der Kennedy-Administration, den der amerikanische Verteidigungsminister auf der Nato-Ratssitzung in Athen im Mai 1962 bekräftigte, nicht nur das politische Gewicht der Bundesrepublik in der Nato reduzieren würde – der Verteidigungsminister hatte in diesem Zusammenhang schon früher, 1957, betont, dass die Bundeswehr nicht das »konventionelle Fußvolk« der amerikanischen »atomaren Ritter« werden dürfe[71] –, sondern dass dahinter auch eine mangelnde Entschlossenheit der USA stand, zur Verteidigung ihrer Verbündeten auch nukleare Waffen einzusetzen. Man musste also, so die Folgerung des Ministers und seines Umfelds, die USA in einen nuklearen Krieg hinein-

---

69 Zit. nach: Gablik: Strategische Planungen (1996), S. 184.
70 Die Denkschrift ist zitiert in dem Artikel »Bedingt abwehrbereit«, in: DER SPIEGEL 41/1962.
71 So eine Meldung der amerikanischen Illustrierten »Life« vom 15.7.1957, zit. nach: DER SPIEGEL 15/1961, S. 22.

zwingen können. In einer Reihe einschlägiger Studien spielte die Bundeswehrführung entsprechende Szenarien durch, die von einem massiven Angriff des Warschauer Pakts auch mit atomaren Waffen ausgingen – mit katastrophalen Folgen für die »Substanz der Bundesrepublik«, wie es hieß. Um das zu verhindern, müssten die Nato-Streitkräfte in Europa so ausgerüstet werden, dass sie zu einem vorbeugenden, einem »preemptive strike« in der Lage seien. Von entscheidender Bedeutung in diesem Zusammenhang war die Bundesluftwaffe mit ihren »Starfightern« – und genau das stand am 8. Oktober 1962 im SPIEGEL.[72]

Im SPIEGEL stand aber eben auch – und das war der Kern von »Fallex« –, dass eine nukleare Kriegführung der Nato – so, wie sie in der Planübung durchgespielt wurde, eine sowjetische Aggression nicht würde stoppen können. Im Gegenteil: Von Millionen von Toten war die Rede und dazu von massiven Geländegewinnen der östlichen Truppen. Die Botschaft war eindeutig: Das Nuklearisierungskonzept der Bundeswehr, für das Strauß seit 1956 stand, würde das ihm zugrunde liegende Ziel nicht erreichen, es war damit gescheitert. Genau das war der Kern der Botschaft des SPIEGEL. Und war damit nicht auch Strauß selbst als Verteidigungsminister gescheitert, als derjenige, der wie kein zweiter Politiker für die Nuklearbewaffnung der Bundeswehr stand? Auch das war – unzweideutig – die Botschaft des SPIEGEL-Artikels. Es war die eigentliche Botschaft des Artikels, der in dieser Perspektive den Höhe- und Schlusspunkt bildete einer kritischen Auseinandersetzung des SPIEGEL – auf diesem Feld beileibe keiner Kampagne – mit der Rüstungs- und der Strategiepolitik des Bundesverteidigungsministers, die im Herbst 1956 eingesetzt hatte. Nicht immer war der Ton dieser Auseinandersetzung sachlich, und die polemische Sprache der Strauß-Attacken des

---

72 »Bedingt abwehrbereit«, in: DER SPIEGEL 41/1962.

SPIEGEL und seines Chefredakteurs schlug auch in diese sicherheitspolitischen Kontexte durch. So war im SPIEGEL-Artikel vom 8. Oktober 1962 davon die Rede, dass Strauß im Oktober 1956 die militärische Macht ergriffen habe.[73] Eine solche Formulierung ließ nur wenig Interpretationsspielraum.

Natürlich verband sich diese Auseinandersetzung mit anderen politischen Themen, und natürlich ging es, spätestens seit 1961, auch um die Eignung von Strauß als Nachfolger Adenauers im Kanzleramt, und in dieser Frage war die Position des SPIEGEL und seines Chefredakteurs eindeutig. In diesem Sinne hatte die Kritik des SPIEGEL an der Verteidigungspolitik von Strauß zweifelsohne – je später, desto stärker – eine innenpolitische Dimension. Erfolgreiche Politik bedeutete für die frühe Bundesrepublik in noch viel stärkerem Maße als in späteren Jahrzehnten erfolgreiche Außenpolitik. Erfolgreiche Außenpolitik wiederum, das hieß in erster Linie: gute und stabile Beziehungen zu den Vereinigten Staaten. Spätestens seit 1961 stand Adenauer als Kanzler, anders als in früheren Jahren, nicht mehr für solche Beziehungen. Doch Strauß, der sich als Nachfolger des »Alten« empfehlen wollte, stand noch viel stärker für scharfe Spannungen und Konflikte mit der westlichen Führungsmacht. Diese Spannungen und Konflikte gingen zurück auf einen sicherheitspolitischen Kurs, der mit »Fallex« und der Berichterstattung des SPIEGEL darüber in der politischen Öffentlichkeit der Bundesrepublik als gescheitert betrachtet werden musste.

In seinem Beharren auf nuklearer Partizipation – präziser gesagt: in seinem Beharren auf einer bestimmten Form der nuklearen Partizipation – missachtete Strauß einen grundlegenden Imperativ der westdeutschen Außenpolitik bis 1990; den Imperativ nämlich, dass es notwendig und angesichts der hegemonialen

73 Ebd.

Struktur des deutsch-amerikanischen Verhältnisses unausweichlich war, dass die Bundesrepublik in ihrem Verhältnis zu den USA immer wieder aufs Neue Anpassungsleistungen zu erbringen hatte, wenn sie in Washington Gehör finden und politischen Einfluss nehmen wollte.[74] Im Konflikt war, so wie es die Entwicklung 1961/62 zeigt, Einfluss im Sinne der deutschen Interessen nicht möglich. Die Bundesrepublik war – auch noch nach 1955 – ein »semisouveräner Staat«, sie war ein »penetriertes System«, wie es Wolfram Hanrieder einmal genannt hat.[75] Und es war gerade vor diesem Hintergrund ganz unrealistisch, zu glauben, die Bundesrepublik könne ausgerechnet durch die Verfügungsgewalt über nukleare Waffen – und sei sie auch geteilt – Souveränität im Sinne von politischer Handlungsfreiheit gewinnen. Dies war der große Irrtum des Franz Josef Strauß, ein Irrtum, den der SPIEGEL im Oktober 1962 brutal und schmerzhaft offenlegte. Die Reaktionen, die das Blatt damit auslöste, sie sind bekannt.

---

[74] So ein Leitmotiv der Darstellung von Helga Haftendorn: *Deutsche Außenpolitik zwischen Selbstbeschränkung und Selbstbehauptung 1945–2000*, München 2001.

[75] Vgl. Wolfram F. Hanrieder: *West German Foreign Policy. International Pressure and Domestic Response*, Stanford 1967, sowie ders.: *Fragmente der Macht. Die Außenpolitik der Bundesrepublik*, München 1981.

Augstein, Strauß und die SPIEGEL-Affäre[76]

Von Peter Merseburger

Rudolf Augsteins Gegnerschaft zu Konrad Adenauer wird ab Ende der 1950er Jahre überlagert von der zu Franz Josef Strauß, weil dieser mit seinem Griff nach Atomwaffen Augstein ungleich gefährlicher dünkt als Adenauer. In Augsteins Sicht ist es ja nicht der Kanzler, der das atomare Begehren der Bundesrepublik erfunden, formuliert und durchgesetzt hat. In »Adenauer und seine Epoche« (SPIEGEL 41/1963) betont er die Gemeinsamkeiten zwischen beiden, arbeitet aber den für ihn entscheidenden Unterschied heraus. Zwar seien beide geneigt, das Recht zu manipulieren, und zu jedem Mittel bereit, ihre Macht zu erhalten oder zu mehren; beide seien demagogisch bis zum Exzess und hätten ein gestörtes Verhältnis zur Wahrheit, und dennoch bestehe ein fundamentaler Unterschied zwischen den Persönlichkeitsstrukturen: »Bei Adenauer konnte man immer sicher sein, dass er für seine Person einen Krieg in Mitteleuropa nur riskieren wollte, wenn die Bundesrepublik selbst angegriffen würde.« Und bei Strauß? Er überlässt die Folgerung dem Leser, den indes die geballte Anti-Strauß-Berichterstattung des SPIEGEL nicht im Zweifel lassen kann: Bei Strauß war man sich dessen eben nicht gewiss.

War bislang Konrad Adenauer jener Haupt- und Erzgegner, mit dem Augstein sich maß, dabei selbst an Profil, Aufmerksamkeit, politischer Bedeutung gewann – und sein Blatt natürlich

---

76 Gekürzte, leicht bearbeitete und vom Verfasser genehmigte Fassung des Kapitels: »Ein ›Abgrund von Landesverrat‹«, in: Peter Merseburger: *Rudolf Augstein. Biografie*, München 2007, S. 213ff.

an Auflage –, avanciert jetzt der »studierte Metzgersohn aus der Münchner Schellingstraße« zum alles überragenden Feindbild. Dabei hatte die Beziehung Strauß/SPIEGEL einmal unvorbelastet begonnen. In den ersten SPIEGEL-Geschichten klingt Respekt an vor einem in hanseatischen Augen exzentrischen, weil bodenständigen, heimatverwurzelten, echt »bayrischen Mannsbild«. So heißt es im SPIEGEL-Bericht über Kanzlerwahl und Kabinettsbildung 1953, Strauß demonstriere das »bayerisch-urgemütlichrabiate Selbstbewusstsein« der CSU. Positiv bewertet der Bericht sein ungestümes Drängen auf möglichst viel CSU-Einfluss im Kabinett gegenüber der Unterwürfigkeit, welche die FDP-Kabinettsunterhändler Franz Blücher und Hermann Schäfer auszeichne. Als Strauß zwei Jahre später Atomminister wird, spricht der SPIEGEL von ihm eher positiv-neutral als »jugendlichem« Minister, der kein Mann von übertriebener Zurückhaltung sei.

Auch nach der Kabinettsumbildung im Herbst 1956, als Strauß zum Verteidigungsminister avanciert, ist das Urteil des Blattes noch keineswegs negativ. Was immer man über den »Holzhacker-Siegfried« sagen möge, er sei eben »frischer und stärker als Theo Blank«. Und als ein Porträt von Strauß im Januar 1957 erstmals den SPIEGEL-Titel ziert, erfährt der Leser vom rundum gelungenen Einstand des neuen Verteidigungsministers beim Nato-Ausschuss in Paris. Das Titelbild zeigt den Bayern, umringt von einem Kranz, in dem der Sepplhut zu einem Stahlhelm mutiert. »Primus« Strauß wird gelobt, weil er fließend Englisch spreche, wenn auch mit gemischt bayerisch-amerikanischem Akzent. Frankreichs Nato-Botschafter wird mit dem Satz zitiert, es sei erstaunlich, »wie wach« Strauß sei, wie er Zusammenhänge und Reaktionen sofort erfasse. Der Tenor der Geschichte ist kritisch, aber wohlwollend: »Der neue Verteidigungsminister«, so der SPIEGEL, »weiß nicht nur schlagfertigere Antworten für seinen Kanzler, er findet auch geschicktere Lösungen für delikate Amtsaufgaben.«

Ist der Beginn jenes Duells, das zwischen Strauß und Augstein wenige Wochen später entbrennt, sich zu einer Kampagne gegen Strauß steigert, die klar auf den Abschuss des stattlichen bayerischen Jagdwilds zielt und schließlich zur SPIEGEL-Aktion führt, wirklich auf jene lange, durchzechte und inzwischen legendäre Hamburger Nacht vom Samstag, dem 10., auf Sonntag, dem 11. März 1957, zurückzuführen, in der Augstein und die SPIEGEL-Redakteure einerseits, Strauß andererseits »über Kreuz kamen«, wie der SPIEGEL-Chef das später ironisch-zartfühlend nennen wird? Auf die Tatsache, dass der seines Einflusses bewusste barocke Machtmensch Strauß, um seine Verspätung wissend, aber auf seine Bedeutung als Bundesminister verweisend, die pünktliche Abfahrt des Nachtzugs von Hamburg nach Bonn durch die Intervention seines Referenten beim Fahrdienstleiter – vergeblich – hatte verhindern wollen? Oder gar auf die Tatsache, dass Gastgeber Augstein, getrieben vom Minister-Gast Strauß, die Verkehrsordnung für Normalsterbliche in wilder Fahrt missachten und eine rote Ampel überfahren musste, um den 22.10-Uhr-Zug nach Bonn doch noch zu erreichen? Was wirklich geschah in jener Nacht, wird sich heute nur schwer aufklären lassen. Am verlässlichsten ist noch Leo Brawand, neben Hans Detlev Becker, Hans Schmelz, Horst Mahnke und Johannes K. Engel einer der Teilnehmer jenes Herrenabends, denn er fertigte stenographische Notizen für sein Tagebuch.

Danach macht der Minister, als man beginnt, über Militärisches zu sprechen, sich zunächst über die Engländer lustig. Dann wendet Strauß sich den Sowjets zu. Hans Schmelz, der es im Krieg zum Major brachte, will dabei gehört haben, dass Strauß die Sowjets mit Sittlichkeitsverbrechern vergleicht, die man ja auch nicht frei herumlaufen lasse, und schnarrt im Kasinoton zurück: »Dann schlagen Sie sie doch zusammen.« Strauß protestiert wutentbrannt und behauptet, er habe dies nie gesagt.

Die SPIEGEL-Affäre

Wenig später macht SPIEGEL-Redakteur Horst Mahnke eine Bemerkung über das »Dritte Reich«, die Strauß so aufbringt, dass er ihn wie der klassische preußische Polizeibüttel der Karikatur anschnauzt und wissen will, wer er eigentlich sei und wie er heiße. Gastgeber Augstein, in diesem Fall eher ein autoritärer Chef, schickt Mahnke »auf die Strafbank vor der Tür«. Was Mahnke gesagt hat, bleibt im Dunkel, auch wenn es angesichts seiner SS-Vergangenheit, um die wir inzwischen wissen, von besonderem Interesse wäre. Als Augstein und Mahnke wieder hereinkommen, erklären sie nach Brawand jedenfalls unisono, »niemand sei hier im Raum, der etwa nicht die Meinung vertrete, dass Hitler ein Lump und Verbrecher sei; Mahnke sei missverstanden worden.«

Wenn dieser Abend auch nicht den Ausschlag für den von Augstein bald eröffneten Kreuzzug gegen Strauß gibt, bestätigt er doch alle Vorbehalte gegenüber dem urig-barocken Machtmenschen aus Bayern, der sich von seiner Rednergabe und seinem Temperament immer wieder hinreißen lässt. Entscheidend für den SPIEGEL-Chef sind weniger das Wortgeprassel, die Unbeherrschtheit, die Skrupellosigkeit, das Machtstreben und was noch man Strauß alles nachsagt oder an ihm beobachtet; entscheidend ist die Kombination all der Charakter-Defizite, die er bei Strauß sieht, mit der Machtfülle, die ein Mann genießt, der nach Atomwaffen für die Bundeswehr greift und sich als potentesten Nachfolger Adenauers empfiehlt. So attackiert Augstein vordergründig zwar den Kanzler, als dieser vor der Bundespressekonferenz am 5. April sein berühmt-berüchtigtes Wort von den taktischen Atomwaffen als der »Fortentwicklung der Artillerie« spricht – aber seine Kolumne über den »Atomschreck Bundesrepublik« (SPIEGEL 16/1957), mit der er seine Kampagne gegen Strauß beginnt, zielt geradewegs auf den Verteidigungsminister. Adenauer hatte in seiner Pressekonferenz erklärt, bei der starken

Fortentwicklung der Waffentechnik könne die Bundesregierung nicht darauf verzichten, dass »unsere Truppen auch bei uns – und das sind ja besondere normale Waffen in der normalen Bewaffnung – die neuesten Typen«, also Atomwaffen, haben.

Vielleicht ist dies eine seiner bestgelungenen Kolumnen aus den ersten zehn SPIEGEL-Jahren überhaupt, und sie erklärt glasklar, was den Herausgeber des SPIEGEL und den Verteidigungsminister in der Sache voneinander scheidet. Augstein hält es für eine »Todsünde wider das friedliche Weiterleben der Menschheit«, dass ausgerechnet die Deutschen einen Teil des atomaren Schreckens ausüben sollten, denn wenn überhaupt, dürfte dies »erstens nur eine Weltmacht und zweitens nur eine Macht mit vergleichsweise reinen Händen« tun. Strauß dagegen hält es für eine Todsünde, gegenüber den Sowjets auch nur das geringste Zeichen von Schwäche zu zeigen. Er ist, nach einem Wort Henry Kissingers aus jener Zeit, »nuclear obsessed«, von Atomwaffen geradezu besessen. Für Strauß, der ganz auf totale Abschreckung setzt und am liebsten potenzielle sowjetische Invasoren schon beim ersten Gewehrschuss an der Grenze mit Atomkrieg überziehen möchte, kommt jeder Verzicht auf Atomwaffen einer Einladung zum Überfall auf Westdeutschland gleich. »Leider«, schreibt Augstein, müsse man das fatal entmutigende Gefühl haben, »der Kanzler und seine Knappen schipperten auf den Restbeständen einer mehr als unzeitgemäßen Befürchtung: der Befürchtung, die Teutonen könnten bei einer Metzelei nicht standesgemäß, nicht rechtzeitig vertreten sein«. Augstein steht mit seinen charakterlichen Vorbehalten gegenüber Strauß keineswegs allein da. Selbst in der Spitze der CDU gibt es deutliche Reserven gegenüber dem schlagfertigen Energiebündel mit dem unbezähmbaren Ehrgeiz. Obschon Konrad Adenauer Strauß in sein Kabinett geholt hat, misstraut er ihm doch stets: Strauß müsse endlich besonnener werden, sagt er einem amerikanischen

Besucher. Als der Atomminister Strauß das offensichtliche Chaos bei der Aufstellung der ersten Bundeswehrverbände kritisiert und die Kompetenz des biederen, aufrechten, aber mit dieser Aufgabe überforderten westfälischen Gewerkschafters Theodor Blank beim Kanzler in Frage stellt, spricht Adenauer pikiert von »enttäuschendem Ehrgeiz« des Ellenbogengenies aus München und erklärt mit schneidender Stimme: »Solange ich Kanzler bin, werden Sie niemals Verteidigungsminister.«

Das ändert sich schlagartig 1956, als er Strauß im Herbst doch ins Verteidigungsministerium beruft. Da ist der Kanzler längst auf die kritische Linie von Strauß gegenüber Blank eingeschwenkt und mit dem Bayern einig, dass man sich nicht mehr auf die amerikanische Nuklearabschreckung allein verlassen kann, sondern selbst über Atomwaffen verfügen muss, ja sie gemeinsam mit Franzosen und Italienern entwickeln und bauen will. Und doch hat, wie Hans-Peter Schwarz betont, Strauß selbst dann stets mächtige Feinde in der CDU: Fraktionschef Heinrich Krone, auf dessen Urteil der Kanzler viel gibt, Außenminister Gerhard Schröder und nicht zuletzt Kanzleramtschef Hans Globke.[77] Brühwarm hinterbringen sie Adenauer jeden Ausrutscher des Verteidigungsministers, um dem ohnehin nie ruhenden Misstrauen Adenauers Nahrung zu geben. Der Kanzler wertet Strauß inzwischen als politische Belastung. Zeigt Augsteins SPIEGEL-Kampagne gegen Strauß Wirkung selbst im Kanzleramt?

In der Tat gelingt es Augstein in einem jahrelangen Kreuzzug, Franz Josef Strauß für die eher linke Intelligenz der Republik zur Inkarnation von Gefahr und Aggressivität, von Korruption und Machtbesessenheit, zum Abziehbild des Bösen schlechthin zu machen. Gerd Schmückle, lange Zeit Sprecher des Verteidigungs-

---

77 Vgl. Hans-Peter Schwarz: *Adenauer. Der Staatsmann: 1952–1967*, München 1991, S. 771.

ministeriums und enger Vertrauter von Strauß, nennt Augsteins Einfallsreichtum im »publizistischen Zersägen« seines Gegners »unerschöpflich«. Natürlich ist des SPIEGELs Strauß, diese Schöpfung Augsteins und seiner Mitarbeiter, ein negatives Kunstprodukt. Und natürlich hilft Strauß, der Mann mit den vielen Affären, dem SPIEGEL-Herausgeber nach Kräften selbst dabei, ihn zum atomfeuerspeienden Drachen aufzublasen, der alle bundesrepublikanischen Freiheiten zu verschlingen droht: »Der Minister«, sagt Augstein einmal, »war höchst eilfertig, seinen Ruf zu ruinieren, man konnte ihm kaum folgen.«

Als Augstein seinen Kreuzzug beginnt, hat sich der SPIEGEL aus bescheidenen Anfängen mit keineswegs eindeutigen, oft einander widersprechenden Meinungen und Tendenzen zu einer von Hans Detlev Becker hochgezüchteten, gut geölten, zuverlässig schnurrenden Redaktionsmaschine entwickelt, deren präzise Sachkenntnis beeindruckt. Die Ergebnisse ihrer Recherchen sind meist zutreffend, und die inzwischen eindeutige Meinungsvorgabe der Artikel füttert all jene, die gegen die Allmacht der Staatspartei CDU opponieren, mit immer neuen Argumenten. Weil sich die Sozialdemokratie, die institutionelle Opposition im Parlament, anschickt, den Gedanken auf Ablösung der CDU von der Regierung als nahezu aussichtslos aufzugeben und stattdessen eine Koalition mit ihr anzustreben, wächst die Bedeutung des SPIEGEL als wichtigste Stimme der Opposition im Land.

Ende der 1950er Jahre gebietet Augstein über erhebliche publizistische Macht: Die Auflage des Blattes marschiert 1957, als er die Feindseligkeiten mit dem Verteidigungsminister eröffnet, auf immerhin knapp 300 000 Exemplare zu, es wird weithin beachtet und gefürchtet, weil es Korruption aufdeckt, die Vergangenheit ehemaliger Nazis durchleuchtet oder die Amtsanmaßung von Ministern geißelt. Als der Staatsapparat 1962 zurückschlägt, Polizeibeamte die SPIEGEL-Redaktion besetzen und Augstein verhaften, ist die verkaufte Auflage schon auf rund 450 000 Exemplare geklettert.

Im April 1958 gibt sich Strauß eine echte Blöße – als der Bundesminister, [...] für den die normalen Spielregeln offenbar nicht mehr gelten sollen und der, berauscht von Macht und eigener Bedeutung, auf Sonderrechte für sich pocht. Konkret geht es um den Bonner Polizeibeamten Hahlbohm, der dem Minister-BMW mit dem Stander am Kotflügel vor dem Kanzleramt ein Stoppzeichen gibt, welches Strauß-Fahrer Kaiser jedoch bewusst missachtet. Der Beamte notiert sich das Kennzeichen. Strittig bleibt, ob der Strauß-Chauffeur, der sich vor Kollegen brüstet, es mit den Verkehrsregeln nicht so genau zu nehmen, eigenmächtig handelt oder ob Strauß ihn anweist, das Stoppzeichen nicht zu beachten, wie der SPIEGEL behauptet. Unstrittig dagegen ist, dass Strauß seinen Fahrer zu decken sucht. Bei der Rückfahrt – der Wachtmeister Hahlbohm regelt noch immer den Verkehr vorm Kanzleramt – kurbelt Strauß das Fenster herunter und fragt, ob er etwa Anzeige erstatten wolle. Als der Beamte seine Frage bejaht, fordert Strauß dessen Namen und schnauzt: »Ich werde dafür sorgen, dass Sie von dieser Kreuzung verschwinden.« Er verlangt tatsächlich, wenn auch ohne Erfolg, vom nordrhein-westfälischen Innenminister Dufhues, dass Hahlbohm nicht länger in Bonn Verwendung finden dürfe.

Der SPIEGEL enthüllt das Strauß'sche Amigo-System – Kreditzusagen für einen alten, im Rüstungsgeschäft gänzlich unerfahrenen Freund, der plötzlich einen Raketentreibstoff entwickeln soll, oder Vermittlungsaufträge für einen Freund der Familie seiner Frau, »Onkel Aloys«, der es durch die Strauß-Beziehungen zum Rüstungslobbyisten mit erklecklichen Gewinnmargen bringt. Ihren Höhepunkt erreicht die Enthüllungs-Kampagne mit der Fibag-Affäre, an deren Anfang ein Brief des Verteidigungsministers an den amerikanischen Heeresminister Gates im Pentagon steht, in dem er ihm für den geplanten Bau neuer amerikanischer Kasernen das zwielichtige Architekturbüro eines Münchner Architekten, die »Finanzbau Aktiengesellschaft« (Fibag), empfiehlt. Strauß, der selbst nach Meinung der ihm eher freundlich gesinnten »FAZ« mit diesem Brief »den wesentlichen Unterschied zwischen Deutschland und dem Balkan« aus dem Auge verliert, wird hier in bester Spezi-Manier zum Lobbyisten des Freundes eines Freundes, denn sein Amigo Hans Kapfinger, CSU-Mitglied und Verleger der »Passauer Neuen Presse«, hält 25 Prozent des Fibag-Kapitals. Manches bleibt unklar an dieser Affäre, zumal dem SPIEGEL der Nachweis, Strauß wäre an einem möglichen Gewinn Kapfingers aus dem Kasernengeschäft beteiligt worden, nie gelingen will.

Doch die entscheidende Auseinandersetzung zwischen Strauß und Augstein kreist um militärpolitische Weichenstellungen, sie wird um Rüstung, Strategie und das moderne Kriegsbild im Zeitalter der Atomwaffen ausgetragen. Zweifel an der Strategie der massiven Vergeltung wachsen in dem Maße, in dem Amerika seine Atomdominanz einbüßt und es mit der Entwicklung der Raketentechnik durch Atomwaffen des Gegners selbst verwundbar wird. Mit dieser neuen Verwundbarkeit stellt sich die Frage, ob die USA wirklich bereit sind, die Auslöschung ihrer großen Städte zu riskieren, nur um einen konventionellen Vorstoß der Sowjetunion in Europa zu beantworten. Um auf örtlich begrenzte Vorstöße nicht gleich mit einem Schlag von apokalyptischen Ausmaßen antworten zu müssen, und natürlich, um einen ebensolchen Gegenschlag so lange wie möglich zu vermeiden, haben die amerikanisch geführten Nato-Militärs zunächst einmal taktische Atomwaffen in ihre Pläne einbezogen. Aber ist ein räumlich begrenzter Atomkrieg überhaupt denkbar, provoziert der Einsatz der ersten »kleinen« Nuklearwaffe nicht automatisch den einer größeren durch den Angreifer, steht er damit nicht am Anfang einer fatalen, unaufhaltsamen Eskalation, die zu einem dritten Weltkrieg führt?

Es sind solche Überlegungen, welche die Kennedy-Administration bestimmen, die unter Eisenhower gültige Verteidigungsdoktrin für Europa einer gründlichen Revision zu unterziehen. Kennedy erkennt die Gefahr einer atomaren Apokalypse, zu der sich eine örtliche Konfrontation in Mitteleuropa entwickeln könnte, will sich dem fatalen Eskalationszwang entwinden und besteht auf Optionen, die Spielraum für Verhandlungen gewähren sollen. Er plädiert für eine Strategie der »Flexible Response«, nach der einem konventionellen Vorstoß des Gegners zunächst konventionell begegnet werden soll. Weil diese Strategie mehr schlagkräftige konventionelle Truppen in der vordersten Linie fordert, ist der Konflikt mit dem deutschen Verteidigungsminister vorprogrammiert. Strauß hält es für aussichtslos, den an Zahl enorm überlegenen Heeren des Ostblocks ohne atomare Waffen entgegenzutreten, doch ist seine Konzeption bei den eigenen Generalen umstritten – und geschickt nutzt Augstein die Chance, die sich ihm damit bietet.

Schon Anfang April 1961, nach der Wahl von Strauß zum CSU-Vorsitzenden, hat er den »Endkampf« gegen diesen eingeläutet. Er glaubt Gefahr im Verzuge, denn das Kanzleramt, meint Augstein, liegt für Strauß jetzt zum Greifen nahe. »Endkampf« überschreibt er die Titelgeschichte (SPIEGEL 15/1961) über den neuen CSU-Chef, das Wort entlehnt er einem Redebeitrag vor dem Bundestag, in dem Strauß den Sowjets unterstellte, ihre Rüstung ziele darauf, die entscheidende militärische Auseinandersetzung mit den USA zu wagen – eben den »Endkampf«, der den Sieg der Weltrevolutionäre krönen soll.

Der »Endkampf«-Titel stellt die wohl schärfste Polemik gegen einen deutschen Politiker dar, die in der Bundesrepublik bislang je veröffentlicht wurde. Nach Aufbau und Diktion kann kein

Zweifel daran bestehen, dass der Verfasser niemand anderer als Augstein persönlich ist. Natürlich fehlt kein Skandalon aus der langen Liste der Strauß'schen Verfehlungen und Charaktermängel, und selbstverständlich hat die SPIEGEL-Dokumentation alle pejorativen Adjektive und Wertungen zu und über Strauß aus aller Welt zusammengetragen.

Im Wesentlichen argumentiert Augstein in seiner Titelgeschichte allerdings politisch: Welche Schranke, fragt Augstein, wäre einem 45-jährigen oder 50-jährigen Bundeskanzler Strauß eigentlich gezogen? Könne ein Regierungschef Strauß sich nicht mit Hilfe von Wahlrechtsmanipulationen eine Zweidrittelmehrheit schaffen, die Verfassungsgerichtsbarkeit personell und institutionell aus den Angeln heben und den Bundesrat unterlaufen? Würde dann nicht eine einzige Krise genügen, »um die Unabsetzbarkeit dieses geübten Panikmachers« zu begründen? Kommen seine Pläne für den Ernstfall nicht einem Militärputsch gefährlich nahe?

Strauß setzt sich mit einer einstweiligen Verfügung durch das Landgericht Nürnberg zur Wehr und behauptet, die Titelgeschichte enthalte insgesamt 62 Beleidigungen. Als das Gericht davon zunächst acht verbietet, breitet der SPIEGEL prompt alles, was nicht verboten wurde, erneut vor seinen Lesern aus.

Als US-Verteidigungsminister McNamara auf die verstärkte Bereitstellung deutscher konventioneller Verbände drängt, trägt Augstein mit seinem SPIEGEL die militärstrategische Debatte an die Öffentlichkeit. »Stärker als 1939« heißt die SPIEGEL-Geschichte, die sich in der Ausgabe vom 13. Juni 1962 mit dem Kampf zwischen Heeres- und Luftwaffenoffizieren intra muros der Bonner Ermekeil-Kaserne befasst, in der die Führung der Bundeswehr und das Verteidigungsministerium damals untergebracht sind. Geschrieben von Conrad Ahlers, der als früherer Pressereferent von Strauß-Vorgänger Theodor Blank über beste

Kontakte zu Stabsoffizieren verfügt, stellt sie nüchtern die Argumente von Heer und Luftwaffe, von McNamara-Befürwortern und Strauß-Anhängern einander gegenüber.

Die Offiziere des deutschen Heeres treten für die beschleunigte Aufstellung der von McNamara gewünschten zusätzlichen Heeresverbände ein, und sie fordern die vorläufige Beschränkung der Luftrüstung auf Jagdbomber-Verbände, welche die eigenen Truppen unterstützen sollen. Aber die Heeresoffiziere argumentieren auch politisch. Sie behaupten, die Bundesregierung könne im Bündnis nur an Gewicht gewinnen, wenn die Deutschen das lieferten, was kein anderer westlicher Staat in diesem Augenblick zur Verfügung stellen könne: gut ausgebildete, modern ausgerüstete Soldaten in dem für Europa entscheidenden Frontabschnitt.

Strauß hingegen, der die Luftwaffe mit dem Aufbau von Pershing-Bataillonen mit 600 Kilometer Reichweite bedacht hat, hält an seinen Atomwaffen-Plänen fest.

»Mit Raketen an Stelle von Brigaden und mit Atomgranatwerfern an Stelle von Soldaten ist eine Vorwärtsverteidigung der Bundeswehr nicht möglich, eine wirksame Abschreckung bleibt fraglich.« So lautet das Fazit der nächsten SPIEGEL-Geschichte, welche breiter noch und gründlicher die militärstrategischen Gegensätze zwischen McNamara und Franz Josef Strauß, zwischen Heer und Luftwaffe in der Bundeswehr herausarbeitet.

Mit dem Titel »Bedingt abwehrbereit« geht Augsteins Blatt am 8. Oktober 1962 mit der Behauptung von Strauß ins Gericht, dass eine Atombombe – frei nach dem Motto: *more bang for the buck* – so viel wert wie eine Brigade und obendrein billiger sei. Den Umschlag ziert das Porträt des Generals Friedrich Foertsch, jenes Generalinspekteurs der Bundeswehr, der Strauß in seinem Griff nach Atomwaffen unterstützt, und mit dieser SPIEGEL-Story wird jene innenpolitische Lawine losgetreten, die zur Besetzung der SPIEGEL-Redaktion und zur Verhaftung der Redaktionsspitze wegen Verdachts auf Landesverrat führt – eine Lawine, die Franz Josef Strauß aus dem Amt fegt und um ein Haar auch Konrad Adenauer mitgerissen hätte. Auch sie stammt aus der Feder des stellvertretenden Chefredakteurs und Militärspezialisten Conrad Ahlers, der als Fallschirmjägerleutnant bei Monte Cassino gekämpft hat, ergänzt allerdings durch Passagen von Hans Schmelz aus dem Bonner SPIEGEL-Büro, der vor seiner Zeit beim SPIEGEL als Redakteur beim sozialdemokratischen »Hamburger Echo« arbeitete und seither über gute Kontakte sowohl zu Herbert Wehner als auch zu Helmut Schmidt verfügt.

Ausführlich schildern die Autoren das Szenario des kürzlich abgehaltenen Nato-Manövers »Fallex«, das mit einem sowjetischen Atomschlag mittlerer Stärke gegen einen Fliegerhorst der Bundeswehr beginnt: »Fallex« enthüllt, wie ungenügend die Vorbereitungen der Bundesregierung sind. Nach sechs Jahren Amtsführung ihres Oberbefehlshabers Strauß, so Ahlers in seinem Bericht, erhält die Bundeswehr am Ende des Manövers die niedrigste von vier Noten, die an die Verteidiger zu vergeben waren: »Zur Abwehr bedingt geeignet«.

Die SPIEGEL-Geschichte ist sorgfältig und umsichtig recherchiert. Conrad Ahlers steht bei seinen Kollegen im Ruf, besonders vorsichtig zu sein. In seine Geschichte geht auch ein, was ihm Oberst Alfred Martin in mehreren Informationsgesprächen berichtet, einer jener Offiziere, welche die Rüstungspolitik ihres Ministers, verbunden mit dessen rhetorischer Kraftmeierei, zunehmend in Gewissenskonflikte stürzt. Martin setzt Ahlers von den Bedenken und Einwänden der Heeres-Offiziere in Kenntnis, vor allem aber erzählt er von einer Kriegsbildstudie, die er, weil sie als geheim klassifiziert wurde, zwar nicht im Detail kennt, über die man gerade deshalb aber unter führenden Offizieren umso mehr raunt. Ahlers macht sich Notizen von diesen Gesprächen, die Teil eines Exposés für seine Titelgeschichte werden, das sich in Kopie dann, als die Bundesanwaltschaft den Safe von Rudolf Augstein leert, unter den dort aufbewahrten Papieren finden. Im Auftrag von Strauß erstellt, kommt die Kriegbildstudie zu dem Ergebnis, dass bei einem sowjetischen Atomangriff rund 75 Prozent des westdeutschen Industrie-, Transport- und Arbeitspotenzials vernichtet würden. So weit jedenfalls der erste Teil, über den Gerd Schmückle, Pressesprecher und Vertrauter von Strauß, schon im Januar 1962 in »Christ und Welt« unter dem Titel »Veränderungen der Apokalypse« schreibt. Ziel Schmückles Artikels war es zweifellos, die militärstrategischen Überlegungen der Kennedy-Berater zu widerlegen, die erwägen, vor dem ersten Atomwaffeneinsatz des Westens eine (Denk?-)Pause einzulegen – eine gefährliche Idee, meint Schmückle, denn sie räumt den Sowjets »einen berechenbaren Manövrierraum für konventionelle Angriffe« ein.

Im zweiten, von Schmückle nicht in seinem Artikel erwähnten Teil der Studie geht es um den sogenannten »preemptive strike«, einen vorbeugenden Schlag gegen die Bereitstellung eines zum Angriff unzweifelhaft entschlossenen Gegners also, durch den sich die Zerstörungen in der Bundesrepublik angeblich von 75 auf 50 Prozent reduzieren ließen. Hat David Schoenbaum in seiner Untersuchung der SPIEGEL-Affäre recht, wenn er behauptet, die unausgesprochene Folgerung dieser Studie sei gewesen, die Bundeswehr so zu bewaffnen, dass sie »einen nuklearen Gegenschlag seitens der Alliierten auslösen, ja selbständig einen vorbeugenden Angriff unternehmen könne«?[78]

Über die SPIEGEL-Affäre ist viel und gründlich geschrieben worden. Zu fragen ist, ob Ausmaß und Dramatik des Vorgehens der Bundesanwaltschaft – man denke nur an den martialischen

---

78 David Schoenbaum: *Ein Abgrund von Landesverrat. Die Affäre um den SPIEGEL,* Berlin 2002 (Erstausgabe 1968).

Einmarsch von etwa fünfzig Polizeibeamten in der Nacht vom 26. auf den 27. Oktober in die Redaktionsräume – ohne die sich zuspitzende Kuba-Krise und das Klima drohender Kriegsgefahr weniger extrem ausgefallen, der Aufschrei der Öffentlichkeit entsprechend nicht unüberhörbar, sondern verhaltener gewesen wären. Kennedy kündigte seine Seeblockade ja am 22. Oktober an, Chruschtschow erklärte sich jedoch erst am 28. Oktober bereit, seine Raketen aus Kuba abzuziehen. Bis dahin hielt die Welt den Atem an: Würde es zum Äußersten, zum großen Armageddon kommen?

Dass gerüchtweise vermutet wurde, Augstein habe sich nach Kuba – (ausgerechnet nach Kuba!) – abgesetzt, mag einiges vom Übereifer der Bundesanwälte und der Kriminalbeamten erklären. Doch dass die Sicherheitsbehörden bei ihrem Einsatz gegen den SPIEGEL effizient, gut vorbereitet oder gar wohlinformiert vorgegangen seien, wird kein Kenner der Aktion behaupten. Erst verhaften sie einen falschen Rudolf Augstein in Düsseldorf, nur weil dieser einen auf den SPIEGEL-Verlag zugelassenen voluminösen Mercedes mit Hamburger Nummer fährt; dann fahnden sie vergeblich nach Rudolf Augstein in Hamburg, obschon dieser sich in einer seiner Wohnungen, nämlich am Leinpfad, aufhält.

Am Jahresende wird Georg Wolff – sein Herausgeber sitzt inzwischen als Untersuchungshäftling nicht mehr in Hamburg, sondern in Koblenz ein – im SPIEGEL schreiben, die Bundesanwälte seien verpflichtet, »wo und wann immer ihnen eine Tat durch Gutachten als des Landesverrats verdächtig bezeichnet wird«, von Amts wegen einzuschreiten – die Frage sei allerdings, »ob das Gutachten stimmt, ob es jemals gestimmt hat oder ob es noch stimmt«! Mit der Erwähnung des Gutachtens setzt Wolff den Punkt aufs i: Ohne diese Expertise, welche die Bundesanwaltschaft beim Verteidigungsministerium angefordert hat, hätte die ganze Aktion gegen den SPIEGEL nicht stattfinden können.

Inzwischen weiß man, dass Strauß, der den Bundeskanzler in einem Vier-Augen-Gespräch acht Tage vor Beginn der Aktion gegen den SPIEGEL über dieses Gutachten und die Ermittlungen unterrichtet, sich auch bei der Festnahme von Ahlers in Spanien der Unterstützung des Bundeskanzlers sicher wähnen durfte. Denn dieser ist, wie Hans-Peter Schwarz schreibt, in Staatsschutzsachen nie »zimperlich« und stimmt deshalb etlichen Verfahrensverstößen ausdrücklich zu – etwa der Ausschaltung des angeblich durch den SPIEGEL erpressbaren, aber nach der Geschäftsordnung der Bundesregierung zwingend zu informierenden FDP-Justizminister Wolfgang Stammberger. Strauß solle bei allem, so die mündliche Ermächtigung Adenauers, energisch »ohne Ansehen von Namen und Person« vorgehen.[79]

Auch in der für Strauß' Sturz dann entscheidenden Nacht, ehe er mit dem Militärattaché Achim Oster in Madrid telefoniert und ihn anweist, die Festnahme von Ahlers durch die spanischen Behörden zu veranlassen, erteilt der Kanzler seinem Verteidigungsminister offenbar eine Blankovollmacht: Als Strauß ihm in Rhöndorf über Telefon berichtet, Ahlers befinde sich in Spanien und fahre am nächsten Tag nach Tanger, ermächtigt ihn Adenauer – nach seinen eigenen Worten –, alles zu tun, was er »für möglich, für nötig und für verantwortlich halte«. Landesverrat ist für ihn eines der »abscheulichsten Verbrechen«, und die gutachtliche Stellungnahme aus dem Verteidigungsministerium reicht ihm völlig aus, um einer spektakulären Verhaftungs- und Durchsuchungsaktion die Bahn frei zu machen. Augstein und den Redakteuren vom SPIEGEL traut er alles zu. Nicht zu Unrecht wird vermutet, dass Strauß, obschon er sich in der Fragestunde des Bundestages um Kopf und Kragen redete, im Amt überlebt hätte, wenn die CDU die FDP als Koalitionspartner nicht

---

79 Vgl. H.-P. Schwarz: *Adenauer. Der Staatsmann: 1952–1967* (1991), S. 778f.

gebraucht hätte. Doch so sicher man sein mag, dass Strauß mit dem Anlaufen der Ermittlungen der Bundesanwaltschaft nichts zu tun hat, so gewiss ist andererseits, dass er die ohne ihn begonnene Aktion dann nach Kräften vorantreibt und als Rache an Augstein deftigst genießt. Schon zwei Tage nach Erscheinen des »Fallex«-Artikels hatte Strauß in einem Brief an Adenauer geschrieben, der »publizistische Terror ist genauso eine kriminelle Angelegenheit wie der gewaltsame« und auf »energischen Maßnahmen« beharrt. Als er in der Nacht der SPIEGEL-Aktion und nach seinem Telefonat mit Madrid sich morgens gegen sechs Uhr in den Dienstwagen fallen lässt, um nach Hause chauffiert zu werden, schlägt er sich »mit unbändiger Freude auf die Schenkel« und ruft: »Die Schweine – jetzt haben wir sie endlich.«

»Den größten Politkrimi in der Geschichte der Bundesrepublik Deutschland« nennt Dieter Wild die Aktion gegen den SPIEGEL: Am 26. Oktober 1962, kurz nach 21 Uhr, stürmen acht Kriminalbeamte der Bonner Sicherungsgruppe des Bundeskriminalamts die Redaktionsräume im Hamburger Pressehaus, verstärkt durch drei Überfallkommandos und 20 Hamburger Polizisten. Sie sollen 170 Räume in sieben Stockwerken durchsuchen, insgesamt 2900 Quadratmeter, den Inhalt von 17 000 Leitz-Ordnern und 4000 Schnellheftern, insgesamt 5,5 Millionen Blatt Papier, sichten, dazu 6000 Bücher, 500 000 Bilder und 10 000 Meter Mikrofilm. Durchsucht, verschlossen und versiegelt, so Wild, wurde schließlich alles: »Toiletten und Besenkammern, die Anzeigenabteilung und die Kaffeeküche«. Um in der Lage zu sein, Schriftproben zu vergleichen, beschlagnahmt die Polizei sämtliche Schreibmaschinen. Sieben SPIEGEL-Redakteure werden verhaftet, von denen zwei nur einen Tag in Untersuchungshaft verbringen: Hans Dieter Jaene, der Bonner Bürochef, und Johannes K. Engel, einer der zwei Chefredakteure. Engels Chefredakteurs-Kompagnon Claus Jacobi sitzt 18, Hans Detlev Becker 34, der Verfasser des inkriminierten Artikels, Conrad Ahlers, 55, Mitautor Hans Schmelz 81 und Rudolf Augstein 103 Tage im Gefängnis ein.

Die Stimmung in der Redaktion ist keinesfalls heroisch, sondern eher beklommen, wie Dieter Wild sich erinnert: »Wir waren jung, Augstein 39, das Durchschnittsalter der Redaktion lag bei Mitte dreißig, und wir waren wohl doch nicht so kampfwütig und abgebrüht, wie der schnoddrige, oft arrogante Ton des Blattes glauben machte.« Sämtlicher Arbeitsmittel beraubt, schien den Redakteuren die Zukunft düster, der Vorwurf des Landesverrats schüchterte viele ein. Der SPIEGEL operierte damals noch auf einer dünnen Kapitaldecke, so Claus Jacobi, für mehr als drei Nummern hätte sie nicht gereicht. Doch die Illustrierte »Stern« mit Henri Nannen, die Hamburger »Zeit« und ihr Verleger Gerd Bucerius, beide Nachbarn des SPIEGEL im Pressehaus am Speersort, erklären sich sofort solidarisch und gewähren Asyl, sie stellen Räume, Fernsprecher, Schreibmaschinen und ihre Telefonzentralen zur Verfügung.

Selbst konkurrierende Blätter, auch dem SPIEGEL keineswegs wohlgesinnte, bekunden ihre Solidarität, denn sie werten die hochdramatische Kriminal- und Staatsaktion als schweren Eingriff in die Pressefreiheit, ja als Versuch, ein unbequemes oppositionelles Blatt mit Existenzvernichtung zu strafen. Christian Kracht, der wichtigste Mann in Springers Zeitungs-Imperium, der für den frühen SPIEGEL kurze Zeit als Hamburger Korrespondent gearbeitet hat und seither ein gutes Verhältnis vor allem zu Becker pflegt, bietet Hilfe an. Zwei Tage später [...] muss er bekennen: »Der Verleger will das nicht.« Axel Springer denkt in diesem Fall, was seine »Bild-Zeitung« schreibt: Landesverrat ist ein schweres Verbrechen, und wer in diesem Verdacht steht, verdient keine Beweihräucherung. Die Freiheit in der Bundesrepublik werde »nicht vom Bundesgericht in Karlsruhe bedroht«, sondern »von Chruschtschow, Ulbricht und seinen Helfershelfern«.

»Keiner von Ihnen ist bei Al Capone engagiert, sondern bei Rudolf Augstein sind Sie tätig. Die Nr. 45 ist in Arbeit, wir wollen sie in vollem Umfang, etwas unkonventionell im Umbruch, pünktlich in erhöhter Auflage mit dem Titelbild Rudolf Augstein herausbringen.« Mit diesen Worten sucht Hans Detlev Becker die verunsicherten Redakteure aufzurütteln und ihnen Mut zuzusprechen. Doch auch er wird bald verhaftet. Als Claus Jacobi, der in Becker das »Herz und Hirn unser aller Verteidigung« sieht, von dessen Festsetzung erfährt, beginnt er zu zweifeln, ob der SPIEGEL und die verantwortlichen Redakteure je ungeschoren davonkommen können. Und dass sich Rudolf Augstein in den ersten Wochen seiner Haft nicht gerade wie ein Held verhält, trägt zur Verunsicherung der SPIEGEL-Mannschaft weiter bei. Die Nachricht von der Besetzung seiner Redaktion erreicht den SPIEGEL-Chef durch einen Anruf seines Bruders Josef in seiner Zweitwohnung, wo er mit seiner neuen Freundin Maria Carlsson-Sperr Moselwein trinkt. Auf Anraten Josef Augsteins stellt sich der SPIEGEL-Herausgeber am nächsten Tag um 12 Uhr freiwillig dem Polizeipräsidenten und wird in das Hamburger Untersuchungsgefängnis »Santa Fu« gebracht. Zunächst verteidigt er sich damit, dass er die Titelgeschichte vor Erscheinen überhaupt nicht gekannt hat, dann behauptet er, ein Drehschwindel habe ihn daran gehindert, sie zur Kenntnis zu nehmen. »Jedenfalls«, so Erich Böhme, »war es nicht der Herausgeber, den die Redakteure sich erhofft hatten: nicht einer, der sich bekannt hätte.« Die Redaktion wollte einen Volkstribun, aber Augstein versuchte, sich wegzuducken.

Anders verhalten sich Ahlers und Schmelz. Der eine befindet sich in spanischem Gewahrsam, der andere weilt auf Dienstreise in Ungarn. Da eine Auslieferung, wenn sie überhaupt möglich ist, ein langwieriges Unterfangen wäre, erklärt sich Ahlers bereit, freiwillig nach Deutschland zu fliegen. Auch Schmelz – »Dann heizt mal schon meine Zelle!« – kommt anstandslos zurück, um sofort im Gefängnis einzusitzen. Während andere ihre Haut zu retten suchen, handelt Ahlers umgekehrt: Er versucht die Haut anderer zu retten. »Zu einer Zeit, als noch niemand den glückhaften Ausgang absehen konnte«, so erinnert sich Claus Jacobi, waren die meisten Beteiligten bemüht, mögliche Mitschuld von sich zu weisen, und einige, mögliche Mitschuld auf andere zu verlagern. Um Dritte zu decken, nimmt Ahlers mehr Verantwortung auf sich, »als er zu vertreten hatte«. Augstein dagegen lässt sich in Vernehmungen oft kontraproduktiv ein, begeht Ungeschicklichkeiten, und dass er alle Mitverantwortung an dem Artikel leugnet und behauptet, er habe ihn vor der Veröffentlichung nicht gelesen, macht die Sache für den zweiten Hauptbeschuldigten, eben für Ahlers, keineswegs leichter. Denn es war keine Frage, dass Augstein den Ahlers-Titel vor der Veröffentlichung genau kannte, zumal er, schon weil die Stoßrichtung auf Strauß zielte, die verschiedenen Phasen seines Entstehens vom Entwurf bis zur Endfassung genau verfolgt hatte. Noch in seinem Einstellungsbeschluss 1965, der die SPIEGEL-Affäre beendet und die Verdächtigen außer Verfolgung setzt, wird der Bundesgerichtshof vermerken, Augsteins anfängliches Leugnen habe den Verdacht gegen ihn eher bestärkt.

Dass der SPIEGEL-Chef sich wegduckt, wenn Unannehmlichkeiten auf ihn zukommen, dass er gern Lückenbüßer sucht, all das habe ohnehin in seiner Natur gelegen, sagen Vertraute, die ihn aus Jahrzehnten der Zusammenarbeit kennen. Und doch stellt sich die Frage, ob es sich nicht, wenn er jede Kenntnis des »Fallex«-Artikels verneint oder einen Drehschwindel ins Feld führt, um den völlig legitimen Versuch handelt, einer Anklage zu entgehen. Muss der Chef eines Unternehmens, dessen Fortbestand so offensichtlich auf der Kippe steht, nicht alles tun, selbst freizukommen, die Verteidigung der Kollegen zu organisieren und die Fortführung des Betriebs zu sichern, zumal es um die Moral der Mitarbeiter anfänglich nicht zum Besten steht?

Die Verunsicherung reicht bis in die höchsten Spitzen, erinnert sich Leo Brawand, der Ausgang der Verfahren ist ungewiss, einige führende Redakteure verhandeln, wenn auch nur vorsorglich, mit anderen Blättern. So macht der »Stern« Engel ein Angebot, Jacobi intensiviert seine ohnehin guten Kontakte zu Springer; und Hans Detlev Becker, Sohn eines königlich preußischen Zollbeamten, Reserveoffiziers und Hindenburg-Verehrers, fühlt sich durch die Beschuldigungen gegen ihn und durch seine Haft so beschwert, dass er nach seiner Entlassung einige Wochen braucht, um das Steuer wieder zu ergreifen. Er kann einfach nicht damit fertigwerden, »weiterhin unter den Verdacht gestellt zu sein, ein Verbrechen begangen zu haben«, schreibt er dem Freund und Herausgeber wenige Tage vor Weihnachten. Becker denkt offenbar an seinen Rückzug vom SPIEGEL. Unwirsch antwortete Augstein: »Wir werden das Schiff durch den Sturm bringen, das erwartet man von uns – und dann können wir ja weitersehen.« Ende Januar beteuert Becker: Natürlich werde er nicht von der Fahne gehen, selbstverständlich stehe er zum Blatt und damit zu seinem »Anteil an der Verantwortung für seine bisherige und zukünftige Entwicklung«.

Und Rudolf Augstein selbst? Weil die Chefredakteure Jacobi und Engel sich in eigener Sache schlecht äußern können, solange Ermittlungsverfahren wegen Verdachts des Landesverrats gegen sie laufen, hat er Leo Brawand zum »Chefredakteur« für alle Beiträge ernannt, die sich mit der SPIEGEL-Affäre befassen. Brawand gehört zu jenen Redakteuren, die unerschüttert ein trotziges Nun-erst-recht proklamieren.

Als Leo Brawand seinen Chef im karg eingerichteten Zimmer des Untersuchungsrichters in Koblenz besucht, findet er einen ungebrochenen Augstein vor – etwas verwahrlost wirkend, mit

Hausschuhen bekleidet, aber »sonst topfit«. [...] Nahezu alle Besucher rühmen Augsteins seelische, geistige und körperliche Widerstandsfähigkeit, der SPIEGEL-Chef zeigt Haltung, gibt sich auch im Gefängnis unbeirrt, ja optimistisch, denn er glaubt an einen guten Ausgang des Verfahrens. Aber wie viel davon ist nur zur Schau getragen, um Selbstzweifel und Depressionen zu verbergen, die fast jeden länger Inhaftierten in der Einsamkeit der Zelle überfallen? Die wenigen Personen, denen Augstein sich öffnete – falls er sich überhaupt je ganz öffnen konnte –, Frauen vor allem, bezeugen, dass die Haft, auch wenn er sich dies im Gefängnis nie anmerken ließ, ihn psychisch damals schwer belastet hat.

Ob sie von Freunden oder gänzlich Unbekannten kommen – über einen Mangel an Zuspruch, aufmunternden Signalen und Durchhaltebriefen kann der Häftling wahrlich nicht klagen. »Come hell oder high water«, schreibt sein Freund Wolfgang Döring: Er werde Augstein nicht im Stich lassen, auch wenn er nebenan einsitzen müsste; was immer man ihm vorwerfe, er wisse, dass sein Motiv »aus der Sorge um unser geprüftes Volk geboren ist«. Fritz Raddatz schickt – »mit gefalteten Zähnen« – Briefe von Tucholsky als Lektüre, Freund Henri Regnier die Zeichnung eines Rosinenkuchens, in dem eine Feile versteckt ist – damit Augstein rechtzeitig ausbrechen kann, um sich zum Schlittschuh-Rendezvous bei »Planten und Blomen« einzufinden (siehe Anhang). Gustaf Gründgens, der den SPIEGEL für die »interessanteste und informierteste Zeitschrift der Bundesrepublik« hält, fragt, was er für Augstein tun könne.

Die Haftbedingungen des Untersuchungshäftlings sind relativ komfortabel – er hat das Recht, sich seine eigene Verpflegung kommen zu lassen, er erhält Bücher und Zeitungen, in denen allerdings Beiträge, die das Verfahren gegen ihn betreffen, vom Ermittlungsrichter zuvor herausgeschnitten werden; er kann Post empfangen, Artikel für sein Blatt schreiben und Besucher sehen. Selbst die SPIEGEL-Debatten im Bundestag kann er hören – auch die Vorverurteilung durch Konrad Adenauer, der von einem »Abgrund von Landesverrat« spricht und Augstein Profitsucht als niederes Motiv unterstellt: »Auf der einen Seite«, so der Kanzler, »verdient er (Augstein) am Landesverrat; und das finde ich einfach gemein. Und zweitens, meine Damen und Herren, verdient er an allgemeiner Hetze gegen die Regierungsparteien ...«

Weil Adenauer ganz unverblümt auf die werbende Wirtschaft zielt, die durch Anzeigen den SPIEGEL bei seinem ach so verräterischen Tun unterstütze, fürchtet Augstein, man habe es auf die Existenzvernichtung des Blattes abgesehen. Eine Verlagsmitteilung wirkt da für den Häftling beruhigend. Die Stimmung in der Werbewirtschaft sei »keineswegs gegen uns«, heißt es am 3. Dezember. Die Auflage macht unmittelbar nach der Besetzungs- und Verhaftungsaktion zunächst einen großen Sprung nach oben, pendelt sich nach einem leichten Rückgang dann bei

Demonstranten vor der Gefängnisbehörde in Hamburg am 31. Oktober 1962

550 000 (Druckauflage) ein – zu Beginn der SPIEGEL-Affäre hatte sie bei 470 000, im Jahr 1961 noch bei 430 000 gelegen.

Was Augstein und die Redakteure hinter Gittern unbeirrt aushalten und die SPIEGEL-Redakteure Hoffnung schöpfen lässt, ist der unerwartete Sturm der Entrüstung, der in der Öffentlichkeit losbricht. Weil das brutale Vorgehen der Staatsgewalt Erinnerungen an die Nazi-Zeit wachruft, hagelt es Protestaufrufe, Demonstrationen oder Sit-ins an den Universitäten. »SPIEGEL tot, Freiheit tot« und »Augstein raus – Strauß rein« skandieren Studenten in seiner fünften Haftnacht vor dem Hamburger Untersuchungsgefängnis. Er nennt es ein »unbeschreibliches Gefühl, nachts in seiner Zelle nicht schlafen zu können, weil der Lärm der Demonstranten durch die dicksten Mauern dringt«. Am Ende siegen die Verfolgten, und ihre Verfolger treten von der Bühne ab. Strauß muss demissionieren, weil er dem Parlament trotz drängender Fragen der Opposition nicht die Wahrheit über seine Intervention zur Festnahme von Conrad Ahlers durch die Polizei in Franco-Spanien sagte. Und Konrad Adenauers »katholische Demokratur«, wie Augstein den Regierungsstil des Kanzlers gern apostrophiert, neigt sich dem Ende zu. Weil der Koalitionspartner FDP darauf besteht, regiert er nur noch als Kanzler auf Zeit und muss das Ruder im Herbst 1963 an Ludwig Erhard abgeben. Für die Entwicklung der Bundesrepublik markiert die SPIEGEL-Affäre damit eine entscheidende Zäsur: Sie steht am Anfang eines Jahrzehnts, in dem die deutsche Demokratie schließlich ihre große Bewährungsprobe, den Machtwechsel ohne Gewalt, besteht. Anatole France schrieb einmal, weil sie die Kräfte der Vergangenheit und der Zukunft konfrontierte und aufdeckte, habe die Affäre Dreyfus Frankreich einen unschätzbaren Dienst erwiesen. Denselben Dienst, so Theo Sommer, hat die SPIEGEL-Affäre der jungen Bundesrepublik geleistet: »Was wir damals im Pressehaus erlebten, war der Epilog auf den deutschen Obrigkeitsstaat und zugleich die Ouvertüre der modernen, freien, von Untertanengeist entlüfteten deutschen Demokratie.«[80]

Allerdings ist mit Augsteins Haftentlassung am 7. Februar 1962 das Verfahren gegen ihn nicht beendet. Weiterhin als dringend des Landesverrats verdächtig, bereitet die Bundesanwaltschaft zielstrebig die Anklageerhebung gegen ihn und Ahlers vor. Bis zuletzt, so Claus Jacobi, steht die Partie auf Messers Schneide, als der 3. Senat des Bundesgerichtshofs im Mai 1965, zwei Jahre nach der SPIEGEL-Aktion, darüber zu befinden hat, ob gemäß dem Antrag der Bundesanwaltschaft das Hauptverfahren gegen Ahlers und Augstein eröffnet werden soll. Nach SPIEGEL-Informationen sind vier Mitglieder des siebenköpfigen Senats für die Eröffnung, drei eher dagegen, doch nehmen an den wöchentlichen Sitzungen in der Regel nur fünf Richter teil, während zwei sich anderen laufenden Geschäften widmen. Die Entscheidung fällt an einem Tag, an dem ausgerechnet zwei der vier angeblichen Prozessbefürworter anderweitig beschäftigt sind, die Prozessgegner in dem fünfköpfigen Gremium also die Mehrheit haben. Augstein und Ahlers werden außer Verfolgung gesetzt – nicht wegen erwiesener Unschuld, sondern aus Mangel an Beweisen, so dass ihnen, auch wenn die Kosten des Verfahrens der Staatskasse auferlegt werden, keinerlei Haftentschädigung zusteht. Auch wenn die SPIEGEL-Affäre also nicht mit einem klaren Freispruch endet, darf sich Rudolf Augstein, der zweieinhalb Jahre der geballten Staatsmacht trotzte und sich behaupten konnte, doch als Sieger fühlen.

Gut ein Jahr später, im August 1966, muss er allerdings eine Niederlage einstecken, denn das Bundesverfassungsgericht lehnt eine Verfassungsbeschwerde des SPIEGEL ab. Ausgearbeitet von Horst Ehmke, dem Freiburger Jura-Professor und späteren Justiz- und Kanzleramtsminister unter Willy Brandt, zielt sie darauf, die

---

80 Theo Sommer: »Wird bald etwas passieren?«, in: *Die Zeit* vom 17.10.2002.

Haftbefehle gegen die SPIEGEL-Leute sowie die Durchsuchungs- und Beschlagnahmungsaktion im SPIEGEL für grundgesetzwidrig zu erklären. Es sei reine Willkür gewesen, argumentiert Ehmke, dass die Ermittlungsrichter Haftbefehle ausstellten, ohne von der Materie die geringste Ahnung zu haben, und die Beschlagnahme der meisten Unterlagen nennt er unzulässig, weil sie nachweislich für die Ermittlungen keine Relevanz besaßen. Als Paradebeispiel für diese These führt er ein Hemingway-Manuskript an, das mit dem Satz begann: »Der Schuß fiel morgens um halb acht.« Wichtig für die Begründung der Verfassungsbeschwerde ist auch ein dicker Dokumentationsband, der den Nachweis erbringen soll, dass der »Fallex«-Artikel fast nichts enthielt, was nicht anderswo bereits veröffentlicht und nachzulesen war – »keine schöne Beweisarbeit für das SPIEGEL-Archiv und dem Ruhm der Zeitschrift nicht gerade zuträglich«, wie Leo Brawand trocken und zu Recht bemerkt. Doch zeigen sich immerhin vier der acht Verfassungsrichter von Ehmkes Argumenten beeindruckt. Zwar gilt bei einer 4:4-Entscheidung die Verfassungsbeschwerde als abgelehnt, aber rechts- und verfassungspolitisch wertet Ehmke das gespaltene Votum als einen Sieg für den Rechtsstaat.

Nach Meinung des Gerichts kann der militärische Bereich von der öffentlichen Diskussion, einem Wesenselement der Demokratie, nicht ausgenommen werden: Über das Verteidigungskonzept einer Regierung, über Schlagkraft und Mängel von Streitkräften zu berichten wird als legitime Aufgabe der Presse bezeichnet, zumal die Aufdeckung von verteidigungspolitischen Schwächen auf lange Sicht möglicherweise dem Wohl der Bundesrepublik dienen könne. Und es stellt ausdrücklich fest, dass die Tat eines Publizisten mit der Agententätigkeit für einen anderen Staat nicht zu vergleichen sei. Erst seither, meint Horst Ehmke, sei es in der Bundesrepublik möglich, »ungefährdet eine offene sicherheitspolitische Debatte zu führen«.

Der Bundesnachrichtendienst in der SPIEGEL-Affäre 1962

Von Jost Dülffer

Die SPIEGEL-Affäre stellte an der Oberfläche eine Krise um die Wochenzeitschrift DER SPIEGEL dar. Sie entwickelte sich aber auch zu einer Krise der Stellen, die beschuldigt wurden, diese Geheimnisse an den SPIEGEL verraten zu haben. Damit sind wir beim staatlichen Bereich angelangt. Uns interessiert an dieser Stelle besonders der Bundesnachrichtendienst, der seit seiner offiziellen Übernahme als Organisation der Bundesrepublik im Jahr 1956 und dann noch bis 1968 unter der Leitung des ehemaligen Wehrmachtgenerals Reinhard Gehlen stand. Nun war er ziviler Präsident und ließ sich intern gern und geheimdienstspezifisch als »der Doktor« titulieren. Über Art, Umfang, Bedeutung und Motive der Beteiligung des BND an der SPIEGEL-Affäre sind von den Zeitgenossen und in späteren Veröffentlichungen sehr unterschiedliche Thesen entwickelt worden:

- »Die Achse Gehlen–Adenauer war zerstört«, lautete das Resümee der SPIEGEL-Autoren Zolling und Höhne.[81] Bereits Zeitgenossen unterstellten, dass dahinter Verteidigungsminister Strauß als Akteur stand.
- Auch die umgekehrte Ansicht wurde vertreten – danach war Gehlen der eigentliche Motor der Affäre und wollte mit dem

---

81 Vgl. Heinz Höhne/Hermann Zolling: *Pullach intern – General Gehlen und die Geschichte des Bundesnachrichtendienstes*, Hamburg 1971, S. 283; zuvor als SPIEGEL-Serie, hier Teil 12, Heft vom 31.5.1971.

Die SPIEGEL-Affäre

seiner Meinung nach kommunistisch unterwanderten SPIEGEL aufräumen – so Franz Josef Strauß nach dem Zeugnis seines Pressesprechers Gerd Schmückle.[82]
- Es handelte sich um einen Kampf deutscher Geheimdienste untereinander: Verteidigungsminister Strauß wollte den BND über den Militärischen Abschirmdienst (MAD) der Bundeswehr entmachten oder gar schlucken, indem er Gehlen diskreditierte.
- Ausländische Geheimdienste, vor allem der amerikanische CIA, mischten in der Debatte über die Strategie der Nato mit und fütterten über den BND den SPIEGEL mit Material – um Franz Josef Strauß zu diskreditieren (oder auch aus anderen Motiven).
- In der SPIEGEL-Affäre manifestierte sich ein Streit über die Militärdoktrin der Bundeswehr. Während Strauß die atomare Vorwärtsverteidigung vorantrieb, äußerte sich Kritik von Traditionalisten. Und dazu gehörte auch der ehemalige Wehrmachtgeneral Gehlen.
- Die Beteiligung des BND stellte ein Scheingefecht in der Öffentlichkeit dar. Der SPIEGEL und Hamburgs Innensenator Helmut Schmidt wollten, indem sie einen Verdacht auf den BND lenkten, nur von Schmidts Beteiligung an der Affäre ablenken. Diese Version vertrat Reinhard Gehlen in seinen Memoiren.[83]

Auch wenn einiges davon plausibler scheint als anderes, sind dies zumeist Thesen über die *hintersinnigen Absichten* von beteiligten Akteuren oder die sich im Laufe der Affäre *entwickelnden*

---

82 »Gehlen habe auf eine Aktion gegen den SPIEGEL gedrängt. Gehlens Informationen seien beunruhigend gewesen«, so Schmückle in: DER SPIEGEL vom 30.8.1982: »War das nötig, Herr Minister?« – angeblich von Gehlen bestätigt; Gerd Schmückle: *Ohne Pauken und Trompeten. Erinnerungen an Krieg und Frieden*, Stuttgart 1982, S. 265

83 Vgl. z. B. Reinhard Gehlen: *Der Dienst. Erinnerungen 1942–1971*, Mainz 1971, S. 291.

Bedeutungen, die nach dem jetzigen Stand der Kenntnisse nicht bestätigt oder gar widerlegt werden können. Eine Unabhängige Historikerkommission zur Erforschung der Frühgeschichte des BND, der ich angehöre, ist damit beschäftigt, in den nächsten Jahren genauere Aufklärung zu schaffen. Die gleich vorzustellenden Zusammenhänge bedürfen weiterer Prüfung. Die Schwierigkeit klarer Antworten hängt damit zusammen, dass Akten aus bürokratischen Prozessen – wie die aus dem Bundesnachrichtendienst oder dem Bundeskanzleramt – aus Abläufen stammen bzw. diese zu rekonstruieren suchen, die wenig über Motive hergeben. Besonders aufschlussreich sind einige staatsanwaltschaftliche Vernehmungen[84], jedoch sind diese primär auf strafrechtlich relevante Vorgänge fixiert und lassen naturgemäß nicht nahtlos auf die genannten vorausgehenden Zusammenhänge schließen. Es geht also zunächst einmal um die Rekonstruktion von Sachverhalten und Prozessen.

Der folgende Beitrag wird vier Fragen knapp umreißen: *erstens* den Umgang des BND mit der Presse und zumal mit dem SPIEGEL, *sodann zweitens* die Rolle des BND bei der Abfassung des inkriminierten Artikels, *drittens* die Ermittlungen und Durchsuchungen beim SPIEGEL und der BND. *Schließlich* geht es um die Auswirkungen für den Nachrichtendienst.

1. Schon die Vorläuferorganisation des Bundesnachrichtendienstes, die Organisation Gehlen, suchte seit den frühen 1950er Jahren nachhaltige Kontakte zur Presse zu entwickeln. Das tat im Prinzip jede größere Organisation, aber beim BND bedeutete dies mehr. Es ging darum, Auslandskorrespondenten oder sol-

---

84 Vernehmungsprotokolle der Bundesanwaltschaft in einer – inzwischen an das Bundesarchiv abgegebenen – Akte des Bundeskanzleramtes Berlin, Bundeskanzleramt 1529.

che, die es werden sollten, für eine zusätzliche Berichterstattung über *nicht* in den Medien erscheinende Nachrichten zu gewinnen, also einen Teil der Auslandsaufklärung zu bestreiten. Sodann suchte der BND Medienvertretern auf Anfrage Informationen zukommen zu lassen, die ihre Recherche erleichterten oder unterstützten. Schließlich entwickelte sich ein informelles Netz persönlicher Verbindungen nicht nur zu einzelnen einschlägigen Journalisten, sondern auch zu Chefredakteuren und Verlegern, die auch für andere Zwecke – etwa zum Einfluss des BND auf die Auswahl und Entsendung von Auslandskorrespondenten – nutzbar gemacht werden konnten. Zwar hatte der BND in den frühen 1960er Jahren keine eigene Presseabteilung, aber es gab mehrere Stellen, die solche Presseverbindungen, auch Sonderverbindungen genannt, anbahnten und pflegten. Viele wurden von Pullach aus unterhalten, manche von Außenstellen, die der Dienst an vielen Orten der Republik unterhielt.

Der SPIEGEL hatte in der bundesdeutschen Presselandschaft besondere Bedeutung, pflegte er doch einen spezifisch polemisch-ironischen Stil und brachte zahlreiche gut recherchierte und sonst schwer zu überprüfende Fakten und Hintergrundberichte – Enthüllungen, die viele liebten, aber manche auch fürchteten. Intensive Kontakte des BND zum SPIEGEL bestanden schon 1953 und vertieften sich im folgenden Jahr, als im Magazin eine erste Titelgeschichte über Gehlen erschien (SPIEGEL 19/1954).

Der Dienst pflegte nicht nur Kontakte zu einzelnen, auch leitenden SPIEGEL-Journalisten, in den Vernehmungsprotokollen von 1962 ist darüber hinaus die Rede von einer »konspirativen Gegenspionage-Verbindung«.

Der BND interessierte sich für Redaktionsplanungen, ggf. für konkrete beabsichtigte Artikel. Der Dienst lieferte Material zu und prüfte dem SPIEGEL vorliegende Informationen. Besonders wenn es um »Ostmaterial« aus der DDR ging, warnte der

BND auch einmal, und der SPIEGEL ging angeblich bereitwillig darauf ein. Darüber hielt sich der Dienst zugute, dass es ihm gelungen sei, einige Artikel über hochgestellte Persönlichkeiten der Bundesrepublik – mit welchen Gründen auch immer – zu verhindern, abzumildern oder zumindest betroffene Personen vorab zu informieren. Das betraf etwa General Adolf Heusinger, den ersten Generalinspekteur der Bundeswehr. Präsident Gehlen hielt manche der Kontakte selbst, einmal empfing er den späteren SPIEGEL-Verlagsdirektor Hans Detlev Becker in München. Viel lief jedoch über Kurt Weiß (Deckname »Winterstein«), der primär für die Aufklärung zuständig war, aber auch diese eher innenpolitischen Beziehungen pflegte. Nach Aussagen von Weiß hatte er beim SPIEGEL in den frühen Jahren Verbindung zu Augstein, Becker und Hans Dieter Jaene.

Wichtiger noch war diesbezüglich die Dienststelle des BND in Hamburg, vormals in Bremen angesiedelt. Dort baute Heinrich Worgitzky einen Stamm von Kontakten zur Presse auf, die dann Adolf Wicht (Deckname »Winkler«) 1956 übernahm, als Worgitzky Vizepräsident des BND wurde.

Wicht war im Zweiten Weltkrieg u. a. in Gehlens »Fremde Heere Ost« als Offizier tätig gewesen und hatte nach dem Krieg als Korrespondent und Verlagskaufmann bei der Deutschen Presseagentur wieder Fuß gefasst. Seit 1952 arbeitete er für die Organisation Gehlen und erhielt in diesem Rahmen in der neu gegründeten Bundeswehr den Rang eines Oberstleutnants, wenig später wurde er zum Oberst befördert. Diesen Posten bekleidete er wie beim BND üblich nur pro forma, zur Absicherung nach außen. Darüber hinaus unterhielt er einen Pressedienst namens »Terrapress«, der vor allem Meldungen und Korrespondenzen über Osteuropa brachte. Wicht schrieb darin selbst, gelegentlich unter Pseudonym. Der Pressedienst wurde vom BND bezahlt und erschien nützlich, um Journalisten und Wissenschaftler zur Mitarbeit Ostdienst zu gewinnen. Wicht gab an, über seine Kontakte zu Becker und zu Augstein seit 1957 sieben oder acht SPIEGEL-Artikel im Entwurf bekommen und entsprechend auf Geheimhaltungsbedürftigkeit geprüft zu haben. Eine gelegentliche Zuarbeit mit Informationen war ein dabei gern geübtes Verfahren und diente der beidseitigen Vertrauensbildung, gereichte auch beiden Seiten zum Vorteil. Alle Beteiligten aus dem BND versicherten später, dass dabei kein geheimes Material, sondern nur veraltete oder öffentlich bekannte Dinge übergeben wurden. Die Kontakte waren – so Weiß – seit 1961 spärlicher geworden.

2. Wicht hatte daher im Herbst 1962 ein großes Interesse, die Kontakte zum SPIEGEL wieder aufzunehmen oder gar auszubauen, und das lag auch im Interesse der Zentrale des Dienstes in Pullach im Isartal. Man bekam im BND Kenntnis von einem geplanten Artikel über den Generalinspekteur der Bundeswehr Friedrich Foertsch, und Wicht versuchte, an den Entwurf heranzukommen. Das Verhältnis zu Becker war zwar so gut, dass Wicht den SPIEGEL-Verlagsdirektor zu einem internen Vortrag in seine (getarnte) Hamburger Dienststelle zum 16. Oktober 1962 einladen konnte, um seine Mitarbeiter fortzubilden – hier zur Frage, wie es in einer Presse-Redaktion zuging. Aber es gelang ihm nicht, das Manuskript des von Pullach gewünschten Artikels zu bekommen. Es spricht einiges dafür, dass es redaktionsinterne Gründe waren, die beim Autor Conrad Ahlers lagen, dass erst am 1. Oktober, also wenige Tage bevor der Artikel in Satz gehen musste, vom Verfasser über Becker 13 Fragen zum Artikel mit der Bitte um Prüfung durch den BND übermittelt wurden. Es ging auf den zwei Blättern um faktische Überprüfung wie um Geheimhaltungsbedürfnisse. Eine solche Anfrage war neu.

Obwohl Gehlen wie sein Vizepräsident Worgitzky in Urlaub waren, entschloss sich Weiß, dem Wicht die Fragen übermittelt hatte, in Pullach einen Militärexperten im Dienst die Fragen schnell beantworten zu lassen. Sie gelangten gerade noch rechtzeitig an den SPIEGEL. Zwei Stellen sah man dort kritisch, eine davon hatte Ahlers selbst schon herausgenommen. Probleme mit der Geheimhaltung diagnostizierte man nicht, hatte auch an einer oder zwei Stellen »veraltetes« oder schon anderswo veröffentlichtes Material in die Antwort eingebaut. Der Foertsch-Titel hatte ursprünglich – wie sogar öffentlich angekündigt worden war – zwei Wochen zuvor erscheinen sollen, wurde aber aus redaktionellen Gründen verschoben. Er erhielt aus aktuellen Gründen eine Erweiterung über das Thema des gerade abgehaltenen Nato-Stabsmanövers »Fallex 62«. Das war ein neuer Schwerpunkt, von dem man im BND nichts wusste.

Der SPIEGEL erschien am 8. Oktober. Soweit bislang nachvollziehbar erregte er weder im BND noch bei der Bundeswehr zunächst großes Aufsehen. Weiß fand rückblickend, bei Gesprächen mit Kollegen sei von einem »üblen« Artikel geredet worden, der das Ansehen der Bundesrepublik im Ausland schädigen werde. Aber das stellte noch keinen strafrechtlich relevanten Gesichtspunkt dar. Ähnliche Gespräche dürften an vielen Stellen in den Behörden und so auch im BND geführt worden sein. Dass ein SPIEGEL-Titel zuspitzen und provozieren wollte, war Allgemeingut, aber auch – darin hatte man sich vielerorts gleichfalls gewöhnt – ein Teil der demokratischen Pressefreiheit. Man kann annehmen, dass der Artikel bei vielen interessierten Beobachtern für Diskussionen sorgte, und beim SPIEGEL dürfte man Reaktionen von Gewährsleuten aus der Bundeswehr mit Interesse verfolgt haben. Bereits am 14. Oktober hörte ein BND-Mitarbeiter von Prüfungen im Verteidigungsministerium, und am 26. Oktober begann die für alle überraschende große Aktion der Bundesanwaltschaft beim SPIEGEL mit Durchsuchungen und Verhaftungen in Hamburg und Bonn. Dass es dazu der Vorbereitungen bedurfte, war klar – und hier wurde die Rolle des BND für die Bundesanwaltschaft wichtig.

Die Bundesanwaltschaft hatte am 11. Oktober bei der Hardthöhe ein Gutachten in Auftrag gegeben: Wann hatte der SPIEGEL von einem Ermittlungsverfahren der Bundesanwaltschaft erfahren und durch wen? Es ist aus den Erfahrungen heraus naiv, zu glauben, eine einzige bestimmte Information habe zu einem bestimmten Zeitpunkt den Ausschlag gegeben. Dennoch wurde dies zunächst zum wichtigsten Punkt nicht nur der Ermittlungen, sondern auch für die Haltung der Bundesregierung gegenüber dem BND.

Verlagsdirektor Becker hatte am 16. Oktober den genannten Fortbildungsvortrag für den BND in Hamburg gehalten und am Rande der Veranstaltung mit Wicht auch über den Artikel gesprochen. Der Nachrichtenmann nahm an, der Artikel werde keine Folgerungen nach sich ziehen, während Becker anderes gehört hatte. Offenbar hatte man sich beim SPIEGEL schon vor dem 16. Oktober Gedanken für den Fall eines juristischen Nachspiels gemacht und gegebenenfalls sogar angefangen, Beweismaterial auszulagern. Es lag nach dem Gespräch mit Becker nahe, dass sich Wicht – schon aus eigenem Interesse – in Pullach nach dem Stand der Dinge erkundigte.

Präsident Gehlen kam am 18. Oktober aus dem Urlaub zurück. Er hatte bereits Tage zuvor von der Beantwortung der 13 Fragen erfahren und erkannte die darin liegende Gefahr für den Dienst. In einer noch für den 18. Oktober anberaumten Krisensitzung »missbilligte« er das Verhalten seines leitenden Regierungsdirektors Weiß: Weiß habe einerseits seine Kompetenzen überschritten und andererseits zuvor versäumt, den ganzen SPIEGEL-Artikel beizubringen. Hinzu kam die Einsicht, dass eine Auskunft zu aktuellen militärischen Fragen nicht vom BND hätte gegeben werden dürfen, sondern nur vom Verteidigungsministerium. Ressortüberschreitung in einer solch kritischen Sache konnte schnell zu einem ernsten Konflikt mit dem Verteidigungsministerium eskalieren; der Geheimdienstchef befürchtete – so ein Mitarbeiter in seiner Vernehmung – eine »Vertrauenskrise«.

Das war anscheinend nicht der Fall. Gehlen hatte bereits am letzten Urlaubstag, dem 17. Oktober, mit Minister Strauß gesprochen, der ihm erzählte, sein Ministerium erstatte derzeit ein Gutachten für die Bundesanwaltschaft, um zu prüfen, ob es sich bei dem SPIEGEL-Artikel um einen Fall von Landesverrat handele. Gehlen sagte dem Minister daraufhin die volle Unterstützung seines Dienstes zu. Dass er den noch unschlüssigen Minister sogar zu einem härteren Vorgehen ermuntert hätte, wie ein Mitarbeiter des BND später aussagte, scheint unwahrscheinlich.

Der Präsident unterrichtete zumindest Weiß von den anlaufenden Ermittlungen. Das schuf eine gewisse Klarheit, so dass Weiß Wichts Nachfrage in Pullach bezüglich juristischer Schritte gegen den SPIEGEL bejahte – so die Version des Hamburger BND-Mannes. Gehlen hielt dabei »Sorge vor Weiterungen« für das Weiß und Wicht bestimmende Motiv. Das kann nur der drohende Vorwurf einer Beteiligung des BND gewesen sein.

Genau deshalb tauchte Wicht an jenem 18. Oktober erneut bei Becker auf: Er wollte die Antworten des BND auf die 13 Fragen zurück, die beim SPIEGEL lagen, aber er bekam sie nicht. Wie später wiederholt betont wurde, erklärte der Hamburger Resident dem SPIEGEL bei dieser Gelegenheit auch, dass der BND nur für diese Antworten, aber nicht für den ganzen Artikel verantwortlich sei. Was Wicht und Becker am 18. Oktober genau besprachen, vor allem wer von beiden in diesem Gespräch von einem Ermittlungsverfahren in Karlsruhe geredet hatte, wurde später zum Streitpunkt. Jedenfalls fertigte Becker nach dem Treffen mit Wicht eine Notiz an, die festhielt, dass ihm Wicht anlaufende Ermittlungen der Bundesanwaltschaft bestätigt habe – und diese von den Behörden schließlich aufgefundene Notiz wurde zum Stein des Anstoßes.

Halten wir also fest: Der BND war in peinlicher Weise, wenn auch peripher, an der Entstehung des SPIEGEL-Artikels »Bedingt abwehrbereit« beteiligt. Gehlen hielt es für eine besonders perfide Methode der Wochenzeitschrift, dass man seinen Dienst gleichsam zur »Abdeckung« (so ein Mitarbeiter in der Vernehmung) – im Geheimdienstjargon eine plausible Version zur Verbreitung nach außen, hinter der sich anderes verbarg – in die Sache hineingezogen hatte, und schlug sich ganz auf die Seite des Ministers Strauß.

3. Der BND in der Öffentlichkeit: Mit der Aktion gegen den SPIEGEL am 26. Oktober begann die öffentliche Phase der Affäre. Das geschah auf dem Höhepunkt der Kuba-Krise. Die ernste Gefahr eines Atomkrieges dürfte die innenpolitische Erregung über den angeblichen »Geheimnisverrat« in militärischen Fragen kräftig geschürt haben. Ein Mitarbeiter des BND brachte einschlägige Unterlagen nach Karlsruhe zur Unterstützung der Bundesanwaltschaft. Eine Intensivierung »konspirativer Verbindungen« (Weiß) – worin sie bestanden, gehört zu den noch offenen Fragen – wurde in Gang gesetzt, um Beweismaterial zu erheben.

Aus dem dürftigen Beweismaterial zog man die Schlussfolgerung, der SPIEGEL sei offenbar zuvor gewarnt worden. Als dann die Behörden Beckers Notiz über das Gespräch mit Wicht am 18. Oktober auffanden, wurden Adolf Wicht vom BND und auch Hans Detlev Becker vom Nachrichten-Magazin gleichermaßen am 3. November 1962 verhaftet.

Es liegen umfangreiche private Aufzeichnungen über Wichts U-Haft vor.[85] In seiner Wohnung erschien abends gegen 22 Uhr

---

85 Vgl. Jost Dülffer: »Dreizehn gefährliche Fragen an Oberst Adolf Wicht«, in: *Frankfurter Allgemeine Zeitung* vom 6. Oktober 2012.

ein Großaufgebot an Personal. Ein hochrangiger BND-Mitarbeiter voran, zwei Staatsanwälte und etwa acht Kriminalbeamte folgten, durchsuchten minutiös das Wohnhaus, fuhren dann mit Wicht zu seiner getarnten Dienststelle, wo der BND-Mann die nachrichtendienstliche Leitung übernahm. Die Aktion in der Wohnung Adolf Wichts machte über die Nachbarschaft öffentlich, dass hier etwas Besonderes lief. Wicht wurde schließlich ins Untersuchungsgefängnis in Hamburg überführt. Erst langsam dämmerte ihm, dass es nicht der Verdacht auf Beihilfe zum Geheimnisverrat in dem Artikel »Bedingt abwehrbereit« war, den man ihm zur Hauptsache zur Last legte, sondern der Verdacht des strafbaren Verrats einer Ermittlung.

Der BND kappte wie von den Ermittlungsbehörden gefordert alle Verbindungen mit Wicht, aber der U-Häftling hätte sich eigentlich schon gewünscht, dass er informell Einschätzungen oder gar Weisungen aus Pullach erhalten hätte. Wie schwer man bei der Bundesanwaltschaft die Vorwürfe nahm, lässt sich daraus entnehmen, dass der Oberst nach einiger Zeit von Hamburg nach Karlsruhe überführt wurde, wo in der Haftanstalt u. a. ein gewisser Heinz Felfe einsaß – dazu gleich. Es dauerte sieben Wochen, bis zum 21. Dezember, bis Wicht wieder auf freien Fuß gesetzt wurde; SPIEGEL-Mitarbeiter saßen zum Teil wesentlich länger ein.

Gravierend war die Affäre nicht nur für Wicht, sondern auch für den BND selbst. Gehlen zeigte sich empört über den – nun auch von ihm so gesehenen – Ermittlungsverrat Wichts, und der Pullacher Dienst legte Wert auf die Feststellung, damit nichts zu tun zu haben. Schon im Vorjahr hatte es heftige Erschütterungen des Dienstes gegeben, als sich herausstellte, dass der Leiter der Gegenspionage im BND, Heinz Felfe, selbst ein Agent der Sowjetunion gewesen war.

Nun wurde gegen Wicht eine interne Sicherheitsüberprüfung eingeleitet. Über einen daraus gegen ihn entstandenen Verdacht

Die SPIEGEL-Affäre

Bundeskanzler Konrad Adenauer äußert sich am 7. November 1962 im Deutschen Bundestag in Bonn: »Wir haben einen Abgrund von Landesverrat im Lande... Gott, was ist mir schließlich Augstein!«

auf unkorrektes Verhalten oder gar auf Ostspionage ist nichts bekannt geworden.

Das Bundeskabinett besprach am 29. Oktober die SPIEGEL-Affäre. Konrad Adenauer, der bereits am 18. Oktober den Schulterschluss mit Strauß zum harten Vorgehen hergestellt hatte, forderte, die Bundesanwaltschaft solle »objektiv ohne Ansehen der Person auch gegen diejenigen vorgehen, die den SPIEGEL mit Informationen versorgt« hätten.

Strauß hatte Adenauer auf dem Laufenden gehalten. Man sollte von daher wohl nicht nur von einer Strauß-Affäre sprechen – wie es auf der Tagung vorgeschlagen wurde –, sondern auch die Rolle Adenauers bei der Eskalation der Krise stärker in den Vordergrund rücken.

Im Bundestag fand über drei Tage hinweg eine große SPIEGEL-Debatte statt, in der Bundeskanzler Adenauer am 7. November ausführte: »Meine Damen und Herren, ist es dann nicht erschreckend, wenn ein Oberst der Bundeswehr, nachdem er gehört hat, dass ein Verfahren gegen Augstein und Redakteure des SPIEGEL eingeleitet sei, hingeht und denen Bescheid gibt, damit Beweismaterial beiseitegeschafft wird.« Damit war zweifelsfrei Wicht gemeint und auf diese Weise wurde der Vorgang um den BND-Mitarbeiter mit klarer Benennung, ja Vorverurteilung des Beschuldigten in der gesamten bundesrepublikanischen Öffentlichkeit bekannt.

In der Debatte verwahrte sich u. a. der FDP-Abgeordnete Wolfgang Döring gegen eine solche Einschätzung durch die Exekutive bereits in einem Ermittlungsverfahren und regte an, man möge doch lieber einmal untersuchen, welcher Nachrichtendienst der Bundesrepublik für oder gegen den SPIEGEL arbeite, eine Deutung, der Strauß für den ihm unterstellten MAD sogleich heftig widersprach. Wir sehen bereits hier, wie mit vagen Andeutungen und Unterstellungen (Geschichts-)Politik gemacht wurde. Adenauers Erregung dauerte an. Er ließ am 12. November Justizminister Wolfgang Stammberger und Bundesanwalt Albin Kuhn aus Karlsruhe zu sich kommen, um in deren Beisein den BND-Chef Gehlen zu verhören – ein recht ungewöhnlicher, ja einzigartiger Fall. Es spricht trotz späterer Dementis alles dafür, dass der alte Kanzler tatsächlich den Justizminister aufforderte, Gehlen wegen Landesverrats verhaften zu lassen, ein Ansinnen, das der Minister aus rechtsstaatlichen Gründen mit Zustimmung des Bundesanwaltes ablehnte. Gehlen leugnete jede Beteiligung des BND an dem vorgeworfenen Geheimnisverrat – und Adenauer glaubte ihm das nicht. Das bildete den inneren Höhepunkt der Krise: Der Kanzler wollte seinen Geheimdienstchef wegen Landesverrat verhaften lassen!

In den folgenden Tagen vernahm die Bundesanwaltschaft nicht nur Gehlen selbst, sondern auch führende Beamte des BND; aus diesen Protokollen wurde oben zitiert. Und hierbei ging es um die Kooperation mit dem SPIEGEL und den Vorwurf, den SPIEGEL vor den anlaufenden Ermittlungen gewarnt zu haben. Anfang des folgenden Jahres erschienen Ermittler auch in Pullach selbst, ohne dass Neues zutage trat.

4. Die Folgen

Die nachfolgende Kabinettskrise, die unter anderem zum zeitweiligen Rücktritt der FDP-Minister, zu Verhandlungen über eine mögliche Große Koalition und schließlich zu dem erzwungenen Rücktritt von Verteidigungsminister Strauß führte, steht hier nicht zur Debatte – sie wird anderswo in dieser Konferenz behandelt.[86]

Hier interessiert die anhaltende Krise des BND. Das betraf zum einen Adolf Wicht, dessen Fall bemerkenswert bleibt. Gegen ihn wurde wegen des Vorwurfs der Warnung des SPIEGEL und wegen Geheimnisverrats ermittelt. Die 13 Punkte waren dabei bald nicht das einzige Problem: Wicht hatte zuvor eine Studie mit dem sprechenden Titel »Weißer Streifen« aus dem Jahr 1959 an den SPIEGEL weitergegeben, eine interne Arbeit des Dienstes, die sich mit Neutralisierungsplänen entlang der Grenze zur DDR beschäftigte. Sie knüpfte an zeitgenössische Pläne wie den Rapacki-Plan an, die im Westen und in der Bundeswehr zu entsprechenden Studien und Planspielen geführt hatten. Die Studie war zum Zeitpunkt der Übergabe bereits überholt und wurde dem SPIEGEL als Spielmaterial zur Vertrauensbildung übermittelt. Das Magazin sagte seinerseits zu, das Material nicht zu veröffentlichen. Und tat das auch nicht. Diese Episode unter-

---

86 Vgl. dazu den Vortrag Frank Böschs in diesem Band.

streicht die damals herrschenden Vorstellungen über eine wechselseitige Nützlichkeit der Kontakte von Nachrichtendienst und Pressemedium.

Oberst Wicht war durch seine öffentliche Nennung enttarnt und damit nicht nur in seiner bisherigen Funktion, sondern überhaupt als Mitarbeiter für den BND kaum noch tragbar. Er war zugleich mit seiner Inhaftierung aus dem Dienst beurlaubt worden. Nach seiner Freilassung ging es darum, ihm wieder eine Aufgabe zu beschaffen. Das geschah schließlich bei der Bundeswehr, zu der er ja nach seiner »Legende« gehörte. Doch war dies erst nach seiner formellen Entlastung vom Vorwurf des Landesverrats möglich. Die Bundesanwaltschaft stellte das Verfahren gegen ihn nach zweieinhalb Jahren, am 5. Mai 1965, ein, und Wicht übernahm militärische Aufgaben, bis er im Frühjahr 1968 pensioniert wurde. Einige Personen setzten sich in der Zwischenzeit für eine öffentliche Rehabilitierung ein. Es gelang schließlich sogar, Altkanzler Adenauer zu einem entsprechenden Schreiben zu bewegen, der Wicht am 28. Februar 1967 versicherte, er sei in seinen Augen vom Verdacht, eine strafbare Handlung begangen zu haben, sowie vom Vorwurf, »schuldhaft ein Geheimnis offenbart zu haben«, gereinigt. Das klang nicht nach einer Herzensangelegenheit.

Der Journalist Cay von Brockdorff-Rantzau von der Nachrichtenagentur UPI suchte den Haushaltsausschuss des Bundestages für eine Rehabilitierung Wichts durch dessen Beförderung zum Brigadegeneral zu gewinnen – denn dazu bedurfte es der Bewilligung einer Extra-Stelle.

In der Zeit der der Großen Koalition setzte sich der SPD-Fraktionsvorsitzende Helmut Schmidt, selber einer der in der Affäre Verdächtigten, für Wicht ein und versuchte bei Verteidigungsminister Gerhard Schröder (CDU), die außerplanmäßige Beförderung Wichts zum General als Zeichen der Wiederherstellung seiner Ehre durchzusetzen, hatte damit aber keinen Erfolg. Auch der damalige Außenminister Willy Brandt soll sich in der Angelegenheit Wicht engagiert haben.

Als das nicht klappte, kursierte in einigen Kreisen der Gedanke an eine Lex Wicht, mit welcher der verdiente Offizier doch noch außerplanmäßig den Generalsrang in der Bundeswehr erreichen sollte.

Wicht selbst blieb enttäuscht über den Abbruch seiner Karriere, wie sich leicht nachvollziehen lässt. Er hielt jedoch subjektiv weiter loyal zu seinem vormaligen Dienst und hoffte auch lange, dort auf irgendeine Weise wieder voll beschäftigt zu werden. Beruflich trat Wicht nach seiner Verabschiedung 1968 in die Dienste des SPIEGEL, wohl ein Akt der Wiedergutmachung durch Becker. Er war dort zumindest einige Jahre für den Auslandsvertrieb tätig. Wicht blieb überzeugt, zu Unrecht verfolgt worden zu sein. Noch 1980 suchte er nach Möglichkeiten, seiner Version der Dinge öffentlich Ausdruck zu verleihen, als sich das Fernsehen für die Affäre interessierte – aber soweit erkennbar: ohne Erfolg.

Politisch wichtiger als das Schicksal Wichts war die Krise, in die Gehlen und mit ihm der BND beim Kanzler geriet – und nicht nur dort. Dabei bildete die Empörung Adenauers über den vermeintlichen Landesverrat des SPIEGEL im Verein mit dem Nachrichtendienst nur das Tüpfelchen auf dem i eines länger bestehenden Missbehagens. Gewiss hatte Adenauer über viele Jahre von dem Auslandsnachrichtendienst einschlägige Geheimdienstmeldungen erhalten, die für ihn und die junge Republik von Bedeutung waren, vielleicht sogar eine »unsichtbare Säule seiner Herrschaft« (Hans-Peter Schwarz) bildeten. Aber bereits ein Jahr zuvor, im November 1961, war der Leiter der Gegenaufklärung, Heinz Felfe, mit zwei anderen Mitarbeitern als KGB-Agent enttarnt worden. Ausgerechnet der Mann, der ein Eindringen des wichtigsten ideologischen Gegners in den Dienst verhindern sollte. Das war der größte anzunehmende Unfall für den deutschen Nachrichtendienst. Nun kam seine dubiose Rolle in der SPIEGEL-Affäre hinzu.

Über die Probleme des BND unterrichteten Adenauer mehrere Personen, darunter ein zuständiger Mitarbeiter im Kanzleramt, Ministerialdirigent Günter Bachmann, der seine Eindrücke kurz nach Adenauers Ausscheiden aus dem Amt Ende Oktober 1963 in markanten Punkten zusammenfasste:[87] Der Dienst habe eine unklare rechtliche Stellung und dränge stark auf Herauslösung aus jeder Aufsicht, auch aus der vom Kanzleramt geübten. Finanziell zeige sich ein großzügiger Umgang mit den Haushaltsmitteln; die Führungsschicht des BND sei rückwärtsgewandt, rekrutiere sich aus Offizieren, deren Weltbild noch aus den 1930er und 1940er Jahren stamme, wie er vornehm die NS-Zeit umschrieb. Sie seien unterwürfig ganz auf Gehlen ausgerichtet. So könne es kommen, dass der Dienst oft Unwahrheiten über Aufklärungserfolge verbreite, von Schaumschlägerei war ferner die Rede.

Bereits am 24. September 1963, wenige Wochen vor seinem Rücktritt, hatte Adenauer Bachmann abends zu einem Gespräch bestellt. Nach dessen Aufzeichnung bereitete der BND Adenauer weiter große Sorgen. Gerade durch den Fall Felfe sei deutlich geworden, dass viele ehemalige SS-Leute im Dienst beschäftigt seien, die man doch eigentlich möglichst schnell hätte loswerden müssen. Zu Gehlen habe er kein Vertrauen mehr, da dieser ihn im Fall Wicht belogen habe; er müsse abgelöst werden.

Schließlich lägen Adenauer Berichte vor, dass Informationen des BND einerseits oft nichts taugten, da sie aus der Presse zusam-

---

[87] Angaben auch zum Folgenden nach dem Nachlass Kurt Bachmann im *Archiv für Christlich-Demokratische Politik*, St. Augustin.

mengeschrieben seien, andererseits aber auch gezielt vorliegende Informationen nicht an das Kanzleramt weitergegeben würden.

Das war starker Tobak, gewiss auch von Ressentiment bestimmt. Zum sachlichen Gehalt ist hier nichts zu sagen – genau mit diesen Einschätzungen Adenauers wie Bachmanns beschäftigt sich derzeit u. a. die Unabhängige Historikerkommission zur Geschichte des BND. Aber festzuhalten ist, dass sich hier eine tiefe Vertrauenskrise des BND nicht nur bei dem alten Gründungskanzler der Bundesrepublik zeigte, sondern dass die genannten Faktoren auf ein Strukturproblem des Verhältnisses von auswärtigem Nachrichtendienst und Politik hinwiesen.

Ich komme zum Schluss meiner Einschätzung; es kann sein, dass im Laufe der Untersuchung neue Schlüsseldokumente, gleichsam »smoking guns«, auftauchen, welche den gemachten Aussagen neue Perspektiven hinzufügen. Bis dahin lassen sich von den eingangs vorgestellten Thesen zur Rolle des BND zwei plausible Aussagen machen:

Der konkrete Anteil des BND an dem SPIEGEL-Artikel und damit auch am behaupteten Geheimnisverrat war insgesamt unbedeutend. Eine Rivalität Strauß–Gehlen oder das Einwirken dritter Kräfte spielten eine geringere Rolle, als ihnen lange Zeit mehr oder weniger fundiert zugemessen wurden.

Die SPIEGEL-Affäre stellte nicht nur eine Vertrauenskrise Gehlen–Adenauer dar, sondern verstärkte eine bereits zuvor bestehende strukturelle Krise des Dienstes im politischen System der Bundesrepublik.

Die SPIEGEL-Affäre – ein Versagen der Justiz?

Von Wolfgang Hoffmann-Riem

I. Die SPIEGEL-Affäre als Anstoß für gesellschaftlichen Wandel

Die SPIEGEL-Affäre war ein »Epilog auf den deutschen Obrigkeitsstaat und zugleich die Ouvertüre der modernen, freien, vom Untertanengeist entlüfteten deutschen Demokratie«, so der Journalist Theo Sommer.[88] Auch zitiert er Anatole France zur Dreyfus-Affäre: Diese habe Frankreich einen unschätzbaren Dienst erwiesen, »indem sie allmählich die Kräfte der Vergangenheit und die Kräfte der Zukunft konfrontierte und aufdeckte«. Horst Pöttker, Medienwissenschaftler, meint unter Verweis auf Joachim Schöps,[89] die damals ausgelösten öffentlichen Proteste hätten »entscheidend zum Ende der Regierung Konrad Adenauer und damit der restaurativen Gründungsphase der Bundesrepublik beigetragen«.[90] Und zur Justiz: Das SPIEGEL-Urteil des Bundesverfassungsgerichts nennt Pöttker einen Meilenstein der Verwirklichung der Pressefreiheit in Deutschland.[91]

Das sind Zuschreibungen einer großen Bedeutung der SPIEGEL-Affäre. Sie war in der Tat ein wichtiges Ereignis in

---

88 Theo Sommer: »Wird bald etwas passieren?«, in: *Die Zeit* vom 17.10.2002, S. 98.
89 Joachim Schöps: *Die SPIEGEL-Affäre des Franz Josef Strauß*, Reinbek 1983, S. 149ff.
90 Horst Pöttker: »Meilenstein der Pressefreiheit – 50 Jahre ›Spiegel-Affäre‹«, in: *Aus Politik und Zeitgeschichte* 31/2012, S. 39, 45.
91 A.a.O., S. 45.

der Geschichte der Nachkriegszeit. Soweit die Justiz betroffen ist, glaube ich, dass auch Teile von ihr in der Aufarbeitung der SPIEGEL-Affäre einen wichtigen Beitrag zur Überwindung der restaurativen Gründungsphase der Bundesrepublik geleistet haben. Die Justiz hat mitgeholfen, dass die Früchte des öffentlichen Protests und der Solidarisierung erheblicher Teile der westdeutschen Gesellschaft mit der Idee der Freiheit reifen konnten und immer noch geerntet werden. Ich selbst war Nutznießer davon. So konnte ich als Berichterstatter des Ersten Senats des Bundesverfassungsgerichts an dessen »Cicero«-Entscheidung aus dem Jahr 2007 mitwirken, in der die Durchsuchung der Redaktionsräume von »Cicero« unter Nutzung der Argumentation des SPIEGEL-Urteils für verfassungswidrig erklärt wurde.[92]

Die im Titel meines Vortrags anklingende These vom Versagen der Justiz habe ich zunächst ebenso wie viele andere kritiklos bejaht. Zwischenzeitlich habe ich in den öffentlich zugänglichen Dokumenten näher recherchiert und meine, die These verdient jedenfalls dann ein gehöriges Fragezeichen, wenn nicht nur der Übereifer von Justizorganen zu Beginn und am Höhepunkt der Affäre, sondern das Gesamtbild, neben dem Beginn auch der weitere Verlauf, betrachtet werden. Die relative Großzügigkeit bei der umfänglichen Bejahung von Verdacht, der weitgehende Verzicht auf die Prüfung von Vorveröffentlichungen, die Disproportionalität der zur Aufklärung des Verdachts durchgeführten Beschlag- und Festnahmen sowie die Art und Zeitdauer der Durchsuchungen waren juristisch höchst angreifbar.[93] Sie – auch die für die nachfolgende Ausgabe des SPIEGEL

92 BVerfGE 117, 244.
93 Siehe dazu die Analysen von David Schoenbaum: *Ein Abgrund von Landesverrat. Die Affäre um den SPIEGEL*, Berlin 2002 (Erstausgabe: 1968), sowie die Beiträge und Dokumente in: Alfred Grosser/Jürgen Seifert: *Die SPIEGEL-Affäre I. Die Staatsmacht und ihre Kontrolle*, Olten und Freiburg i. Br. 1966.

geübte Vorzensur – waren zugleich geradezu Voraussetzung dafür, dass die Aktion unvorhergesehene Protestaktivitäten in der Gesellschaft produzierte, national und international. Sie setzte eine produktive Kraft der Zerstörung einiger bisheriger Selbstverständlichkeiten frei und stimulierte erste, wenn auch vorsichtige Neuorientierungen. Vor dem Hintergrund der schon begonnenen Ablösung der westdeutschen Gesellschaft von der Nachkriegsphase und in Begleitung weiterer Entwicklungen,[94] die später in der Studentenbewegung kulminierten, war die durch die SPIEGEL-Affäre ausgelöste Bewegung einer von vielen Meilensteinen auf dem Weg in eine sozialliberale Öffnung der westdeutschen Gesellschaft.[95]

II. Unrichtiges und Richtiges über die Rolle der Bundesregierung

Im Nachhinein hat sich allerdings manches als falsch erwiesen, was die Affäre auslöste, aber auch vieles, was für manche ihre Qualifikation als Justizskandal zu rechtfertigen schien[96] und was die Energie für die öffentlichen Proteste und für das später veränderte Nachdenken der Justiz geliefert hat. Der Vorwurf des mas-

---

94 Dazu siehe insbesondere die Beiträge von Axel Schildt, Frank Bajohr, Frank Bösch, Daniela Münkel sowie Thomas Schlemmer in diesem Band.

95 Überzogen aber etwa die von Franziska Augstein formulierte These: »Mit der SPIEGEL-Affäre 1962 begann das Jahr 1968«, unter dem Titel »1962 begann das Jahr 1968«, in: DER SPIEGEL vom 17.9.2012, neu abgedruckt im Anhang dieses Bandes.

96 Noch i.J. 2002 sprach Rudolf Augstein von dem größten Justizskandal in der rechtsstaatlichen Geschichte Deutschlands und ging dabei fälschlich davon aus, das BVerfG hätte das Verfahren »beerdigt«, weil »wir« unschuldig waren, so im Vorwort zu Schoenbaum (2002), S. 8f.

siven Landesverrats gegen Augstein, Ahlers und andere musste fallen gelassen werden, erst recht der der Bestechung von Beamten des Verteidigungsministeriums. Als nicht tragfähig erwies sich aber auch die Annahme, die beteiligten Richter und Beamten hätten nicht aus eigener Überzeugung, sondern willfährig gegenüber der Bundesregierung gehandelt. Keine hinreichenden Belege gibt es auch für die Annahme, es sei dem Bundeskriminalamt, Teilen der Bundesregierung oder anderen öffentlichen Institutionen mit dem Verfahren darum gegangen, den SPIEGEL »ein für alle Mal zu ruinieren«[97] bzw. zu »erledigen«[98]. Zwar war die Berichterstattung des SPIEGEL der Regierung und maßgebenden Vertretern von Behörden – und nicht nur diesen – ein großes Ärgernis. Dass diese Akteure aber die Maßnahmen initiiert und ihre Durchführung im Einzelnen mit dem Ziel der Vernichtung des SPIEGEL gesteuert hätten, ist niemals belegt worden.[99] Unrichtig war insbesondere die Annahme, Franz Josef Strauß habe von vornherein als treibende Kraft hinter der Aktion gestanden. Der SPIEGEL-Verlag hat in der mündlichen Verhandlung vor dem Bundesverfassungsgericht auch die Behauptung fallen gelassen, das Verteidigungsministerium habe versucht, das Verfahren unsachgemäß zu beeinflussen. Damit ist der Vorwurf, der seinerzeit die Öffentlichkeit besonders erregt und Solidarisierung provoziert hatte, im Nachhinein erodiert. Diese Feststellung schließt aber nicht die weitere aus, dass das Ministerium später Einfluss auf das Verfahren nahm, besonders stark motiviert

---

97 So etwa Rudolf Augstein, Vorwort zu Schoenbaum (2002), S. 7.
98 So noch in der Hausmitteilung, DER SPIEGEL vom 17.9.2012: »Der lästige SPIEGEL sollte erledigt werden.«
99 Auch in den Ausgaben des SPIEGEL 38 und 39 vom 17. und 24.9. 2012, abgedruckt im Anhang dieses Bandes, in denen bisher nicht öffentlich zugängliche Dokumente ausgewertet wurden, sind keine belastbaren Belege dafür aufgeführt.

durch das Bemühen, die Informanten aus den eigenen Reihen zu finden, die es hinter den Kulissen vermutete.

Dass insbesondere Franz Josef Strauß, nachdem er von den Ermittlungen der Bundesanwaltschaft erfahren hatte, mit heißem Herzen und mit Verfolgungswahn dabei war, zeigen nicht zuletzt seine eindeutig belegten Aktionen, Conrad Ahlers in Spanien auf rechtswidrige Weise festnehmen zu lassen.[100] Diese ungeheuerliche Intervention und die anschließenden Lügen von Strauß vor dem Deutschen Bundestag[101] waren deutliche Skandalverstärker. Skandalverstärker war ebenso die Aussage des Innenministers Höcherl, der das Grundgesetz bekanntlich nicht immer unterm Arm tragen konnte, die Aktion gegen den SPIEGEL sei »etwas außerhalb der Legalität« erfolgt.[102] Skandalverstärker war ebenso Bundeskanzler Adenauer, nicht nur mit seinem historisch gewordenen Satz »Wir haben einen Abgrund von Landesverrat im Lande«[103] und dem Zusatz, dass vom SPIEGEL »systematisch, um Geld zu verdienen, Landesverrat getrieben wird«.[104] Er hatte in Stellungnahmen auch sonst jegliches Augenmaß verloren.

---

100 Zu Einzelheiten siehe den Einstellungsbeschluss des Leitenden Oberstaatsanwalts beim Landgericht in Bonn vom 2. Juni 1965, abgedruckt als Dokument Nr. 35 in: Alfred Grosser/Jürgen Seifert: *Die SPIEGEL-Affäre I, Die Staatsmacht und ihre Kontrolle* (1966), S. 549ff.
101 Die Protokolle dieser und weiterer Debatten vom 7. bis 9. November 1962 des Bundestages sind abgedruckt in Theodor Eschenburg: *Die Affäre. Protokolle der SPIEGEL-Debatten des Deutschen Bundestages*, Hamburg 1962. Die Aussagen von Strauß finden sich auf den S. 28ff., 34, 37f., 39f., 41ff., 45ff.
102 Minister Höcherl in der 46. Sitzung des Deutschen Bundestages vom 8. November 1962, a.a.O., S. 32.
103 Bundeskanzler Adenauer in: Eschenburg (1962) S. 18 sowie S. 22f.
104 A.a.O., S. 18 und S. 22.

III. Die Unsicherheit der Justiz am Anfang der Affäre

Aus heutiger Sicht irritierend war, ohne aber in die Rubrik Justizskandal zu gehören, auch die Art, wie Organe der Justiz – die Beamten des Generalbundesanwalts und die Untersuchungs- und Ermittlungsrichter beim Bundesgerichtshof – an den Fall herangegangen sind. Dies ist schon vielfach und in vielfältiger Hinsicht kritisiert worden, übrigens nicht immer in abgewogen differenzierender Weise, oder anders formuliert: häufig mit einer ähnlichen Einseitigkeit, wie sie den damals beteiligten Juristen vorgeworfen wurde. Insbesondere ist nicht näher analysiert worden, ob die damaligen in den Beschlüssen niedergelegten richterlichen Bewertungen den damals üblichen Ansprüchen an die Begründung eines Anfangsverdachts – wie gesagt: (nur) eines Anfangsverdachts – entsprachen. Ich glaube: ja. Darüber, ob auch andere Motive als die wiedergegebenen maßgebend gewesen waren, darüber sagen solche richterlichen Entscheidungen üblicherweise nichts. Wir dürfen sie nicht einfach unterstellen.

Der liberale Strafrechtler Ulrich Klug hat zum SPIEGEL-Verfahren ausgeführt, es habe Rechtsfragen aufgeworfen, »die in mancherlei Hinsicht völlig neu sind«. Ein besonders wichtiger Teil der aktuell gewordenen Rechtsprobleme betreffe »die bei dieser Gelegenheit mit Schärfe hervorgetretenen Konflikte zwischen Strafprozessrechtsbestimmungen und Normen des Verfassungsrechts«.[105] So war es. Die damals agierenden Juristen haben die Notwendigkeit zum Neudenkens allerdings nicht erkannt, sondern stattdessen – wie Juristen es häufig, auch aktuell, weiter tun – alte Schubladen mit alten Argumentationsfiguren und Verdachtskonstruktionen geöffnet. So gab es zwar schon

---

105 Ulrich Klug: *Presseschutz im Strafprozess. Ein Rechtsgutachten im SPIEGEL-Verfahren*, Berlin und Neuwied 1965, S. 5.

damals Stimmen in der Literatur, die die große Bedeutung der Pressefreiheit für die Auslegung von Strafrecht und Strafprozessrecht sahen.[106] Sie forderten, den publizistischen Landesverrat anders zu bewerten als den »gemeinen«, etwa den durch die im Geheimen handelnden Agenten. Sie lehnten es ab, Durchsuchungen bei Presseangehörigen mit dem Ziel durchzuführen, Informanten zu finden. Sie stellten besondere Anforderungen an die Verhältnismäßigkeit von Durchsuchungen in Redaktionsräumen, an Beschlagnahmen von Redaktionsmaterial oder an Festnahmen.

Das aber war nicht Mainstream. Als Versagen der Justiz kann man ihr ankreiden, dass ihre Vertreter bei Beginn und bei der Durchführung der Aktion noch nicht zu neuem Denken aufgebrochen waren. Ein solcher Aufbruch aber ist für die meisten Juristen heute ebenso wie in der Vergangenheit ein unbehagliches Abenteuer. Typisch sind in der Mehrheit fast immer beharrende Kräfte. Niemand darf sich wundern, dass die Beamten und Richter im Oktober 1962 an traditionellen Denk- und Vorgehensweisen festhielten, als sie mit dem Vorwurf des Landesverrats durch eine inhaltlich ihre eigene Sachkompetenz überschreitende Veröffentlichung zu extrem wichtigen militärtechnischen und -strategischen Fragen konfrontiert waren. Die nähere Klärung, ob es sich um Landesverrat handelte, musste zudem in der Zeit des Höhepunkts der Kuba-Krise durchgeführt werden.[107]

106 Siehe dazu statt vieler die Nachweise in den Gutachten von Martin Löffler: *Der Verfassungsauftrag der Presse. Modellfall SPIEGEL*, Karlsruhe 1963, und Ulrich Klug (1965).
107 Der »Fallex«-Artikel war am 8. Oktober 1962 im SPIEGEL veröffentlicht worden, die Aktionen gegen den SPIEGEL-Verlag begannen am 26. Oktober. Die Kuba-Krise schwelte da schon eine gewisse Zeit. Am 22. Oktober wurde die Kuba-Blockade durch Präsident Kennedy bekannt; schon vorher, am 18. Oktober, waren militärische Alarmbefehle ergangen.

Die SPIEGEL-Affäre

Akut war die Sorge, der Kalte Krieg, der schon durch den Mauerbau 1961 weiter zementiert worden war, könnte umgehend zum heißen werden. Der Bundeskanzler bezeichnete den von ihm wenig später schon als feststehend bezeichneten Landesverrat als »Verbrechen von besonderer Abscheulichkeit«.[108] Da beide inkriminierte SPIEGEL-Artikel zentralen Fragen der Verteidigungsfähigkeit der Bundesrepublik galten, hätte es viel Mut gefordert, trotz Anfangsverdachts keine eingehende Prüfung des Vorliegens von Geheimnisverrat vorzunehmen und dafür eventuell wichtige Beweismittel in den Redaktionen nicht zu suchen. Was wäre wohl passiert, wenn seinerzeit nichts unternommen worden wäre, sich später aber ergeben hätte, die Artikel hätten im großen Stil Staatsgeheimnisse offenbart oder gar, dass der SPIEGEL einem Informanten des Verteidigungsministeriums Geld dafür gegeben hätte? Was, wenn um Kuba ein Krieg ausgebrochen wäre, der sich so ausgeweitet hätte, dass die Bundeswehr in einen militärischen Konflikt gezogen worden wäre und ihre Fähigkeit zur Verteidigung Deutschlands durch die Offenbarung von Geheimnissen über ihren kläglichen Zustand zusätzlich geschwächt worden wäre?

Ich kann es auch anders formulieren: Die für das Verfahren verantwortlichen Staatsanwälte und Richter hätten auf Risiko handeln, die aktuellen Sorgen aus Anlass der Kuba-Krise verdrängen und sich vor allem vor dem Zeitgeist und der situativen Aufgeregtheit immunisieren müssen, hätten sie davon absehen wollen, Beweise zu suchen und zu sichern. Dass die von ihnen durchgeführten Maßnahmen in vielen Einzelheiten unverhältnismäßig waren – ich habe keinen Zweifel daran –, war vermutlich ebenfalls dem Sog der Situation geschuldet, einem Sog, den die politische Elite der Bundesrepublik kräftig verstärkte.

---

108 Bundeskanzler Adenauer, in: Eschenburg (1962), S. 23.

Da mein Naturell als Wissenschaftler dazu geführt hat, dass ich misstrauisch gegenüber dem Mainstream bin, dass ich möglichst nach Neuansätzen suche und Wandel sowie Innovationen befördern will, fällt es mir schwer, die Verklammerung der Akteure mit den damaligen Befindlichkeiten und Aufregungen gutzuheißen. Verstehen kann ich sie.

IV. Die Aufarbeitung der Affäre durch die Justiz

Historisch wichtiger als der Blick zurück auf die Anfangsphase der Affäre ist die Analyse, wie die Justiz sie abgearbeitet hat.

1. Einstellung bzw. Nichteröffnung der Strafverfahren

Sämtliche Strafverfahren sind eingestellt worden – sowohl die gegen Augstein, Ahlers und andere als auch die gegen Beamte aus dem Verteidigungsministerium. Aber auch – hinsichtlich der Festnahme von Ahlers – die gegen Franz Josef Strauß, seinen Staatssekretär Volkmar Hopf sowie den Oberst Achim Oster. Einzelheiten können hier nicht ausgeführt werden.[109]

Ein bemerkenswertes Dokument ist der Einstellungsbeschluss des leitenden Oberstaatsanwalts beim Landgericht in Bonn hinsichtlich Strauß, Hopf und Oster.[110] Stammte es nicht von einem Staatsanwalt, sondern von einem Journalisten, müsste ihm der Medienpreis »Leuchtturm« des Netzwerks Recherche für gelungenen investigativen Journalismus zuerkannt werden. Detailliert und faktenstark sowie ungeschminkt werden hier die Vorgänge um die Verhaftung von Ahlers dargestellt. Dieser Beschluss ist

---

109 Dazu siehe statt vieler Jürgen Seifert: »Die SPIEGEL-Affäre als Staatskrise«, in: Grosser/Seifert (1966), S. 37, 213ff.
110 Einstellungsbeschluss, abgedruckt in Grosser/Seifert (1966), S. 549ff.

noch immer die wichtigste Quelle für Historiker. Schon die Darstellung der Fakten liest sich wie eine Verurteilung jedenfalls von Strauß. Eine journalistische Bewertung – etwa als rechtsstaatliche Frivolität – unterbleibt naturgemäß.

Eine juristische Bewertung aber folgt,[111] und sie hat viele überrascht: Eine Anklage wegen Amtsanmaßung oder Freiheitsberaubung unterbleibt, auch bei Strauß. Die strafrechtlichen Tatbestände werden für Strauß bejaht und seine Übergriffe als unbefugt gewertet. Zur Anklage kommt es aber nicht, weil Strauß – in juristischer Terminologie – zum Teil ein Tatbestandsirrtum zugutegehalten wird;[112] vor allem aber wird ausgeführt, dass wichtige Elemente nicht mehr feststellbar seien, die zur Widerlegung der Einlassung von Strauß erforderlich wären.[113] Die akribische Aufklärung des Sachverhalts hat eben doch auch einzelne Lücken offenbart, und durch diese entschlüpft der Beschuldigte Strauß. Ob einem weniger prominenten Beschuldigten dies in vergleichbarer Lage auch gelungen wäre, wissen wir nicht.

Und das Verfahren gegen Augstein und Ahlers? Es wird vom Bundesgerichtshof gar nicht erst eröffnet; die Angeschuldigten werden »mangels Beweises außer Verfolgung gesetzt«.[114] Das war schon vom Verfahrensgang her eine gehörige Ohrfeige für die Bundesanwaltschaft. Der BGH ging zwar davon aus, »dass durch die beiden Artikel einige geheimhaltungsbedürftige Tatsachen veröffentlicht sein können«, sah also weiterhin den Verdacht einer Verletzung von Staatsgeheimnissen gegeben. Es sei aber nicht zu beweisen, dass die beiden vorsätzlich gehandelt, insbesondere

---

111 Einstellungsbeschluss, abgedruckt in Grosser / Seifert (1966), S. 563ff.
112 Einstellungsbeschluss, abgedruckt in Grosser / Seifert (1966), S. 568.
113 Einstellungsbeschluss, abgedruckt in Grosser / Seifert (1966), S. 570.
114 BGH NJW 1965, S. 1187ff.

billigend in Kauf genommen hätten, die beiden Artikel könnten geheimhaltungsbedürftige Tatsachen enthalten. Das ist eine ähnliche Argumentation wie die, die bei Strauß zur Einstellung des Verfahrens geführt hat.

In seiner Entscheidung wies der BGH darauf hin, dass »beim sogenannten publizistischen Landesverrat an den Nachweis der inneren Tatsache in der Regel höhere Anforderungen zu stellen sind als bei Spionen und Agenten«.[115] Das ist ein vorsichtiger Schritt in die richtige Richtung, mehr aber nicht. Ob ein durch die »systematische Erfassung und zuverlässige Zusammenstellung von an sich offenen Tatsachen« erarbeitetes Gesamtbild ein eigenständiges Staatsgeheimnis sein kann – dies bejahte die damals maßgebende sogenannte Mosaiktheorie – und ob dies uneingeschränkt für Presseveröffentlichungen gelten könne, lässt der BGH offen.[116]

Für einen großen Schritt ins Neue braucht höchstrichterliche Rechtsprechung manchmal einen Schubser durch das Bundesverfassungsgericht. Dessen SPIEGEL-Urteil betraf zwar nicht diese BGH-Entscheidung, entwickelte aber Grundsätze zur Pressefreiheit, an denen der BGH seitdem nicht mehr vorbeikann.

2. Zurückhaltung des SPIEGEL-Verlags mit Rechtsmitteln

Das SPIEGEL-Urteil galt den Beschlüssen zur Durchsuchung und Beschlagnahme. Gegenstand waren nicht die konkreten Modalitäten der Aktion, etwa die Art des Polizeieinsatzes oder die Dauer der Maßnahmen. Dazu gibt es überraschenderweise keine Entscheidungen von höchster Warte. Der Grund: Der SPIEGEL-Verlag hat den möglichen Rechtsweg teilweise gar nicht beschrit-

---

115 BGH, NJW 1965, S. 1187.
116 A.a.O., S. 1189.

ten – eine mir unverständliche Vorgehensweise, die der Justiz die Chance genommen hat, mögliche Fehler der Unterinstanzen auf höchstrichterlicher Ebene zu korrigieren.

Allerdings wurde ein Antrag auf einstweiligen Rechtsschutz beim BVerfG gegen die Art und Dauer der Durchführung der Durchsuchung gestellt. Das Bundesverfassungsgericht bejahte gemäß § 90 Abs. 2 Satz 2 BVerfGG mit Rücksicht auf die besondere Bedeutung der Pressefreiheit die Zulässigkeit dieses Antrags. Die Prozessbevollmächtigten aber nutzten die dadurch eröffnete Chance nicht. Sie bestanden auf ihrer »prinzipiellen Rechtsmeinung«, dass allein maßgebend sei, die betroffenen strafprozessialen Eingriffe seien in jedem Fall ein Verstoß gegen die Pressefreiheit. Damit hatten sie hoch gepokert.[117] Über eine so grundlegende, bisher noch nicht entschiedene Rechtsfrage kann im einstweiligen Rechtsschutz grundsätzlich nicht entschieden werden. Die Bevollmächtigten hätten zumindest hilfsweise berücksichtigen müssen, dass ein Rechtsschutzantrag im Verfahren einstweiligen Rechtsschutzes grundsätzlich nur im Rahmen der dort gebotenen Folgenabwägung erfolgreich sein kann. Sie unterließen aber, die dafür erforderlichen konkreten Angaben über die Einschränkungen des Betriebs, also der Redaktionsarbeit, zu machen.[118] In der Folge sah sich das Bundesver-

---

117 Die Antragsteller hatten »alles auf eine Karte gesetzt«, so Ernst-Werner Fuß: »Pressefreiheit und Geheimnisschutz«, in: *NJW* 1962, S. 2225. Anmerkung der Herausgeber: Professor Horst Ehmke, damals anwaltlicher Vertreter des SPIEGEL, bestätigte in der Diskussion: »Wir wollen es wirklich wissen.« Rudolf Augstein sei der gleichen Meinung gewesen. So ging man »das Risiko« und ist »gewissermaßen bestraft worden, dass das Verfahren 4:4 endet«. Mit einer anderen Strategie hätte man vielleicht gewonnen. »Aber in der Sache wäre nicht die Klarheit erzielt worden.«
118 Näher zu diesem Erfordernis Fuß (1962), S. 2226.

fassungsgericht zu einer substanziellen Folgenabwägung nicht in der Lage.[119] Durch ihr Vorgehen haben die Bevollmächtigten die Möglichkeit verspielt, der Redaktion die unbeschränkte Weiterarbeit frühzeitiger zu ermöglichen.

Gegenstand des späteren Hauptsacheverfahrens vor dem BVerfG waren neben dem Durchsuchungsbefehl und den darauf bezogenen Beschlüssen des BGH zwar auch die Haftbefehle und teilweise die Festnahmen. Insoweit wurden die Verfassungsbeschwerden als unzulässig behandelt, wie ich meine, mit durchaus vertretbaren Gründen. Denn sie waren – mir unverständlich – nur vom SPIEGEL-Verlag eingereicht worden, nicht auch von den persönlich Betroffenen selbst. In der Folge konnten viele Fragen, über die öffentlich heftig diskutiert worden ist, auch im Nachhinein keiner verfassungsgerichtlichen Klärung zugeführt werden.

Wer die Geschehnisse ab 1962 als Justizskandal anprangert, könnte den SPIEGEL-Verlag nicht von der Kritik freizeichnen, nicht alle in einem Rechtsstaat verfügbaren Mittel genutzt zu haben, sich nachhaltig um ein Ende der Beeinträchtigung der Pressefreiheit bemüht zu haben.

3. Das SPIEGEL-Urteil des Bundesverfassungsgerichts

Vielleicht steckte hinter dem Vorgehen aber auch eine geheime List. Denn infolge der Entschlackung des Verfahrens konnte das BVerfG sich ganz auf die Grundsatzfrage konzentrieren: In welchem Verhältnis stehen Pressefreiheit und Strafverfolgungsinteressen?

Auf diesen grundsätzlichen Ausführungen beruht der historische Stellenwert der Entscheidung. Dass die Verfassungsbeschwerde im Ergebnis zurückgewiesen wurde, also juristisch

---

119 BVerfGE 15, 77ff. Die Entscheidung stammt vom 8. November 1962.

erfolglos war, ist demgegenüber zweitrangig. Der SPIEGEL-Verlag, seine Herausgeber und die Redakteure benötigten eine solche Entscheidung nicht mehr. Denn politisch und moralisch waren sie längst rehabilitiert, ja über das Ganze fast zu Freiheits-Heroen geworden. Der SPIEGEL war seitdem immer wieder bereit, sie in Hochämtern der Heroisierung als solche zu feiern, und er ist es auch hier und heute – wenn auch inhaltlich differenzierter als früher. Publizistisch und ökonomisch war die SPIEGEL-Affäre ein voller Erfolg für den SPIEGEL. Vom Ergebnis betrachtet gilt, ein Besseres als diese Affäre hätte dem SPIEGEL nicht passieren können. Noch immer taugt sie als Hauptquell publizistischer Mystifizierung des SPIEGEL. Diese wiederum hat einen Großteil der Öffentlichkeit, auch der wissenschaftlichen, in den Bann gezogen.

Berühmt ist das SPIEGEL-Urteil wegen seiner allgemeinen Ausführungen zur Pressefreiheit, die von allen Richtern getragen werden. Sie sind so bekannt, dass ich sie kaum noch zitieren mag. Dennoch müssen die Kernaussagen benannt werden:[120] »Eine freie, nicht von der öffentlichen Gewalt gelenkte, keiner Zensur unterworfene Presse ist ein Wesenselement des freiheitlichen Staates; insbesondere ist eine freie, regelmäßig erscheinende politische Presse für die moderne Demokratie unentbehrlich. Soll der Bürger politische Entscheidungen treffen, muss er umfassend informiert sein, aber auch die Meinungen kennen und gegeneinander abwägen können, die andere sich gebildet haben. Die Presse hält diese ständige Diskussion im Gang; sie beschafft die Informationen, nimmt selbst dazu Stellung und wirkt damit als orientierende Kraft in der öffentlichen Auseinandersetzung. In ihr artikuliert sich die öffentliche Meinung; die Argumente klären sich in Rede und Gegenrede, gewinnen deutliche Konturen und erleichtern so dem Bürger Urteil und Entscheidung. In der

---

120 Zum Folgenden siehe BVerfGE 20, 162, 174ff.

repräsentativen Demokratie steht die Presse zugleich als ständiges Verbindungs- und Kontrollorgan zwischen dem Volk und seinen gewählten Vertretern in Parlament und Regierung. [...]« Diese und die weiteren Sätze sind übrigens keine empirische Beschreibung. Als solche wären sie – sieht man sich die Realität der Presse damals und heute an – in vielem unzutreffend, jedenfalls schwer zu verifizieren. Es sind normative Aussagen zur Funktion der Presse, gewissermaßen idealtypische Umschreibung dessen, wofür Presse in einer Demokratie essentiell ist, was von ihr also erwartet wird.

Es schließen sich Folgerungen aus den funktionell-normativen Erwägungen an die Presse an: »Der Funktion der freien Presse im demokratischen Staat entspricht ihre Rechtsstellung nach der Verfassung. Das Grundgesetz gewährleistet in Art. 5 die Pressefreiheit. Wird damit zunächst [...] ein subjektives Grundrecht für die im Pressewesen tätigen Personen und Unternehmen gewährt, das seinen Trägern Freiheit gegenüber staatlichem Zwang verbürgt und ihnen in gewissen Zusammenhängen eine bevorzugte Rechtsstellung sichert, so hat die Bestimmung zugleich auch eine objektiv-rechtliche Seite. Sie garantiert das Institut ›freie Presse‹. Der Staat ist [...] verpflichtet, in seiner Rechtsordnung überall, wo der Geltungsbereich einer Norm die Presse berührt, dem Postulat ihrer Freiheit Rechnung zu tragen.« Die Privilegierung der Presse wird mit deren Funktion begründet, also nicht daran gebunden, dass die Presse oder gar jedes einzelne Presseorgan den funktionalen Erwartungen gerecht wird. Geschieht dies in erheblicher Weise nicht, kann aber der Auftrag des Staates zur Gewährleistung der Pressefreiheit aktiviert werden. So »ließe sich auch an eine Pflicht des Staates denken, Gefahren abzuwehren, die einem freien Pressewesen aus der Bildung von Meinungsmonopolen erwachsen könnten«. Ferner heißt es: »Die in gewisser Hinsicht bevorzugte Stellung der Presseangehörigen ist ihnen um ihrer Aufgabe willen und nur im Rahmen dieser Aufgabe eingeräumt. Es handelt sich nicht um persönliche Privilegien[...]« Insofern sei die Presse auch an die allgemeine Rechtsordnung gebunden: Befreiungen von allgemein geltenden Rechtsnormen müssten nach Art und Reichweite stets von der Sache her sich rechtfertigen lassen. Komme es zum Gegeneinander, etwa zwischen der Notwendigkeit der militärischen Geheimhaltung im Interesse der Staatssicherheit und der Pressefreiheit, so sei ein Zielkonflikt zu bewältigen. Beide konfligierenden Zielsetzungen seien »durch das höhere Ziel, den Bestand der Bundesrepublik Deutschland – im recht verstandenen Sinne – zu sichern«, einander zugeordnet. Im Blick auf dieses Ziel seien daher Konflikte zwischen beiden Staatsnotwendigkeiten zu lösen.

Bei der Anwendung auf den konkreten Fall aber ist das Gericht gespalten: Es ergibt sich ein Stimmenpatt. Verfahrensmäßig gilt dann der Grundsatz, dass ein Verfassungsverstoß nicht festgestellt werden konnte,[121] die Verfassungsbeschwerde also unbegründet war.

Die Richter gaben – das war neu[122] – ihre unterschiedlichen Auffassungen ausdrücklich und ausgiebig wieder – vier Jahre bevor das »dissenting vote« am BVerfG eingeführt wurde. Ein solches Vorgehen war für manche eine Art Tabubruch, nämlich das offene Eingeständnis der Relativität von Recht. Der Maßstab des Rechts ist in der Tat fast niemals abschließend vorgegeben. Es spielt eine Rolle, wer Normen in welcher Situation anwendet. Der Zeitgeist, politische und kulturelle Befindlichkeiten, Zufälligkeiten der gegebenen Situation können Einfluss nehmen. Dabei reagiert Recht auch auf Wandlungen seines Realbereichs, etwa

---

121 Dies ist ausdrücklich in § 15 Abs. 4 S. 2 des Gesetzes über das Bundesverfassungsgericht geregelt.
122 Dazu siehe Günther Schultz: »Blick in die Zeit«, in: *Monatsschrift für Deutsches Recht* (1967), S. 274ff.

der politischen, kulturellen oder ökonomischen Rahmenbedingungen.[123] In diesem Sinne spiegelt das SPIEGEL-Urteil selbst einen sich anbahnenden gesellschaftlichen Wandel wider, der seinen Ausdruck später auch in der Studentenbewegung und in nachfolgenden sozialliberalen Reformen fand.

Nun aber zu den zwei im Gericht vertretenen Positionen. Vier Richter, deren Auffassung die Entscheidung im Ergebnis trägt, hielten die Anordnung der Durchsuchungen und Beschlagnahmen für verfassungsmäßig, rehabilitierten also die Beamten und Richter, die die Durchsuchungen und Beschlagnahmen 1962 beantragt bzw. verfügt hatten. Die vier Richter des BVerfG kamen letztlich zur gleichen Einschätzung wie Letztere. Dies geschah – anders es die Akteure 1962 konnten –, schon unter dem Eindruck der vielen zwischenzeitlich erfolgten öffentlichen Debatten und einer Fülle rechtswissenschaftlicher Veröffentlichungen, die sensibel für einen notwendigen Aufbruch in ein neues Denken waren. Die vier Richter kamen zu ihrer Einschätzung also in Kenntnis des beginnenden Einstellungswandels, der nach Theo Sommer zur Entlüftung der deutschen Demokratie vom Untertanengeist zu führen begann. An diesem Akt der Entlüftung hatten auch diese vier Richter Anteil, denn auch sie hatten die bahnbrechenden Grundsatzausführungen zur Pressefreiheit mitgetragen. Selbst auf dieser Grundlage bejahten sie die Voraussetzungen für einen Anfangsverdacht gegen den SPIEGEL.

Ich sage dies um der Ausgewogenheit willen. Persönlich bin ich mir sicher: Wäre ich damals Verfassungsrichter gewesen, ich hätte nicht zu dieser Gruppe gehört. Ich war seinerzeit zwar noch Referendar, hatte aber schon meinen ersten wissenschaft-

---

[123] Siehe dazu etwa meinen Beitrag »Methoden einer anwendungsorientierten Verwaltungsrechtswissenschaft«, in: Eberhard Schmidt-Aßmann/Wolfgang Hoffmann-Riem (Hg.): *Methoden der Verwaltungsrechtswissenschaft*, Baden-Baden 2004 S. 9ff.

lichen Artikel zur Pressefreiheit geschrieben.[124] Ich stand schon und noch unter dem Eindruck der Studentenbewegung, die 1964, als ich in Berkeley studierte, dort auf diesem Campus in meiner Gegenwart begonnen hatte. Das von mir lebhaft beobachtete Free Speech Movement von Berkeley hatte noch im Laufe des Studienjahres das Free Sex Movement mit dem Beginn der Hippie-Bewegung in Sausalito gezeugt und war ferner in die Bewegung gegen den Vietnam-Krieg übergegangen. Diese rasanten Entwicklungen verstand ich als Signal zum Aufbruch, zu einem Abschied von vielem, was die Generation der Eltern an Ordnungsmustern für unverzichtbar gehalten hatte. Es war der Aufbruch hin zur demokratischen Öffnung und verstärkten politischen Anteilnahme, zur Aufgabe des Arkandenkens und zur Abkehr von paternalistischer Bevormundung.

Die Studentenbewegung war 1966 – dem Jahr des SPIEGEL-Urteils – noch nicht in Deutschland angekommen, dort aber schon bekannt. Ein wenig von ihrem Geist zum neuen Denken dürfte die anderen vier Richter beflügelt haben, die dem SPIEGEL recht geben wollten, m. E. mit überzeugenden Gründen. Sie sezierten die vorgebrachten Verdachtsmomente, korrigierten die dem Geheimhaltungsinteresse des Staates und die der Pressefreiheit für die Abwägung von den anderen vier zugeschriebenen Gewichte und formulierten ihre Gründe im Geiste einer modernen freiheitlichen Demokratie.

In vielen späteren Entscheidungen hat das BVerfG insofern – und zwar meist einstimmig – Kurs gehalten. Ich nenne nur zwei jüngere Entscheidungen zur Pressefreiheit: zum einen die Caroline-Entscheidung aus dem Jahr 1999,[125] die die Weite

---

124 Wolfgang Hoffmann: »Beweislast und Rechtfertigung bei ehrverletzenden Behauptungen im politischen Bereich«, in: *NJW* (1966), S. 1200ff.
125 BVerfGE 101, S. 361.

des grundrechtlichen Schutzes durch Neubestimmung des Politischen betonte: Auch die Unterhaltung habe wegen ihrer Bedeutung für die Meinungsbildung, etwa für die Herausbildung von Lebensvorstellungen, Werthaltungen und Verhaltensmustern, eine wichtige gesellschaftliche Funktion, die sich auf die Reichweite des Schutzes der Pressefreiheit auswirke.[126] Die zweite ist die »Cicero«-Entscheidung,[127] die das SPIEGEL-Urteil fortdachte und auf weitere Anlässe für die Durchsuchung von Redaktionsräumen erstreckte und insbesondere den Informantenschutz verstärkte. Diese Entscheidung erfolgte allerdings nicht einstimmig. Immerhin gab aber es eine deutliche Mehrheit, nämlich sieben zu eins.

V. Ein Fazit

Heute gilt die SPIEGEL-Affäre vielen als ein Glücksfall für die Entwicklung der Bundesrepublik zur funktionsfähigen Demokratie. Für die an ihrem Beginn und Ende tätigen Vertreter der Justiz war sie eine große Herausforderung. Nicht viele haben diese bravourös gemeistert. Die Arbeit der Justiz stand unter erheblichem öffentlichen Druck. Niemand kann ausschließen, dass dieser Druck Wirkungen hinterlassen hatte. Vor allem Vertreter der Bundesregierung betrieben Druck in rechtsstaatlich unvertretbarer Weise. Auch die Gegenöffentlichkeit übte anschließend Druck aus.[128] Auch manche ihrer Vertreter schreckten nicht vor Übertreibungen und falschen Behauptungen zurück. Verfehlt wäre die Annahme, hier hätten sich – wie es das BVerfG in seinen idealtypischen Umschreibungen zur Funktion der Presse ausge-

---

126 A.a.O., S. 390.
127 BVerfGE 117, 244.
128 Instruktiv die Dokumentation in: Thomas Ellwein/Manfred Liebel/Inge Negt: *Die SPIEGEL-Affäre II. Die Reaktion der Öffentlichkeit*, Olten und Freiburg i. Br. 1966, S. 381ff.

SPIEGEL-Beschwerde beim Bundesverfassungsgericht in Karlsruhe am 25. Januar 1966: Verlagsdirektor Hans Detlev Becker, Rudolf Augstein, Sachverständiger Peter Schneider, SPIEGEL-Anwalt Curt Ferdinand Freiherr von Stackelberg, Sachverständiger Ulrich Klug (v.l.n.r.)

führt hat – die Argumente in Rede und Gegenrede geklärt, hätten dadurch deutliche Konturen gewonnen und den Bürgern – oder den 1962 handelnden Juristen – ein abgewogenes Urteil und eine zukunftsorientierte Entscheidung erleichtert.[129]

1962 war eine Zeit der Unsicherheit und des Umbruchs. Verdächtigungen, Emotionen und Irrationalitäten befeuerten die Unsicherheit, aber nährten auch die noch schwache Flamme des Umbruchs. Erst Jahre später gab es Chancen zur Läuterung. Erst dann kam es im Zusammenspiel mit weiteren gesellschaftlichen und politischen Veränderungen zu einer gewissen Neuorientierung und zu einem Gewinn an Rechtsstaatlichkeit und Freiheitlichkeit. Erst dann zeigte sich: Die Affäre hat sich gelohnt.

129 Abwandlung der Formulierungen aus BVerfGE 20, S. 175.

»Augenblick bitte, Herr Minister Strauß möchte Sie sprechen« – Die außenpolitische Dimension der SPIEGEL-Affäre[130]

Von Michael Mayer

Das Telefon klingelte am 27. Oktober 1962 um 0.45 Uhr. Eine weibliche Stimme meldete sich: »Hier ist das Verteidigungsministerium, Augenblick bitte, Herr Minister Strauß möchte Sie sprechen.« Noch schlaftrunken vernahm der Kanzler I. Klasse an der Deutschen Botschaft in Madrid, Otto Reif, die Stimme von Bundesverteidigungsminister Franz Josef Strauß: »Wissen Sie, ob ein SPIEGEL-Redakteur namens Ahlers sich zur Zeit in Spanien aufhält?«[131] Reif kannte zwar den Namen des stellvertretenden Chefredakteurs des SPIEGEL, Conrad Ahlers, wusste jedoch nicht, dass dieser aktuell seinen Urlaub in Spanien verbrachte. Noch weniger wusste er, dass in der gleichen Nacht die Geschäftsräume des SPIEGEL sowie die Privatwohnungen des Chefredakteurs Rudolf Augstein und seines Vertreters Ahlers in Hamburg durchsucht worden waren. Der von Ahlers verfasste Artikel »Bedingt abwehrbereit«, der am 8. Oktober erschienen war, beruhte auf Informationen, die aus streng geheimen Aufzeichnungen des Verteidigungsministeriums stammten. Wegen

---

130 Der Beitrag war im Vorfeld mit den Herausgebern dieses Bandes verabredet worden, an der Konferenz selber hat Michael Mayer nicht teilnehmen können.

131 Protokoll der dienstlichen Vernehmung von Reif; Drahtbericht Nr. 203 des Botschaftsrats I. Klasse Richard Breuer, Madrid, vom 7.11.1962 an das Auswärtige Amt (AA); Politisches Archiv des AA, Berlin, VS-Bd. 5674 (V 4); B 150, Aktenkopien 1962 (im Folgenden PA/AA).

des Verdachts des Landesverrats hatte deshalb die Bundesanwaltschaft am 23. Oktober Haftbefehle gegen Augstein und Ahlers erlassen.

Der Artikel war in einer Zeit erschienen, in der täglich mit einem Krieg gerechnet wurde. Vor wenigen Wochen erst hatten amerikanische Aufklärungsflugzeuge Abschussbasen auf Kuba entdeckt, von denen aus sowjetische atomare Mittelstreckenraketen auf die USA abgefeuert werden konnten. Einen Tag bevor die Haftbefehle gegen die SPIEGEL-Redakteure erlassen wurden, hatte der amerikanische Präsident John F. Kennedy den sowjetischen Ministerpräsidenten Nikita Chruschtschow ultimativ zum Abzug der sowjetischen Raketen aus Kuba aufgefordert und mit einem atomaren Gegenschlag gedroht. Die Ereignisse in der Karibik bedrohten dabei unmittelbar die Bundesrepublik. Am 23. Oktober, als die Haftbefehle gegen Augstein und Ahlers erlassen wurden, war der Sonderberater des amerikanischen Präsidenten, Dean Acheson, bei Bundeskanzler Konrad Adenauer zu Gast. Beide waren sich einig, dass ein militärisches Vorgehen der Vereinigten Staaten gegen Kuba einen sowjetischen »nuklearen Gegenschlag oder sowjetische Maßnahmen in Berlin auslösen« könnten.[132] Es musste also jeden Moment mit einer Mobilmachung der Bundeswehr gerechnet werden, weshalb die Bundesregierung mit Panik auf die Veröffentlichung von militärischen Geheimnissen reagierte, die noch dazu die Verteidigungsbereitschaft der Bundeswehr in Frage stellten. Dadurch, so die Befürchtung, könnte sich die Sowjetunion ermutigt fühlen, im Falle eines amerikanischen Angriffs auf Kuba einen militärischen Gegenschlag gegen Berlin oder eine erneute Blockade der Stadt

[132] Abdruck der Gesprächsaufzeichnung in: *Akten zur Auswärtigen Politik der Bundesrepublik Deutschland 1962*. Bearbeitet von Mechthild Lindemann und Michael Mayer. München 2010, Dok. 409 (im Folgenden AAPD).

zu wagen. Gerüchte, wonach Augstein nach Kuba geflohen sei, nährten noch diese Besorgnisse.

Das Verteidigungsministerium wollte deshalb unbedingt des stellvertretenden SPIEGEL-Chefredakteurs Ahlers habhaft werden, um ihn über den Aufenthaltsort von Augstein und über das Leck im Verteidigungsministerium zu befragen. Bei der Durchsuchung von Ahlers Wohnung in Hamburg am 26. Oktober 1962 zwischen 22 und 24 Uhr wurde nur die Tante von Frau Heilwig Ahlers, der Gattin von Conrad Ahlers, angetroffen. Eingeschüchtert durch das massive Polizeiaufgebot, teilte sie den Beamten mit, dass sie um 20 Uhr einen Telefonanruf von Frau Ahlers aus deren Urlaubsdomizil Torremolinos bei Malaga erhalten hatte. Frau Ahlers habe dabei berichtet, dass sie gemeinsam mit ihrem Mann am nächsten Morgen für ein paar Tage nach Marokko zu reisen gedachte.[133] Die ermittelnden Beamten befürchteten nun, dass sich Ahlers in ein Land abzusetzen gedachte, wo man ihn nur schwer verhaften lassen konnte. Im Verteidigungsministerium beschloss man deshalb, rasch zu handeln. Strauß teilte aus diesem Grunde dem Vertreter der Deutschen Botschaft in Madrid, Reif, barsch mit: »Die Kenntnis des Aufenthalts von Herrn Ahlers ist für eine Information im Zusammenhang mit der Kuba-Krise ungeheuer wichtig. Ich verpflichte Sie, über dieses Telefongespräch mit niemandem zu sprechen.« Strauß fügte hinzu: »Dies ist ein dienstlicher Befehl!« Diese Ergänzung ist besonders bemerkenswert, da Strauß als Verteidigungsminister einem Angehörigen des Auswärtigen Amts gegenüber gar nicht weisungsbefugt war. Besonders pikant wurde die Angelegenheit noch dadurch, dass Strauß erklärte: »Ich handele in diesem

---

133 Bericht des Kriminalobermeisters Möller vom 27.10.1962 über die Durchsuchung der Wohnung von Ahlers; Bundesarchiv Koblenz, B 106, Bd. 124252 (im Folgenden BA).

Augenblick auch im Namen des Herrn Bundeskanzlers und des Herrn Außenministers.«[134] Auf diese Weise wollte er sich die notwendige Autorität verschaffen, um dienstliche Anweisungen an die Deutsche Botschaft in Madrid geben zu können. Durch diesen Trick gelang es ihm, zeitaufwendige Rückfragen, die Kanzler Reif ansonsten zuerst beim deutschen Botschafter in Madrid und jener im Auswärtigen Amt anstellen würde, zu vermeiden.

Reif wurde von Strauß angewiesen, den Militärattaché an der Deutschen Botschaft, Oberst Achim Oster, über den Sachverhalt zu informieren. Dieser sollte Strauß innerhalb von 30 Minuten in Bonn zurückrufen. Im Bundesverteidigungsministerium wusste man, dass Oster bereits seit Anfang der 1950er Jahre Ahlers gut kannte. Reif konnte Oster kurz darauf ausfindig machen. Um 1.25 Uhr rief der Militärattaché im Verteidigungsministerium an und ließ sich zum Minister durchstellen. Strauß informierte ihn über die Haftbefehle gegen die SPIEGEL-Redakteure aufgrund des Verdachts des Verrats militärischer Geheimnisse: »Gerade in diesem Augenblick der gespannten internationalen Lage bedeute dies einen schweren Schlag für die Sicherheit der Bundesrepublik und der Nato. Es sei daher von entscheidender Bedeutung, dass der über Interpol unterwegs befindliche Haftbefehl so schnell wie möglich durchgeführt werden könnte, damit der Generalbundesanwalt durch Ahlers – Augstein sei in Kuba – erführe, wo das Loch im Verteidigungsministerium sei.«[135] Strauß fügte hinzu: »Ahlers sei ein Haupttäter. Die Spanier müssten ihn auf der Stelle verhaften. Er, Oster, sei ermächtigt und habe den Befehl, alles zu

---

134 Protokoll der dienstlichen Vernehmung von Reif; Drahtbericht Nr. 203 von Breuer, Madrid, vom 7.11.1962 an das AA; PA/AA, VS-Bd. 5674 (V 4); B 150, Aktenkopien 1962.

135 Dienstliche Vernehmung von Oster; Drahtbericht Nr. 210 von Breuer, Madrid, vom 8.11.1962 an das AA; PA/AA, VS-Bd. 5674 (V 4); B 150, Aktenkopien 1962.

tun, dies zu erreichen. [...] Er, Strauß, könne auch ein Flugzeug entsenden, um Ahlers holen zu lassen.«[136]

Gegen drei Uhr morgens klingelte Militärattaché Oster den Leiter der spanischen Sektion von Interpol in Madrid, Gonzáles Pozo, aus dem Bett und informierte ihn über den Sachverhalt. Dieser rief sofort den Leiter der Polizeidirektion in Malaga an, wo das Ehepaar Ahlers in einem Hotel übernachtete. Ihm wurde die Weisung gegeben, beide festzunehmen, obwohl noch kein Haftbefehl vorlag. Kurz darauf rief Militärattaché Oster auch beim deutschen Geschäftsträger in Madrid, Botschaftsrat I. Klasse Richard Breuer, an (Botschafter Wolfgang Freiherr von Welck war aktuell abwesend) und teilte ihm mit erregter Stimme mit, dass er soeben einen Anruf von Bundesminister Strauß erhalten habe. Es sei »eine Großaktion wegen Verrats von Staatsgeheimnissen und Bestechung gegen den SPIEGEL unternommen worden«. Oster fügte hinzu: »Die Angelegenheit stehe auch mit der Kuba-Krise in Verbindung, und Herr Augstein habe sich bereits nach Kuba abgesetzt.« Minister Strauß habe erklärt, »er komme soeben vom Bundeskanzler« und gebe Oster »auch mit Einverständnis des Herrn Bundeskanzlers und des Herrn Außenministers den dienstlichen Befehl, alles zu unternehmen, um den stellv. Chefredakteur Ahlers, der in Spanien weile, verhaften zu lassen. Es handele sich um eine wichtige staatspolitische Aktion«.[137] Botschaftsrat Breuer musste also annehmen, dass sowohl das Bundeskanzleramt als auch das Auswärtige Amt über

---

136 Protokoll der Vernehmung des Legationsrats an der Deutschen Botschaft in Madrid, Christian Feit, über die Äußerungen von Oster ihm gegenüber; Drahtbericht Nr. 203 von Breuer, Madrid, vom 7.11.1962 an das AA; PA/AA, VS-Bd. 5674 (V 4); B 150, Aktenkopien 1962.

137 Drahtbericht Nr. 202 von Breuer, Madrid, vom 7.11.1962 an das AA; PA/AA, VS-Bd. 5674 (V 4); B 150, Aktenkopien 1962. Abgedruckt in: AAPD 1962, Dok. 434.

die Vorgänge informiert waren. Eine zeitaufwendige Rücksprache in Bonn erschien ihm somit überflüssig.

Um 5.30 Uhr rief der spanische Interpolchef Pozo erneut bei der Deutschen Botschaft in Madrid an und teilte mit, dass die Festnahme von Ahlers inzwischen erfolgt sei. Zugleich drängte er auf die Übermittlung des Haftbefehls. Am Vormittag des 27. Oktober 1962 sprach Militärattaché Oster beim stellvertretenden spanischen Ministerpräsidenten Agustín Muñoz Grandes vor und bat ihn um weitere Unterstützung. Muñoz Grandes wollte ihm diese als Zeichen der guten deutsch-spanischen Zusammenarbeit zukommen lassen, erklärte jedoch, dass nunmehr »ein offizieller Schritt von der Botschaft erfolgen müsse«.[138] Der deutsche Geschäftsträger in Madrid, Breuer, hatte jedoch immer noch keine Weisung des Auswärtigen Amts erhalten. Doch inzwischen hatte der Staatssekretär des Verteidigungsministeriums, Volkmar Hopf, mit dem Staatssekretär des Auswärtigen Amts, Karl Carstens, telefoniert und diesen um Amtshilfe gebeten. Carstens rief daraufhin um 11.10 Uhr in Madrid an. »Da es sich um eine staatspolitisch wichtige Angelegenheit handele und Verdunklungsgefahr bestehe«, wurde Breuer angewiesen, im spanischen Außenministerium darum zu bitten, Ahlers in Haft zu behalten. Die Bundesrepublik werde ein Auslieferungsersuchen stellen.[139]

Kurz zuvor, um 10.45 Uhr, hatte der lang ersehnte Haftbefehl des Bundeskriminalamts in Wiesbaden per Fernschreiben endlich die Botschaft in Madrid erreicht. Um 12.30 Uhr konnte sich deshalb der deutsche Geschäftsträger in Madrid, Breuer, in das spanische Außenministerium begeben, wo er Staatssekretär Pedro Cortina Mauri eine Übersetzung des Haftbefehls übergab. Cortina erklärte, »er habe zwar schon von dem Fall gehört,

---

138 Ebd.
139 Ebd.

möchte jedoch feststellen, dass er die Vorsprache von Herrn Breuer als ersten offiziellen deutschen Schritt in der Angelegenheit betrachte«.[140] Er wolle aber betonen, dass die spanische Regierung aufgrund der engen Freundschaftsbeziehungen zur Bundesrepublik bereit sei, dem deutschen Wunsche zu entsprechen. Man müsse jedoch auf die »Einhaltung spanischer Rechtsvorschriften Rücksicht nehmen«. Wie sollte aber nun vorgegangen werden? Cortina telefonierte rasch mit dem spanischen Außenminister und dem spanischen Justizminister, bevor er Breuer mitteilte, es gebe drei mögliche Lösungen für den Fall Ahlers. Die Bundesregierung könne einen Auslieferungsantrag stellen, jedoch würden bei »politischen Delikten« keine Auslieferungen erfolgen. Man könne Ahlers auch in ein Nachbarland, etwa nach Frankreich, abschieben. Am einfachsten wäre es jedoch, wenn sich Ahlers freiwillig bereit erkläre, in die Bundesrepublik zurückzukehren. Breuer informierte das Auswärtige Amt über dieses Gespräch und schloss sich dabei der Ansicht Cortinas an, dass eine freiwillige Rückkehr Ahlers' in die Bundesrepublik die beste Lösung darstelle.[141]

Im Auswärtigen Amt sowie im Bundesinnen- und Bundesjustizministerium wurde nun die Frage eines Auslieferungsantrags geprüft. Grundlage hierfür wäre das deutsch-spanische Auslieferungsabkommen vom 2. Mai 1878. Art. 6 des spanischen Auslieferungsgesetzes vom 6. Dezember 1958 untersagte jedoch Auslieferungen aufgrund politischer Delikte. Da der Haftbefehl gegen Ahlers u. a. wegen des Verdachts auf Landesverrat ausgestellt worden war, konnte als sicher gelten, dass ein formales deutsches Auslieferungsersuchen von den spanischen Behörden abgelehnt

---

140 Aufzeichnung des Leiters der Rechtsabteilung des AA, Ministerialdirektor Gerrit von Haeften, vom 8.11.1962; VS-Bd. 8502 (Ministerbüro).
141 Drahtbericht Nr. 195 von Breuer, Madrid, vom 27.10.1962 an das AA; PA/AA, VS-Bd. 8502 (Ministerbüro).

Die SPIEGEL-Affäre

würde. Ebenso wenig aussichtsreich erschienen Überlegungen des Bundesjustizministeriums, wonach die Polizeibehörden der Bundesrepublik bei den spanischen Behörden anfragen könnten, »ob unbeschadet des Auslieferungsverbots auf Grund anderer Bestimmungen nicht doch die Ausweisung des Betreffenden möglich sei«.[142]

Am Abend des 27. Oktober 1962 erhielt der Legationsrat an der Deutschen Botschaft in Madrid, Christian Feit, einen Anruf von Frau Ahlers. Beide kannten sich seit längerem persönlich. Auf ihre Bitte um Hilfe antwortete Feit mit dem Vorschlag, gemeinsam mit ihrem Gatten freiwillig in die Bundesrepublik zurückzukehren. Frau Ahlers stimmte sofort zu. Der deutsche Honorarkonsul in Malaga, Emil Küstner, eilte daraufhin mit einer Erklärung in deutscher und spanischer Sprache zur örtlichen Polizeiwache und ließ diese vom Ehepaar Ahlers unterzeichnen.[143] Am Folgetag wurden beide von der spanischen Polizei nach Madrid gebracht und dort in eine Lufthansa-Maschine gesetzt. Bei seiner Ankunft in Frankfurt wurde Ahlers um 19.15 Uhr von der deutschen Polizei verhaftet. Damit schien die Angelegenheit in Spanien aufgrund der Kooperation der spanischen Behörden rasch beendet worden zu sein. Zugleich bestand wenig spanisches Interesse daran, dass der Bezug der SPIEGEL-Affäre zu Spanien bekannt würde. So wurde von der spanischen Presse zwar über die Verhaftung von Conrad Ahlers berichtet, jedoch wurde die Nachricht, dass die Verhaftung in Spanien erfolgte, von den spanischen Zensurbehörden gestrichen.[144]

142 Aufzeichnung des Leiters der Unterabteilung VI A im Bundesministerium des Innern (BMI), Ministerialdirigent Rudolf Toyka, vom 12.11.1962; BA, B 106, Bd. 124252.
143 Aufzeichnung von Haeftens vom 8.11.1962; VS-Bd. 8502 (Ministerbüro).
144 Vgl. den Drahtbericht Nr. 196 von Breuer, Madrid, vom 29.10.1962 an das AA; PA/AA, VS-Bd. 8502 (Ministerbüro).

Die Nachricht von der Besetzung der SPIEGEL-Redaktion und der Verhaftung von Ahlers ging sofort um die Welt. Die Botschaft in Madrid wurde von »Anfragen deutscher und ausländischer Journalisten über die Verhaftung Ahlers' überschwemmt«, erhielt jedoch Weisung des Auswärtigen Amts, keinerlei Auskünfte zu geben. Am 29. Oktober 1962 kursierte sogar eine Agenturmeldung, wonach die Initiative zur Strafverfolgung der SPIEGEL-Redakteure von der Nato ausgegangen sei. Am gleichen Abend rief der stellvertretende Generalsekretär der Nato, Guido Colonna di Paliano, beim stellvertretenden Leiter der Ständigen Vertretung der Bundesrepublik bei der Nato, Ulrich Sahm, an und bat darum, diese Meldung dementieren zu dürfen. Diesen Wunsch übermittelte Sahm an das Auswärtige Amt. Dort wurde das Schreiben Staatssekretär Carstens vorgelegt, der das Wort »dementieren« unterstrich und handschriftlich hinzufügte: »Es stimmte.« Was war geschehen? Hatte die Nato tatsächlich etwas mit der Durchsuchung der SPIEGEL-Redaktion zu tun? Am gleichen Tag, am 29. Oktober 1962, hatte in Bonn eine Pressekonferenz stattgefunden. Der Leiter des Presse- und Informationsamts, Karl-Günther von Hase, erklärte dabei auf die Frage, ob die Bundesrepublik von der Nato gebeten worden sei, gegen den SPIEGEL vorzugehen: Es sei Routine, dass die Nato im Falle von Indiskretionen ihre Mitgliedstaaten dazu auffordere, derartige Vorfälle in Zukunft zu verhindern. Ihm sei jedoch nicht bekannt, »dass, jedenfalls auf diplomatischem Wege, von der NATO ein Antrag gestellt worden ist, hier gegen das Nachrichten-Magazin Der SPIEGEL tätig zu werden«. Der stellvertretende Leiter der Nato-Vertretung, Sahm, rief daraufhin noch einmal persönlich beim Presse- und Informationsamt in Bonn an. Dort wurde ihm vertraulich mitgeteilt, dass die »einzige Verbindung der Angelegenheit mit [der] NATO« die »Einschaltung von militärischen Dienststellen der NATO zur Verifizierung der Natur gewisser Informationen« sei. Somit hatte es wohl in dieser Frage eine inoffizielle Rückfrage der Nato gegeben. Dies war nicht ungewöhnlich. Regelmäßig griff man im Nato-Generalsekretariat zum Hörer und rief bei der Ständigen Vertretung der Bundesrepublik bei der Nato oder aber direkt in Bonn an. Eine Initiative der Nato zur Strafverfolgung war dies jedoch keinesfalls. Warum aber ging Staatssekretär Carstens in seiner handschriftlichen Notiz hiervon aus? Es ist kaum anzunehmen, dass Carstens bewusst die Unwahrheit sagte. Weshalb sollte er dies in einem internen Geheimpapier des Auswärtigen Amts tun? Die Beamten, die hierzu Zugang hatten, waren schließlich in die Vorgänge eingeweiht.

Viel wahrscheinlicher ist es, dass er – voraussichtlich durch den Staatssekretär im Verteidigungsministerium Hopf – wissentlich falsch informiert wurde. Bundesverteidigungsminister Strauß war nämlich bemüht, seine tragende Rolle in der SPIEGEL-Affäre zu kaschieren, indem er die Verantwortung auf die Nato abzuwälzen suchte. Auch wenn Carstens Schaden vom Ansehen der Bundesregierung abwenden wollte, hätte er Strauß nicht mit offensichtlichen Lügen den Rücken gestärkt. Dies würde nur zu Schwierigkeiten mit der Nato führen. Ein derartiges außenpolitisches Risiko konnte Carstens nicht auf sich nehmen. Dazu war das Verhältnis zwischen Auswärtigem Amt und Verteidigungsministerium seit längerem viel zu gespannt. Durch den Anruf von Strauß in Madrid und seine Berufung auf Außenminister Schröder war man im Amt sogar noch weniger gut auf den Verteidigungsminister zu sprechen, als dies bisher schon der Fall gewesen war. Strauß fütterte aber nicht nur das Auswärtige Amt mit der Falschinformation. Am folgenden Tag, am 30. Oktober 1962, sollte sich der Verteidigungsminister auch bei seinem Abgesandten an der Ständigen Vertretung der Bundesrepublik bei der Nato, Brigadegeneral Wilfried Ritter und Edler von Rosenthal, melden. Strauß teilte ihm mit, »dass militärische

Dienststellen der NATO die Bundesregierung auf die Tatsache des Geheimnisverrats aufmerksam gemacht hätten und gebeten hätten, die notwendigen Maßnahmen zu ergreifen«. Somit wurde auch die Ständige Vertretung bei der Nato, die dem Auswärtigen Amt unterstand, vom Verteidigungsminister direkt mit dieser Information versorgt. So wollte Strauß Einfluss auf die Abwehrstrategie der Bundesregierung in der SPIEGEL-Affäre nehmen. In der Bundespressekonferenz vom 5. November 1962 erwähnte der Leiter des Presse- und Informationsamts, von Hase, schließlich »ein Schreiben einer NATO-Stelle in dieser Angelegenheit«. Auf die Frage eines Journalisten, wann dieses Schreiben in Bonn eingegangen sei, antwortete von Hase, dass er das genaue Datum zwar nicht kenne: »Ich kann aber so viel sagen, dass das vor Einleitung der Aktion geschehen ist.« Von Seiten der Nato blieb die Angelegenheit unkommentiert. In den Geheimakten des Auswärtigen Amts findet sich keine Beschwerde der Nato darüber, dass die informelle Rückfrage derart missbraucht wurde. Hätte es keine Rückfrage der Nato in Bonn gegeben, so hätte sich Paris sicher intern verbeten, in Zusammenhang mit der SPIEGEL-Affäre genannt zu werden.

Am 23. Oktober 1962 hatte der für Nato-Fragen zuständige Ministerialdirektor im Auswärtigen Amt, Herbert Müller-Roschach, ein geheimes Gutachten zum Artikel »Bedingt abwehrbereit« verfasst. Dieser Artikel beruhe, so Müller-Roschach, »zum Teil auf zutreffenden Informationen, die strenger Geheimhaltung unterliegen«. Die von diesem Artikel ausgehende Gefahr würde jedoch dadurch vermindert, dass hier auch »zahlreiche unzutreffende Informationen und Fehlinterpretationen« enthalten seien. Im Auswärtigen Amt wurde vor allem die außenpolitische Wirkung des Artikels mit Sorge gesehen. Müller-Roschach hielt dazu fest: »Außenpolitisch besonders heikel ist die Veröffentlichung von Überlegungen des Bundesverteidigungsministeriums über einen Nuklearschlag in feindliche Aufmarschstellungen vor Eröffnung der Feindseligkeiten.« Das Verteidigungsministerium hatte nämlich zuvor interne Planungen angestellt, ob ein vorbeugender Nuklearschlag in erkannte sowjetische Aufmarschstellungen sinnvoll sein könnte. Es sei zu befürchten, so Müller-Roschach weiter, »dass der Artikel bei der amerikanischen Regierung und innerhalb der NATO Zweifel über die Vertrauenswürdigkeit der Bundesrepublik wecken und die Bereitschaft unserer Verbündeten vermindern wird, der Bundesregierung streng geheime militärische Informationen mitzuteilen«.[145] Sowohl die Bundesrepublik als auch die Nato hatten also ein gesteigertes Interesse an einer raschen Aufklärung der Angelegenheit.

Bonn reagierte dabei nicht allein aufgrund der angespannten Situation im Kontext der Kuba-Krise kopflos auf die Veröffentlichung militärischer Geheimnisse durch den SPIEGEL. Im Frühjahr hatte eine vergleichbare Affäre zu einer schweren Belastung der deutsch-amerikanischen Beziehungen geführt, als ein streng geheimes amerikanisches Papier zur Beilegung der Berlin-Krise am 14. April 1962 von der »New York Times« veröffentlicht worden war. US-Präsident Kennedy ging davon aus, dass es sich um eine gezielte Indiskretion durch die Bundesregierung handelte. Der deutsche Botschafter in Washington, Wilhelm Grewe, erhielt daraufhin keine geheimen Mitteilungen des US-Außenministeriums mehr. Diese wurden nun direkt vom amerikanischen Botschafter in Bonn, Walter Dowling, an Adenauer übermittelt. Am 7. Mai 1962 gab der Bundeskanzler deshalb bekannt, dass Botschafter Grewe aus Washington abberufen würde.[146] Die

---

145 PA/AA, VS-Bd. 586 (II A 7); B 150, Aktenkopien 1962. Abdruck in: AAPD 1962, Dok. 410.
146 Vgl. zur Affäre um die Veröffentlichung der amerikanischen »Draft Principles« AAPD 1962, Dok. 167 und 193.

Bundesregierung wollte nach Erscheinen des SPIEGEL-Artikels »Bedingt abwehrbereit« vermeiden, dass das nur mühsam wiederhergestellte amerikanische Vertrauen in die Verlässlichkeit der Bundesrepublik erneut in Frage gestellt würde. Ebenso war zu befürchten, dass die SPIEGEL-Affäre das Verhältnis zu den übrigen Nato-Mitgliedstaaten beschädigen könnte.

Dennoch gelang es der Bundesregierung nicht, außenpolitische Verwicklungen zu vermeiden. Am 2. November 1962 teilte die Bundesanwaltschaft in Karlsruhe auf einer Pressekonferenz mit, sie habe »keine Fahndung nach Ahlers veranlasst« und auch keine anderen Stellen um Fahndungsmaßnahmen gebeten. Ebenso seien »weder Interpol noch MAD noch BND eingeschaltet gewesen«.[147] Als schließlich kurz darauf noch die deutsche Interpolstelle in Wiesbaden eine Erklärung veröffentlichte, »wonach Interpol keinen Haftbefehl gegen Ahlers nach Spanien gegeben hätte«, führte dies zu deutlicher Unruhe in Madrid. Der deutsche Geschäftsträger in der spanischen Hauptstadt, Breuer, hielt diese Formulierung für sehr »unglücklich«, da »sowohl die spanische Polizei als auch die Botschaft den Haftbefehl telegraphisch erhalten hätten«. Angehörige des spanischen Außenministeriums hätten daraufhin Breuer gegenüber »ihre Verwunderung und ihr Bedauern darüber ausgesprochen, dass es jetzt in der Bundesrepublik offenbar niemand gewesen sein soll, der den Haftbefehl nach Spanien übermittelt habe, und jetzt alles auf die ›böse‹ spanische Polizei geschoben werde«.[148] Im Auswärtigen Amt entschied man sich aber dagegen, die Verlautbarung der Interpolstelle in Wiesbaden zu korrigieren, da dies »die entstandene Lage nur noch

---

147 Pressekonferenz der Bundesanwaltschaft in Karlsruhe. Abdruck in: *Bulletin des Presse- und Informationsamts der Bundesregierung* vom 6.11.1962, S. 1740.
148 Drahtbericht Nr. 202 von Breuer, Madrid, vom 7.11.1962 an das AA; PA/AA, VS-Bd. 8502 (Ministerbüro).

Die SPIEGEL-Affäre

mehr verwirren« würde.[149] Der spanische Informationsminister Manuel Fraga Iribarne fühlte sich jedoch genötigt, eine öffentliche Erklärung abzugeben. Auf einer Pressekonferenz erklärte er am 6. November 1962, er sehe sich »im Hinblick auf deutsche Presseangriffe gezwungen, einige Aufklärungen zu geben. Er stellte mit Entschiedenheit fest, dass Ahlers auf ausdrückliches Ersuchen der deutschen Interpolbehörde in Wiesbaden während seines Urlaubs in Torremolinos bei Malaga verhaftet worden sei.«[150]

Doch damit war die Angelegenheit noch nicht beendet. Einen Tag später erklärte Bundesinnenminister Hermann Höcherl im Bundestag: »Weder das Bundesjustizministerium noch der Generalbundesanwalt haben eine Festnahme, eine Auslieferung oder Abschiebung des SPIEGEL-Redakteurs Ahlers durch die spanische Polizei veranlasst. Desgleichen haben weder das Bundesjustizministerium noch der Generalbundesanwalt Interpol eingeschaltet.« Daneben bekräftigte er noch einmal das zuvor veröffentlichte Dementi der deutschen Interpolstelle.[151] Vollends stellte Höcherl die spanische Regierung bloß, als er sich auf eine Äußerung des spanischen Informationsministers während der Pressekonferenz vom Vortag bezog. Fraga Iribarne hatte dabei erklärt, »dass Regierungskriminaldirektor Paul Dickopf die Madrider Interpolstelle in der Nacht vom 26. zum 27. Oktober gegen zwei Uhr morgens angerufen und im Namen der Bundesanwaltschaft um einstweilige Festnahme von Ahlers gebeten habe«.[152]

---

149 Aufzeichnung von Haeftens vom 8.11.1962; VS-Bd. 8502 (Ministerbüro).
150 Drahtbericht Nr. 201 von Breuer, Madrid, vom 6.11.1962 an das AA; PA/AA, VS-Bd. 8502 (Ministerbüro).
151 Bundestagssitzung vom 7.11.1962; abgedruckt in: Alfred Grosser/Jürgen Seiffert (Hg.): *Die SPIEGEL-Affäre. Band I: Die Staatsmacht und ihre Kontrolle*, Olten und Freiburg i. Br. 1966, Bd. I, S. 325.
152 Drahtbericht Nr. 201 von Breuer, Madrid, vom 6.11.1962 an das AA; PA/AA, VS-Bd. 8502 (Ministerbüro).

Höcherl stellte hierzu am 7. November 1962 im Bundestag fest: »Es muss sich um einen Irrtum der spanischen Stellen handeln.«[153] Die spanische Regierung war nun mehr als erbost. Der deutsche Geschäftsträger in Madrid, Breuer, drückte die schwere Verärgerung diplomatisch mit den Worten aus, die Äußerung Höcherls sei »der spanischen Regierung nicht verständlich«. Zugleich bat er dringend darum, die Beteiligung des stellvertretenden spanischen Ministerpräsidenten Muñoz Grandes an der Verhaftung von Ahlers »unter allen Umständen geheim« zu halten, »da sie zu einer schweren Beeinträchtigung der deutsch-spanischen Beziehungen führen müsste«.[154]

In Bonn wurde nun fieberhaft versucht, die Ereignisse der Nacht vom 26. auf den 27. Oktober 1962 zu rekonstruieren. Hatte der stellvertretende Leiter des Bundeskriminalamts (BKA), Paul Dickopf, der zugleich Leiter des deutschen Interpol-Zentralbüros war, in der Nacht bei der spanischen Interpolstelle angerufen? Eine Untersuchung des Innenministeriums ergab, dass von der zuständigen Sicherungsgruppe des BKA in Bad Godesberg kein Telefongespräch nach Spanien geführt wurde.[155] Eine Anfrage des BKA beim Fernmeldeamt der Deutschen Bundespost in Bonn kam zu dem gleichen Ergebnis.[156] Was war geschehen? Hier lag in der Tat eine Verwechslung vor. Der Anruf bei der spanischen Interpolstelle in Madrid erfolgte nicht von Deutschland aus, vielmehr war es der Konsulatssekretär der Deutschen Botschaft in Madrid, Kunz, der im Auftrag von Militärattaché

---

153 Bundestagssitzung vom 7.11.1962; abgedruckt in: *Die SPIEGEL-Affäre*, Bd. I (1966), S. 325.
154 Drahtbericht Nr. 202 von Breuer, Madrid, vom 7.11.1962 an das AA; PA/AA, VS-Bd. 8502 (Ministerbüro).
155 Vgl. die Aufzeichnung des BMI vom 8.11.1962; BA, B 106, Bd. 124252.
156 Vgl. das Schreiben des Fernmeldeamts Bonn vom 10.11.1962 an das BKA; BA, B 106, Bd. 124252.

Die SPIEGEL-Affäre

Das Ende der SPIEGEL-Affäre: Rudolf Augstein und Conrad Ahlers erfahren am 14. Mai 1965 per Telex die Einstellung des Verfahrens durch den Dritten BGH-Strafsenat

Oster gegen drei Uhr morgens beim spanischen Interpolchef Pozo anrief. Kunz hatte dabei die Verbindung zu Pozo, mit dem er persönlich bekannt war, herzustellen. Anschließend reichte er den Telefonhörer an Oster weiter, der Pozo um die Verhaftung von Ahlers bat.

Erst am 27. Oktober 1962 konnte der Haftbefehl für Ahlers um 11.25 Uhr an die Deutsche Botschaft in Madrid übermittelt werden. Um 13.05 Uhr rief Regierungskriminaldirektor Dickopf beim Leiter der spanischen Sektion von Interpol in Madrid, Pozo, an.

Pozo erklärte, »die spanische Polizei betrachte Ahlers als unerwünschten Ausländer und werde ihn abschieben«. Auf Bitten von Dickopf sagte Pozo zu, »Ahlers aber wegen seiner Zustimmung zu einer freiwilligen Heimkehr« zu befragen. Pozo hatte die spanische Fassung des Haftbefehls für Ahlers jedoch noch nicht erhalten. Dickopf versprach die rasche Übermittlung, die sich jedoch, da die spanischen Funkstationen in der Mittagszeit geschlossen waren, noch bis nach 15 Uhr verzögerte.[157]

Wie kam es nun aber dazu, dass die spanischen Behörden behaupteten, es habe ein Ersuchen der deutschen Interpolstelle um Verhaftung von Ahlers gegeben, während dies von deutscher Seite bestritten wurde? Am Vormittag des 27. Oktober 1962 erhielt die Deutsche Botschaft per Fernschreiben den erbetenen Haftbefehl. Bezeichnenderweise wurde er direkt an die Botschaft gesandt und nicht über das Auswärtige Amt geleitet, wie dies eigentlich vorgeschrieben wäre. Das Auswärtige Amt erfuhr von diesem Fernschreiben erst durch die Äußerung von Bundesminister Höcherl im Bundestag.[158] Zudem war der Haftbefehl an Militärattaché Oster gerichtet, obwohl dieser – wie es später im Auswärtigen Amt hieß – »für die Bearbeitung von Rechtshilfesachen unzuständig und ungeeignet war«.[159] Das Fernschreiben trug den Kopf »Interpol Wiesbaden«.[160] Ebenso verhielt es sich bei der Fassung, welche die spanische Polizei am gleichen Nachmittag erhielt. Die Spanier schlossen daraus selbstverständlich, dass es sich um eine Anfrage der deutschen Interpolstelle handele. Jedoch verbot Artikel 3 der Interpol-Statuten vom 13. Juni 1956 das Tätigwerden bei Verbrechen mit politischem oder militäri-

---

157 Aufzeichnung von Dickopf vom 6.11.1962; BA, B 106, Bd. 124252.
158 Aufzeichnung von Haeftens vom 9.11.1962; VS-Bd. 8502 (Ministerbüro).
159 Ebd.
160 Drahtbericht Nr. 202 von Breuer, Madrid, vom 7.11.1962 an das AA; PA/AA, VS-Bd. 8502 (Ministerbüro).

schem Charakter. Somit hätte die deutsche Interpolstelle keinen Haftbefehl gegen Ahlers nach Spanien übermitteln dürfen. Regierungskriminaldirektor Dickopf rechtfertigte dieses Vorgehen damit, dass mit der Deutschen Botschaft Madrid keine direkte Fernschreibverbindung bestanden habe. Aus diesem Grunde sei der Haftbefehl von der Polizei an das Bundeskriminalamt in Wiesbaden weitergegeben worden, das dann die Übermittlung nach Madrid vorgenommen hätte.[161] Das Auswärtige Amt hielt hierzu fest: »Die vorgebrachte Entschuldigung, Interpol Wiesbaden sei nur wegen der Telexnummer angegeben worden und die Beteiligten hätten aus dem Inhalt der Telegramme erkennen können, dass es sich um keine Interpolangelegenheit handele, wirkt nicht überzeugend.« Es sei zudem bedauerlich, dass »das Bundeskriminalamt seine Mitwirkung bei dieser Sache zuerst bestritten hat, denn dieses Dementi hat in Spanien einen sehr schlechten Eindruck hinterlassen«.[162] Bei einer interministeriellen Besprechung am 13. November 1962 ging der Vertreter des Justizministeriums, Ministerialdirektor Günther Joël, sogar davon aus, dass das deutsche Vorgehen »völkerrechtswidrig« gewesen sei. Dem widersprach der Vertreter des Auswärtigen Amts, Ministerialdirektor Hermann Meyer-Lindenberg. Seiner Ansicht nach müsse das deutsche Vorgehen als »materiell in Ordnung« angesehen werden.[163]

Am 8. November 1962 fand erneut eine Fragestunde im Bundestag statt. Wieder wurde die Verhaftung von Ahlers in Spanien diskutiert. Dabei erklärte Innenminister Höcherl, dass diese Festnahme »etwas außerhalb der Legalität« stattgefunden habe, da man sich direkt an die spanischen Behörden gewandt hatte,

---

161 Aufzeichnung von Dickopf vom 6.11.1962; BA, B 106, Bd. 124252.
162 Aufzeichnung von Haeftens vom 9.11.1962; VS-Bd. 8502 (Ministerbüro).
163 Aufzeichnung von Toyka vom 14.11.1962; BA, B 106, Bd. 124252.

ohne das Eintreffen des Haftbefehls abzuwarten: »Wenn nun die Polizei versucht haben sollte – ich kann das noch nicht verifizieren –, einen Landesverräter vielleicht auf diesem kurzgeschlossenen Wege zu bekommen, dann könnte man sagen: Es ist außerhalb der Bestimmungen, aber moralische Vorwürfe möchte ich deswegen niemandem machen.«[164] Im Bundesministerium des Innern ging man davon aus, dass Höcherl mit dieser Äußerung zum Ausdruck bringen wollte, »dass er im damaligen Zeitpunkt gewisse Zweifel an der Richtigkeit der formellen Behandlung der Angelegenheit hatte«.[165] Bei den ausländischen diplomatischen Vertretungen in Bonn fand die Stellungnahme von Höcherl »besondere Aufmerksamkeit«. Das Auswärtige Amt hielt hierzu fest: »Diese Erklärung wird in diesen Kreisen als schwerer Fehler betrachtet.«[166]

Die spanische Regierung musste nun auf diese Äußerung im Bundestag reagieren, suggerierte diese doch, dass sich die spanische Polizei nicht an die international üblichen Regeln gehalten hätte. Gegenüber einem Vertreter der Deutschen Botschaft erklärte der Sprecher des spanischen Informationsministeriums deshalb am 8. November 1962, dass die spanische Polizei jederzeit den Beweis erbringen könne, »dass das deutsche Ersuchen zur vorläufigen Festnahme Ahlers' auf formellem Amtswege und über die dafür zuständigen offiziellen Organe nach Spanien gelangt sei«. Wenn nun deutsche Behörden dies bestritten, »so könnten Mystifikationen oder Fälschungen lediglich in Deutschland erfolgt sein«. Die Klärung dieser Angelegenheit sei deshalb

---

164 Bundestagssitzung vom 8.11.1962; abgedruckt in: *Die SPIEGEL-Affäre*, Bd. I (1966), S. 383f.
165 Aufzeichnung des Referats VI A 4 des BMI vom November 1962; BA, B 106, Bd. 124252.
166 Aufzeichnung des Legationsrats I. Klasse Richard Balken vom 8.11.1962; PA/AA, VS-Bd. 8502 (Ministerbüro).

Sache der Bundesrepublik: »Wir wissen, dass die deutschen Behörden und die deutsche Regierung davon unterrichtet sind, wo die Schuld liegt und wer die Schuldigen sind. Wir sind jedoch nicht in der Lage, und wir haben nicht die Pflicht, diese Dinge aufzuklären.« Beinahe drohend wurde hinzugefügt: »Kein deutscher Innenminister könnte und kann behaupten, dass von unserer Seite aus irgendwelche Fälschung begangen ist.«[167]

Die Deutsche Botschaft in Madrid bat nun im Auswärtigen Amt darum, dass von offizieller deutscher Seite »auf korrektes Verhalten spanischer Polizei hingewiesen« werde. Dies würde von der spanischen Regierung und Öffentlichkeit sehr begrüßt und »als Bestätigung ungetrübter freundschaftlicher Beziehungen betrachtet werden«.[168] Der Staatssekretär des Auswärtigen Amts, Carstens, kam dieser Bitte nach und empfing am 10. November 1962 den spanischen Botschafter Luis Marqués de Bolarque. Carstens versicherte ihm, dass die spanischen Behörden nach Auffassung der Bundesregierung »wirksame Amtshilfe« geleistet hätten. Conrad Ahlers sei aufgrund des deutschen Haftbefehls von der spanischen Polizei in Gewahrsam genommen worden: »Die Festnahme von Ahlers wurde daher von den spanischen Behörden in korrekter Weise vorgenommen.«[169] Marqués de Bolarque beschwerte sich im weiteren Verlauf des Gesprächs insbesondere »über das Verhalten des Bundesministeriums des Innern und des Ministers Höcherl«, wobei seine Demarche »ziemlich scharf gehalten« war.[170] Am 14. November 1962 wurde zudem der deut-

---

167 Drahtbericht Nr. 204 von Breuer, Madrid, vom 8.11.1962 an das AA; PA/AA, VS-Bd. 8502 (Ministerbüro).
168 Drahtbericht Nr. 208 von Breuer, Madrid, vom 8.11.1962 an das AA; PA/AA, VS-Bd. 8502 (Ministerbüro).
169 Aufzeichnung des AA vom 10.11.1962; PA/AA, VS-Bd. 8502 (Ministerbüro).
170 Aufzeichnung von Haeftens vom 13.11.1962; VS-Bd. 8502 (Ministerbüro).

sche Botschafter in Madrid, Wolfgang Freiherr von Welck, beim spanischen Außenminister Castiella empfangen. Welck sprach ihm dabei »den Dank der Bundesregierung für geleistete Amtshilfe und das Bedauern darüber aus, dass spanische Behörden in deutscher Presse zu Unrecht angegriffen worden seien«. Für die spanische Seite war die Angelegenheit, wie Castiella versicherte, damit »erledigt«.[171]

Im Auswärtigen Amt aber war die Angelegenheit noch nicht erledigt, auch wenn der befürchtete außenpolitische Schaden von der Bundesrepublik abgewendet werden konnte. Seit Ende Oktober 1962 fanden im Auswärtigen Amt geheime Ermittlungen statt, um die Vorgänge in Spanien im Zusammenhang mit der Verhaftung von Ahlers aufzuklären. Dabei wurden verschiedene Verfahrensmängel festgestellt. So hätte sich Bundesverteidigungsminister Strauß nicht direkt an die Deutsche Botschaft in Madrid wenden dürfen, sondern den ordnungsgemäßen Dienstweg über das Auswärtige Amt in Bonn einhalten müssen. Im Falle besonderer Dringlichkeit hätte das Auswärtige Amt zumindest gleichzeitig mit der Botschaft informiert werden müssen. Der Staatssekretär des Verteidigungsministeriums, Hopf, informierte jedoch erst am folgenden Vormittag das Auswärtige Amt. Besonders wurde bemängelt, dass sich »Herr Bundesminister Strauß in ganz ungewöhnlicher Weise in das Verfahren selbst eingeschaltet hat«.[172] Die weiteren Ermittlungen des Auswärtigen Amts widmeten sich vor allem einer Frage: Hatte Verteidigungsminister Strauß bei seinen nächtlichen Anrufen in der Deutschen Botschaft in Madrid am 27. Oktober 1962 die Behauptung aufgestellt, er spreche auch im Namen des Bundesministers des Auswärti-

---

171 Drahtbericht Nr. 220 von Welcks, Madrid, vom 14.11.1962 an das AA; PA/AA, VS-Bd. 8502 (Ministerbüro).
172 Aufzeichnung von Haeftens vom 9.11.1962; VS-Bd. 8502 (Ministerbüro).

Die SPIEGEL-Affäre

gen, Gerhard Schröder? Dazu wäre er nicht befugt gewesen, da »er von Herrn Bundesminister Schröder hierzu nicht ermächtigt war«, wie es in einer Aufzeichnung des Auswärtigen Amts hieß. Außenminister Schröder fügte an dieser Stelle sogar noch handschriftlich hinzu: »Auch von B[undes]k[anzler] nicht.«[173] Strauß hatte also möglicherweise im Alleingang gehandelt.

Der Kanzler I. Klasse an der Deutschen Botschaft in Madrid, Reif, der in der betreffenden Nacht den Anruf des Bundesverteidigungsministers entgegengenommen hatte, sagte in einer dienstlichen Vernehmung aus, Strauß habe erklärt: »Ich handele in diesem Augenblick auch im Namen des Herrn Bundeskanzlers und des Herrn Außenministers.«[174] Daneben berichteten sowohl der Geschäftsträger an der Deutschen Botschaft in Madrid, Breuer, als auch der dorthin abgeordnete Legationsrat Feit, dass ihnen Militärattaché Oster mitgeteilt hätte, Minister Strauß habe in seinem Telefongespräch davon gesprochen, dass er im Auftrage des Bundeskanzlers und des Bundesaußenministers handele.[175] Das Auswärtige Amt stellte hierzu fest: »Der Herr Außenminister war aber zu dieser Zeit mit der Angelegenheit überhaupt noch nicht befasst worden und hatte daher sein Einverständnis nicht erteilt.«[176] Daneben betonte das Auswärtige Amt, dass in besagter Nacht auch nicht Staatssekretär Carstens oder »irgendeine andere

---

173 Ebd.
174 Protokoll der Vernehmung von Reif; Drahtbericht Nr. 203 von Breuer, Madrid, vom 7.11.1962 an das AA; PA/AA, VS-Bd. 5674 (V 4); B 150, Aktenkopien 1962.
175 Zur Aussage Breuers vgl. Drahtbericht Nr. 202 von Breuer, Madrid, vom 7.11.1962 an das AA; PA/AA, VS-Bd. 5674 (V 4); B 150, Aktenkopien 1962. Zum Protokoll der Vernehmung Feits vgl. Drahtbericht Nr. 203 von Breuer, Madrid, vom 7.11.1962 an das AA; PA/AA, VS-Bd. 5674 (V 4); B 150, Aktenkopien 1962.
176 Aufzeichnung von Haeftens vom 9.11.1962; VS-Bd. 8502 (Ministerbüro).

Stelle des Auswärtigen Amts zu diesem Zeitpunkt Kenntnis von dem Vorgehen gegen Ahlers hatten und daher in der Lage waren, sich mit diesem Vorgehen einverstanden zu erklären. Damals befand sich der Herr Bundesminister des Auswärtigen in Bonn und war zu erreichen.«[177]

Am 8. November 1962 bat Botschaftsrat Breuer Militärattaché Oster um eine dienstliche Erklärung in Hinblick auf die Verhaftung von Ahlers. Oster weigerte sich jedoch, eine derartige Erklärung abzugeben, und stellte fest, »dass dies im Widerspruch zu seiner gestrigen vom Minister Strauß erhaltenden Weisung stehe«.[178] Strauß wollte also unbedingt verhindern, dass Oster Details aus dem Telefongespräch der Nacht vom 27. Oktober preisgab. Kurz darauf erklärte sich Oster doch noch bereit, eine dienstliche Erklärung zur Verhaftung von Ahlers abzugeben, die jedoch die für das Auswärtige Amt zentralen Aspekte nicht erhellte.[179] Breuer richtete deshalb folgende Zusatzfrage an Oster: »›Hat der Herr Bundesminister Strauß in seinem Telefonat, das er am 27. Oktober 1962 um etwa ein Uhr mit Ihnen geführt hat, gesagt, dass er im Einverständnis und im Namen des Herrn Bundeskanzlers und des Herrn Bundesaußenministers spreche?‹« Oster antwortete darauf: »›Bitte richten Sie diese Frage an Herrn Bundesminister Strauß selbst.‹« Oster ergänzte, »er könne ohne Zustimmung seines Ministers keine weiteren Fragen beantworten, da Bundesminister Strauß ihm gestern mitgeteilt habe, er brauche sich nicht vernehmen zu lassen.« Im Übrigen, fuhr Oster fort, müsse er Breuer »unter Umständen als in der Sache

---

177 Aufzeichnung von Haeftens vom 15.11.1962; VS-Bd. 5674 (V 4); B 150, Aktenkopien 1962.
178 Drahtbericht Nr. 209 von Breuer, Madrid, vom 8.11.1962 an das AA; PA/AA, VS-Bd. 8502 (Ministerbüro).
179 Drahtbericht Nr. 210 von Breuer, Madrid, vom 8.11.1962 an das AA; PA/AA, VS-Bd. 5674 (V 4); B 150, Aktenkopien 1962.

befangen betrachten«.[180] Im Auswärtigen Amt wurde hierzu festgestellt: »Auf Weisung des Herrn Bundesministers Strauß hat der Militärattaché Oster in Madrid Schritte unternommen, die seine Zuständigkeit überschritten. Seine Aufgaben sollten sich auf das rein militärische Gebiet beschränken, und die Übermittlung von Rechtshilfeersuchen in Strafsachen gehörte nicht zu seinem Aufgabenbereich.« Daneben habe sich Oster geweigert, die Fragen von Breuer zu beantworten, »obwohl es sich nicht um truppendienstliche und fachliche Fragen handelte, sondern um allgemeine dienstliche Dinge, hinsichtlich deren er dem Botschafter oder seinem Vertreter untersteht.« Darüber hinaus habe er erklärt, »dass Bundesminister Strauß ihm die Weisung erteilt habe, keine Fragen zu beantworten«.[181] Am 27. November 1962 gab Oster in einer erneuten dienstlichen Vernehmung zu, Strauß habe ihm gegenüber erklärt, »er handele auch zugleich auf Weisung des Herrn Bundeskanzlers«. Auf die Rückfrage von Botschafter von Welck, ob Minister Strauß auch den Außenminister erwähnt hätte, antwortete Oster: »Nein, er hat mir gegenüber den Herrn Außenminister nicht erwähnt.«[182] Auch in dieser Vernehmung hielt sich Oster somit an die Weisung von Bundesminister Strauß, nicht die Wahrheit über das nächtliche Telefongespräch zu äußern. Glauben wurde ihm im Auswärtigen Amt jedoch nicht geschenkt.

Strauß beharrte in der Folge auch weiter auf seiner Version. Im gemeinsamen Bericht der Bundesregierung zur SPIEGEL-Affäre vom 31. Januar 1963 hieß es im Beitrag des Bundesverteidi-

---

180 Aufzeichnung von Breuer vom 16.11.1962; PA/AA, VS-Bd. 5674 (V 4); B 150, Aktenkopien 1962.
181 Aufzeichnung von Haeftens vom 9.11.1962; VS-Bd. 8502 (Ministerbüro).
182 Drahtbericht Nr. 239 von Welcks, Madrid, vom 27.11.1962 an das AA; VS-Bd. 5674 (V 4); B 150, Aktenkopien 1962. Abdruck in: AAPD 1962, Dok. 461.

gungsministeriums, Bundesminister Strauß habe in jener Nacht gegenüber Militärattaché Oster erklärt, Bundeskanzler Adenauer habe von der Angelegenheit Kenntnis. Strauß habe ergänzt: »Er könne davon ausgehen, dass auch der Bundesaußenminister unterrichtet werde.«[183] Nun war plötzlich nicht mehr davon die Rede, Strauß »komme soeben vom Bundeskanzler«[184] und Außenminister Schröder sei informiert. Dies widerspricht auch grundlegend der Aussage von Oster, der bestritt, dass Strauß den Außenminister während des Telefonats erwähnte. Seit dem 14. Dezember 1962 führte Strauß das Amt des Bundesministers der Verteidigung nur noch geschäftsführend. Seine ungewöhnliche Involvierung in die SPIEGEL-Affäre hatte ihn für Bundeskanzler Adenauer untragbar gemacht. Die Demokratie ging dabei gestärkt aus diesem Angriff auf die Pressefreiheit hervor. Nicht bestätigt hatte sich die Prophezeiung der DDR. Nach Ansicht von Ost-Berlin verfolgte die »von den Ultras eingeleiteten Aktion gegen den SPIEGEL« das Ziel, den »beschleunigten Übergang zur offenen Diktatur« vorzubereiten: »Die Reste der bürgerlichen Demokratie und des Parlamentarismus behinderten in zunehmenden Maße die aggressiven Kreise bei der Durchsetzung ihrer Politik« – einer »Politik des deutschen Imperialismus und Militarismus«, die nach »Vorherrschaft in Westeuropa« strebe.[185]

183 *Die SPIEGEL-Affäre*, Bd. I (1966), S. 525.
184 So die dienstliche Erklärung Breuers über die Äußerungen von Oster in Hinblick auf das Telefonat mit Strauß; Drahtbericht Nr. 202 von Breuer, Madrid, vom 7.11.1962 an das AA; PA/AA, VS-Bd. 5674 (V 4); B 150, Aktenkopien 1962.
185 Aufzeichnung der Europäischen Abteilung des Ministeriums für Auswärtige Angelegenheiten der DDR vom 20.11.1962; PA/AA, MfAA, LS-A 467.

Teil IV
Der Protest

»Augstein raus – Strauß rein«
Öffentliche Reaktionen auf die SPIEGEL-Affäre

Von Axel Schildt

Einige ängstliche Schriftsteller waren der 26. Tagung der Gruppe 47, die vom 26. bis 28. Oktober 1962 im Alten Casino am Berliner Wannsee stattfand, ferngeblieben, weil sie auf dem Höhepunkt der Kuba-Krise nicht zum Hotspot des Kalten Krieges reisen mochten. Aber die meisten waren doch gekommen, von Alfred Andersch bis Uwe Johnson, von Ledig-Rowohlt bis Marcel Reich-Ranicki. Die Gruppe 47 befand sich 1962 im Zenit öffentlicher Aufmerksamkeit,[186] und literarische Leckerbissen standen auf dem Programm: Ilse Aichinger sollte aus einem Prosatext »Die Maus« lesen, Günter Grass einige Abschnitte aus seinem noch unveröffentlichten Roman »Hundejahre« vortragen. Auch Rudolf Augstein hatte sein Kommen für den Nachmittag des 27. Oktober angekündigt. Aber man wartete vergeblich, denn am Morgen des gleichen Tages war er in Hamburg festgenommen worden.

Dies erklärt, warum die Schriftsteller der Gruppe 47 unter den Ersten waren, die gegen die Polizeiaktion ihren Protest, ein von acht Personen unterzeichnetes Solidaritätstelegramm an den SPIEGEL – direkt nach Bekanntwerden der Polizeiaktion[187] – und

---

186 Hans Werner Richter (Hg.): *Almanach der Gruppe 47. 1947–1962*, Reinbek 1962.
187 Das Telegramm lautete: »Wir sind mit Ihnen solidarisch und überlegen uns, wie wir Ihnen helfen können.« Unterzeichner waren Alfred Andersch, Ingeborg Bachmann, Hans Magnus Enzensberger, Günter Grass, Walter Jens, Uwe Johnson, Hans Werner Richter und Siegfried Unseld; es erschien in der nächsten SPIEGEL-Ausgabe (45/1962).

dann ein geharnischtes und spektakuläres Manifest, formulierten.[188] Die Episode vom Warten auf Augstein mag zufällig wirken, tatsächlich aber war sie charakteristisch für den gesamten Rahmen der Handlung. Die Gruppe 47, medial hervorragend vernetzt[189] und bei der Adenauer-Union genauso verhasst wie das Hamburger Nachrichten-Magazin – der CDU-Generalsekretär Dufhues bezeichnete sie einige Monate später wegen ihrer Medienmacht als »geheime Reichsschrifttumskammer«[190] – gehörte wie der SPIEGEL zum linksliberalen intellektuellen Milieu der Regierungskritiker. Die engen Kontakte von Augstein mit Hans Werner Richter, dem Impresario der Gruppe 47, hatten sich insofern nicht zufällig ergeben, der SPIEGEL berichtete immer wieder über die Aktivitäten der regierungskritischen Schriftsteller. Als ein Ausgangspunkt von öffentlich wirksamen Protesten gegen den staatsanwaltschaftlichen Überfall wirkt das Treffen der Gruppe 47 wie dafür geplant.

Man könnte aber zunächst auch kontrafaktisch argumentieren: Wenn es angesichts der obrigkeitsstaatlichen Antwort auf einen Artikel, der keine militärischen Geheimnisse enthielt, und vor allem, wenn es angesichts der geradezu unglaublichen Begleitumstände der Aktion, bis hin zur Kumpanei der Bundesregierung mit der spanischen Franco-Diktatur bei der Festnahme des Autors der Story, keine nennenswerten Proteste gegeben hätte, eignete sich dies als Beleg für die immer noch häufig gehörte Behauptung, erst die Studentenrevolte 1968 habe die petrifizierten politischen Verhältnisse zum Tanzen gebracht.

---

188 Artur Nickel: *Hans Werner Richter – Ziehvater der Gruppe 47. Eine Analyse im SPIEGEL ausgewählter Zeitungs- und Zeitschriftenartikel*, Stuttgart 1994, S. 375ff.
189 Peter Gendolla / Rita Leinecke (Hg.): *Die Gruppe 47 und die Medien*, Siegen 1997.
190 *FAZ* vom 21.1.1963.

Der Verlauf der SPIEGEL-Affäre zeigt dagegen, dass es eine Brücke von den frühen zu den späten 1960er Jahren gab; aber zugleich bildeten die Proteste gegen die Polizeiaktion im Oktober 1962 nicht den Ausgangspunkt einer neuen politischen Kultur, sondern wurden ihr retrospektiv an Bedeutung gewinnendes Symbol für ein neues zivilgesellschaftliches Bewusstsein. 1962 war auch das Jahr des Manifestes von Oberhausen für einen neuen deutschen Film; die »Schwabinger Krawalle« im Sommer des Jahres, bei denen sich Jugendliche mit Ordnungskräften ein Scharmützel lieferten, zeigten erhebliche generationelle Spannungen; die Gründung der satirischen Monatsschrift »Pardon« etablierte eine beißende Kritik der herrschenden Autoritäten. Ähnliche Symbole für die allgemeine Unruhe von, besonders jüngeren, gebildeten Gruppen der Gesellschaft weisen auch die benachbarten Jahre auf, die Gründung der Dortmunder Gruppe 61 für Arbeiterliteratur, die Beatles in Hamburg oder die neuen »rororo-aktuell«-Bändchen für die rasche politische Intervention im Vorjahr; 1963 dann etwa die Gründung der legendären »edition suhrkamp«, deren bunte Einbände fortan die Regale jedes Intellektuellen schmückten, der mitreden wollte.

Die Zeitgeschichtsforschung hat mittlerweile als Interpretationsrahmen die sogenannten langen 1960er Jahre profiliert, den Zeitraum vom letzten Drittel der 1950er bis zum ersten Drittel der 1970er Jahre.[191] Im Blick auf die vielfältigen Proteste gegen die staatlichen Akteure in der SPIEGEL-Affäre wird nämlich deutlich, dass sich bereits in den Jahren vor 1962 eine kritische Öffentlichkeit mit einigem Rückhalt in den Medien herausgebildet hatte, die dann im Verlauf der Auseinandersetzungen noch

---

191 Vgl. Axel Schildt/Detlef Siegfried/Karl Christian Lammers (Hg.): *Dynamische Zeiten. Die 60er Jahre in den beiden deutschen Gesellschaften*, Hamburg 2000.

einen enormen Aufwind erhielt. Dies drückte sich in jenem häufig genannten Bumerang-Effekt aus, der, sogar für die Beteiligten unerwartet, eine ernste Regierungskrise auslöste.

Allerdings war die SPIEGEL-Affäre kein beliebiges Symbol für das Ende der Ära Adenauer. Die anlassgebende Thematik der Militärpolitik und des Anschlags auf die Pressefreiheit berührten in ihrer Kombination vielmehr den Zentralnerv der politischen Kultur der Bundesrepublik, die Auseinandersetzungen um Reformen, die zu einer Erweiterung von Pluralismus, Kritik und Demokratie in der Gesellschaft führen sollten. Der SPIEGEL, so formulierte es Christina von Hodenberg in ihrer Arbeit über die Presseentwicklung in der frühen Bundesrepublik, »verkörperte geradezu die Antithese der Medienpolitik der Adenauer-Ära.«[192]

Im Folgenden sollen zunächst die Proteste gegen die Polizeiaktion auf das Hamburger Nachrichten-Magazin in einen Protestzyklus eingeordnet werden, der auf die Jahre 1957/58 bis 1962 zu datieren ist.[193] Vor diesem Hintergrund, der auch eine Transformation der Öffentlichkeit – die Habilitationsschrift von Jürgen Habermas wurde mit eben diesem Titel 1962 veröffentlicht – einschloss, soll dann anhand der raren zeitgenössischen soziologischen Befunde beschrieben werden, wer eigentlich im Verlauf der SPIEGEL-Affäre mit welchen Argumenten aufbegehrte.[194]

---

192 Christina von Hodenberg: *Konsens und Krise. Eine Geschichte der westdeutschen Medienöffentlichkeit 1945–1973*, Göttingen 2006, S. 220.

193 Axel Schildt: »Von der Kampagne ›Kampf dem Atomtod‹ zur ›Spiegel-Affäre‹ – Protestbewegungen in der ausgehenden Ära Adenauer«, in: Michael Hochgeschwender (Hg.): *Epoche im Widerspruch. Ideelle und kulturelle Umbrüche der Adenauerzeit*, Bonn 2011, S. 125–140.

194 Basis aller Untersuchungen bildet nach wie vor die von Jürgen Seifert herausgegebene umfangreiche zweibändige Dokumentation: *Die SPIEGEL-Affäre*, Olten/Freiburg 1966; der für diesen Beitrag einschlägige zweite Band: Thomas Ellwein/Manfred Liebel/Inge Negt (Hg.): *Die*

In einer Protestgeschichte der Bundesrepublik fällt ein tiefgreifender Wandel von der ersten zur zweiten Hälfte der 1950er Jahre auf. Nachdem die von großen gewerkschaftlichen Kundgebungen, Demonstrationen und sogar vereinzelten politischen Streiks begleiteten gesellschaftspolitischen Grundsatzentscheidungen, etwa zum Betriebsverfassungsgesetz, getroffen und die Auseinandersetzungen um die Westintegration entschieden worden waren, wurden sie von der großen Mehrheit der Bundesbürger einschließlich der sozialdemokratischen Opposition akzeptiert – für einen historischen Augenblick herrschte weitgehend Ruhe im Land.[195] Aber der politische Konsens über die prinzipielle Westoption der Bundesrepublik bildete zugleich den Ausgangspunkt für einen höchst brisanten Konfliktstoff, der den zweiten Protestzyklus von 1957/58 bis 1962 thematisch prägte. Die SPIEGEL-Affäre bildete seinen Schlusspunkt.

Bundeskanzler Adenauer hatte auf einer Pressekonferenz am 4. April 1957 kleinere taktische von den strategischen Atomwaffen unterschieden, indem er jene als »im Grunde nichts anderes als

---

Reaktion der Öffentlichkeit, Olten 1966; einige interessante Aussagen von Zeitzeugen enthält David Schoenbaum: *Ein Abgrund von Landesverrat,* Wien u. a. 1968; eine Interpretation der Geschehnisse mit besonderem Gewicht auf Stellungnahmen von Publizisten und Schriftstellern bietet Dorothee Liehr: *Von der Aktion gegen den SPIEGEL zur SPIEGEL-Affäre. Zur gesellschaftspolitischen Rolle der Intellektuellen,* Frankfurt/M. u. a. 2002; vgl. dazu auch Dietz Bering: *Die Epoche der Intellektuellen. 1898–2001. Geburt – Begriff – Grabmal,* Berlin 2010, S. 354ff.; ferner Frank Bösch, »Später Protest. Die Intellektuellen und die Pressefreiheit in der frühen Bundesrepublik«, in: Dominik Geppert/Jens Hacke (Hg.): *Intellektuelle Debatten in der Bundesrepublik 1960–1980,* Göttingen 2008, S. 91–112.

195 Die entsprechenden Konjunkturen der 1950er Jahre lassen sich destillieren aus der Dokumentation von Wolfgang Kraushaar: *Die Protest-Chronik 1949–1959. Eine illustrierte Geschichte von Bewegung, Widerstand und Utopie,* 4 Bde., Frankfurt/M. 1996.

eine Weiterentwicklung der Artillerie« bezeichnete, auf die auch die Bundeswehr ein Anrecht habe.[196] Als entsprechende Planungen bekannt wurden, eskalierte der Protest ein Jahr später. Hunderttausende demonstrierten, allein in Hamburg waren es 150 000, wo der Erste Bürgermeister Max Brauer vom Balkon des Rathauses einen Volksentscheid gegen die atomare Bewaffnung der Bundeswehr und die Stationierung von Atomwaffen in der Bundesrepublik ankündigte. Dieser Volksentscheid wurde zwar vom Bundesverfassungsgericht untersagt, aber die Atompläne waren eine Sache der – bis hin zur »Bild-Zeitung« eindeutig ablehnenden – Öffentlichkeit geworden. Indem Adenauer in der erregten Bundestagsdebatte am 7. November 1962 dem SPIEGEL wegen des Artikels über das Nato-Herbstmanöver »Fallex 62« »einen Abgrund von Landesverrat« unterstellte, stand wiederum – wie 1957/58 – das Verhältnis von militärischer Strategie und öffentlicher Diskussion im Zentrum der Aufmerksamkeit.

Bereits bei den Protesten gegen die atomare Ausrüstung der Bundeswehr 1958, die vor allem von SPD und Gewerkschaften organisiert worden waren, fiel zeitgenössischen Beobachtern auf, dass neben roten Fahnen viele bunte Banner und selbstgemalte Losungen zu sehen waren, die den Frieden und Erhalt der Menschheit beschworen. Es ging hier nicht um wirtschaftliche Mitbestimmungsinteressen und auch nicht um die Alternative Wiedervereinigung oder Westorientierung wie in den Gründerjahren der Bundesrepublik, sondern um existenzielle Ängste, den im Wiederaufbau erreichten Wohlstand der westdeutschen

---

196 Alle Nachweise und Hinweise auf die Forschungsliteratur in Axel Schildt: »›Atomzeitalter‹ – Gründe und Hintergründe der Proteste gegen die atomare Bewaffnung der Bundeswehr Ende der 1950er Jahre«, in: *»Kampf dem Atomtod!« Die Protestbewegung 1957/58 in zeithistorischer und gegenwärtiger Perspektive,* hg. von der Forschungsstelle für Zeitgeschichte in Hamburg u. a., München/Hamburg 2009, S. 39–56.

Gesellschaft durch riskante atomare Rüstungspläne zu gefährden. Breiten Teilen der Bevölkerung ging es materiell besser denn je, die Löhne stiegen stetig und kräftig, Anfang der 1960er Jahre herrschte »Vollbeschäftigung«, die Segnungen einer modernen Konsumgesellschaft, das eigene Auto, der Fernseher, das neue Häuschen im Grünen, wurden erlebbar. Die Bereitschaft, sich auf eine abenteuerlich anmutende atomare Abschreckungspolitik einzulassen, verschwand auch deshalb nahezu vollständig. Der pluralistische Resonanzboden für kritische Positionen in der Öffentlichkeit verbreitete und festigte sich also parallel zur wirtschaftlichen und politischen Stabilisierung der Bundesrepublik.

Nicht die Atomenergie galt in der Öffentlichkeit als gefährlich, sondern ihr militärischer Missbrauch. Der Physiker Max Born hatte die existenzielle Alternative auf einer Journalistentagung der Evangelischen Akademie Loccum bereits 1955 formuliert; die atomare Energie könne entweder die »Selbstvernichtung der Menschheit« oder die »Hoffnung auf ein ›Paradies auf Erden‹« bedeuten.[197] In der Präambel des Godesberger Programms der SPD von 1959 wurde ebendieser Gegensatz von Segen und Fluch als Signatur des modernen Zeitalters herausgestellt, die Atomenergie als Basis des kommenden Wohlstands begrüßt.

Obwohl die überwältigende Mehrheit der Bevölkerung jede militärische Planung mit atomaren Waffen strikt ablehnte, wurde sie von der Adenauer-Regierung und an erster Stelle von ihrem Verteidigungsminister im Geheimen unbeirrt weiterbetrieben – begleitet allerdings von spektakulären Propaganda-Aktionen zur privaten Kriegsvorsorge, die wiederum ahnen ließen, was geplant wurde. Anfang 1962 wurde an alle Haushalte eine Postwurfsendung der Bundesregierung mit dem Slogan »Denke dran, schaff

---

197 Wortlaut der Rede: Max Born: »Entwicklung und Wesen des Atomzeitalters«, in: *Merkur*, Jg. 9, 1955, S. 724–737, hier S. 725.

Vorrat an!« ausgeliefert. Die sogenannte Eichhörnchen-Aktion wurde von Schriftstellern heftig kritisiert. Der Hörspielautor und Romancier Christian Geissler schrieb: »Lernt, was Krieg ist, wie man ihn macht, und wer, und wie man ihn verhindert. Weigert euch, zu lernen, ob Marmelade auf Kellerborden länger im Glas oder im Eimer süß bleibt. Hört auf, Reistüten zu sammeln. Sammelt Mut für das, was ihr könnt und tun könnt.«[198] Hier klang bereits an, dass der Vorwurf des »Geheimnisverrats« zu einem zentralen Punkt der Auseinandersetzung in der SPIEGEL-Affäre werden musste, weil viele Kritiker der Regierung es für prinzipiell illegitim hielten, was da im Geheimen geplant wurde. In der europäischen und auch in der westdeutschen Wahrnehmung wandelte sich nämlich eben um 1960 der Kalte Krieg von unmittelbarer Weltkriegsgefahr allmählich zu ökonomischer Systemkonkurrenz, der nicht mit Rüstungsplänen, sondern mit Investitionen im Bildungssektor zu begegnen sei. Wenngleich in den Krisen um Berlin und Kuba noch einmal dramatische Dimensionen aufschienen, setzte doch am Ende der Ära Adenauer das »Entspannungszeitalter« (Hans-Peter Schwarz) ein. Die SPIEGEL-Affäre begann mit dem Endpunkt der ersten, hoch gefährlichen Phase des Kalten Krieges. Der Überfall der Bundesanwaltschaft passierte in der gleichen Oktoberwoche, in der auch die Kuba-Krise ihrem hochdramatischen Höhepunkt entgegenstrebte. Adenauers »Politik der Stärke« war aber schon kurz darauf bei der Kennedy-Administration nicht mehr gern gesehen, ein wichtiger Umstand für den Verlauf der Proteste gegen die SPIEGEL-Aktion, der von den Akteuren nicht vorausgesehen werden konnte.

---

198 Christian Geissler: »An alle Eichhörnchen« (März 1962), in: *Vaterland, Muttersprache. Deutsche Schriftsteller und ihr Staat seit 1945. Ein Nachlesebuch für die Oberstufe*. Zusammengestellt von Klaus Wagenbach, Winfried Stephan und Michael Krüger, Berlin 1979, S. 197f.

Der Protest

Zum Wandel der politischen Kultur der Bundesrepublik gehörte die Wendung liberaler Medien nach links, die Öffnung für kritische Berichte zum Umgang mit der NS-Vergangenheit, die Unterstützung von Forderungen nach Reformen in Justiz und Bildung sowie nach Demokratie statt Obrigkeitsstaat. Diese Linkswendung war zugleich ein erfolgreiches Geschäftsmodell. Neben dem SPIEGEL, der seine Auflage in den 1960er Jahren annähernd verdreifachte und sich damit der Millionengrenze näherte, sind etliche andere Medien zu erwähnen, so die auflagenfördernde linksliberale Wende bei der Ende der 1950er Jahre noch in ihrer Existenz bedrohten Wochenzeitung »Die Zeit«. Beträchtliche Aufmerksamkeit erzielte das seit 1962 in der ARD ausgestrahlte kritische Fernsehmagazin »Panorama« – eine in der Bundesrepublik noch neue Form des Journalismus, die in Kreisen der Bundesregierung geradezu als linke Volksverhetzung aufgefasst wurde. In der akademischen Szene eroberte sich die Soziologie, vor allem die sogenannte Frankfurter Schule, in diesen Jahren den Ruf einer Oppositionswissenschaft; die linksliberale und sozialkritische Politisierung der literarischen Intelligenz sorgte dafür, dass die Begriffe »Schriftsteller« und »Regierungskritiker« zeitweise nahezu synonym klangen.[199]

Ein verzerrtes Bild von der Auseinandersetzung um das Hamburger Nachrichten-Magazin erhielte man allerdings, wenn man die Endzeit der Ära Adenauer ausschließlich als Agonie einer Regierung verstehen würde, die mit der sich entfaltenden kritischen Öffentlichkeit nicht mehr fertigwurde. Dies mag im Rückblick so erscheinen, aber die Zeitgenossen wussten keineswegs, welche Kräfte im politisch-kulturellen Deutungskampf

---

199 Vgl. Axel Schildt/Detlef Siegfried: *Deutsche Kulturgeschichte. Die Bundesrepublik. Von 1945 bis zur Gegenwart*, München 2009, S. 204ff.

die Oberhand gewinnen würden. Die mediale Öffentlichkeit selbst zeigte sich tief gespalten. Während linksliberale Intellektuelle sich in einem klerikal-katholisch beherrschten Land wähnten, den »Ausschließlichkeitsanspruch der *ecclesia militans*« als Bedrohung sahen und 1961 dagegen eine Humanistische Union gründeten,[200] verteidigten einflussreiche Kalte Krieger in der Presse zwar Adenauer und Strauß gegen ihre linken Kritiker, zeigten allerdings gegenüber der Bundesregierung und noch mehr gegenüber der neuen Kennedy-Administration Skepsis, weil sie ihnen zu weich erschien. »Die Halluzination von der Vermeidbarkeit des Kalten Krieges ist die große Lebenslüge der Vierzigjährigen«, befand William S. Schlamm. »Diese Generation wünscht in einem nihilistischen Nirwana zu leben, das zu keiner Aufgabe mehr verpflichtet – und sie hat das Pech, die Führung des Westens in einem Augenblick zu übernehmen, da er seine größte Aufgabe zu erfüllen hätte: die kommunistische Herausforderung zu überwinden.«[201] Der ehemalige Kommunist und Redakteur der »Weltbühne« in der Weimarer Republik, der im US-Exil zum fanatischen Kalten Krieger konvertierte, füllte um 1960 die Hallen mit seinen missionarischen Botschaften gegen alle Anhänger friedlicher Koexistenz und schrieb als

---

200 Gerhard Szczesny: »Humanistische Union«, in: Martin Walser (Hg.): *Die Alternative oder Brauchen wir eine neue Regierung?*, Reinbek 1961, 36–43, hier S. 39; vgl. Alexander Mitscherlich: »Humanismus in der Bundesrepublik«, in: Hans Werner Richter (Hg.): *Bestandsaufnahme. Eine deutsche Bilanz 1962. Sechsunddreißig Beiträge deutscher Wissenschaftler, Schriftsteller und Publizisten*, München u. a. 1962, S. 135–156; das Copyright für den in den frühen 1960er Jahren plötzlich inflationär gebrauchten Begriff des »Humanismus« beansprucht der Soziologe René König: *Leben im Widerspruch. Versuch einer intellektuellen Autobiographie*, Berlin u. a. 1984, S. 178 f.

201 William S. Schlamm: *Die jungen Herren der alten Erde. Der neue Stil der Macht*, Stuttgart 31962, S. 124, 127.

Kolumnist 1959/60 regelmäßig im »Stern« – ein Scharfmacher, gegen den auch der SPIEGEL immer wieder anging und ihm sogar eine Titelstory widmete. Und Schlamm war nicht der Einzige in den großen Medien, der zum präventiven Angriffskrieg gegen den Kommunismus trommelte und kritisierte, dass der Westen nur aus Bequemlichkeit und Unwissenheit defensiv agieren würde.[202] Aus rechtskonservativer Ecke wurden in den frühen 1960er Jahren noch kritische Intellektuelle notorisch als Kommunisten denunziert. Eine Liste von 452 »verfassungsfeindlichen« Professoren, Künstlern, Literaten, die in einem Rotbuch des Komitees »Rettet die Freiheit – die kommunistische Untergrundarbeit in der Bundesrepublik Deutschland« veröffentlicht wurde, zierten etwa die Namen von Ida Ehre, Erich Kästner, dem Verleger Ernst Rowohlt und der Schauspielerin Olga Tschechowa.[203] Zu dieser Atmosphäre passte auch die Hetze gegen Emigranten. Franz Josef Strauß tönte in Vilshofen im Februar 1961: »Eines wird man doch Herrn Brandt fragen dürfen: Was haben Sie zwölf Jahre lang draußen gemacht? Wir wissen, was wir gemacht haben.« Und nicht anders klang

---

202 Zur bizarren Biographie von William S. Schlamm vgl. Alexander Gallus: *Heimat »Weltbühne«. Eine Intellektuellengeschichte im 20. Jahrhundert*, Göttingen 2012, S. 243–253; zu nennen wäre daneben gleichrangig Winfried Martini; vgl. Marcus M. Payk: »Antikommunistische Mobilisierung und konservative Revolte. William S. Schlamm, Winfried Martini und der ›kalte Bürgerkrieg‹ in der westdeutschen Publizistik der späten 1950er Jahre«, in: Thomas Lindenberger (Hg.): *Massenmedien im Kalten Krieg. Akteure, Bilder, Resonanzen*, Köln u. a. 2006, S. 111–137.

203 Arbeitsgruppe »Kommunistische Infiltration und Machtkampftechnik« im Komitee »Rettet die Freiheit« (Hg.): *Verschwörung gegen die Freiheit. Die kommunistische Untergrundarbeit in der Bundesrepublik*, München o. D.; die vollständige Liste findet sich in *Konkret*, Heft 10/1960, sowie in: Hermann L. Gremliza (Hg): *30 Jahre KONKRET*, Hamburg 1987, S. 37.

es bei Konrad Adenauer am 14. August 1961: »Herr Brandt alias Frahm«.[204]

Erst wenn man diese Stimmen und Stimmungen einbezieht, gewinnt man ein realistisches Bild von der zeitgenössischen Wahrnehmung der Situation der frühen 1960er Jahre; liberale Intellektuelle sahen sich von den Mächten der Finsternis bedroht, die noch dazu mit der NS-Vergangenheit verbunden schienen. Ein von daher rührendes grundsätzliches Misstrauen gegenüber Regierung, Justiz und Polizei bildete den Deutungsrahmen auch für alle aktuellen politischen Auseinandersetzungen. Und man kann nicht sagen, dass dieses Misstrauen restlos unbegründet war. Mehr als einer der behördlichen Akteure in der SPIEGEL-Affäre hatte sich seine professionellen Meriten in der NS-Zeit erworben.

Vor dem Hintergrund einer erhöhten vergangenheitspolitischen Sensibilität verlief seit 1959/1960 auch die Debatte um den Entwurf von Notstandsgesetzen, die in den Schubladen des Innenministeriums lagen. Als Menetekel stand für die Kritiker das Ende der ersten Demokratie 1933 im Hintergrund. Auch dieses Thema wurde auf die Wahrnehmung der Aktion gegen den SPIEGEL übertragen. Hannah Arendt schrieb am 13. Dezember 1962 an Karl Jaspers in Basel: »Mich erinnert die ganze Geschichte auf das peinlichste an den Ossietzky-Fall, dem man auch einen Hochverratsprozeß machte, um die Zeitschrift (gemeint: »Die Weltbühne«; A. S.) und ihre Kritik mundtot zu machen. Adenauer wird mir immer unheimlicher und unausstehlicher.«[205]

---

204 Zit. nach Daniela Münkel: »›Alias Frahm‹ – Die Diffamierungskampagnen gegen Willy Brandt in der rechtsgerichteten Presse«, in: Claus Dieter Krohn/Axel Schildt (Hg.), *Zwischen den Stühlen? Remigranten und Remigration in der deutschen Medienöffentlichkeit der Nachkriegszeit*, Hamburg 2002, S. 397–418, hier S. 403, 404.

205 Hannah Arendt/Karl Jaspers: *Briefwechsel 1926–1969*, München 1985, S. 528.

Vor diesem Hintergrund soll nun betrachtet werden, was Rudolf Augstein in einem Interview aus dem Abstand von vier Jahrzehnten als »Aufstand gewisser Teile der Öffentlichkeit zu unseren Gunsten« bezeichnet hat.[206] Am fünften Abend der Haft von Augstein und Ahlers fanden sich vor dem Hamburger Untersuchungsgefängnis etwa 1000 Demonstranten ein, die vom Innensenator Helmut Schmidt über Lautsprecher aufgefordert wurden, friedlich nach Hause zu gehen. Demonstrationen und Kundgebungen in zahlreichen Groß- und Universitätsstädten wiesen meist in die Hunderte gehende Teilnehmerzahlen auf. Nicht Großdemonstrationen also gab es, sondern Aktionen kleinerer Gruppen von Multiplikatoren, die medial – auch im sich rasant verbreitenden Fernsehen – eine erhebliche Aufmerksamkeit gewinnen konnten.

Vor allem Studenten waren es, die sich mit selbstgemalten Plakaten und Parolen auf spontanen Kundgebungen, Demonstrationen, Sitzstreiks in den Innenstädten von Frankfurt, Hamburg, München und – wie in West-Berlin – einem Autokorso für Presse- und Meinungsfreiheit einsetzten und »Augstein raus – Strauß rein« skandierten. Die meist selbstgefertigten Plakate trugen Aufschriften wie »Sie schlagen den SPIEGEL und meinen die Demokratie«, »1962 – Ende der Demokratie?« oder »Wer sich heute nicht setzt, kann morgen schon sitzen«. Die »Frankfurter Rundschau« registrierte »erstaunlich viele Mädchen«, die bereit waren, sich in herbstlicher Kälte beim Sitzstreik einen Schnupfen zu holen.[207] Ebenso wie diese in der deutschen Öffentlich-

---

206 Rudolf Augstein: *Schreiben, was ist. Kommentare, Gespräche, Vorträge*, hg. von Jochen Bölsche, Stuttgart 2003.
207 Manfred Liebel: »Die öffentlichen Reaktionen in der Bundesrepublik«, in: Ellwein/Liebel/Negt: *Die SPIEGEL-Affäre*, Band II (1966), S. 41–240, hier S. 155 ff.; der entsprechende Abschnitt des Aufsatzes ist überschrieben mit »Die Jugend«, aber Erwähnung finden hier ausschließlich Studierende.

keit noch recht ungewöhnlichen Protestformen, die auf Bürgerrechtsbewegungen der USA als Vorbilder deuten, erregten die zahlreichen und meist überfüllten Podiumsdiskussionen erhebliche mediale Aufmerksamkeit. Mindestens 20 000 Menschen nahmen in den Wochen nach der Polizeiaktion daran teil. Diese Veranstaltungen waren nicht nur als Debatten zwischen konträren politischen Meinungen zu verstehen, sondern dienten in erster Linie der Mobilisierung des Protestes. Bei Überfüllung konnte sich auch ein Demonstrationszug formieren, wie etwa in Hamburg.

Eine für viele Zeitgenossen bemerkenswerte Intervention stellten die Erklärungen von Hochschullehrern – Professoren, Dozenten, wissenschaftliche Assistenten – dar, von Karl Dietrich Bracher in Bonn bis zu Theodor Eschenburg in Tübingen reichte die Liste politisch besorgter Unterzeichner.[208] Die Erklärungen der Professoren fanden eine große öffentliche Resonanz vor allem deshalb, weil festgestellt wurde, dass sich diese elitäre Gruppe zum ersten Mal in so großer Zahl öffentlich in demokratischer Absicht zu Wort meldete. Im Unterschied zur Erklärung der 18 Göttinger Physiker gegen die Atomrüstungspläne 1957 argumentierten die etwa 600 Professoren, Dozenten und wissenschaftlichen Assistenten bei ihrer Kritik der SPIEGEL-Aktion nicht mit fachwissenschaftlicher Expertise, sondern artikulierten sich als besorgte Staatsbürger, aber auch vorsichtig wie Beamte. Beim Studium der Erklärungen wird deutlich, dass sie zwar die »Entartung unseres politischen Lebens« (Bonner Erklärung) oder der »Mißachtung politischer Sitten« (Heidelberger Erklärung) beklagten, sich aber vor allem als Mittler angesichts der in radikaler studentischer Kritik zum Ausdruck kommenden Entfremdung zum Bonner politischen Betrieb sahen. Die Bonner Erklärung

---

208 Ebd., S. 189ff.

etwa richtete sich nicht gegen die Regierung, sondern an den Bundestag. Die (Wieder-)Herstellung rechtsstaatlicher Prinzipien sollte Vertrauen wiederherstellen, politisch-analytische Anteile enthielten die Erklärungen der Hochschullehrer aber nur in homöopathischen Dosen. Immerhin artikulierte sich hier eine doch bemerkenswerte Minderheit aus einer staatstragenden Elitengruppe. Und ihre Stellungnahmen scheinen das Meinungsklima an den Universitäten dominiert zu haben. Als der rechtskonservative Freiburger Historiker Gerhard Ritter mit Verweis auf die staatlich-militärische Räson die Polizeiaktion gegen den SPIEGEL in einem Leserbrief an die »Frankfurter Allgemeine Zeitung« rechtfertigte, erhielt er vom Politikwissenschaftler und Zeithistoriker Karl Dietrich Bracher im gleichen Blatt eine Lektion in Freiheitsrechten einer Demokratie.[209] In dieser öffentlichen Auseinandersetzung sah Ritter »alt« aus, wie übrigens auch in der gleichzeitig in der Historikerzunft ausgetragenen »Fischerkontroverse« um die geheimen deutschen Pläne zur Vorbereitung des Ersten Weltkriegs.

Zurück zur Gruppe 47 – und damit zur Rolle der Intellektuellen, die sich als Erste eingemischt hatten: Das erwähnte »Manifest für den SPIEGEL« war nur kurz, aber hatte es in sich:

»Der deutsche Journalist Rudolf Augstein, Herausgeber des SPIEGEL, ist im Zusammenhang mit dem Verrat sogenannter militärischer Geheimnisse und unter dem Vorwurf, sie der Öffentlichkeit mitgeteilt zu haben, verhaftet worden. Ein Akt von staatlicher Willkür gegen den SPIEGEL begleitet diese Verhaftung. Die Unterzeichneten drücken Herrn Augstein ihre Achtung aus und sind mit ihm solidarisch. In einer Zeit, die den Krieg als Mittel der Politik unbrauchbar gemacht hat, halten sie die Unterrichtung der Öffentlichkeit über sogenannte mili-

---

[209] Vgl. auch Liehr (2002), S. 171ff.

tärische Geheimnisse für ihre sittliche Pflicht, die sie jederzeit erfüllen würden. Die Unterzeichneten bedauern es, daß die Politik des Verteidigungsministers der Bundesrepublik sie zu einem so scharfen Konflikt mit den Anschauungen der staatlichen Macht zwingt, sie fordern diesen politisch, gesellschaftlich und persönlich diskreditierten Minister auf, jetzt endlich zurückzutreten.«[210]

Unterzeichnet wurde das Manifest von 37 Personen, darunter Alfred Andersch, Inge Aicher-Scholl, Hans Magnus Enzensberger, Uwe Johnson, Alexander Kluge, vom Kulturredakteur der »Zeit« Rudolf Walter Leonhardt, von den Vertretern der Verlage Rowohlt und Suhrkamp, von Hans Werner Richter, Marcel Reich-Ranicki und Martin Walser. Die Brisanz des Textes war den Unterzeichnern durchaus bewusst; 15 von ihnen hielten eine Zusatzerklärung für angebracht, in der es hieß: »Wir fürchten eine Entwicklung, die dahin führen könnte, daß der Begriff ›militärische Geheimnisse‹ dazu mißbraucht wird, die Aufklärung der Öffentlichkeit über die Gefahren der politischen und militärischen Situation zu verhindern.«[211] Dabei verwiesen die Verfasser auf den Prozess gegen Carl von Ossietzky 1931. Aber längst nicht alle Anwesenden hatten überhaupt das Manifest unterzeichnet. Namentlich Günter Grass verweigerte die Unterschrift, weil er prinzipiell die linken Pazifisten für die Totengräber der Weimarer Republik hielt. Als Pointe mag gelten, dass auch Rudolf Augstein diese Position einige Jahre später einnehmen sollte.[212] Die radikale Formulierung verschaffte dem Manifest in der Öffentlichkeit große Aufmerksamkeit, zog allerdings auch einen Proteststurm in der Presse nach sich, der, von

---

210 Zit. nach Wagenbach et al. (Hg.): *Vaterland, Muttersprache* (1979), S. 199.
211 Ebd., S. 200.
212 Vgl. Gallus (2012) S. 15ff.

Der Protest

Sitzstreik von Studenten am 30. Oktober 1962 vor der Frankfurter Hauptwache: In mehr als 100 deutschen Städten kommt es zu kleineren und größeren Demonstrationen für die Pressefreiheit

Friedrich Sieburg in der »FAZ« bis zu Wolf Jobst Siedler im Berliner »Tagesspiegel« und Giselher Wirsing in »Christ und Welt« reichend, umgehend losbrach und den Anlass des Manifestes zu überdecken drohte.[213]

Das Telegramm des bundesdeutschen PEN-Zentrums an Bundesinnenminister Hermann Höcherl (CSU) vom 29. Oktober, unterzeichnet von seinem Vorstandsmitglied Rudolf Krämer-Badoni, klang anders als das Manifest der Gruppe 47: »Das Deutsche PEN-Zentrum der Bundesrepublik ist besorgt über die

---

213 Vgl. Inge Negt: »Die Reaktion der Weltöffentlichkeit«, in: Ellwein u. a. (Hg.): *Die SPIEGEL-Affäre*. Band II (1966), S. 243–503, hier S. 419ff.; Liehr (2002), S. 140ff.

möglichen Folgen der Polizeiaktion gegen die Wochenzeitschrift DER SPIEGEL.« Die Pressefreiheit dürfe nicht ohne Not eingeschränkt werden.

»Liegt aber eine solche Not vor, so sollten die notwendigen Schritte mit einem Höchstmaß an Öffentlichkeitsbewusstsein unternommen werden. Sollte es sich nämlich herausstellen, dass der Fall verhältnismäßig harmlos war, so muss dieser spektakuläre Schritt dem Ansehen der Bundesrepublik als eines freiheitlichen Staates einen lang nachwirkenden Schaden zufügen.«[214]

Krämer-Badoni, der zwei Tage später seine Kollegen von der Gruppe 47 in der »Welt« wegen ihres Manifestes als »zurückgebliebene [...] kindische Nationalnarren« verunglimpfte,[215] wurde in den folgenden Wochen, als sich das Ausmaß des Skandals herausstellte und sich im PEN eine heftige Opposition gegen seine Erklärung regte,[216] ausfallend gegen die Inkompetenz der Bonner Regierung. In der »Süddeutschen Zeitung« schrieb er »mit tiefer Trauer«, seine Kritik stamme von jemandem, »der jahrelang auf die Politik der Bundesregierung größte Stücke hielt und nach wie vor dieselbe Politik fortgesetzt zu sehen wünscht, aber ohne die Männer, die sich in dieser gefährlichen Weise als unfähig erwiesen haben.« In der redaktionellen Einleitung zu diesem Artikel hieß es, womöglich stehe jetzt auch noch eine

---

214 Zit. nach Negt (1966), S. 384
215 Dok. in *Vaterland* (1979), S. 200.
216 In einem Brief an Wolfgang und Sylvia Hildesheimer vom 8.12.1962 teilte Hans Werner Richter den Austritt des NDR-Rundfunkintendanten Ernst Schnabel aus dem PEN-Club wegen der Erklärung zur Spiegel-Affäre mit und kündigte auch seinen eigenen an, den er dann allerdings nicht realisierte; Hans Werner Richter an Sylvia und Wolfgang Hildesheimer, 8.12.1962, in: Hans Werner Richter: *Briefe*, hg. von Sabine Cofalla, München 1997, S. 433f.

»heimatlose Rechte« am Horizont.[217] Im Übrigen fühlte sich der Vorstand des PEN-Zentrums aufgrund des Drucks vieler Mitglieder genötigt, 14 Tage nach dem heftig kritisierten ersten ein zweites Telegramm, diesmal an den Bundeskanzler gerichtet, zu versenden. Sprachlich ungelenk hieß es dort jetzt immerhin:

»In weiten Kreisen des deutschen Volkes aber und vor allem unter den Schriftstellern ist durch die Art der Behandlung dieser Angelegenheit große Unruhe darüber aufgetreten, ob in der Bundesrepublik die Äußerungsfreiheit des Einzelnen und die Freiheit der Presse gefährdet sind.«[218]

Aufsehen erregte in diesen Tagen ein Telegramm des Kongresses für die kulturelle Freiheit (CCF) an den Bundespräsidenten Heinrich Lübke,[219] unterzeichnet auch von drei Redakteuren der Wochenzeitung »Die Zeit«, Rudolf Walter Leonhardt, Theo Sommer und Hans Gressmann. Ersterer hatte seinen Namen bereits unter das Manifest der Gruppe 47 gesetzt; dies galt auch für Marcel Reich-Ranicki. Außerdem hatte Ernst Schnabel unterschrieben, der wie erwähnt aus dem PEN-Zentrum wegen dessen Erklärung ausgetreten war. Brisant war die Stellungnahme des CCF deshalb, weil es sich hier um eine – von amerikanischen Stellen seit 1950 klandestin finanzierte – Organisation handelte, der man wahrlich, wie übrigens auch der Gruppe 47, nicht den Vorwurf kommunistischer Sympathien machen konnte. Das in früheren Jahren wirksame Standardargument des Pressesprechers der Regierung in einer Bundespressekonferenz, dass die ersten Proteste aus der »Sowjetzone« gekommen seien, hatte ohnehin nur den Unwillen der Journalisten ausgelöst, es wurde nicht noch einmal geäußert.

217 *SZ* vom 16.11.1962, zit. nach Sven Hanuschek: *Geschichte des bundesdeutschen PEN-Zentrums von 1951 bis 1990*, Tübingen 2004, S. 225f.
218 Zit. nach Negt (1966), S. 384f.
219 Ebd., S. 385.

Neu war in den Debatten um Staatsgeheimnisse und Pressefreiheit, dass sich in den Pathos der Ernsthaftigkeit und Würde auch ironische Töne mischten. Das 1962 gegründete Satiremagazin »Pardon« verstand es vortrefflich, die Bonner Eliten der Lächerlichkeit preiszugeben. Es war kein Zufall, dass sich Schriftsteller und Künstler auch in einer Sondernummer der neuen Zeitschrift äußerten, die bereits am 1. November massenhaft verteilt wurde. Bazon Brock veröffentlichte dort einen satirischen devoten Solidaritätsbrief an den Verteidigungsminister:

»Die Phalanx der Neutralisten, Kryptokommunisten, Pazifisten und linksdralligen Liberalisten, die sich nach Ihrer aufrichtigen Ansicht gegen Sie gebildet hat, soll zerschmettert werden und sich nie wieder erheben, wie wir uns das alle nach dem Hitlerregime geschworen haben. Das ist ein Treuegelöbnis, mit welchem wir nochmals deutlich zu erkennen geben wollen, wie sehr wir Sie verehren und für unseren Führer halten, dem wir vollstens vertrauen. Es ist eine Schande, daß wir aus der Geschichte nichts gelernt haben, sondern weiter die deutsche Selbstbeschmutzung zuließen. Sie sind dagegen auferstanden in tiefster Not der Nation und ihrer Verbündeten. Mit deutschem Gruß ergebenst und dankbar Ihr Bazon Brock, deutscher Schriftsteller.« Und Martin Walser meinte: »Ja, der Goebbels hätte sich den Augstein nicht so lange gefallen lassen, aber verhaftet hätte er ihn auch.«[220]

Was sich hinsichtlich des Großtrends der Medien-Öffentlichkeit bald zeigte, dass nämlich jenseits aller grundsätzlichen Meinungsunterschiede über die Legitimation des Staates in seinem Vorgehen gegen ein Presseorgan das konkrete Krisenmanagement der Regierung nur schwer zu verteidigen war, fand seinen Ausdruck auch in zahlreichen individuellen Stellungnahmen.

220 Zit. nach ebd., S. 387f.

Der Protest

Studenten-Demonstration in der Bundeshauptstadt Bonn am 20. November 1962

Wie tief die Krise viele Journalisten bewegte, lässt sich etwa am Seitenwechsel von Sebastian Haffner erahnen, der sich im Verlauf der SPIEGEL-Affäre mit dem Chefredakteur der »Welt«, Hans Zehrer, und mit dem Chefredakteur von »Christ und Welt«, Giselher Wirsing, überwarf und zugleich zum scharfen Kritiker des Umgangs mit der NS-Vergangenheit wurde, nachdem er noch 1960 den in der Öffentlichkeit bereits hochumstrittenen Staatssekretär Hans Globke gegen alle Angreifer verteidigt hatte.[221] Charakteristisch ist überdies, welches Medium sich Sebastian Haffner, der breiteren Öffentlichkeit vor allem aus Werner Höfers »Frühschoppen« bekannt, für die Inszenierung seiner

---

221 Vgl. Peter Schmied: *Sebastian Haffner. Eine Biographie*, München 2010, S. 249 ff.; die Geschichte solcher Konversionen in den 1960er Jahren ist noch nicht geschrieben worden.

Rochade von rechts nach links außen aussuchte: das Fernsehen bzw. das neue Fernsehmagazin »Panorama«, das zuerst von Gert von Paczensky moderiert wurde. In der Sendung am 4. November, sie begann zur besten Sendezeit im Ersten Programm um 19.15 Uhr, kam Haffner ganz am Schluss, nach kritischen Stellungnahmen von Henri Nannen, Gerd Bucerius, Eugen Kogon und anderen, zu Wort. Seine Aussage, »Wenn die deutsche Öffentlichkeit sich das gefallen läßt, wenn sie nicht nachhaltig auf Aufklärung drängt, dann adieu Pressefreiheit, adieu Rechtsstaat, adieu Demokratie« wurde immer wieder zitiert, gerade weil sie von einem bis dato als konservativ geltenden Journalisten formuliert wurde.[222] Die Sendung erregte in Bonn blanke Wut – zwei Jahre nach dem Scheitern aller Pläne für ein Regierungsfernsehen erfolgte der härteste Angriff ausgerechnet von diesem Medium, das 1962 immerhin bereits ein Drittel aller privaten Haushalte erreichte.

Das Beispiel der Wende Sebastian Haffners zeigt die intellektuelle Unübersichtlichkeit am Ende der Ära Adenauer, als es im Streit um die Aktion gegen den SPIEGEL zugleich um die Perspektiven der Bundesrepublik ging, und dies zeigt sich auch in der Kommentierung der zeitgenössischen Presse. Die mehrfach erwähnte SPIEGEL-Dokumentation von 1966 geht davon aus, dass die Presse zwar anfangs noch zu einem Drittel neutral berichtete und zu einem Viertel für das Vorgehen der Regierung Verständnis zeigte, aber im Verlauf der nächsten beiden Monate habe die große Mehrheit der Zeitungskommentare – bis hin zu konservativen Blättern wie der »FAZ« oder der »Welt« – kritisch zur Aktion gegen den SPIEGEL Stellung genommen. Diese summarische Schätzung zeigt eine Tendenz, bliebe aber konkret für unterschiedliche Medien nachzuzeichnen. Denn linear war die

---

222 Der Wortlaut der Sendung in Negt (1966), S. 408–419.

Entwicklung nicht. So gab es innerhalb der »FAZ« harte Auseinandersetzungen. Nachdem ein erster regierungstreuer Kommentar zu Hunderten von Abonnements-Kündigungen geführt hatte, fuhr das Blatt unter Bruno Dechamps eine regierungskritische Linie, die dann wiederum von Friedrich Sieburg gedreht wurde, der zugleich die Unfähigkeit der Bonner Behörden und den Nihilismus des SPIEGEL beklagte.[223]

Auch auf der Seite der linken Kritiker gab es keine einheitliche Linie, wie sich bereits bei der Abfassung des Manifestes der Gruppe 47 gezeigt hatte. Letztlich verlief der Gegensatz auch in den Äußerungen zur SPIEGEL-Affäre entlang der grundsätzlichen Einstellung zur Sozialdemokratie, die nach dem Godesberger Parteitag 1959 ihren Studentenverband, den SDS, verstoßen hatte. Hans Werner Richter schrieb dazu an seinen Kollegen Walter Kolbenhoff:

»Die SPD ist ein Scheißhaufen, Dummköpfe, Intriganten, eitle Pfauen [...] Im übrigen gebe ich der Bundesrepublik nicht die geringste Chance mehr. Daran ändert auch die SPD nichts, selbst wenn sie einmal zur Macht kommen sollte, [...] was ich für völlig unmöglich halte. Sie möchten gern die bessere CDU sein, aber sie wird es nicht werden.«[224]

In dem von Martin Walser im Bundestagswahlkampf 1961 herausgegebenen »rororo-aktuell«-Bändchen äußerte nur einer von 20 Autoren, nämlich Günter Grass, uneingeschränkt Sympathie für die Sozialdemokratie. Für fast alle anderen stellte die SPD

---

223 Vgl. Marcus M. Payk: *Der Geist der Demokratie. Intellektuelle Orientierungsversuche im Feuilleton der frühen Bundesrepublik: Karl Korn und Peter de Mendelssohn*, München 2008, S. 347f.

224 Hans Werner Richter an Walter Kolbenhoff, Ende 1959, zit. nach Jörg Lau, Hans Magnus Enzensberger: *Ein öffentliches Leben*, Berlin 1999, S. 139; der Brief wurde unter dem Eindruck des gerade angenommenen Godesberger Programms vom November 1959 geschrieben.

das mehr oder minder verachtete korrupte und feige kleinere Übel gegenüber dem klerikal-autoritären Adenauer-Regime dar; Alfred Andersch weigerte sich überhaupt, für diesen Zweck zur Feder zu greifen.[225]

Das Verhalten der SPD in der SPIEGEL-Affäre war keineswegs geeignet, das grundsätzliche Misstrauen linker Intellektueller, die vor allem im öffentlich-rechtlichen Rundfunk und Fernsehen einige Bastionen besaßen, zu vermindern. Denn die parlamentarische Opposition setzte sich keineswegs an die Spitze der öffentlichen Proteste – auch deshalb gab es keine Massendemonstrationen –, agierte stattdessen sehr zurückhaltend und drang in ihren Erklärungen lediglich auf die Einhaltung rechtsstaatlicher Grundsätze. Die »Frankfurter Rundschau« monierte:

»Wo bleibt der entrüstete Aufschrei, den niemand überhören könnte, wo bleibt die Aktion, die das Volk aufrüttelt? Mutige Worte einzelner, im übrigen aber zaghafte Erklärungen und lauwarme Stellungnahmen helfen da nicht mehr weiter, die SPD und die Kräfte, die hinter ihr stehen, müssen jetzt beweisen, daß auch ihnen noch nicht das Rückgrat gebrochen ist.«[226]

Die Zurückhaltung der SPD war kein Zufall, reiften doch in der Parteiführung Hoffnungen, die geschwächte Union zur Bildung einer Großen Koalition zu bewegen – dies gelang dann allerdings erst vier Jahre später.

Als Pointe der sozialdemokratischen Zurückhaltung mag gelten, dass sich auch deshalb der Protest gegen das Vorgehen der Regierung einer simplen parteipolitischen Funktionalisierung entzog, selbst wenn die immer wieder gezeigten Bilder der par-

---

225 Vgl. Per Øhrgaard: »»ich bin nicht zu herrn willy brandt gefahren‹ – Zum politischen Engagement der Schriftsteller in der Bundesrepublik am Beginn der 60er Jahre«, in: A. Schildt u. a. (Hg.): *Dynamische Zeiten* (2000), S. 719–733.
226 Zit. nach Liehr (2002), S. 76.

lamentarischen Debatten dies suggerieren. Eher kann die Protestbewegung von 1962 als Zeichen einer zunehmenden allgemeinen Ablehnung obrigkeitsstaatlicher Praktiken und als Engagement für die Freiheit der Kritik in einer pluralistischen Gesellschaft gewertet werden, die sich bald als irreversibel, aber radikalisierbar herausstellen sollte.

In dieser Hinsicht zog Hans Werner Richter in seinem bereits zitierten Brief an Wolfgang und Sylvia Hildesheimer am Ende des Jahres eine Zwischenbilanz:

»Es ist nicht leicht, aus einem Land, in dem sich wieder Düsternis ausbreitet und Verhaftungen zum alltäglichen Geschehen werden, in das lichte und anheimelnde Graubünden zu schreiben. [...] Ich höre, irgend jemand hat es mir erzählt, daß Ihr nun nicht mehr nach Deutschland kommt. Bitte überlegt Euch diesen Entschluß noch einmal. Strauß ist gestürzt und er wird vielleicht noch tiefer fassen und vielleicht stürzt noch manches. Die deutsche Presse hat sich jedenfalls viel besser geschlagen, als man es annehmen konnte. Ich bin nicht optimistisch, aber ich bin auch nicht pessimistisch.«[227]

---

227 Hans Werner Richter an Sylvia und Wolfgang Hildesheimer, 8.12.1962, in: Richter: *Briefe* (1997), S. 433.

Eine Stadt macht mobil –
Hamburg und die SPIEGEL-Affäre

Von Frank Bajohr

Die SPIEGEL-Affäre 1962[228] bildete zweifellos ein Schlüsselereignis in der politischen Kultur der noch jungen Bundesrepublik, das national und international stärkste Beachtung fand. Die Affäre wies allerdings auch spezifisch regionale Dimensionen auf, die eng mit Hamburg verbunden waren, das nicht nur deshalb als Schauplatz fungierte, weil der SPIEGEL seinen Sitz in der Hansestadt hatte. Auf die wichtigsten drei hamburgischen Dimensionen der Affäre möchte ich im Folgenden zu sprechen kommen: Erstens kulminierten in den Ereignissen 1962 fundamentale Spannungen zwischen der Hamburger Medienlandschaft und der Bundesregierung, die sich bereits seit längerem abgezeichnet hatten. Zweitens bildete Hamburg in der Endphase der Adenauer-Ära ein Zentrum der politischen Opposition, nicht nur wegen seiner sozialdemokratischen Dominanz. Auch die Hamburger Christdemokraten standen überwiegend in kritischer Distanz zum Bundeskanzler, auf dessen Ablösung sie intern seit Jahren gedrängt hatten. Schließlich waren auch die handelsbürgerlichen Eliten der Stadt auf Gegenkurs zur Bundesregierung gegangen, weil ihre außenpolitischen Orientierungen und Interessen von der Politik

---

228 Zur SPIEGEL-Affäre siehe Alfred Grosser/Jürgen Seifert/Thomas Ellwein/Manfred Liebel/Inge Negt (Hg.): *Die SPIEGEL-Affäre*, 2 Bde., Olten 1966; Joachim Schöps: *Die SPIEGEL-Affäre des Franz Josef Strauß*, Reinbek 1983; Dorothee Lier: *Von der »Aktion« gegen den SPIEGEL zur »SPIEGEL-Affäre«. Zur gesellschaftlichen Rolle der Intellektuellen*, Frankfurt am Main 2002.

Adenauers signifikant abwichen. Drittens spiegelte sich die spezifische Situation Hamburgs in der Endphase der Adenauer-Ära auch in den heftigen Reaktionen auf die SPIEGEL-Affäre in der Hamburger Öffentlichkeit und Politik wider, die in Hamburg noch kritischer als andernorts ausfielen.

Wenn auf Bundesvorstandssitzungen der CDU in den 1950er und 1960er Jahren das Stichwort »Hamburg« fiel, dann verschlechterte sich die Laune des Bundeskanzlers Adenauer erheblich, der seine Abneigung gegenüber der Hansestadt nicht verhehlte. Er besuchte die Stadt außerordentlich selten. Nicht nur die sozialdemokratischen Wahlergebnisse in Hamburg bekümmerten ihn; auch mit den protestantischen Eliten der Stadt, die er als eingebildet und selbstbezogen empfand, war der rheinische Katholik nie wirklich warm geworden. Zur Gaudi der Anwesenden erzählte Konrad Adenauer von »Kaffeestündchen« mit Hamburger Senatoren, deren honoratiorenhaftes Gebaren ihn an das Theaterstück »Der Herr Senator« erinnerte. Seinen eigenen Hamburger Parteifreunden begegnete der Kanzler mit betonter Geringschätzung. Keine Landespartei habe ihm »so viele Sorgen gemacht wie die Landespartei in Hamburg«.[229] Es war bezeichnend, dass immer wieder abschätzig von den »Hamburger Verhältnissen« gesprochen wurde und der Hamburger CDU-Landesvorsitzende Erik Blumenfeld sich seinen Parteifreunden ironisch als »Vertreter des vielgeschmähten Hamburg« vorstellte.[230]

Der Begriff »Hamburger Verhältnisse« spielte vor allem auf die als feindlich eingestufte Medienlandschaft der Hansestadt an, die sich dem Zugriff des Bundeskanzlers weitgehend ent-

---

229 *Adenauer:* »... um den Frieden zu gewinnen«. *Die Protokolle des CDU-Bundesvorstands 1957–1961,* bearb. von Günter Buchstab, Düsseldorf 1994, S. 56.
230 Ebd., S. 1047.

zog, dem es immer weniger gelang, die veröffentlichte Meinung durch seine berühmten Teegespräche zu steuern. Vor allem die kritische Hamburger Wochenpresse begnügte sich nicht mehr mit der Rolle einer bloßen Wegbegleitung der Regierung, sondern definierte ihre Rolle neu im Sinne einer Kritik- und Kontrollinstanz. Adenauer reagierte darauf mit einer ritualisierten Medienschelte, in deren Mittelpunkt nicht allein der SPIEGEL stand, den er als »Schmierblatt« bezeichnete, hatte sich doch die »deutsche Prawda«,[231] wie Bundestagspräsident Eugen Gerstenmaier den SPIEGEL nannte, seit Jahren auf die Bundesregierung eingeschossen, vor allem den Bundesverteidigungsminister Franz Josef Strauß. Auch die Illustrierte »Stern« stufte Adenauer als »politisch und auch in anderer Beziehung sehr minderwertig«[232] ein. Besonders kritisch wurde vermerkt, dass ein Blatt wie der »Stern« ausgerechnet von einem CDU-Mitglied verlegt wurde, nämlich vom Hamburger CDU-Bundestagsabgeordneten Gerd Bucerius. Dieser wurde auch für den Kurs der Wochenzeitung »Die Zeit« verantwortlich gemacht, die unter seinem Einfluss »so oppositionell geworden«[233] sei, wie eine Teerunde beim Bundeskanzler 1962 heftig beklagte.

Auf die publizistische Kritik aus Hamburg reagierte man in Bonn auf eine Weise, die ein autoritäres, eher vordemokratisches Medienverständnis offenbarte. Dies hatte sich bereits in einer Episode während des Bundestagswahlkampfes 1961 gezeigt, als Henri Nannen im »Stern« in einem Kommentar geschrieben hatte: »Nun scheint es für den alten Herrn wohl an der Zeit zu sein, eines Amtes zu entsagen, das an Ganglien und Gefäße einfach zu

---

231 Ebd., S. 69.
232 *Konrad Adenauer, Teegespräche 1961–1963*, bearb. von Peter Mensing, Berlin 1992, Nr. 11 vom 2.3.1962, S. 133.
233 Zit. nach ebd.

große Anforderungen stellt.«[234] Adenauers Entourage hatte ob dieses Artikels bereits ein Schreiben an Bucerius entworfen, in dem dieser unverblümt aufgefordert wurde, Henri Nannen als Chefredakteur zu entlassen, als sei es das Selbstverständlichste der Welt, unmittelbar vom Kanzleramt in die Chefredaktionen durchregieren zu können.[235] Der Kanzler begnügte sich dann mit einer etwas milderen Fassung, in der er Bucerius inquisitorisch nach dessen Meinung zum Nannen-Artikel befragte.[236] Dieser verbat sich energisch jeden Einmischungsversuch und forderte Adenauer selbst unverblümt auf, »die von der Natur gesetzten Grenzen zu respektieren«. Damit war das Tischtuch zwischen den Parteifreunden endgültig zerschnitten, und nachdem Adenauer Anfang 1962 erneut vor dem CDU-Bundesvorstand ein Scherbengericht über Bucerius veranstaltet hatte – Anlass war ein »Stern«-Artikel mit dem Titel »Brennt in der Hölle wirklich ein Feuer?«,[237] der als »Verletzung christlicher Empfindungen schärfstens missbilligt« worden war –, trat Bucerius aus Partei und Bundestagsfraktion aus. Alle diese Vorgänge illustrieren, wie konfliktgeladen nicht nur die Beziehungen zwischen der Bundesregierung und dem SPIEGEL, sondern auch den anderen Hamburger Wochenblättern war, die sich auch deshalb während der Affäre mit den angegriffenen Kollegen des SPIEGEL demonstrativ solidarisierten.

234 *Stern*, Nr. 37/1961.
235 *Archiv für Christlich-Demokratische Politik St. Augustin,* VII-002-030/1, dort Entwurf des Telegramms mit dem Wortlaut: »Zu dem Artikel, den Herr Nannen in Nr. 37 des STERN über mich veröffentlicht hat, frage ich Sie, ob Sie die unsachliche und böswillige Äußerung noch mit einer weiteren verantwortungsvollen Zusammenarbeit für vereinbar halten.«
236 Ebd., Adenauer an Bucerius vom 7.9.1961.
237 »Brennt in der Hölle wirklich ein Feuer? Was von den Illusionen über die Einheit der Christen übrigbleibt«, *Stern*, Nr. 2/1962.

Auch die Beziehungen zwischen dem Hamburger Senat und der Bundesregierung hatten sich seit Mitte der 1950er Jahre sukzessive verschlechtert. In der Hansestadt hegte man andere außenpolitische Vorstellungen als in Bonn.[238] Dies war in der Anfangszeit der Bundesrepublik noch anders gewesen, als Adenauer dankbar registriert hatte, dass sein Kurs Richtung Westintegration und Europa auch von den Hamburger Sozialdemokraten unter Bürgermeister Max Brauer befürwortet worden war, zum Leidwesen des SPD-Bundesvorsitzenden Kurt Schumacher. Während SPD und CDU auf Bundesebene heftige außenpolitische Konflikte austrugen, herrschte in Hamburg unter den Parteien weitgehende außenpolitische Übereinstimmung. Aus Hamburger Sicht reichten die Westintegration und das Kleineuropa der sechs EWG-Gründerstaaten aber bei weitem nicht aus, wie Bürgermeister Kurt Sieveking bei der ersten Regierungserklärung des bürgerlichen »Hamburg«-Blocks Ende 1953 offen bekannte: »Aber diese europäische Integration darf für die Handels- und Schiffahrtsstadt Hamburg letzten Endes nicht eine kleineuropäische und westliche sein, sosehr auch diese zu begrüßen ist. Wir müssen von Hamburg aus immer wieder die großeuropäische Lösung fordern, d. h. nicht nur die Wiedervereinigung Deutschlands, sondern auch die Wiederherstellung eines Gesamteuropas, denn die Zukunft des Hafens Hamburg wird dadurch bestimmt, ob er seine alte Position als Mittler zwischen einem großeuropäischen Wirtschaftsraum und der Gesamtheit der überseeischen Länder wieder ausüben kann.«[239] An dieser Stelle konnte sich ein sozialdemokratischer Abgeordneter den Zwischenruf nicht

---

238 Vgl. Frank Bajohr: »Hochburg des Internationalismus. Hamburger ›Außenpolitik‹ in den 1950er und 1960er Jahren«, in: *Zeitgeschichte in Hamburg 2008*, Hamburg 2009, S. 25–43.

239 *Stenographische Berichte über die Sitzungen der Bürgerschaft zu Hamburg 1953*, 19. Sitzung, 9.12.1953, S. 698.

verkneifen: »Wenn der Konrad Adenauer nur nicht böse wird darüber!« Für diese Bemerkung erntete er schallendes Gelächter in der Bürgerschaft, aber auch die Versicherung Sievekings: »Wir haben da unsere eigene Meinung!«[240]

Den Anspruch Hamburgs, auch unter den Bedingungen des Ost-West-Konfliktes am Leitbild einer Welthafenstadt festzuhalten, hielt Adenauer für völlig verfehlt. »Mit der Hafenstadt als solcher ist es vorbei«,[241] stellte er vielmehr das Sanktuarium hamburgischer Politik und Identität, den Hafen, offen in Frage. Die von Hamburg eingeleitete Osthandelspolitik, die »Politik der Elbe«, mit der Hamburg der späteren sozialliberalen Ostpolitik weit vorauseilte, bezeichnete er als »Ost-Eskapaden«.[242] Als Hamburg 1957 eine Städtepartnerschaft mit dem russischen Leningrad einging, Bürgermeister Sieveking gar eine Anerkennung der Oder-Neiße-Linie als polnische Westgrenze befürwortete und mit einem Tabu deutscher Außenpolitik brach, riss dem Kanzler der Geduldsfaden. Sievekings Äußerungen hätten »in Kreisen unserer Partei allgemeines Befremden – um keinen schärfen Ausdruck zu gebrauchen – hervorgerufen«, und die Partnerschaft mit Leningrad stehe »in starkem Kontrast zu unserer gesamten Außenpolitik«, ließ Adenauer den Hamburger Bürgermeister wissen.[243]

---

240 Ebd.
241 *Adenauer*: »... um den Frieden zu gewinnen« (1994), S. 57.
242 Zur Politik der Elbe siehe Hartmut Brill: *Die »Politik der Elbe«. Hamburgische Ostpolitik in der Ära Sieveking 1953–1958*, Universität Hamburg (Staatsexamensarbeit) 1984; Ernst Plate: »Politik der Elbe«, in: *Bürgermeister a.D. Kurt Sieveking zum 70. Geburtstag am 21. Februar 1967*, hg. von Renatus Weber/Carl Gisbert Schultze-Schlutius/Wilhelm Güssefeld, Hamburg 1967, S. 45–48.
243 Persönliches Schreiben Adenauers an Bürgermeister Sieveking vom 18.4.1956, in: Konrad Adenauer: *Briefe 1955–1957*, bearb. von Hans-Peter Mensing, Berlin 1998, S. 319f.

Die außenpolitischen Missklänge zwischen Hamburg und Bonn setzten sich auch in den Folgejahren fort. Noch kurz vor Beginn der SPIEGEL-Affäre 1962 deutete sich neues Ungemach an. Im September 1962 hatte der französische Staatspräsident Charles de Gaulle Hamburg besucht und war von den Hamburgern zwar sehr freundlich, aber keineswegs enthusiastisch begrüßt worden. Zwar befürwortete auch Hamburg die deutsch-französische Aussöhnung, doch entsprach ein von Frankreich dominiertes, tendenziell gegen die USA gerichtetes Kleineuropa nicht den langfristigen Zielvorstellungen der Hamburger Politik und Wirtschaft. Diese bemühten sich vielmehr um die Integration Großbritanniens und Skandinaviens in den europäischen Einigungsprozess und traten überdies für eine Stärkung der atlantischen Bindungen ein. In dem sich anbahnenden Streit zwischen »Gaullisten« und »Atlantikern« präsentierte sich die Hansestadt als vollständig gaullistenfreie Zone.

Keiner der erwähnten Konflikte spielte in der unmittelbaren Ereigniskette, die 1962 zur SPIEGEL-Affäre führte, eine zentrale Rolle. Die kritisch-oppositionelle Grundhaltung der Hamburger Medien gegenüber der Regierung Adenauer gehörte jedoch ebenso zu den Hintergründen der Affäre wie das getrübte Klima zwischen Hamburg und Bonn und auch der Umstand, dass die Hansestadt in der Endphase der Adenauerzeit einen Ort gesellschaftlich-kultureller Liberalisierung bildete.

Dementsprechend heftig fielen auch die Reaktionen in Hamburg auf die Aktion gegen den SPIEGEL aus. Ein Korrespondent der »Süddeutschen Zeitung« urteilte deshalb: »Weder Louis Armstrong noch Konrad Adenauer war es in der Hansestadt bisher gelungen, die Gefühle der Hamburger derart in Wallung zu bringen«.[244] Die Kette der Proteste begann Ende Oktober 1962,

---

244 »Sprechchöre für die Pressefreiheit«, in: SZ vom 2.11.1962.

als die »Neue Gesellschaft« in einem Hörsaal der Universität zu einer Podiumsdiskussion mit Eugen Kogon, Henri Nannen, Dieter Posser und anderen Teilnehmern eingeladen hatte. Der 700 Plätze fassende Hörsaal war jedoch als Veranstaltungsort völlig ungeeignet, weil Tausende Zuhörer gekommen waren, um ihrer Empörung Luft zu machen. Daraufhin musste die Veranstaltung abgebrochen und am nächsten Tag im Audimax wiederholt werden, das sich ebenfalls als zu klein erwies, um die mehr als 4000 Teilnehmer aufzunehmen. Ein junger Protestierer brachte die Stimmung auf den Punkt, als er feststellte: »Wenn der SPIEGEL bisher keine Institution in der Bundesrepublik war, jetzt ist er es geworden.«[245] Die ausgefallene erste Podiumsdiskussion wurde kurzentschlossen in eine Spontandemonstration umfunktioniert. »Normalerweise« – so der Reporter der »Süddeutschen Zeitung« – »gehen die Hamburger in solchen Situationen still nach Hause. Anders am Mittwochabend. Jeder wollte für die Pressefreiheit demonstrieren.« Eine große Menschenmenge zog zum Untersuchungsgefängnis am Holstenglacis, in dem Rudolf Augstein und Chefredakteur Claus Jacobi einsaßen. »Augstein raus – Strauß rein« wurde skandiert, sowie »SPIEGEL tot – Freiheit tot«. Auf mitgeführten Plakaten hieß es »SPIEGEL müssen klirren für den Sieg«, »Auf zum totalen Rechtsstaat«, »Kopf in den Sand – lieb Vaterland« und »Es lebe die deutsch-spanische Freundschaft« – eine ironische Anspielung auf die bemerkenswerte Kooperation mit den Behörden des Franco-Regimes bei der Verhaftung von Conrad Ahlers.

Die Proteste gingen vor allem von einem jüngeren, akademisch gebildeten Publikum aus. Gewiss hatte es in der Geschichte Hamburgs nach 1945 wesentlich größere Protest- und Demonstrationszüge gegeben, doch hatten zu diesen stets

---

245 Zit. nach ebd.

große Parteien und Massenorganisationen aufgerufen, während der öffentliche Unmut über die Staatsaktion gegen den SPIEGEL ein neues Moment zivilgesellschaftlicher Mobilisierung offenbarte: nämlich einen unorganisierten und ungesteuerten Protest, der sich allein aus der spontanen Empörung einer kritischen Öffentlichkeit speiste. Beim Blick auf die zeitgenössische Presseberichterstattung gewinnt man den Eindruck, dass ein Hauch von »1968« durch die Stadt wehte. So bemerkte der Berichterstatter der »Bergedorfer Zeitung«: »Das jugendliche Publikum war wach und kannte sich gut aus. Es hielt in der Mehrzahl die deutsche Politik für ein ›schmutziges Geschäft‹ und hatte, was bedenklich ist, kaum Vertrauen zu den bestehenden staatlichen Institutionen.«[246] Allerdings mündeten im Gegensatz zu »1968« die Proteste noch nicht in eine außerparlamentarische Opposition, zumal das angeschlagene Vertrauen in die staatlichen Institutionen durch den Verlauf der Affäre und den Rücktritt des Bundesverteidigungsministers Strauß zumindest halbwegs wiederhergestellt werden konnte. Zudem war dieses Vertrauen noch insofern intakt, als die Demonstranten dem damaligen Hamburger Innensenator Helmut Schmidt willig folgten, als dieser sie per Megaphon vor dem Untersuchungsgefängnis aufforderte, »in Ruhe und Ordnung nach Hause zu gehen, ohne die guten hamburgischen Sitten zu verletzen«.[247] Allerdings hatte Schmidt zuvor unter starkem Beifall verkündet, dass der Hamburger Senat die Pressefreiheit schützen und gegen jede Beeinträchtigung dieser Freiheit vorgehen werde.

Die Demonstrationszüge rissen auch in den Folgetagen nicht ab. Selbst im beschaulichen Blankenese führten die Ostermarschierer mitten im November aus Protest einen Fackelzug

---

246 »Tumulte blieben aus«, in: *Bergedorfer Zeitung* vom 2.11.1962.
247 Zit. nach »Spiegel müssen klirren für den Sieg«, in: *FR* vom 2.11.1963

durch.[248] Ein Student postierte sich vor dem Hamburger Pressehaus mit dem Plakat: »Wie bei Ulbricht – Redakteure im Gefängnis«. Bezirksvorstände der Hamburger Einzelgewerkschaften sowie die Arbeitsgemeinschaft sozialdemokratischer Juristen sandten Protestschreiben an die Bundesregierung.[249] Dies änderte allerdings nichts am unorganisierten Charakter des Protests, zu dem keine einzige Partei oder Massenorganisation öffentlich aufrief.

Besonders solidarisch verhielt sich in jenen Tagen die Hamburger Presse. Die »Zeit«, der »Stern« und das »Hamburger Echo«, die ebenfalls im Pressehaus am Speersort untergebracht waren, stellten den Kollegen des SPIEGEL Räume, Schreibmaschinen, Archivzugang und Sekretariatskapazitäten zur Verfügung. Auch die Springer-Presse kommentierte das Vorgehen der Obrigkeit scharf.[250] Ohne die kollegiale Unterstützung hätte der SPIEGEL nicht weiter erscheinen können, der durch die Besetzungs- und Durchsuchungsaktionen massiv in seiner Tätigkeit behindert wurde – ein klarer Verstoß gegen die Pressefreiheit. Überdies wurden die Telefongespräche aller Presseorgane aus dem Pressehaus systematisch abgehört. Massiv beschweren sich die Hamburger Zeitungen, dass Telefongespräche sogar zusammenbrachen, sobald die Worte »SPIEGEL« oder »Strauß« fielen. Zwar konnte die Bundespost, die der Hamburger Senat mit entsprechenden Untersuchungen beauftragt hatte, angeblich keine Beweise für Abhöraktionen finden, doch als die Kunstredakteurin der »Zeit«, Petra Kipphoff, entnervt von den Abhörgeräuschen ins Telefon blaffte: »Wenn Sie hier schon mithören, dann knacken Sie wenigstens nicht so aufdringlich!«, schallte es aus dem Tele-

---

248 »Nichts gefunden«, in: *Bergedorfer Zeitung* vom 5.11.1962.
249 »Blitz-Fernschreiben an Adenauer«, in: *Hamburger Echo* vom 3.11.1962.
250 Vgl. den Kommentar »Scherben«, in: *Bild am Sonntag* vom 11.11.1962.

Innensenator Helmut Schmidt und Hamburgs Erster Bürgermeister Paul Nevermann bei einer Pressekonferenz zur Affäre in Hamburg am 30. Oktober 1962

fonhörer zurück: »Ich denke gar nicht daran, Ihrer unverschämten Aufforderung nachzukommen!«[251]

Der Hamburger Senat zeigte sich über diese Einschränkung der Pressefreiheit empört und lieferte sich mit Bundeskanzler Adenauer ein Duell per Fernschreiben, das die »Welt am Sonntag« als »scharfe SPIEGEL-Fehde Hamburg–Bonn« bezeichnete.[252] Bürgermeister Paul Nevermann wies den Bundeskanzler auf die Rechtsbrüche der beteiligten Bundesinstitutionen hin und drohte, »die Rechtmäßigkeit der Tätigkeit von Bundesbeamten im Bereich des Landes Hamburg prüfen« zu lassen, gepaart mit

---

251 Zit. nach Theo Sommer, »Bald wird etwas passieren!« Eine persönliche Chronik, Teil I, in: *Zeit*, Nr. 43/2002.
252 *Welt am Sonntag* vom 4.11.1962.

dem Hinweis: »Wir nehmen es in Hamburg mit der Gesetzmäßigkeit der Verwaltung sehr genau«.[253] Besonders düpiert musste sich der Hamburger Innensenator Helmut Schmidt vorkommen, der erst am Abend des 26. Oktober 1962, wenige Minuten vor der Durchsuchung der SPIEGEL-Redaktionsräume, von der Aktion informiert worden war, obwohl die Haft- und Durchsuchungsbefehle bereits drei Tage zuvor in Bonn vorgelegen hatten. In einem Telegramm an Bundesinnenminister Hermann Höcherl forderte Schmidt, der selbst langwierige Ermittlungen wegen Geheimnisverrat über sich ergehen lassen musste, »dass hamburgische Beamte nicht zur Amtshilfe bei gesetzwidrigen Amtshandlungen herangezogen werden«.[254] Der Hamburger Senator Kramer wurde beauftragt, den Rechtsstandpunkt des Senats dem Bundesjustizminister persönlich mitzuteilen, der zur Verblüffung der Hamburger aber ebenfalls nicht von der Aktion informiert worden war und bald darauf mit den anderen FDP-Bundesministern aus Protest zurücktrat.

Wie sehr die Aktion gegen den SPIEGEL in Hamburg einer nahezu geschlossenen Ablehnungsfront begegnete, zeigte sich nicht zuletzt an den kritischen Stimmen aus der Hamburger CDU. Auf der Podiumsdiskussion im Hamburger Audimax hatte der CDU-Bürgerschaftsabgeordnete Jürgen Gündisch erklärt, dass Bundesverteidigungsminister Strauß zurücktreten müsse, falls er »seine persönlichen Differenzen mit dem Nachrichten-Magazin mit der rechtlichen Aktion gegen den ›SPIEGEL‹ verknüpft habe«.[255] Auf einer Bundesvorstandssitzung der CDU über die SPIEGEL-Affäre lieferte sich der Hamburger CDU-Landesvorsitzende Blumenfeld mit Bundeskanzler Adenauer einen erregten

---

253 »Blitz-Fernschreiben an Adenauer«, in: *Hamburger Echo* vom 3.11.1962.
254 Erklärung der staatlichen Pressestelle Hamburg vom 9. November 1962.
255 Zit. nach *Bergedorfer Zeitung* vom 2.11.1963.

Schlagabtausch, der vor allem von folgender Bemerkung Adenauers befeuert wurde: »Sie freuen sich doch sicher, daß Ahlers verhaftet ist. Dann geben Sie doch Ihrer Freude Ausdruck.«[256] Die Antwort Blumenfelds ließ an Deutlichkeit nichts zu wünschen übrig: »Herr Bundeskanzler! Ich muß Ihnen sagen, daß jeder einzelne von uns vor seinem eigenen Gewissen, aber vor allen Dingen auch in der Verpflichtung für die Partei und für das Gesamtwohl solche Dinge nicht ertragen kann und nicht ertragen darf.«[257]

---

256 *Adenauer: »Stetigkeit in der Politik«. Die Protokolle des CDU-Bundesvorstands 1961–1965*, bearb. von Günter Buchstab, Düsseldorf 1998, S. 307.
257 Ebd.

Die SPIEGEL-Affäre und das Ende der Ära Adenauer

Von Frank Bösch

Die SPIEGEL-Affäre hat vieles bewirkt. Bis heute steht sie für den Siegeszug der Pressefreiheit und den Triumph der vierten Gewalt. Ebenso gilt sie als Bewährungsprobe der Demokratie gegen den Obrigkeitsstaat und als Auftakt einer politisierten Protestkultur.

Sie war zudem der einzige Skandal in der Geschichte der Bundesrepublik, der nicht nur einen einzelnen Bundesminister stürzte, sondern zum Rücktritt aller Minister und einer markanten Kabinettsumbildung führte.

Gerade deshalb wird die SPIEGEL-Affäre oft als das Totenglöckchen bezeichnet, das das Ende der Ära Adenauer einläutete. Zweifelsohne wäre die Ära Adenauer wohl auch ohne sie bald zu Ende gegangen. Die SPIEGEL-Affäre trug jedoch entscheidend dazu bei, dieses Ende zu beschleunigen und kritisch in Erinnerung zu halten. Denn sie machte schwelende Konflikte und Probleme schlagartig sichtbar und riss auch in der Union bereits bestehende Gräben auf.

Dies spricht dafür, die oft erzählten Ereignisse im Herbst 1962 in einer langfristigen Perspektive zu interpretieren, die stärker auf die Partei und die Regierungsseite blickt.

In den meisten Artikeln zur SPIEGEL-Affäre steht der öffentliche Protest der Studenten, Professoren und Intellektuellen im Vordergrund. Natürlich waren ihre Manifeste und Demonstrationen etwas Neuartiges, ein Vorgeschmack auf '68 und die späteren sozialen Bewegungen. Denn bei der vielfachen Filmzensur etwa, die in der Bundesrepublik der 1950er Jahre üblich war, hatte die Akademiker kaum ihre Stimme erhoben.[258] Dass Franz Josef Strauß und die Regierung Adenauer jedoch vornehmlich über diese vergleichbar kleinen akademischen Demonstrationen stolperten, ist unwahrscheinlich. Dank der oft arroganten Abneigung, die bei den Regierungsmitgliedern gegenüber den Schriftstellern der Gruppe 47 und den protestierenden Professoren vorherrschte, maßen sie ihnen nur eine geringe Bedeutung bei. Konrad Adenauer selbst betonte gegenüber der Parteiführung, seine Zeit sei zu kostbar, um die kritischen Erklärungen der Professoren auch nur zu lesen.[259]

Wichtiger war vielmehr, dass die SPIEGEL-Affäre auch innerhalb des Regierungslagers und der CDU/CSU für Empörung sorgte. Vor allem Strauß war bereits vorher auch bei den Christdemokraten so stark umstritten, dass die SPIEGEL-Affäre bei einigen als ein willkommener Anlass erschien, ihn auf Bundesebene kaltzustellen. Und für Adenauers weitere Kanzlerschaft galt Ähnliches. Insofern muss die SPIEGEL-Affäre auch aus jenem Missmut heraus erklärt werden, der sich in den Jahren zuvor über den Kanzler und seinen Verteidigungsminister zusammengebraut hatte.

Diese Empörung im eigenen Lager ist bei den meisten Skandalen das entscheidende Moment. Während Konflikte zwischen unterschiedlichen Parteien unspektakulär sind und selten per-

---

258 Hierzu bereits ausführlicher: Frank Bösch: »Die Intellektuellen und die Pressefreiheit in der frühen Bundesrepublik«, in: Dominik Geppert/ Jens Hacke (Hg.), *Streit um den Staat. Intellektuelle Debatten in der Bundesrepublik, 1960–1980*, Göttingen 2008, S. 78–99; Stephan Buchloh: *Pervers, jugendgefährdend, staatsfeindlich. Zensur in der Ära Adenauer als Spiegel des gesellschaftlichen Klimas*, Frankfurt/M. 2002.

259 Adenauer im CDU-Bundesvorstand, 22.11.1962, in: Günter Buchstab (Bearb.), *Adenauer: »Stetigkeit in der Politik«. Die Protokolle des CDU-Bundesvorstandes 1961–1965*, Düsseldorf 1998, S. 296.

sonelle Konsequenzen haben, ist für große Skandale charakteristisch, dass es zu einer breiten öffentlichen Empörung über einen Normbruch kommt, die auch in die eigene Partei hineinreicht. Die Skandale um Flick, die Neue Heimat oder die CDU-Spendenaffäre 1999 zogen genau hieraus ihre Sprengkraft, die zu entsprechenden Rücktritten führte. Inwieweit lässt sich nun Ähnliches für die SPIEGEL-Affäre und das Ende der Ära Adenauer ausmachen?

Die SPIEGEL-Affäre und der Wandel politischer Führungsstile

Der Begriff der Ära ist bislang nur wenigen großen Politikern vorbehalten, deren Name mit dem Zeitgeist verbunden wurde, wie im Falle der Bismarck-Ära oder der Ära Kohl. Der Begriff »Ära Adenauer« kam schon früh in der Publizistik auf. Allerdings begann auch die Rede vom »Ende der Ära Adenauer« schon viele Jahre vor der SPIEGEL-Affäre. So sprach das »Time Magazine« bereits im Mai 1956 vom »Ende der Ära Adenauer«, als Adenauer nach seinen großen außenpolitischen Erfolgen etwas perspektiv- und kraftlos wirkte und zudem nach seiner Moskau-Reise erstmalig länger wegen einer schweren Erkrankung ausfiel.[260] Auch in der Öffentlichkeit und in der CDU/CSU stellte man sich nun vorsichtig auf eine Zeit nach Adenauer ein, der mit seinen 80 Jahren die durchschnittliche Lebenserwartung schon um zehn Jahre überschritten hatte. Ende der 1950er Jahre häuften sich dann die Verweise auf das beginnende »Ende der Ära Adenauer«. Selbst in der eigenen Partei nahm die Kritik an seinem Führungsstil, seinem öffentlichen Auftreten und seiner Außenpolitik zu. Vor allem Eugen Gerstenmaier rechnete nun scharf mit Adenauers

---

260 *Time Magazine* vom 7.5.1956; DER SPIEGEL vom 16.5.1956, S. 14.

Außenpolitik ab. Dass Adenauers politisches Gespür nachließ und er massive Fehler beging, zeigte sich insbesondere bei der Präsidentschaftskrise 1959, wo er einige Zeit erwog, nun Bundespräsident zu werden, und dann als Kanzler weitermachte, auch um Ludwig Erhard als Nachfolger zu verhindern. Hier hatte sich auch die eigene Partei gerade an den Gedanken gewöhnt, dass Adenauer sich als Bundespräsident langsam auf das Altenteil zurückziehen würde, als er plötzlich sein weiteres Festhalten am Kanzlersitz bekannt gab.

Nicht geringer war der öffentliche Unmut über Adenauer beim Streit um die Schaffung eines regierungsnahen werbefinanzierten Fernsehprogramms und über sein Verhalten beim Mauerbau. In beiden Fällen wuchs auch die Empörung in der eigenen Partei. Sein Verzicht auf eine sofortige Reise nach Berlin interpretierten zahlreiche CDU-Granden als einen schweren Fehler, der Brandt unnötige Startvorteile gewährte. Ebenso sahen einige CDU-Landesfürsten den geplanten Fernsehsender als eine Einmischung in die Kulturhoheit der Länder an und teilten die Bedenken der Kirchen dagegen. Schließlich blockierte das Bundesverfassungsgericht Adenauers Pläne, was ebenfalls sein Scheitern bei seinen Versuchen unterstrich, die Medienlandschaft in seinem Sinne zu gestalten. Generell war Adenauer zwar sehr erfolgreich darin gewesen, sich selbst in den Massenmedien zu präsentieren und Ereignisse zu schaffen, die Journalisten gerne aufgriffen – wie seine Wahlkampftour im Sonderzug und Auslandsreisen mit farbenfrohen Auftritten, sei es auf der Ranch amerikanischer Präsidenten oder bei der persischen Kaiserin Soraya. Weniger Früchte trugen hingegen langfristig die zahlreichen Versuche der Bundesregierung, direkt auf die Medienlandschaft einzuwirken, wie bei der Subvention der »Deutschen Zeitung«, der Finanzierung von PR-Organisationen wie der »Arbeitsgemeinschaft Demokratische Kreise« aus dem Titel 300 oder eben auch dem Versuch, missliebige Journalisten abzusetzen. Ebenso war die SPIEGEL-Affäre im Hinblick auf Strauß' Medienpolitik kein schlagartiger Umbruch in der Pressefreiheit: Strauß hatte schon zuvor die Grenzen des juristischen Vorgehens gegen die Medien kennen gelernt, als seine Prozesse gegen die Vorwürfe des SPIEGEL nur begrenzte Erfolge zeitigten.

Seit den späten 1950er Jahren löste zudem der Führungsstil von Adenauer zunehmend öffentliche und auch innerparteiliche Kritik aus. Adenauer war seit langem bekannt dafür, dass er Informationen und Entscheidungen entweder für sich behielt oder sehr gezielt einsetzte. Selbst Dinge, die bereits in den Zeitungen standen, bezeichnete er in Sitzungen meist als geheim und streng vertraulich. Diese Alleingänge Adenauers, die schon 1950 zum Rücktritt von Innenminister Gustav Heinemann geführt hatten, konnte die Partei so lange ertragen, wie Adenauer sie sicher zu Wahlerfolgen führte. Mit dem Sinken seines Sterns wurde dies schwieriger, zumal beim Kanzler gerade wegen seiner großen Erfolge die Beratungsresistenz eher zunahm. Besonders im Zuge der Präsidentschaftskrise kochte der Unmut auch in den CDU-Gremien darüber auf, dass der Kanzler zu selbstherrlich entscheide und kaum Mitsprache dulde. Die Protokolle des Bundesvorstands zeigen hier eine kritische Abrechnung mit Adenauers Führungsstil, wie sie bisher noch nie auch nur in Ansätzen aufgestellt wurde.[261] Vielleicht noch schärfer fiel sie in den CDU-Landesvorständen aus. Im Rheinland-Pfälzer Vorstand kritisierte ihn vor allem der junge Helmut Kohl mit den Worten: »Das sind die Methoden, wie Adenauer sie praktiziert. Man soll ihm sagen, dass man so nicht mit Parteifreunden umspringen darf, die auch

---

261 Günter Buchstab (Bearb.): *Adenauer: »... um den Frieden zu gewinnen«. Die Protokolle des CDU-Bundesvorstandes 1957–1961*, Düsseldorf 1994, S. 384–438, bes. S. 384.

einen Namen zu verlieren haben.«[262] Als Konsequenz forderte Kohl die Trennung von Kanzleramt und Parteivorsitz und die Stärkung des Parteivorstandes.

Der autoritäre Paternalismus, der mit der Ära Adenauer verbunden war, rückte nun erneut bei der SPIEGEL-Affäre ins Zentrum des Unmuts. Dass hier im Alleingang, unter Umgehung des offiziellen Geschäftsganges, gehandelt wurde, sorgte vor dem Hintergrund der vorherigen Erfahrung für Verbitterung und Spott. Gerade hier liegt damit das zentrale Moment für die innerparteiliche Empörung in der SPIEGEL-Affäre. Offiziell drehte sich die SPIEGEL-Affäre zunächst um den Umgang mit Geheimnissen beim SPIEGEL. So war man in der CDU/CSU mehrheitlich fest davon überzeugt, dass der SPIEGEL mit dem Geheimnisverrat unlauter sein Geld verdiene. In der Regierung und Partei gewann die Affäre ihre Dynamik demgegenüber aus der Frage, wie Adenauer und Strauß mit geheimen Informationen umgingen und in welchem Maße sie Kabinettskollegen und die Fraktionsspitze informierten.

Diese Politik des Alleingangs, der Geheimhaltung und des Ausschlusses von Ministern galt nun bei der SPIEGEL-Affäre selbst in der eigenen Partei als untragbar.[263] Gerade deshalb wurde die unterlassene Einweihung von Justizminister Wolfgang Stammberger zu einem Schlüsselmoment der Regierungskrise und einem Stoß, der Adenauer mit von der Bühne vertrieb. Denn auch im weiteren Verlauf der SPIEGEL-Affäre fühlte sich die Parteispitze kläglich uninformiert. Nun beschwerten sich auch Teile der CDU-Führung, dass sie von der Regierung weiterhin nur das

---

262 Protokoll CDU-Landesparteivorstand 27.6.1959, in: Landeshauptarchiv Koblenz 663.2-1109.

263 Armin Grünbacher: *The Making of German Democracy. West Germany during the Adenauer Era, 1945–1965*, Manchester 2010, S. 294.

hörten, was ohnehin in den Zeitungen stehe.²⁶⁴ So klagte der Fraktionsvorsitzende Heinrich von Brentano intern vor seinen Abgeordneten: »Die Fraktion sei ja bereit, die Bundesregierung zu unterstützen, wenn sie nur einmal wisse, was sie unterstützen solle.«²⁶⁵ Die SPIEGEL-Affäre unterstrich somit den Anspruch, dass die Regierung und Partei künftig kollegialer und transparenter zu führen sei. Auch in der Öffentlichkeit dominierte laut Meinungsumfragen diese Wahrnehmung: Befragt, was sie bei der SPIEGEL-Affäre am schlimmsten fänden, rangierte bei der Bevölkerung nicht etwa die Verhaftung von Conrad Ahlers ganz oben, sondern das ausweichende Verhalten der Regierung.

Die SPIEGEL-Affäre und der Wandel des antikommunistischen Konsenses

Zugleich zeigte die SPIEGEL-Affäre, dass die zugespitzte und polarisierende Sprache von Adenauer nicht mehr mehrheitsfähig war. Adenauer war ein Meister der Vereinfachung, und zur Hochzeit des Antikommunismus waren seine schwarz-weißen Zuspitzungen oft effektvoll gewesen. Auch bei der SPIEGEL-Affäre geizte er nicht damit. Seine oft zitierte Formulierung im Bundestag (ein »Abgrund von Landesverrat«) ist noch 50 Jahre später allen präsent. Intern sprach Adenauer sogar noch drastischer. So dramatisierte er im CDU-Bundesvorstand: »In meinen Augen ist Landesverrat genauso schlimm wie Mord.«²⁶⁶ Und Strauß recht-

---

264 Vgl. CDU-Fraktionssitzung 6.11.1962, in: Corinna Franz (Bearb.): *Die CDU/CSU-Fraktion im Deutschen Bundestag. Sitzungsprotokolle 1961–1966*, Düsseldorf 2004, S. 400.
265 CDU-Fraktionssitzung 13.11.1962, in: *Die CDU/CSU-Fraktion im Deutschen Bundestag*, S. 409.
266 CDU-Bundesvorstand 22.11.1962, in: *Protokolle des CDU-Bundesvorstandes 1961–1965*, S. 309.

fertigte sich intern, die FDP mache sich »zum Handlanger jener Mächte, die von außen her seit langem den Sturz der Regierung Adenauer betreiben. Diese Methoden führen zum Unheil von Weimar.«[267] Strauß stilisierte sich damit als Retter der Demokratie vor dunklen Mächten.

Die internen Protokolle zeigen jedoch, wie wenig dies selbst innerhalb der CDU noch ankam und mit welcher Wucht sich der Unmut gegen Strauß, aber auch gegenüber Adenauer entlud. Strauß war, nicht zuletzt durch die Beschuldigungen des SPIEGEL und die Fibag-Affäre, bereits vor der SPIEGEL-Affäre in der CDU hochgradig umstritten, was den Spott über ihn im Herbst 1962 noch verstärkte. Eine besonders eindrückliche Quelle dafür sind die Tagebücher von Heinrich Krone, der bis 1961 der CDU/CSU-Bundestagsfraktion vorstand und dann als Minister weiterhin zum engsten Umfeld Adenauers zählte. Seine Vermerke erinnern in ihrer Schärfe durchaus an die drastischen Formulierungen, die Rudolf Augstein im SPIEGEL fand: Strauß sei ein »amoralischer Politiker«, eine »Gefahr für den Staat, unbeherrschbar, unberechenbar«, »bereit, über Leichen zu gehen«.[268] Adenauers wichtigster Berater, sein Staatssekretär Hans Globke, sah Strauß ebenfalls als ein Problem an, sprach sich im Sommer 1962 jedoch gerade deshalb dagegen aus, Strauß nach München abzuschieben, weil er dann überhaupt nicht mehr kontrollierbar sei und noch mehr Schaden anrichten könne.[269] Noch deutlicher war dieser Unmut über Strauß bei den FDP-Politikern, die im Untersuchungsaus-

---

267 Verlesen im CDU-Bundesvorstand, 22.11.1962, *Protokolle des CDU-Bundesvorstandes 1961–1965*, S. 321.
268 Vgl. die Einträge Krones am 19.7.1962, 7.–9.11.1962, 8.12.1962, in: Hans-Otto Kleinmann (Bearb.): *Heinrich Krone. Tagebücher 1961–1966*, Düsseldorf 2003, S. 78, 115, 129.
269 Globke an Krone 27.7.1962, in: *Archiv für Christlich-Demokratische Politik (ACDP)* I-028-011/3.

schuss zur Fibag-Affäre bereits häufiger mit den Sozialdemokraten stimmten.

Im Zuge der SPIEGEL-Affäre kulminierte dieser Unmut über Adenauer und Strauß in den CDU-Gremien. Dabei empörten viele Landesfürsten sich auch deshalb, weil dies ihre eigenen Wahlchancen minderte. Der hessische Parteivorsitzende Wilhelm Fay klagte etwa im Bundesvorstand, die CDU hätte wegen der SPIEGEL-Affäre zehn Prozent verloren. Und die norddeutschen CDU-Spitzen schimpften bei einem internen Treffen, man müsse, so der Hamburger Erik Blumenfeld, »Adenauer abschirmen, daß er keinen Schaden anrichten kann«. Der niedersächsische CDU-Vorsitzende Otto Fricke ergänzte zu Strauß: »Wir kämpfen verzweifelt gegen diesen Mann.«[270] Hier brach zugleich eine Nord-Süd-Spannung auf, die Strauß und die CSU außerhalb von Bayern in der Union diskreditierten und damit auch in Bonn schwächten.

Es ist oft betont worden, dass die Regierung unter dem Eindruck der Kuba-Krise gehandelt habe und daher besonders sensibel auf den möglichen militärischen Geheimnisverrat reagierte. Gerade Darstellungen, die Adenauers Handeln wohlwollend gegenüberstehen, betonen den Druck, der wegen der atomaren Gefahrensituation auf der Regierung lastete. Man mag hier einwenden, dass die Aktion gegen den SPIEGEL bereits vor der Eskalation der Kuba-Krise eingeleitet wurde. In gesellschaftshistorischer Perspektive ist der Kuba-Kontext jedoch eher umgekehrt bemerkenswert: Denn trotz der dramatischen Zuspitzung des Kalten Kriegs war ein großer Teil der Bevölkerung, und auch der Christdemokraten, nun nicht mehr bereit, den antikommunistisch legitimierten Rechtfertigungen von Adenauer

---

270 Protokoll Treffen der norddeutschen Landesvorsitzenden 9.11.1964, in: *ACDP* III-007-003/3.

und Strauß zu folgen. Der einst etablierte antikommunistische Vorwurf des »Landesverrats« legitimierte selbst in dieser Konstellation nicht mehr das Handeln, ebenso wenig die Sprache des Kalten Krieges.

Zudem verstärkte die SPIEGEL-Affäre grundsätzliche Konflikte innerhalb der Koalition und der CDU. Im engeren Sinne galt dies für die Konflikte um Strauß und seine militärpolitischen Vorstellungen. Selbst Adenauer, der die Idee eines nuklearen Erstschlags grundsätzlich teilte, rückte immer wieder auf Distanz zu Strauß und klagte im Sommer gegenüber Präsident Heinrich Lübke, er müsse Strauß entlassen, weil Strauß einen atomaren Präventivkrieg plane.[271] In gewisser Weise war Strauß für Adenauer ein Testballon, um angesichts seiner schwankenden Haltung zu prüfen, wie weit man gehen könne. Wenngleich innerhalb der Union eine stärkere atomare Einbindung der Bundesrepublik auf weitgehende Zustimmung stieß, waren sowohl ein derartiger »pre-emptive strike« als auch die bündnispolitischen Voraussetzungen für Atomwaffen stark umstritten.

Denn zu den langfristigen Spannungen, die in der SPIEGEL-Affäre innerhalb der CDU/CSU aufbrachen, zählte auch die außenpolitische Debatte zwischen den Atlantikern (wie Erhard, Schröder und den meisten Liberalen) und Gaullisten (wie Adenauer und Strauß); also zwischen einem außenpolitischen Kurs, der sich eher auf die USA, und einem, der sich eher auf Frankreich bezog. Die SPIEGEL-Affäre beflügelte diesen Streit und stellte personal- und sachpolitische Weichen für die Zukunft: Während sie den Gaullisten Strauß diskreditierte, schweißte sie

---

271 Strauß schildert dies später mit seinem Protest gegen den Vorwurf: Strauß: *Erinnerungen*, S. 367; Krone: *Tagebücher*, Eintrag 9.4.1962, S. 56; Hans-Peter Schwarz: *Adenauer*, Bd. 2: *Der Staatsmann 1952–1967*, Stuttgart 1991, S. 775.

Atlantiker wie Außenminister Gerhard Schröder und den neuen Verteidigungsminister Kai-Uwe von Hassel zusammen. Außenminister Schröder distanzierte sich dabei explizit von Strauß' Vorgehen. Diese Konstellation schwächte Adenauers Kanzlerschaft nachhaltig und öffnete Türen für den späteren Kanzler Erhard und dessen Amerikaorientierten Kurs.[272]

Die SPIEGEL-Affäre bedeutete aber auch eine außenpolitische Diskreditierung der Regierung Adenauer, die sie unter Druck setzte. Die Einübung von demokratischen Regeln war in der Bundesrepublik immer in wechselseitiger Beobachtung mit den Westalliierten erfolgt. Adenauer musste sich bei einem USA-Besuch kurz nach Beginn der Affäre selbst dort Fragen zu »Gestapomethoden« stellen.[273] Das ohnehin abgekühlte Vertrauen sank somit weiter. Denn noch heute ist der Umgang mit kritischen Journalisten ein zentraler Maßstab in den internationalen Beziehungen und Bewertungen von Regierungen, mit entsprechenden Folgen – ob in Russland oder der Türkei.

Dass im Zuge der SPIEGEL-Affäre ein Minister zurücktreten musste, erscheint heute nicht besonders, in einem Zeitalter, wo Politiker fortlaufend ihre Stühle wegen kleiner Vergehen räumen. Damals war dies freilich noch sehr ungewöhnlich: In den gesamten 1950er Jahren gab es nicht einen einzigen Bundesminister, der wegen eines Skandals zurücktreten musste. Der erste und einzige war, kurz vor der SPIEGEL-Affäre, Theodor Oberländer wegen seiner NS- und Kriegsvergangenheit. Entsprechend gingen auch Strauß und Adenauer davon aus, dass man dies aussitzen könne. Die Entlassung zweier Staatssekretäre galt zunächst als

---

272 Tim Geiger: *Atlantiker gegen Gaullisten: Außenpolitischer Konflikt und innenpolitischer Machtkampf in der CDU/CSU 1958–1969*, München 2008, S. 181, 193f.
273 So Dietz Bering: *Die Epoche der Intellektuellen*, Berlin 2010, S. 355.

ausreichend. Aber gerade dieses Bauernopfer führte innerhalb der eigenen Partei zu erbitterten Klagen.[274]

Als Strauß nicht mehr haltbar war, zeigte sich erneut, wie schamhaft mit dem unvermeidbaren Rücktritt umgegangen wurde: Bekanntlich traten alle Minister gemeinsam zurück, um Strauß das Eingeständnis von Schuld zu ersparen und das Ganze als Kabinettsumbildung zu deklarieren. Dieser Rücktritt lässt sich jedoch nicht nur auf die FDP-Minister zurückführen. Denn auch einzelne CDU-Minister, wie etwa Bauminister Paul Lücke, weigerten sich, weiterhin mit Strauß die Kabinettsplätze zu teilen.[275]

Damit zeigte die SPIEGEL-Affäre in einem weiteren Sinne das Ende der Ära Adenauer: Sie verstärkte die Anforderung an Politiker, auf öffentliche Kritik zu reagieren und auf Fehlverhalten mit der Aufgabe des Ministerpostens einzustehen. Schon ein Jahr später folgte etwa der Rücktritt von Vertriebenenminister Hans Krüger, nachdem seine Beteiligung an Todesurteilen vor 1945 bekannt geworden war. Auch auf der Landesebene verstärkte sich dieser Trend zu einer Reihe folgenschwerer Skandalisierungen. Generell steht auch dies für die nachlassende Kraft des Antikommunismus, der bislang Vorwürfe als linke Unterwanderung diskreditierte und Geschlossenheit der Regierung nach außen legitimierte.

Die SPIEGEL-Affäre und Adenauers Rücktritt

Die SPIEGEL-Affäre beschleunigte Adenauers Rücktritt zumindest deutlich. 1961 hatte die FDP ihren Wählern bereits versprochen, mit der Union, aber ohne Adenauer zu regieren, und fiel

---

274 Vgl. die Protokolle der CDU-Fraktionssitzungen im November 1962, in: *Die CDU/CSU-Fraktion im Deutschen Bundestag.*
275 Krone: *Tagebücher*, Eintrag 26.11.1962, S. 122.

nach der Wahl bekanntlich um. Aber zumindest hatte sie einen geheimen Brief ausgehandelt, in dem Adenauer den Rücktritt im Laufe der Legislaturperiode zusicherte. Tatsächlich zeigen die Aufzeichnungen von Adenauers Vertrauten, wie das Tagebuch von Heinrich Krone, dass der Kanzler im Sommer 1962 keineswegs zeitnah seinen Hut nehmen wollte: »Er denkt an keinen Rücktritt, auch nicht 1963. Er will Erhard nicht.«[276] Und auch noch wenige Tage vor Ausbruch notierte Krone lakonisch: »Der Kanzler denkt nicht daran, zurückzutreten.«[277]

Bei der SPIEGEL-Affäre war nun auch Adenauers Rücktritt nicht unwahrscheinlich.[278] Nach heutigen politischen Standards hätte er sogar ziemlich sicher seinen Abschied einreichen müssen. Adenauer kam zugute, dass Strauß öffentlich derartig umstritten war und so viel Unmut auf sich zog, dass er zur Genüge vom Kanzler ablenkte. Denn wie heute gut bekannt ist, war er in die Aktion gegen den SPIEGEL eingeweiht und hatte sie mit einem Blankoscheck für Strauß unterstützt, auch durch das Nicht-Informieren von Justizminister Stammberger. In dem berühmten Gespräch vom 18. Oktober 1962 hatte Adenauer zumindest grundsätzlich das Vorgehen von Strauß abgesegnet. Einer entsprechenden schriftlichen Chronologie, die Strauß dem Kanzler schickte, hatte Adenauer nicht widersprochen, obgleich er sonst schon bei kleineren Schuldzuweisungen nicht mit scharfen Retourkutschen geizte. Adenauer selbst fragte zumindest Krone, ob er alles hinschmeißen solle.[279] Der Kanzler hatte jedoch Glück, dass sich die Debatte ganz auf Strauß konzentrierte und dieser das Mitwissen von Adenauer nur innerhalb der Führung ausposaunte und nicht öffentlich.

276 Krone: *Tagebücher*, Eintrag 19.6.1962, S. 71.
277 Eintrag 6.10.1962, in: ebd., S. 98
278 Diese sieht auch Schwarz: *Adenauer*, Bd. 2, S. 778–784.
279 Krone: *Tagebücher*, Eintrag 27.11.1962, S. 123.

Zugleich eröffnete die SPIEGEL-Affäre für Adenauer kurzzeitig die Hoffnung, seine Kanzlerschaft zu verlängern, indem er die SPD als neuen Koalitionspartner umwarb. Während der SPIEGEL-Affäre verhandelte Adenauer erst über Bauminister Lücke und zu Guttenberg, dann persönlich mit der SPD-Troika. Kurz vorher rechtfertigte er sich im CDU-Bundesvorstand, man sei »zu echten Verhandlungen mit der SPD verpflichtet. [...] Wenn diese echten Verhandlungen mit der SPD Erfolg haben, dann wird unser Ansehen in der Welt ganz außerordentlich gesteigert werden.«[280] In den Gesprächen über eine »Ehe auf Zeit« war die Einführung des Mehrheitswahlrechts ein zentraler Punkt, womit Adenauer die Liberalen dauerhaft marginalisieren wollte.[281] Herbert Wehner war sogar bereit, Adenauer als Kanzler zu akzeptieren, um die SPD regierungsfähig zu machen.

Nachdem die SPD-Fraktion beschloss, keine Große Koalition unter Adenauers Führung einzugehen, und auch das Mehrheitswahlrecht hinterfragte, erklärte Adenauer die Verhandlungen rasch für beendet.[282] Bereits bei der nächsten Vorstandssitzung sollte er behaupten, dass die CDU »niemals« eine Große Koalition bilden dürfe.[283] Dieser Zickzackkurs diskreditierte Adenauer auch in der Partei, ähnlich wie einst die Präsidentschaftsposse. Zudem musste Adenauer sich nun der FDP erneut beugen und bei der Bildung der neuen Koalition seinen Abschied bis zum Sommer fixieren. Damit war das Ende seiner Kanzlerschaft unausweichlich.

Einen gewissen Neuanfang, aber dennoch das Ende der Ära Adenauer, markierte das neugebildete Kabinett. In der Regierung

---

280 Bundesvorstand 3.12.1962, in: *Protokolle des CDU-Bundesvorstandes 1961–1965*, S. 400.
281 Vgl. Protokolle in: *ACDP* I-070-003/3.
282 Vgl. Protokoll 6.12.1962, in: *ACDP* I-070-003/3.
283 Vgl. Bundesvorstand 14.3.1963, in: *Protokolle des CDU-Bundesvorstandes 1961–1965*, S. 413.

saß neben Erhard nur noch ein Minister der ersten Stunde, Hans-Christoph Seebohm. Dagegen verwiesen viele andere Ministernamen eher auf die 1970er Jahre, ja sogar auf die Ära Kohl – wie Rainer Barzel, Richard Stücklen, Wolfgang Mischnick oder Walter Scheel. Zudem wurde die Regierung bereits protestantischer. Die überlieferten Listen mit Vorschlägen für die Kabinettsumbildung, die erneut Staatssekretär Hans Globke mit entwickelte, trugen dabei weiterhin den handschriftlichen Zusatz »k« und »e«, um die angemessne Berücksichtigung beider Konfessionen zu berechnen.[284] Die eher »protestantische Phase der CDU« unter Erhard kündigte sich hier bereits an.

Parteiengeschichtlich bedeutete die SPIEGEL-Affäre vor allem die Geburt einer gestärkten FDP, die sich nach dem Bruch ihres Wahlversprechens, eine Regierung ohne Adenauer zu unterstützen, 1961 nun zunehmend als Partei der Bürgerrechte neu erfand. Während in den 1950er Jahren ihr rechter, nationalliberaler Flügel noch dominiert hat, trat im Zuge der SPIEGEL-Affäre der linksliberale deutlicher hervor. Mit Professoren war sie traditionell verbunden, nun aber auch mit dem neuen Typus des protestierenden Intellektuellen. Auch das schwächte die Regierung mit der Union und öffnete langfristig den Weg in die sozialliberale Koalition.

Die SPIEGEL-Affäre, so könnte man bilanzieren, stand für eine Abkehr von einem Politikstil, der seit Ende der 1950er Jahre zunehmend in die Kritik geraten war. Konflikte, die in den Jahren zuvor bereits angelegt waren, brachen nun deutlicher auf, und neue Pfade wurden geebnet. Die protestierenden Studenten und Intellektuellen waren dabei nur ein sehr sichtbarer Teil der Affäre. Ihr Verlauf erklärt sich aber ebenso aus jenen mittelfristigen Spannungen in der Union, die im Zuge des Skandals aufbrachen.

284 Vgl. Listen in: *ACDP* I-070-003/3.

Zugleich muss man davor warnen, die SPIEGEL-Affäre zu sehr als Auftakt einer breiten Liberalisierung in Politik und Gesellschaft zu sehen. Die große Zeit von Strauß etwa war eben nicht 1962 vorbei, sondern stand erst noch bevor. Ebenso ging die CSU aus der Landtagswahl Ende 1962 gestärkt hervor und wurde nun erst zur dominierenden Kraft in Bayern. Und auch Adenauer wurde, im Unterschied etwa zum US-Präsidenten Richard Nixon, nicht nachhaltig durch sein Verhalten in der SPIEGEL-Affäre diskreditiert. Im Gegenteil: Nicht nur Augstein schloss einige Jahre später seinen Frieden mit dem Ex-Kanzler,[285] sondern Adenauer blieb noch drei Jahre Vorsitzender der CDU und galt bald sogar als der »größte Deutsche«.

---

285 Vgl. Peter Merseburger: *Rudolf Augstein*, Zürich 2009, S. 213.

Teil V
Die Folgen

Ein neues Selbstverständnis der Medien nach der SPIEGEL-Affäre?

Von Daniela Münkel

Im Jahr 1967 antwortete Rudolf Augstein in einem Fernsehinterview der Sendereihe »Dialog« ebenso zustimmend wie kurz angebunden auf eine Frage des Moderators Klaus Harpprecht, die vor allem eine Feststellung war:

»Harpprecht:

Die Verhaftung damals und der gesamte SPIEGEL-Skandal war eine tiefe Zäsur in unserem öffentlichen Leben. Trotzdem glaube ich, daß von dieser Zäsur aus eine Normalisierung der Beziehung zwischen Politik und öffentlicher Meinung datiert. Würden Sie dem zustimmen?

Augstein:

Ja, uneingeschränkt.«[286]

Anlässlich der Neuauflage des Buches von David Schoenbaum über die SPIEGEL-Affäre im Jahr 2002 bewertete der SPIEGEL-Herausgeber die nachhaltige Wirkung der Affäre u. a. folgendermaßen:

»Das Ganze bewirkte einen Klimawechsel – im Parlament, in Teilen der Justiz, im öffentlichen Leben.«[287]

Nicht nur von Augstein und dem SPIEGEL selbst – wie zuletzt in der Serie über 50 Jahre SPIEGEL-Affäre[288] –, sondern auch von

---

[286] Sendereihe »Dialog – Klaus Harpprecht porträtiert Personen unserer Zeit«, ZDF, 2. März 1967.

[287] Rudolf Augstein: »Vorwort« in: David Schoenbaum: *Ein Abgrund von Landesverrat. Die Affäre um den SPIEGEL*, Berlin 2002 (Erstausgabe: 1968).

[288] Vgl. Der SPIEGEL Nr. 38/2012 und 39/2012 vom 17. bzw. 24. September 2012.

Teilen der historischen und politikwissenschaftlichen Forschung wurde und wird die Bedeutung der SPIEGEL-Affäre als Zäsur zur Durchsetzung von Demokratie und Pressefreiheit sowie eines kritischen Journalismus betont.[289] Demgegenüber haben andere den Stellenwert der Affäre als Bruchstelle in der bundesrepublikanischen Geschichte mittlerweile relativiert. In der Regel wird auch hier die wichtige Bedeutung der SPIEGEL-Affäre nicht nur bei der Herausbildung einer kritischen Öffentlichkeit, sondern auch in Bezug auf das journalistische Selbstverständnis konstatiert. Jenseits der SPIEGEL-Affäre werden weitere Faktoren für diesen Wandel ins Feld geführt, wie z. B. ein Generationswechsel in den Redaktionen. Der starke Gegensatz zwischen der Periode bis in die späten 1950er Jahre als Zeit des »Konsensjournalismus« oder der »staatstragenden Medien« und der nachfolgenden Dekade als Zeit des kritischen, stark politisierten Journalismus wird jedoch in der Regel weiter aufrechterhalten.[290]

---

289 Hans-Ulrich Wehler hat im vorliegenden Band den Zäsurcharakter der Affäre für die Herausbildung der Rolle der Medien als »vierter Gewalt« sehr stark betont. Demgegenüber schreibt er im vierten Band der *Deutschen Gesellschaftsgeschichte*: »Die ›Spiegel-Affäre‹ stellte kein einzigartiges Phänomen dar, sondern die Hochphase in einer Zeit, in der die Affären und Skandale dicht aufeinanderfolgten«; Hans-Ulrich Wehler: *Deutsche Gesellschaftsgeschichte 1949–1990*, München 2008, S. 274. Matthias Weiß vertritt dezidiert die These von der SPIEGEL-Affäre als Zäsur, vgl. Matthias Weiß: »Journalisten: Worte als Taten«, in: Norbert Frei (Hg.): *Karrieren im Zwielicht. Hitlers Eliten nach 1945*, Frankfurt a.M. 2001, S. 241–301, hier S. 272ff.

290 Vgl. Ulrich Herbert: »Liberalisierung als Lernprozess. Die Bundesrepublik in der deutschen Geschichte – eine Skizze«, in: ders. (Hg.): *Wandlungsprozesse in Westdeutschland. Belastung, Integration, Liberalisierung 1945–1980*, Göttingen 2003, S. 7–49, hier S. 28 f; Christina von Hodenberg: *Konsens und Krise. Eine Geschichte der westdeutschen Medienöffentlichkeit 1945–1973*, Göttingen 2006, S. 183ff. u. 229ff.

Die Phase von den fünfziger bis zum Beginn der 1970er Jahre ist im Bezug auf die Rolle der Medien in der Demokratie und auf das Verhältnis von Medien und Politik durch einen doppelten Transformationsprozess gekennzeichnet, der sich in den 1960er Jahren beschleunigte. Kennzeichen dieses Wandels waren eine zunehmende Bedeutung von Massenmedien im politischen Prozess und die Akzeptanz dieser Tatsache durch die politische Klasse.[291] Was jedoch das Selbstverständnis der führenden deutschen Medien anbetraf, sind im Gegensatz dazu – so meine These – die Kontinuitäten stärker als die Brüche zu betonen. Welche Bedeutung die SPIEGEL-Affäre in diesem Prozess hatte, wird zu erörtern sein. Die folgenden Ausführungen werden sich jedoch vor allem auf die Presse beschränken.

Wandel der Medienlandschaft

Im Hinblick auf die Struktur der Medienlandschaft ist die Phase zwischen den 1950er und 1970er Jahren durch einen fundamentalen Wandel gekennzeichnet. Die Einführung des Fernsehens im Dezember 1952, das in den 1960er Jahren nicht nur zum Leitmedium, sondern auch zum zentralen politischen Informationsmedium avancierte, war dabei der wichtigste Einschnitt.

Das Fernsehen verdrängte jedoch nicht, wie von den Zeitgenossen zunächst befürchtet, die anderen Massenmedien: Im Falle des Hörfunks kam es zu einem Bedeutungswandel vom Leit- zum Begleitmedium, die Relevanz der Presse als politisches Informationsmedium verstärkte sich noch, und der Markt für Boulevardzeitungen und Illustrierte expandierte sogar. Insge-

---

291 Vgl. dazu u. a. Daniela Münkel: *Willy Brandt und die »vierte Gewalt«. Politik und Massenmedien in den 50er bis 70er Jahren*, Frankfurt a. M. / New York 2005.

samt ist eine quantitative Zunahme der Mediennutzung für die 1960er und beginnenden 1970er Jahre zu konstatieren. Außerdem wurde die Medienlandschaft farbiger, visueller, kritischer und vielfältiger.

Die Presse, Tages-, Wochenzeitungen und Zeitschriften, als politisches Informationsmedium spielte in den 1950er bis 1970er Jahren weiterhin eine herausragende Rolle. Entgegen allen zeitgenössischen Prognosen stieg das Interesse an der innen- und außenpolitischen Berichterstattung der bundesdeutschen Tageszeitungen sogar noch an.[292] Interessierten sich im März des Jahres 1955 laut des Meinungsforschungsinstituts »infas« bei der täglichen Zeitungslektüre 46 Prozent der Leser für innenpolitische Meldungen, so waren es im Juli 1972 bereits 61 Prozent.[293] Diese Entwicklung lässt zum einen auf ein zunehmendes Interesse an politischen Themen, eine Politisierung, und indirekt auch auf einen fortschreitenden Demokratisierungsprozess in der bundesdeutschen Gesellschaft der 1960er Jahre schließen. Zum anderen unterstreicht sie die Akzeptanz der Presse als Informationsmedium, welches eben nicht so »flüchtig« ist wie die audiovisuellen Medien. Auch die Auflage des SPIEGEL konnte einen stetigen Aufwärtstrend verbuchen – schon in den 1950er Jahren stiegen Auflage und Anzeigenaufkommen ständig: Im Jahr 1947 startete man mit 15 000 Exemplaren, nach der Währungsreform 1948 waren es 65 123, 1952: 121 200, 1955: 189 930, 1957: 267 010 und 1959: 329 703 verkaufte Hefte. Auch in der Folgezeit stieg die Auflagenhöhe des SPIEGEL bis zum vorläufigen Höhepunkt im Jahr 1970 stetig: Im Jahr 1962 wurden 444 643 Exemplare verkauft,

---

292 Vgl. u. a. Hermann Meyn: *Massenmedien in Deutschland,* Konstanz 1999, S. 210f.

293 Vgl. Rüdiger Schulz: »Nutzung von Zeitungen und Zeitschriften«, in: Jürgen Wilke (Hg.) *Mediengeschichte der Bundesrepublik,* Köln u. a. 1999, S. 401–425, hier S. 406, Schaubild 1.

1964: 537 140, 1966: 727 524, 1967: 825 977, 1969: 895 343 und 1970: 911 405.[294]

Grundsätzlich galt für die Presselandschaft in den 1950er und 1960er Jahren: eine zunehmend voranschreitende Pressekonzentration bei gleichzeitiger Bedeutungszunahme der Massenpresse, eine weitere Ausdifferenzierung der Zeitungslandschaft und die Zurückdrängung der reinen Gesinnungspresse.

Das Selbstverständnis der Medien

Insgesamt waren Zeitungen in den 1950er und 1960er Jahren wesentlich stärker auf die Verlegerpersönlichkeiten ausgerichtet, als dies heute der Fall ist. Die Verleger bestimmten in starkem Maße den Kurs ihrer Blätter. Oft war dabei der Name Programm, und in der Öffentlichkeit wurden diese Personen mit bestimmten politischen Richtungen verbunden. Um nur einige Beispiele zu nennen: Augstein, Springer, Bucerius, Nannen waren nicht nur Verleger bzw. Chefredakteure, sondern gaben ihren Produkten eine spezifische politische Ausrichtung, einen journalistischen Stil und ein signifikantes Erscheinungsbild. Ähnliches galt auch für die großen Tageszeitungen wie die »Frankfurter Allgemeine Zeitung« oder die »Süddeutsche Zeitung«.

Beim SPIEGEL wurde die prägende Rolle Rudolf Augsteins noch zusätzlich dadurch unterstrichen, dass bis in die 1990er Jahre hinein alle Artikel und Kommentare von ihm in der Regel namentlich gekennzeichnet waren, von allen anderen Autoren aber, von wenigen Ausnahmen abgesehen, nicht.

Wie auch heute noch verstanden sich Verleger, Chefredakteure und Journalisten nicht nur als reine Mittler zwischen

---

294 Vgl. Schriftliche Auskunft des SPIEGEL-Verlags, Abteilung Vertrieb, vom 11. November 2003.

Politik und Leserschaft. Sie wollten selbst Politik machen und beeinflussen. Eine solche Tradition gab es schon während der Weimarer Republik, man denke nur an das Zeitungsimperium Alfred Hugenbergs, dessen Ziel die Zerstörung der Weimarer Republik war.

Das Anliegen der Mehrheit der bundesdeutschen Nachkriegspresse war jedoch ein anderes: Sie agierte systemimmanent, sah sich als integralen Bestandteil des politischen Systems der Bundesrepublik und wollte zum Wohle der Demokratie gestaltend mitwirken. Hier orientierte man sich an angloamerikanischen Vorbildern und Traditionen, die die westlichen Alliierten mit Nachdruck im deutschen Nachkriegsjournalismus zu verankern versuchten. Denn nach dem Zweiten Weltkrieg installierten die Alliierten in ihren jeweiligen Besatzungszonen, in der Regel nach dem Vorbild ihrer Heimatländer, ein Pressesystem, mit dem sie nach unterschiedlichen Kriterien Lizenzen an politisch »unbelastete« Personen vergaben.[295] Dies sollte den Demokratisierungsprozess beschleunigen, einen Abschied von der Weimarer Zeitungstradition einläuten, die sich vor allem durch eine parteigebundene Presse auszeichnete, und das Wiedererstarken eines großen Presseimperiums wie das von Hugenberg verhindern sowie neue journalistische Traditionen begründen.

Aus dem Anspruch der bundesdeutschen Presse, den demokratischen Prozess aktiv mitzugestalten, resultierte auch eine enge Verzahnung zwischen journalistischer und politischer Sphäre. Grundsätzlich gingen die Zeitungsmacher von einem relativ großen Einfluss ihrer Blätter auf die politische Meinungsbildung in der Bundesrepublik aus, worin sie durch Umfragen noch bestä-

---

[295] Vgl. dazu ausführlich Kurt Koszyk: »Presse unter alliierter Besatzung«, in: Jürgen Wilke (Hg.): *Mediengeschichte der Bundesrepublik*, Köln u. a. 1999, S. 31–58, hier S. 31ff.

tigt wurden. Dazu kam ein grundsätzliches Selbstverständnis der Presse als »vierter Gewalt«. Dies ist nicht im staatsrechtlichen Sinne gemeint, sondern zielt vor allem auf eine kritische, kontrollierende und aufklärerische Funktion der Medien in der Gesellschaft und im politischen System ab.[296]

Der SPIEGEL fiel gleich nach seiner Gründung im Jahr 1947 durch eine kritische Berichterstattung auf: Investigativer Journalismus wurde schnell zum Markenzeichen des Blattes. Obwohl ständig die Zensur seitens der Besatzungsmächte drohte, wurde dennoch deren Politik kritisiert und Missstände benannt. Augstein charakterisierte den Anspruch des Blattes in der Retrospektive folgendermaßen:

»Für unsere kleine Truppe [im Jahr 1947, D. M.] aber galt der Satz: ›Wir wollen das schreiben, was wir, hätten wir dieses Blatt nicht, anderswo lesen wollten.‹ Bei uns allen stand die politische Überzeugung im Vordergrund. Sie fächerte sich im Lauf der Jahre naturnotwendig auf. Eisern aber blieb der Grundsatz, vor keiner Autorität, nicht einmal vor einer befreundeten, zu kuschen. Diese Gesinnung hat den SPIEGEL groß gemacht.«[297]

Obwohl der SPIEGEL in den 1950er Jahren auch ehemalige Nationalsozialisten als Journalisten und in anderen Funktionen beschäftigte und in manchem Artikel[298] durchaus antisemitische

---

[296] Vgl. u. a. Klaus-Dieter Altmeppen/Martin Löffelholz: »Zwischen Verlautbarungsorgan und »vierter Gewalt«. Strukturen, Abhängigkeit und Perspektiven des politischen Journalismus«, in: Ulrich Sarcinelli (Hg.): *Politikvermittlung und Demokratie in der Mediengesellschaft*, Bonn 1998, S. 97–123, hier S. 121f.

[297] Rudolf Augstein: »So fingen wir an«, in: DER SPIEGEL 1947–1997, Sonderheft vom 15. Januar 1997.

[298] Vgl. Lutz Hachmeister: »Der frühe ›Spiegel‹ und sein NS-Personal«, in: ders./Friedemann Siering (Hg.): *Die Herren Journalisten. Die Elite der deutschen Presse nach 1945*, München 2002, S. 87–120.

Untertöne anklangen, profilierte sich das Blatt dennoch schnell als demokratisches Korrektiv oder, wie es Augstein selbst 1953 in einer Rede vor dem Rhein-Ruhr-Club in Düsseldorf formulierte: »Viele faule Eier [werden] in Deutschland nicht ausgebrütet [...], weil es Zeitungen wie den SPIEGEL gibt.«[299]

Nach Gründung der Bundesrepublik deckte der SPIEGEL mehrere politische Skandale auf: Im Jahr 1950 löste ein Bericht des SPIEGEL über mögliche Bestechungen einiger Bundestagsabgeordneter bei der Abstimmung über die Hauptstadtfrage den ersten großen politischen Skandal der frühen Bundesrepublik aus.[300] In Folge dieses Artikels wurde ein parlamentarischer »SPIEGEL-Untersuchungs-Ausschuss« eingesetzt, vor dem Rudolf Augstein aussagen musste. Am 10. Juli 1952 wurde die gesamte Auflage des SPIEGEL (28/1952) durch die Behörden wegen »Verleumdung« beschlagnahmt. Auslöser für die heftige Reaktion der Adenauer-Regierung war ein Artikel mit dem Titel »Am Telefon vorsichtig«, in dem über Kontakte zwischen Hans Konrad Schmeißer, einem Mitarbeiter des französischen Geheimdienstes in Deutschland, und Konrad Adenauer sowie zwei seiner engsten Mitarbeiter in den Jahren 1948/49 berichtet wurde.[301]

Schon lange vor der SPIEGEL-Affäre im Oktober 1962 hatte sich das Blatt also bereits als eine Art »Gewissen der Demokratie« profiliert. Damit entsprach es der Funktion der Presse als »vierte Gewalt« in besonderem Maße. Eine derartige Berichterstattung

---

299 Zitiert nach: Peter Merseburger: *Rudolf Augstein. Biographie,* München 2007, S. 169.

300 Vgl. dazu u. a. Frank Bösch: »Öffentliche Geheimnisse. Die verzögerte Renaissance des Medienskandals zwischen Staatsgründung und Ära Brandt«, in: Bernd Weisbrod (Hg.): *Die Politik der Öffentlichkeit – die Öffentlichkeit der Politik. Politische Medialisierung in der Geschichte der Bundesrepublik,* Göttingen 2003, S. 125–150, hier S. 133.

301 DER SPIEGEL vom 9. Juli 1952.

Die Folgen

fand offensichtlich auch Zustimmung bei immer mehr Bundesbürgern, wie die bereits erwähnte Auflagenentwicklung zeigt. In den 1960er Jahren wurde der SPIEGEL, nicht zuletzt wegen der zentralen Bedeutung der SPIEGEL-Affäre, zu *dem* politischen Nachrichten-Magazin in der Bundesrepublik und spielte eine maßgebliche Rolle in der öffentlichen Meinungsbildung.

Nun könnte man einwenden, das journalistische Selbstverständnis des SPIEGEL stellte die Ausnahme in der bundesdeutschen Presselandschaft vor 1962 dar und avancierte danach zum Vorbild für die anderen Zeitungen. Gegen eine solche Sichtweise sprechen jedoch mehrere Argumente:

Es war eben nicht nur der SPIEGEL, der die Rolle der Presse als »vierter Gewalt« ausfüllte, dies taten vielmehr auch andere Zeitungen. So setzten sich die Blätter von Axel Springer bereits seit Mitte der 1950er Jahre sehr kritisch mit der Adenauer-Regierung und deren Politik auseinander. Dies zeigte sich in der massiven Unterstützung Willy Brandts und seiner politischen Ansichten seit 1954 genauso wie in der kritischen Berichterstattung über die Politik und Person Adenauers und seiner Regierung.[302] Man denke nur an die bekannte Schlagzeile der »Bild-Zeitung« nach dem Mauerbau: »Der Osten handelt – was tut der Westen? Der Westen tut nichts! US-Präsident Kennedy schweigt..., Macmillan geht auf die Jagd... – ...und Adenauer schimpft auf Brandt.«[303]

Auch der »Stern« des Henri Nannen wandelte sich seit der zweiten Hälfte der 1950er Jahre zunehmend von einer »bunten« zu einer »politischen« Illustrierten, was sich nicht nur in der Themensetzung, sondern auch im journalistischen Selbstverständnis widerspiegelte. Der »Stern« verband die Bereiche Politik und

---

302 Vgl. dazu ausführlich Münkel: *Willy Brandt* (2005), S. 53ff.
303 *Bild* vom 16. August 1961.

Unterhaltung in einer Form, dass sich die Leserschaft zu einer Auseinandersetzung mit den politischen und allgemein gesellschaftlichen Problemen der Zeit aufgefordert sah. Er hatte den Anspruch, auf diese Weise zur öffentlichen Meinungsbildung beizutragen sowie Kritik und Kontrolle gegenüber den Politikern und der Regierung auszuüben.

In der Retrospektive hat Nannen sein journalistisches Credo und das des »Stern« folgendermaßen beschrieben:

»Wo immer der Übermut der Ämter und Behörden, die Arroganz der Etablierten, die Willkür der Herrschenden oder die Macht der Besitzenden ihr Spiel zu machen versuchten, da haben wir uns zuständig gefühlt, solchem Spiel Einhalt zu gebieten. Wir haben Feuer unter Ministersesseln angezündet, wenn die Ärsche allzu selbstsicher darauf saßen, und wir haben der öffentlichen Hand auf die Finger gehauen, wenn diese Finger lediglich mit der Selbstbefriedigung von Amtsträgern befasst waren. Wir haben die Dinge beim Namen benannt, Korruption Korruption, Heuchelei Heuchelei und einen Lumpen einen Lumpen.«[304]

Und dies setzte man beim »Stern« bereits seit Beginn der 1950er Jahre um: 1950 beispielsweise berichtete man über die Veruntreuung von Steuergeldern, Mitte der 1950er Jahre geriet der damalige Verkehrsminister Hans-Christoph Seebohm ins Visier der Kritik, und im Februar 1959 löste eine Enthüllungsgeschichte über die Machenschaften des Verfassungsschutzes einen Skandal aus. Dieser führte zur Beschlagnahmung der Ausgabe 8/1959.[305]

Trotz innerredaktioneller Auseinandersetzungen in der zweiten Hälfte der 1950er Jahre um die politische Ausrichtung des Blattes war »Die Zeit« seit ihrer Gründung 1946 ein wich-

---

304 Zitiert nach: Hermann Schreiber: *Henri Nannen. Drei Leben,* München 1999, S. 254.
305 Vgl. dazu ausführlich Schreiber: *Nannen* (1999), S. 254ff.

tiges Forum für den intellektuellen und politischen Diskurs in der Bundesrepublik und praktizierte einen kritischen, politisch wechselnd ausgerichteten Journalismus. In der ersten Nummer kündigten die Herausgeber ihre journalistischen Grundsätze an:

»Wir werden niemandem nach dem Munde reden, und dass es nicht allen recht zu machen ist, ist eine alte Weisheit. Aber auch eine uns fremde Ansicht mag die Gewissheit haben, dass sie von uns geachtet wird.«[306]

Bereits vor Gründung der Bundesrepublik kritisierte die »Zeit« die Politik und bestimmte Maßnahmen der Alliierten. Nach einer personellen und politischen Neuausrichtung seit Mitte der 1950er Jahre bezog das Blatt in seinen Artikeln immer wieder kritisch Stellung zu einzelnen Maßnahmen der Regierung, und dies obwohl Verleger Gerd Bucerius für die CDU im Bundestag saß. Im Jahr 1959 schließlich startete die »Zeit« dann eine gezielte Kampagne, die zur Ablösung von Bundeskanzler Konrad Adenauer zugunsten von Ludwig Erhard führen sollte.[307]

Weitere Beispiele aus dem Bereich der Tagespresse ließen sich anführen. Genauso wenig wie bei den genannten Presseorganen ist es zutreffend, den eher konservativ ausgerichteten Zeitungen in den 1950er und beginnenden 1960er Jahren einen »Konsensjournalismus« zu unterstellen. Deren Unterstützung Adenauers und seiner Politik durch ihre Berichterstattung war nicht primär auf eine staatliche Einflussnahme oder ein obrigkeitsstaatliches Verständnis von Journalismus zurückzuführen, sondern vor allem auf eine politische Interessenkongruenz mit der Politik der Adenauer-Regierung. Dies ist kein Kennzeichen der Adenauer-Zeit, sondern gilt bis heute. Interessenkongruen-

---

306 *Die Zeit* vom 21. Februar 1946.
307 Vgl. dazu ausführlich Münkel: *Willy Brandt* (2005), S. 122ff.

zen von Journalisten bzw. Zeitungen mit Politikern in einzelnen bedeutsamen Politikfeldern führen zu Bündnissen auf Zeit, die zum gegenseitigen Vorteil genutzt werden. Fallen die gemeinsamen Zielsetzungen und politischen Gemeinsamkeiten weg, zerbrechen diese Bündnisse.

Ein weiteres Argument für eine Kontinuität des Selbstverständnisses im bundesdeutschen Zeitungsjournalismus seit den 1950er Jahren sind die unmittelbaren Reaktionen der anderen Zeitungen auf die SPIEGEL-Affäre: Sie boten praktische Hilfe an, die es ermöglichte, dass der SPIEGEL weiter erscheinen konnte und nicht auch noch in finanzielle Bedrängnis geriet. Die Affäre beherrschte wochenlang die deutsche Medienlandschaft, und selbst CDU-freundliche Zeitungen, wie die »Kölnische Rundschau«, äußerten sich kritisch über das Vorgehen der Regierung. Angesichts des »Generalangriff des Staates auf die Pressefreiheit« bildete sich ein breites Bündnis über die politischen Gräben hinweg, was nicht zuletzt als Ausdruck eines demokratischen Selbstverständnisses von der Rolle der Presse und eines kritischen, investigativen Journalismus gedeutet werden kann.

Zum Stellenwert der SPIEGEL-Affäre für die Presse in den 1960er Jahren

Welche Rolle spielte nun die SPIEGEL-Affäre für das Selbstverständnis der Presse in den 1960er Jahren? Die SPIEGEL-Affäre hatte hier vor allem einen starken symbolischen Wert. Die Presselandschaft und die publizistische Öffentlichkeit waren – wie ausgeführt – bereits in den 1950er Jahren plural, regierungskritisch oder -freundlich und versuchten Einfluss auf die demokratische Gestaltung der jungen Bundesrepublik zu nehmen, und dies gilt eben nicht nur für den SPIEGEL. Von den 1950er Jahren als einer Zeit des »Konsensjournalismus« oder der »staatsbraven Medien«[308] zu sprechen erscheint vor diesem Hintergrund ebenso problematisch, wie eine kritische Öffentlichkeit erst in den späten 1950er Jahren zu verorten.[309] Einen Wandel des Selbstverständnisses der Presse auf einen Generationswechsel im bundesrepublikanischen Journalismus seit Beginn der 1960er Jahre zurückzuführen, der zur Durchsetzung der Pressefreiheit auf Skandalisierung setzte, lässt einige Zweifel aufkommen.[310] Denn die führenden Verleger und Journalisten kamen nicht erst Anfang der 1960er Jahre in ihre Positionen, sondern waren bereits seit der unmittelbaren Nachkriegszeit aktiv. Als sie ihre Tätigkeit begannen, waren sie alle noch relativ jung. Dies gilt für Springer (*1912), Augstein (*1923), Nannen (*1913), Bucerius (*1906) oder Gräfin Dönhoff (*1909) und für viele andere. Im Bezug auf eine Vielzahl von damals weniger prominenten Journalisten lässt sich zwar feststellen, dass einige Jüngere seit Ende der 1950er Jahre in die Redaktionen kamen, andere abtraten und wieder andere zwischen den großen Tages- und Wochenzeitungen hin und her wechselten. Für eine journalistische Umorientierung der Blätter war der begrenzte Personalwechsel jedoch nicht von entscheidender Bedeutung. Diese wurde vor allem von denen getragen, die schon lange vor 1960 aktiv waren. So bilden der Beginn der 1960er Jahre und die SPIEGEL-Affäre keine Zäsur, vielmehr dynamisierten sich hier bereits begonnene Prozesse.[311]

---

308 Vgl. Herbert: *Wandlungsprozesse* (2002), S. 28
309 Vgl. Christina von Hodenberg: »Die Journalisten und der Aufbruch zur kritischen Öffentlichkeit«, in: Ulrich Herbert (Hg.): *Wandlungsprozesse in Westdeutschland. Belastung, Integration, Liberalisierung 1945–1980*, Göttingen 2002, S. 278–314, hier S. 293ff.
310 Vgl. ebd., S. 279 und S. 309.
311 Vgl. dazu grundsätzlich Axel Schildt / Detlef Siegfried / Karl-Christian Lammers: »Einleitung«, in: dies. (Hg.): *Dynamische Zeiten. Die 60er Jahre in den beiden deutschen Gesellschaften*, Hamburg 2000, S. 11–20, hier S. 11ff.

Der fundamentale Angriff auf die Pressefreiheit durch die Staatsgewalt, der nicht zuletzt durch den massiven öffentlichen und medialen Protest scheiterte, führte nicht zu einem neuen Selbstverständnis der Medien, sondern stärkte das bereits seit Beginn der 1950er Jahre vorhandene Selbstverständnis und Selbstbewusstsein der Presse als »vierter Gewalt«, und der SPIEGEL wurde nun endgültig zum Symbol für dieses Selbstverständnis. Was sich in den folgenden Jahren rasch veränderte, waren die politischen und gesellschaftlichen Rahmenbedingungen, in denen die Presse agieren konnte. Und dies war eben eine zunehmend politisierte, liberale und plurale Öffentlichkeit, zu der ebenfalls die stärkere Einforderung der politischen Partizipation breiter Bevölkerungsschichten – auch jenseits von 1968 – gehörte. Ebenso änderte sich der staatliche Umgang mit den Medien und dem Verständnis von ihrer Rolle in der Demokratie nach der SPIEGEL-Affäre und dem Ende der Ära Adenauer rasant. Zwar hatte sich auch Adenauer eines an medialen Logiken ausgerichteten Politikstils bedient, seine Auffassung von der Rolle der Medien in der Demokratie war allerdings patriarchalisch und obrigkeitsstaatlich.[312] Eine regierungs- und parteikritische Berichterstattung war nicht nur unerwünscht, sondern sollte gänzlich unterbunden werden – notfalls auch mit staatlicher Gewalt, wie die SPIEGEL-Affäre als unrühmlicher Höhepunkt dieser Politik verdeutlicht. Die SPIEGEL-Affäre war nicht der erste massive staatliche Eingriff in die Pressefreiheit während der Adenauer-Ära und er sollte auch nicht der letzte sein, wie u. a. der »Panorama«-Skandal von 1963 zeigt.

---

312 Vgl. dazu Daniela Münkel: »Konrad Adenauer und Willy Brandt: Zwei Medienkanzler? Politik, Medien und Demokratie«, in: Tilman Mayer (Hg.): *Medienmacht und Öffentlichkeit in der Ära Adenauer*, Bonn 2009, S. 165–180, bes. S. 173ff.

Die Folgen

Unter Adenauers Nachfolgern wandelte sich dann bereits diese restriktive Form der Medienpolitik. Unter Willy Brandt, von Beruf ja selbst Journalist, war der Umgang mit den Medien dann ein grundsätzlich anderer. Brandt erkannte die aktive Rolle der Massenmedien innerhalb des politischen Meinungsbildungsprozesses vorbehaltlos an: Er sah Medien als wichtige Instanz der politischen Meinungsbildung, als Meinungsmacher, Diskussionsforen und als Spiegelbild einer pluralistischen Gesellschaft. So waren das Bündnis und die Verquickung zwischen Medien, Journalisten und Politik nie so eng wie während der ersten sozialliberalen Regierung unter Willy Brandt ab 1969. Diese Verbindung war aber nicht durch staatlichen Zwang entstanden, sondern basierte auf einer zeitlich begrenzten Allianz zwischen Politik und Teilen der Massenmedien, die einen Macht- und Politikwechsel befürworteten. Damit ging kein neues Selbstverständnis von Journalismus, aber ein gestärktes Selbstbewusstsein der Journalisten einher. So war es wieder der SPIEGEL, der mit als Erster im Jahr 1973 begann, das Bild des nach seiner Ansicht zum Denkmal erstarrten Bundeskanzlers Willy Brandt bröckeln zu lassen.

»Wer hat Angst vorm schwarzen Mann?« –
Franz Josef Strauß, die CSU und die politische Kultur
einer Gesellschaft im Aufbruch

Von Thomas Schlemmer

1. Der historische Ort einer Affäre

Nur wenige Politskandale und -affären, an denen die Geschichte der Bundesrepublik nicht eben arm ist, haben ein so lautes und nachhaltiges Echo gefunden wie die Geschehnisse um Bundesverteidigungsminister Franz Josef Strauß und das Hamburger Nachrichten-Magazin DER SPIEGEL, die die Republik zwischen Oktober und Dezember 1962 in Atem hielten. Allenfalls die Affäre um den DDR-Spion Günter Guillaume, die 1974 zum Rücktritt von Bundeskanzler Willy Brandt führte, oder die Parteispendenskandale um Friedrich Karl Flick und Helmut Kohl 1983 und 1999 haben in der westdeutschen *Chronique scandaleuse* ähnlich tiefe Spuren hinterlassen wie die SPIEGEL-Affäre.[313] Vor allem über die Affäre selbst, über die Helden und Schurken sowie über die Reaktionen in den Medien und in der Öffentlichkeit ist viel geschrieben und noch mehr diskutiert worden.[314] Allerdings gibt es nach wie vor

---

313 Vgl. Dirk Käsler u. a.: *Der politische Skandal. Zur symbolischen und dramaturgischen Qualität von Politik*, Opladen 1991; *Skandale in Deutschland nach 1945. Begleitbuch zur Ausstellung im Haus der Geschichte der Bundesrepublik Deutschland, Bonn, Dezember 2007 bis März 2008, und im Zeitgeschichtlichen Forum Leipzig, Mai bis Oktober 2008*, Bonn 2007.

314 Vgl. *Die SPIEGEL-Affäre, Bd. 1: Die Staatsmacht und ihre Kontrolle. Texte und Dokumente zur Zeitgeschichte*, hg. von Alfred Grosser/Jürgen Seifert, Bd. 2: *Die Reaktion der Öffentlichkeit*, hg. von Thomas Ellwein/

einige erstaunliche Leerstellen, die Franz Josef Strauß – über den trotz zahlreicher Publikationen noch immer keine Biographie vorliegt, die wissenschaftlichen Ansprüchen genügt[315] – ebenso betreffen wie die Konsequenzen, die sich aus den Ereignissen im Spätjahr 1962 für die weitere Entwicklung von Politik und Gesellschaft der Bundesrepublik ergaben. In diesem Sinne stehen zwei Fragen im Mittelpunkt dieses Beitrags: Wo ist der historische Ort der SPIEGEL-Affäre in der Geschichte Westdeutschlands zu suchen? Und was wurde aus dem »schwarzen Mann«, dem bösen Geist der Bundesrepublik, dem Gottseibeiuns der Linksintellektuellen – was wurde aus Franz Josef Strauß nach seiner scheinbar so vernichtenden Niederlage Ende 1962?

Die beiden Leitbegriffe »politische Kultur« und »Gesellschaft im Aufbruch« – ein Terminus, der aus Hermann Kortes frühem Überblick über die Geschichte der Bundesrepublik entlehnt ist[316] – werden pragmatisch gebraucht: Politische Kultur verstehe ich als Zusammenspiel von politischen Strukturen und Mentalitäten, Wahlverhalten und Öffentlichkeit.[317] »Gesellschaft im Aufbruch«

Manfred Liebel/Inge Negt, Olten/Freiburg 1966; David Schoenbaum: *Ein Abgrund von Landesverrat. Die Affäre um den SPIEGEL*, Berlin 2002 (Erstausgabe 1968); Joachim Schöps: *Die SPIEGEL-Affäre des Franz Josef Strauß*, Reinbek bei Hamburg 1983.

315 Der neueste Versuch stammt aus der Feder von Stefan Finger: *Franz Josef Strauß. Ein politisches Leben*, München 2005; der Autor hat jedoch den Nachlass des CSU-Vorsitzenden nicht ausgewertet. Zur Einführung nützlich: Wolfgang Krieger: *Franz Josef Strauß. Der barocke Demokrat aus Bayern*, Göttingen 1995.

316 Vgl. Hermann Korte: *Eine Gesellschaft im Aufbruch. Die Bundesrepublik Deutschland in den sechziger Jahren*, Frankfurt a.M. 1987.

317 Vgl. dazu den anregenden Essay von Kurt Sontheimer: *So war Deutschland nie. Anmerkungen zur politischen Kultur der Bundesrepublik*, München 1999, sowie zu Begriff und Konzept Samuel Salzborn (Hg.): *Politische Kultur. Forschungsstand und Forschungsperspektiven*, Frankfurt a. M. u. a. 2009.

bezeichnet dagegen vor allem einen längeren Prozess der Aneignung demokratisch-emanzipatorischer Verhaltensweisen, der mit einem konfliktreichen Antagonismus zwischen dem Streben nach freiheitlicher Selbstbestimmung und der Überzeugung einherging, Demokratie sei nur innerhalb fest gefügter staatlicher Institutionen möglich.

Der Aufsatz beginnt mit einem Blick auf die Geschichte von Franz Josef Strauß und seiner Partei nach 1962, wobei eine Frage im Zentrum steht: Welche Konsequenzen hatte der im Zuge der SPIEGEL-Affäre vielfach konstatierte politische Selbstmord[318] für den Vorsitzenden der Christsozialen? Dann werde ich versuchen, einige kurz- und längerfristige Auswirkungen der SPIEGEL-Affäre auf die politische Kultur der Bundesrepublik zu beschreiben. Am Ende werden einige Thesen über den historischen Ort der SPIEGEL-Affäre in der Geschichte der Bundesrepublik stehen.

2. Phönix aus der Asche: Franz Josef Strauß und die CSU 1962 bis 1970

Als sich die SPIEGEL-Affäre längst zu einer Regierungskrise ausgewachsen hatte, die den Bestand der christlich-liberalen Koalition und sogar die Kanzlerschaft Konrad Adenauers ernsthaft bedrohte, erklärte Franz Josef Strauß am 30. November 1962 vor dem Landesvorstand der CSU, er verzichte auf sein Ministeramt und werde auch einem neuen Kabinett Adenauer nicht angehören. Er glaube, mit diesem Schritt »der gemeinsamen Verantwortung im gegenwärtigen Zeitpunkt am besten dienen zu können«. Der Landesvorstand sprach Strauß im Gegenzug sein

---

318 Vom »politischen Selbstmord« des Verteidigungsministers sprach etwa die Wochenzeitung »Christ und Welt«; zit. nach »Gleichsam Besetzung von Feindesland«, in: DER SPIEGEL vom 5.12.1962.

uneingeschränktes Vertrauen aus, und er tat dies mit Worten, die kein Bedauern über das erkennen ließen, was in den Wochen zuvor geschehen war: »Die CSU stellt fest, daß der Bundesminister für Verteidigung und seine Mitarbeiter nach pflichtgemäßem Ermessen alles unternommen haben, um das vom Generalbundesanwalt wegen des Verdachts eines landesverräterischen Verbrechens eingeleitete Verfahren zu unterstützen, und bestätigt ihm, daß die von ihm und seinen Mitarbeitern getroffenen Entscheidungen nach bestem Wissen und Gewissen erfolgt sind. Sie nimmt von seiner Erklärung Kenntnis, daß er eventuelle Fehler und Mißverständnisse bedauere, betont aber, daß die Sicherheit und Freiheit unseres Landes über allem steht.«[319]

Trotz dieser kämpferischen Worte schien nicht nur der Mann »vor dem politischen Ruin« zu stehen, der eine der »brillantesten Nachkriegskarrieren in Westdeutschland hinter sich hatte«, wie die »New York Times« schrieb.[320] Auch der CSU, als deren Vorsitzender Strauß seit März 1961 fungierte, drohte unabsehbarer politischer Flurschaden – durch den vorherzusehenden Machtverlust in einer neuen Bundesregierung, durch mögliche Spannungen in der Partei sowie durch das ramponierte Image ihrer wichtigsten Führungsfigur und Wahlkampflokomotive, deren Zukunft völlig offen schien. Es gehe nicht »um die Frage Strauß«, erklärte ein Mitglied der christsozialen Landesgruppe im Bundestag, »sondern um die Frage CSU schlechthin [...], weil Strauß nicht von der CSU zu trennen sei«.[321] Genau die mit dieser Feststellung

---

319 »Zur Überwindung der Krise«, in: *Bayern-Kurier* vom 8.12.1962.
320 Zit. nach »Gleichsam Besetzung von Feindesland«, in: DER SPIEGEL vom 5.12.1962.
321 Archiv für Christlich-Soziale Politik der Hanns-Seidel-Stifung (ACSP), Bestand Landesgruppe, Protokoll der Landesgruppensitzung am 29.11.1962 (Stefan Dittrich); CD-ROM als Beilage zu: *Die CSU-Landesgruppe im Deutschen Bundestag. Sitzungsprotokolle 1949–1972*, Düsseldorf 2011.

»Den stecken Se sich jetzt man an den Hut.«
(Karikatur aus dem »Vorwärts« vom 28. November 1962)

verbundenen Befürchtungen schürten beim politischen Gegner die Hoffnung, nach dem Sturz von Strauß sei es auch mit der Herrlichkeit der CSU vorbei. Eine Karikatur aus dem »Vorwärts« spricht eine eindeutige Sprache. Ein sehr norddeutsch aussehender Herr übergibt der CSU – dargestellt als übergewichtiger Bayer in Lederhosen mit Trachtenhut und Gamsbart – einen auf die Größe einer Anstecknadel geschrumpften Strauß mit den Worten: »Den stecken Se sich jetzt man an den Hut«.[322]

Die SPIEGEL-Affäre traf die bayerische Unionspartei zu einem ungünstigen Zeitpunkt. Es sei daran erinnert, dass die CSU an der Wende von den 1950er zu den 1960er Jahren noch nicht die dominante bayerische Staats- und Hegemonialpartei war und

322 Abgedruckt in: »Gleichsam Besetzung von Feindesland«, in: DER SPIEGEL vom 5.12.1962.

auch noch nicht das stromlinienförmige Machtinstrument in den Händen ihres großen Vorsitzenden, als das sie sich seit den 1970er Jahren zunehmend präsentierte.[323] Die politische Landkarte Bayerns war, mit anderen Worten, nicht immer so schwarz, wie man heute vielfach annimmt. Ein kurzer Blick auf die Mehrheitsverhältnisse im Freistaat verdeutlicht dies: Bei den ersten Landtagswahlen nach der Gründung der Bundesrepublik lag die CSU im November 1950 mit nur 27,4 Prozent der Stimmen sogar hinter der SPD und stellte nur aufgrund von Überhangmandaten die stärkste Fraktion im Maximilianeum. 1954 konnten die Christsozialen zwar um mehr als zehn Punkte auf 38,0 Prozent der Stimmen zulegen, aber sie waren noch weit von der absoluten Mehrheit entfernt – einer Mehrheit, die sie trotz eines weiteren Wahlerfolgs auch 1958 mit 45,6 Prozent verfehlten.[324] Zudem war die CSU Ende der 1950er/Anfang der 1960er Jahre erst auf dem Weg, in allen Landesteilen Bayerns strukturell mehrheitsfähig zu werden und ihren Anspruch einzulösen, eine interkonfessionelle Volkspartei zu sein. Es war noch nicht lange her, da hatte in Bayern noch eine Koalitionsregierung unter der Führung der Sozialdemokratie regiert, die auch nach dem Sturz ihres Ministerpräsidenten Wilhelm Hoegner[325] im Oktober 1957 durchaus

---

323 Zum Strukturwandel der CSU vgl. zusammenfassend Alf Mintzel: »Regionale politische Traditionen und CSU-Hegemonie in Bayern«, in: Dieter Oberndörfer/Karl Schmitt (Hg.): *Parteien und regionale Traditionen in der Bundesrepublik Deutschland*, Berlin 1991, S. 125–180.
324 Alle Wahlergebnisse nach Gerhard A. Ritter/Merith Niehuss: *Wahlen in Deutschland 1946–1991. Ein Handbuch*, München 1991, S. 174.
325 Dr. Wilhelm Hoegner (1887–1980), Jurist, 1930–1933 MdR (SPD), 1933 MdL (SPD), 1945/46 und 1954–1957 bayerischer Ministerpräsident, 1945–1947 bayerischer Justizminister, 1950–1954 bayerischer Innenminister, 1946/47 Vorsitzender der bayerischen SPD, 1946–1970 MdL (SPD), 1961/62 MdB (SPD).

selbstbewusst agierte und mit jungen Kräften wie dem Münchner Oberbürgermeister Hans-Jochen Vogel erfolgreich Politik zu machen verstand.[326] Schließlich gab es mit der Bayernpartei noch lästige Konkurrenz im eigenen, im bürgerlich-konservativen Lager, die man zumindest in einigen Regionen Südbayerns ernst nehmen musste und die noch bei den Landtagswahlen von 1958 für mehr als acht Prozent der Stimmen gut war.[327]

Die Wahlergebnisse der CSU in den 1950er und 1960er Jahren sind besonders bemerkenswert, da sie vor dem Hintergrund des Strukturwandels in der Wirtschaft und Gesellschaft Bayerns gesehen werden müssen.[328] Der Freistaat war dabei, sich endgültig vom Agrar- zum Industrieland zu entwickeln, und es war die CSU, die diesen Prozess spätestens seit 1957 nicht nur strukturpolitisch zu steuern, sondern zu beschleunigen versuchte. Die traditionelle Anhängerschaft der Partei in Landwirtschaft, Handwerk und Kleinhandel verlor mehr und mehr an Bedeutung, ganz im Gegensatz zu den Arbeitern und Angestellten im expandierenden sekundären und tertiären Sektor der bayerischen Wirtschaft. Man konnte also mit Fug und Recht vermuten, dass die CSU durch ihre Industrie- und Strukturpolitik den Ast absägte, auf dem sie saß, während die SPD von den Umschichtungen in

---

326 Die Geschichte der bayerischen SPD gehört zu den Desideraten der Forschung; vgl. Hartmut Mehringer (Hg.): *Von der Klassenbewegung zur Volkspartei. Wegmarken der bayerischen Sozialdemokratie 1892–1992*, München u. a. 1992; Rainer Ostermann (Hg.): *Freiheit für den Freistaat. Kleine Geschichte der bayerischen SPD*, Essen 1994.

327 Vgl. dazu ausführlich Konstanze Wolf: *CSU und Bayernpartei. Ein besonderes Konkurrenzverhältnis 1948–1960*, Köln ²1984.

328 Vgl. dazu Stefan Grüner: *Geplantes »Wirtschaftswunder«? Industrie- und Strukturpolitik in Bayern 1945 bis 1973*, München 2009; Thomas Schlemmer/Hans Woller (Hg.): *Bayern im Bund, Bd. 2: Gesellschaft im Wandel 1949 bis 1973*, München 2002.

der Erwerbsbevölkerung profitierte. Dass dem nicht – oder nur ansatzweise – so sein sollte, ließ sich noch nicht absehen, als die CSU mit der SPIEGEL-Affäre konfrontiert wurde.

Schwer wog überdies die Tatsache, dass sich hinter der Fassade der Geschlossenheit, für die die CSU lange Zeit berühmt war, Risse im Mauerwerk der Partei verbargen. Diese Risse gingen zurück auf die virulenten Flügelkämpfe zwischen katholisch-konservativen, radikal föderalistischen sowie christlich-interkonfessionellen, gemäßigt föderalistischen Kräften, die bis 1949/50 immer wieder beinahe zur Spaltung der Partei geführt hätten und die im Bewusstsein der Parteiführung noch immer sehr präsent waren.[329] Von den inneren Streitigkeiten dieser Zeit war die CSU 1962 zwar weit entfernt, aber die Bruch- und Spannungslinien, die sich damals herausgebildet hatten, gab es nach wie vor – und sie konnten insbesondere in schwierigen Zeiten wieder aufbrechen.

Als Franz Josef Strauß am 18. März 1961 die Nachfolge des todkranken Hanns Seidel[330] antrat, galt dies als Sieg derer, die mit katholisch-klerikaler, bayerisch-provinzieller und agrarisch-industriekritischer Politik nichts anzufangen wussten. Strauß – und das wird oft vergessen – stand für eine progressivere Spielart des bayerischen Konservatismus; er wollte seine Partei aus der Enge belastender Traditionen herausführen, für neue Mitglieder jenseits des angestammten Milieus öffnen und so zukunftsfähig machen. Als Strauß erklärte, konservativ zu sein bedeute, an der

---

329 Zur Geschichte der CSU vgl. vor allem Thomas Schlemmer: *Aufbruch, Krise und Erneuerung. Die Christlich-Soziale Union 1945 bis 1955*, München 1998, und Alf Mintzel: *Die CSU-Hegemonie in Bayern. Strategie und Erfolg, Gewinner und Verlierer*, Passau 1999.
330 Dr. Hanns Seidel (1901–1961), Jurist, 1945–1947 Landrat in Aschaffenburg, 1946–1961 MdL (CSU), 1947–1954 bayerischer Wirtschaftsminister, 1957–1960 bayerischer Ministerpräsident, 1955–1961 Landesvorsitzender der CSU.

Spitze des Fortschritts zu marschieren,[331] war dies keine leere Floskel, wie etwa die Modernisierung von Parteiorganisation und -apparat zeigte, die in der CSU um einige Jahre früher einsetzte als in der CDU.

Unumstritten war dieser Kurs nicht, und selbst Strauß musste mit den Traditionalisten in seiner Partei rechnen, die in Alois Hundhammer[332] ihren streitbarsten und profiliertesten Vertreter hatten. Allerdings waren der »schwarze Alois«[333] und seine Gefolgsleute unübersehbar in die Defensive geraten. Sie konnten eher darauf hoffen, Entscheidungen durch taktische Absprachen in Hinterzimmern zu beeinflussen als Mehrheiten in den Parteigremien zu gewinnen. Die SPIEGEL-Affäre bot allen Kritikern und Gegnern des CSU-Vorsitzenden in der eigenen Partei nun reichlich Munition, um Strauß anzugreifen, dessen politisches Grab geschaufelt zu sein schien. Der Bundestagsabgeordnete Karl-Theodor Freiherr von und zu Guttenberg[334] warnte etwa davor, das Schicksal der CSU »auf Gedeih und Verderb mit dem Schicksal eines Parteiführers« zu verbinden, »dessen Person [...] im Mittelpunkt von Affären und Prozessen stand, die leider nicht zu Ende sind«.[335] Und ein CSU-Politiker aus Mittelfranken

---

331 Zit. nach Alf Mintzel: *Geschichte der CSU. Ein Überblick*, Opladen 1977, S. 204.
332 Dr. Dr. Alois Hundhammer (1900–1974), Volkswirt und Historiker, 1932/1933 MdL (BVP), 1946–1970 MdL (CSU), 1946–1951 Vorsitzender der CSU-Landtagsfraktion, 1946–1950 bayerischer Kultusminister, 1951–1954 Präsident des bayerischen Landtags, 1957–1969 bayerischer Landwirtschaftsminister.
333 »Alois Hundhammer †«, in: DER SPIEGEL vom 5.8.1974.
334 Karl Theodor Freiherr von und zu Guttenberg (1921–1972), Gutsbesitzer, 1952–1957 Landrat in Stadtsteinach, 1957–1972 MdB (CSU), 1967–1969 Parlamentarischer Staatssekretär im Bundeskanzleramt.
335 Archiv des Instituts für Zeitgeschichte, ED 720/22, Protokoll der CSU-Landesversammlung am 6.7.1963 in München, S. 32; das folgende Zitat des Delegierten Hans Hutter findet sich ebenda, S. 36.

erklärte, Strauß könne nicht länger an der Spitze der Partei stehen, die dringend der pflegenden Hand eines Gärtners bedürfe; Strauß aber sei eine »Planierraupe« und daher als Parteichef ungeeignet.

Nicht ungefährlich waren auch kritische Stimmen aus dem politischen Vorfeld der CSU und aus dem katholischen Lager, die mehr oder weniger deutlich ihre Distanz zu Strauß und ihr Unbehagen an der gesamten Situation erkennen ließen, die durch die SPIEGEL-Affäre entstanden war. So erklärten führende Vertreter des Rings Christlich-Demokratischer Studenten in München, Strauß und seine engsten Mitarbeiter seien für die bayerische Unionspartei nicht länger tragbar. Prälat Lorenz Freiberger riet dem CSU-Vorsitzenden in der »Münchner Katholischen Kirchenzeitung« öffentlich zu einer politischen Auszeit, und die katholische Wochenzeitung »Echo der Zeit« forderte sogar den Rücktritt der gesamten Parteiführung.[336]

Doch Franz Josef Strauß wäre nicht Franz Josef Strauß gewesen, hätte er sich einfach geschlagen gegeben. Er ging im Gegenteil unmittelbar nach seinem Rückzug aus dem Kabinett zur Offensive über, wobei ihm das Ergebnis der bayerischen Landtagswahl vom 25. November 1962 in die Karten spielte. Die CSU erzielte mitten im Sturm der SPIEGEL-Affäre mit 47,5 Prozent nicht nur ihr bestes Ergebnis seit 1946, sondern erreichte auch die absolute Mehrheit der Mandate im Maximilianeum. Man kann darüber streiten, ob diese Wahl ein bayerisches Plebiszit für Strauß war, der ja gar nicht zur Wahl stand – sie ließ sich als solches verkaufen, und ein Misstrauensvotum war sie auf keinen

---

336 Vgl. dazu Ulrich Wirz: *Karl Theodor von und zu Guttenberg und das Zustandekommen der Großen Koalition*, Grub am Forst 1997, S. 274 ff. und S. 278 ff. Die Kritiker aus dem RCDS wurden einige Monate später aus dem Verband ausgeschlossen; vgl. »Münchner RCDS-Gruppe ausgeschlossen«, in: *Bayern-Kurier* vom 22.6.1963.

Fall. Für den CSU-Vorsitzenden gab es jedenfalls keinen Zweifel, wie das Votum zu werten war. In seinen posthum erschienenen Erinnerungen schrieb er: »In den Wochen der ›SPIEGEL‹-Krise hatten meine Gegner in, wie sich zeigen sollte, reichlich verfrühtem und verfehltem Triumph gejubelt, nun sei meine Karriere an ihrem Ende angelangt. Die bayerischen Wähler aber verhielten sich nicht so, wie es von meinen Widersachern erwünscht und erwartet, erhofft und betrieben worden war. [...] Es kam anders, als die Freunde befürchtet und die Gegner es sich freudig ausgemalt hatten. [...] Unter den Parteivorsitzenden Hans Ehard und Hanns Seidel hatten wir nie die Mehrheit der Mandate gewonnen – und ich, gerade erst anderthalb Jahre im Amt des Parteivorsitzenden und in der härtesten Auseinandersetzung meiner Laufbahn stehend, sozusagen als der Prügelknabe der Nation, konnte erleben, daß die Bayern uns mit der absoluten Mehrheit der Mandate ausstatteten. Meine Gegner hatten den Kampf gegen mich überzogen und in der Wahl ihrer Mittel danebengegriffen – Bayern stand gewissermaßen gegen den Rest der Welt, und es stand für mich.«[337]

Mit diesem Resultat im Rücken blies Strauß wieder zum Angriff. Es kann keine Rede davon sein, dass er sich nach der SPIEGEL-Affäre »verbittert zurückgezogen« hätte, wie es der ehemalige SPIEGEL-Redakteur und Strauß-Biograph Wolfram Bickerich noch 2001 behauptet hat.[338] Am 11. Dezember 1962 ließ der CSU-Vorsitzende die Landesgruppe wissen, er »übernehme keine politische und moralische Verantwortung« für »das Zustandekommen und Funktionieren« des neuen Kabinetts Adenauer,

---

337 Franz Josef Strauß: *Die Erinnerungen*, Berlin 1989, S. 431.
338 Zit. nach Anneke Jankus: »Franz Josef Strauß und sein Verhältnis zu dem Hamburger Nachrichten-Magazin ›Der Spiegel‹«, in: *Publizistik* 47 (2002), S. 295–308, hier S. 301.

das inzwischen Gestalt angenommen hatte, »und fühle sich völlig frei in seinen Entschlüssen«.[339] Die Landesgruppe wusste also, was sie tat, als sie den geschassten Minister am 22. Januar 1963 zu ihrem Vorsitzenden wählte.

Diese Wahl war notwendig geworden, weil der Bundeskanzler den bisherigen Landesgruppenchef Werner Dollinger[340] zum Bundesschatzminister berufen hatte. Als bundespolitische Speersitze der CSU war Strauß der geborene Kandidat für den Landesgruppenvorsitz, und die Bundestagsabgeordneten der bayerischen Unionspartei versagten ihm ihre Unterstützung nicht.[341] Sein Wahlergebnis war zwar nicht glänzend, aber mit 36 von 45 Stimmen konnte Strauß leben, der damit – Skandal hin, Skandal her – in eine ebenso öffentlichkeitswirksame wie parlamentarisch einflussreiche Operationsbasis aufrückte. Schließlich zählte der Vorsitzende der CSU-Landesgruppe seit 1949 qua Amt zu den wichtigsten Entscheidungsträgern der Unionsfraktion und war für die Maschinerie von Regierung und Koalition wichtiger als so mancher Minister.[342]

---

339 ACSP, Bestand Landesgruppe, Protokoll der Landesgruppensitzung am 11.12.1962; das Protokoll findet sich auch auf der CD-ROM als Beilage zu: *Sitzungsprotokolle 1949–1972*.

340 Dr. Werner Dollinger (1918–2008), Kaufmann und Unternehmer, 1953–1990 MdB (CSU), 1961/62 Vorsitzender der CSU-Landesgruppe, 1962–1966 Bundesschatzminister, 1966–1969 Bundespostminister, 1982–1987 Bundesverkehrsminister.

341 ACSP, Bestand Landesgruppe, Protokoll der Landesgruppensitzung am 22.1.1963; das Protokoll findet sich auch auf der CD-ROM als Beilage zu: *Sitzungsprotokolle 1949–1972*. 36 Abgeordnete stimmten für Strauß, einer gegen ihn, ein Stimmzettel war ungültig, sieben waren leer.

342 Vgl. dazu Günter Buchstab: »Ein parlamentarisches Unikum: die CDU/CSU-Fraktionsgemeinschaft«, in: Hans-Peter Schwarz (Hg.): *Die Fraktion als Machtfaktor. CDU/CSU im Deutschen Bundestag 1949 bis heute*, München 2009, S. 255–274.

Doch damit nicht genug: Strauß zeigte auch den Kritikern in seiner Partei und in deren Umfeld, die sich aus der Deckung gewagt hatten, dass sie mit ihm nach wie vor rechnen mussten und dass er nicht gewillt war, zurückzustecken oder gar in Sack und Asche zu gehen. Er nahm die Herausforderung vielmehr an und ließ an Karl-Theodor Freiherr von und zu Guttenberg ein Exempel statuieren, mit dem ihn politisch einiges verband, von dem ihn aber menschlich mindestens ebenso viel trennte. Guttenberg hatte auf dem Höhepunkt der Regierungskrise im Auftrag Konrad Adenauers hinter dem Rücken von Strauß Sondierungsgespräche mit der SPD über die Bildung einer Großen Koalition geführt.[343] Auch wenn diese Gespräche letztlich ohne Ergebnis geblieben waren, instrumentalisierte Strauß die angebliche Illoyalität seines Parteifreunds, um Guttenberg mittels eines aufsehenerregenden Schiedsgerichtsverfahrens zu disziplinieren, auf diese Weise Stärke zu demonstrieren und aufsässige Kritiker in den eigenen Reihen zu warnen. Der Freiherr hoffte seinerseits, die missliche Situation seines Parteichefs nutzen zu können, um eine Klärung in der CSU herbeizuführen. »Ich glaube, es nützt der CSU, wenn gegen ihre Führung vorgegangen wird und eine Säuberung erreicht wird«, bemerkte er Ende Dezember 1962 gegenüber Konrad Adenauer.

Der angeschlagene Parteichef agierte nicht zuletzt deshalb so aggressiv, weil er sich 1963 zur Wiederwahl stellen musste – und dass er trotz der SPIEGEL-Affäre kandidieren würde, daran bestand kein Zweifel. Auf einer großen Pressekonferenz in München erklärte Strauß zwar im März 1963, er »hänge an keinem Amt« und werde »seine Entscheidungen nach einer Diskussion mit einer möglichst breiten Schicht von Parteifreunden zuerst

---

343 Vgl. Wirz: *Karl Theodor von und zu Guttenberg* (1997), S. 197–283; das folgende Zitat findet sich ebenda, S. 261.

im Kreise der Partei bekanntgeben«.[344] In den folgenden Wochen betrieb er freilich intensiv Werbung in eigener Sache und sprach in ganz Bayern auf zahlreichen Versammlungen seiner Partei – Versammlungen, die – auch wenn Kritik laut wurde – stets mit einem Vertrauensvotum für Strauß endeten. Die Bezirksversammlung der mitgliederstarken oberbayerischen CSU stellte sich sogar ohne Gegenstimme hinter den Parteichef, und in Schwaben sprachen sich bei 111 abgegebenen Stimmen 96 Delegierte für eine Wiederwahl von Strauß aus.[345]

Gewählt wurde auf dem Parteitag am 6. Juli 1963 in München. Auch wenn sich einige Redner – allen voran Guttenberg – mit Blick auf die Skandale des vergangenen Jahres offen gegen Strauß stellten, konnten sie sich kaum Chancen auf einen Erfolg ausrechnen, schon weil ihnen ein Gegenkandidat fehlte. Die Meinung der Mehrheit brachte denn auch ein Delegierter aus Bodenwöhr in der ostbayerischen Provinz zum Ausdruck: »Ich habe kürzlich anläßlich einer Auseinandersetzung mit der SPD [...] folgendes Wort ihr ins Stammbuch geschrieben: ›Nach dem Scheitern der Fibag-Affäre soll nun Franz Josef Strauß durch gemeine Lügen, Verleumdung und Verdrehung wie ein waidwundes Reh zu Tode gehetzt werden.‹ Dieser Versuch wird jedoch zum Scheitern verurteilt sein; denn Gott sei Dank besitzt mein Freund Strauß eine weißere und unbefleckere Weste als manche derjenigen, die sich heute erkühnen, über ihn in pharisäischer Überheblichkeit den Stab zu brechen. [...] Franz Josef Strauß steht 18 Jahre lang im Kreuzfeuer der Opposition. Gewiss mag er geirrt haben, aber klopfen wir an unsere Brust und fragen wir uns ehrlichen Herzens, ob wir, wenn wir an seiner Stelle gestanden wären, nicht weitaus

---

344 »Strauß im Trommelfeuer der Fragen«, in: *Bayern-Kurier* vom 23.3.1963.
345 »Oberbayerische CSU hinter Strauß« und »Schwaben steht zu Strauß«, in: *Bayern-Kurier* vom 18.5.1963.

mehr Fehler gemacht hätten wie er. […] Ich darf ihm auch für seine weitere Arbeit Gottes reichen Segen wünschen. Allen seinen Kritikern und Gegnern aber darf ich dieses Wort mit auf den Weg geben: Wer frei von Schuld ist, der werfe den ersten Stein!«[346]

Das Ergebnis der Wahl war denn auch keine Überraschung: Strauß wurde mit fast 87 Prozent der gültigen Stimmen – 559 von 644 – für weitere zwei Jahre im Amt bestätigt, und der »Bayern-Kurier« ließ keine Gelegenheit aus, diesen »überzeugenden Vertrauensbeweis« zu feiern.[347] Strauß hatte gegenüber der letzten Wahl im März 1961 zwar acht Punkte eingebüßt, angesichts der Vorwürfe, die im Raum standen, war dieses Ergebnis freilich bemerkenswert gut – und vor allem: Der Einbruch war nur von kurzer Dauer. Schon zwei Jahre später, 1965, stimmten wieder mehr als 95 Prozent der Delegierten für Strauß, der damit ein besseres Ergebnis verbuchte als vor der SPIEGEL-Affäre.[348]

Franz Josef Strauß war also nach dem Skandal angeschlagen, aber er war mitnichten politisch tot. Die SPIEGEL-Affäre hatte ihn zwar das Amt des Bundesverteidigungsministers gekostet, doch er blieb sowohl Parteivorsitzender als auch Bundestagsabgeordneter in führender Position, der sich keiner Kabinettsdisziplin mehr beugen musste, bis er schon 1966 sein Comeback als Bundesminister gab. Und auch für die CSU hatte die SPIEGEL-Affäre andere Auswirkungen, als man sie von der schweren Niederlage des Parteivorsitzenden Ende 1962 erwartet hätte: Strauß nutzte nämlich die kritische Situation zu seinen Gunsten, indem er vor allem die verbliebenen bayerisch-traditionalistischen Kräfte in

---

346 Archiv des Instituts für Zeitgeschichte, ED 720/22, Protokoll der CSU-Landesversammlung am 6.7.1963 in München, S. 53 (Josef Wiendl).
347 »Vertrauensbeweis für Franz Josef Strauß«, in: *Bayern-Kurier* vom 13.7.1963.
348 Vgl. www.hss.de/fileadmin/media/downloads/ACSP/CSU-Parteivorsitzende-Wahlergebnisse.pdf.

seiner Partei weiter zurückdrängte und die Modernisierung der CSU zu einer breit aufgestellten konservativen Volkspartei ebenso vorantrieb wie den Ausbau und die Zentralisierung des Parteiapparats. Anton Jaumann[349], der am 1. Oktober 1963 zum Generalsekretär der CSU berufen wurde, hatte sich mit Blick auf die für 1965 erwartete Wahl- und »Materialschlacht« zwei Ziele auf die Fahnen geschrieben.[350] die »Funktionsbereitschaft des Parteiapparates« zu erhöhen und strukturelle »Mängel der Parteiorganisation« zu beseitigen. Dabei sollte eine möglichst schlagkräftige Parteiverwaltung vor allem einem Zweck dienen: »der Absicherung und Ausweitung der politischen Machtstellung der Partei«, die vor allem auf Bundesebene durch einen Mann repräsentiert wurde – Franz Josef Strauß. In diesem Sinne wurde die Münchner Parteizentrale reorganisiert und ihre Arbeit – auch unter Einsatz moderner Methoden der Sozialforschung – professionalisiert. Zudem warb die CSU verstärkt um neue Mitglieder, um ihren Anspruch zu unterstreichen, Volkspartei zu sein.

War diese Kampagne erfolgreich, ja konnte sie angesichts des Skandals um Franz Josef Strauß und des damit verbundenen medialen Erdbebens überhaupt erfolgreich sein? Die Zahlen geben auf diese Frage eine eindeutige Antwort.[351] Die SPIEGEL-

---

349 Anton Jaumann (1927–1994), Jurist, 1958–1990 MdL (CSU), 1963–1967 Generalsekretär der CSU, 1966–1970 Staatssekretär im bayerischen Finanzministerium, 1970–1988 bayerischer Staatsminister für Wirtschaft und Verkehr.
350 Alf Mintzel: *Die CSU. Anatomie einer konservativen Partei*, Opladen 1975, S. 314; die folgenden Zitate finden sich ebenda, S. 315.
351 Vgl. Oliver Gnad: »CSU. Mitgliedschaft und Sozialstruktur«, in: *Handbuch zur Statistik der Parlamente und Parteien in der westlichen Besatzungszonen und in der Bundesrepublik Deutschland, Teilband 2: CDU und CSU. Mitgliedschaft und Sozialstruktur 1945–1990*, bearb. von Corinna Franz und Oliver Gnad, Düsseldorf 2005, S. 515–858, hier S. 613f.

Affäre führte zu *keinem* Exodus enttäuschter oder empörter CSU-Mitglieder. 1961 hatten 58 327 Frauen und Männer das CSU-Parteibuch in der Schublade; im Oktober 1963 – ein knappes Jahr nach dem Skandal – waren es mit 58 737 sogar noch etwas mehr. Bis 1964 konnte die CSU dann allen Widrigkeiten zum Trotz zahlreiche neue Mitglieder gewinnen, so dass die Mitgliederzahl auf mehr als 70 000 stieg. Am Ende der Dekade, 1970, zählte die Landesgeschäftsstelle dann 75 000 eingeschriebene Anhänger der bayerischen Unionspartei.

Doch damit nicht genug: Auch auf dem Feld der Parteipresse unternahmen Strauß und seine Partei einiges, um gegen die als feindselig empfundene Phalanx linksliberaler Tages- und Wochenzeitungen anzugehen. Zu diesem Zweck wurde der »Bayern-Kurier« von einer »Wochenzeitung für das bayerische Volk«, als die das Parteiorgan ursprünglich angetreten war, seit 1963 zu einer »Wochenzeitung für Politik, Kultur und Wirtschaft« umgestaltet.[352] Unter der alleinigen Herausgeberschaft von Strauß entwickelte sich der »Bayern-Kurier« nicht nur zum Sprachrohr des Parteivorsitzenden, sondern stellte auch zunehmend bundespolitische Themen in den Mittelpunkt – und feuerte aus allen Knopflöchern gegen den SPIEGEL, wenn es sich anbot.[353] Zwischen 1964 und 1970 wuchs die Auflage des »Bayern-Kurier« von 80 000 auf 124 000 Exemplare, die nicht nur in Bayern gelesen wurden, so dass Strauß und die CSU-Führung ihrer konservativen Klientel in der ganzen Republik die eigene Sicht der Dinge nahebringen konnten. So trug das Parteiblatt nach außen zur Stärkung der publizistischen Kampfkraft der CSU und nach innen zur Integration und Mobilisierung der eigenen Anhängerschaft bei.

---

352 Vgl. dazu Mintzel: *Anatomie* (1975), S. 338–343.
353 Vgl. »Die Methoden des ›Spiegel‹«, in: *Bayern-Kurier* vom 9.2.1963, oder ebd. vom 29.6.1963: »›Spiegel‹-Methoden«.

Man kann also sagen, dass die CSU schon einige Jahre nach der SPIEGEL-Affäre homogener, schlagkräftiger, mitgliederstärker, öffentlich sichtbarer und mehr auf den großen Vorsitzenden ausgerichtet war, als dies zuvor der Fall gewesen war. Es ist ein bisher übersehenes Paradoxon, dass gerade die SPIEGEL-Affäre dazu beigetragen hat, die Metamorphose der CSU von einer bayernzentrierten Honoratiorenpartei zu einer »Massen- und Apparat-Partei modernen Typs«[354] mit besonderen bundespolitischen Ambitionen zu beschleunigen.

Wenn Rudolf Augstein diese Entwicklung erkannt hat, wird sie ihm nicht sonderlich gefallen haben, stärkte sie doch letztlich die Machtbasis seines Lieblingsgegners, der allen Ambitionen zum Trotz nie Bundeskanzler oder wenigstens Außenminister geworden ist. Augstein hielt es sich Zeit seines Lebens zugute, dem zweifelhaften Demokraten und unberechenbaren Kraft- und Machtmenschen aus Bayern den Weg in diese Spitzenämter verlegt zu haben.[355] Doch hier überschätzte er seine Rolle. Denn auch wenn Strauß unbelastet vom Odium des Rechtsbruchs und der Lüge in den Kampf um die Nachfolge Adenauers hätte ziehen können, wären seine Chancen aufgrund der Koalitionsmechanik im Parteiensystem der alten Bundesrepublik sowie wegen der Machtverhältnisse zwischen CDU und CSU nicht besonders gut gewesen. Dazu passt der Hinweis der Allensbacher Demoskopen, dass sich in einer Meinungsumfrage über einen möglichen Nachfolger Adenauers aus den Reihen der Union im Mai 1959 – also vor den großen Skandalen und vor der Offensive des SPIEGEL – nur zwei Prozent der Befragten für Franz Josef Strauß auspra-

---

354 Mintzel: *Anatomie* (1975), S. 67.
355 Vgl. Michael Haller: »Deutschland als Problem, als Frage und als Zielpunkt. Der politische Journalismus des ›Spiegel‹ und der ›Zeit‹ in den 50er und 60er Jahren«, in: Jürgen Wilke (Hg.): *Massenmedien und Zeitgeschichte*, Konstanz 1999, S. 625–637, hier S. 631.

chen.³⁵⁶ Wenn überhaupt ein Kandidat aus Bayern zum Zuge kam – was bekanntlich nur zweimal geschah –, war dies stets der Schwäche der CDU und nicht der Stärke der CSU geschuldet. Immerhin bekam Franz Josef Strauß in einer solchen Situation seine Chance – und verlor 1980 das Duell mit Helmut Schmidt.

Der SPIEGEL ließ auch nach 1962 keine Gelegenheit aus, vor Strauß zu warnen. Allerdings schien zumindest Rudolf Augstein mit der Zeit – insbesondere nach dem Rückzug des CSU-Vorsitzenden nach Bayern 1978 und seiner Niederlage bei den Bundestagswahlen zwei Jahre später – milder geworden zu sein, wie sein fast schon liebevoller Nachruf auf den CSU-Vorsitzenden vom Oktober 1988 zeigt.³⁵⁷ Strauß hingegen kultivierte – trotz aller professionellen Contenance, die er an den Tag legen konnte – bis zu seinem Tod eine tiefe Abneigung gegen das Nachrichten-Magazin und seine Führungsmannschaft. In seinen Fragment gebliebenen Erinnerungen schrieb er: »Ich selbst bin mit ›SPIEGEL‹-Herausgeber Rudolf Augstein nur einmal auf privater Ebene zusammengekommen. […] Ich habe diesen Versuch, zu einer vernünftigen Gesprächsbasis zu kommen, nur einmal unternommen, und dieser Versuch ging schief. Es standen sich nicht nur zwei Männer gegenüber, die völlig gegensätzliche politische Einschätzungen und Urteile hatten, es handelte sich bei Augstein und mir um zwei völlig entgegengesetzte Charaktere. […] Zudem hat sich mir beim ›SPIEGEL‹ und bei Augstein nicht nur einmal die Frage gestellt, in wessen Auftrag sie arbeiten, vor allem, wenn sie ihren hemmungslosen Kampf gegen mich führten.« Er sei, so Strauß weiter, vom SPIEGEL zur »Zielscheibe« einer Hetzkampagne

---

356 Vgl. Elisabeth Noelle/Erich Peter Neumann (Hg.): *Jahrbuch der öffentlichen Meinung 1958–1964*, Allensbach/Bonn 1965, S. 284; 42 Prozent der Befragten sprachen sich dagegen für Ludwig Erhard und elf Prozent für Eugen Gerstenmaier aus.

357 Vgl. »Tod und Verklärung des F.J.S.«, in: DER SPIEGEL vom 10.10.1988.

gemacht worden, die ihn an die demagogischen Auswüchse der NS-Zeit erinnert hätten.[358] Es ist nicht daran zu zweifeln, dass sich Strauß bis zuletzt als Opfer und Augstein als Täter sah; der ironisch-verbindliche Ton mancher Briefe, die zwischen beiden gewechselt wurden, sollte darüber nicht hinwegtäuschen.[359]

3. 1962 – eine »Stunde Null« der Demokratie?

Die SPIEGEL-Affäre nimmt in der Skandal-Chronik der Bundesrepublik ohne Zweifel einen herausgehobenen Platz ein. Das liegt an den Ereignissen, aber auch daran, wie diese Ereignisse von den beteiligten Zeitzeugen und Institutionen erinnert werden. Der SPIEGEL hat durch geschickte Inszenierungen in eigener Sache nicht wenig dazu beigetragen, das kollektive Gedächtnis der Nation zu beeinflussen. Wenn man etwa die Artikel und Veranstaltungen zum 50. Jahrestags der Affäre betrachtet, könnte man fast den Eindruck gewinnen, es habe im Herbst 1962 so etwas wie eine »Stunde Null« der westdeutschen Demokratie gegeben. Im Programm zur Konferenz »›Ein Abgrund von Landesverrat‹. 50 Jahre SPIEGEL-Affäre« heißt es etwa, dieses Ereignis sei eine »Zäsur« gewesen; brave Bürger hätten »plötzlich« gegen die Staatsmacht demonstriert. Die Jubiläumsnummer des SPIEGEL vom 17. September 2012 trägt sogar den Titel »Als die Deutschen lernten, ihre Demokratie zu lieben«, während Franziska Augstein kurz und knapp die These aufstellte: »Mit der SPIEGEL-Affäre 1962 begann das Jahr 1968. Viele junge Deutsche legten die Lampenputztücher beiseite, es begann die Zeit der Putztruppen.«[360]

358 Strauß: *Erinnerungen* (1989), S. 422 und S. 424.
359 ACSP, NL Strauß, BMF 11, Rudolf Augstein an Franz Josef Strauß vom 24.6.1969 und dessen Antwortschreiben vom 9.7.1969.
360 Franziska Augstein: »1962 begann das Jahr 1968«, in: DER SPIEGEL vom 17.9.2012, neu abgedruckt im vorliegenden Band.

Wenn man diese und andere Aussagen liest, so fragt man sich, warum Willy Brandt 1969 noch »mehr Demokratie« wagen wollte, wenn dies doch der SPIEGEL schon Jahre zuvor für ihn erledigt hatte. Diese Bemerkung entbehrt nicht einer gewissen Polemik, doch sie verweist auf die konstruktivistische, teilweise ahistorische und mystifizierende Tendenz, die der Erinnerung an die SPIEGEL-Affäre vielfach innewohnt, und sie führt zu der wichtigen Frage nach dem Verhältnis von Ereignis und Prozess bei der Verortung der SPIEGEL-Affäre in der Geschichte der Bundesrepublik.

Werfen wir zunächst einen Blick auf die kurzfristigen Auswirkungen, die der Skandal für die politische Kultur Westdeutschlands hatte. Auskunft darüber geben etwa Umfragen des Allensbacher Instituts für Demoskopie, die Ende 1962 durchgeführt wurden.[361] Danach gibt es keinen Zweifel daran, dass die SPIEGEL-Affäre ein nationales Ereignis war; 91 Prozent der Befragten hatten zumindest davon gehört. Ansonsten waren die Meinungen über den Skandal und das Vorgehen von Politik und Justiz geteilt. Immerhin 37 Prozent fanden die Aktionen gegen das Nachrichten-Magazin »skandalös«, die an »Nazimethoden« erinnerten und vermutlich nichts anderes seien als ein »Racheakt«, um den SPIEGEL endlich »mundtot« zu machen. Aber 31 Prozent der Befragten stimmten der Aussage zu, man solle »über den Einzelzeiten des Vorgehens doch die Hauptsache nicht vergessen, daß nämlich ein schwerer Verdacht des Landesverrats vorliegt«. Es sei »die Pflicht der Behörden« gewesen, »schnell und scharf zuzugreifen«, um die Vernichtung von Beweismaterial zu verhindern. 23 Prozent hatten keine Meinung. Allerdings waren nur 16 Prozent der Befragten davon überzeugt, man habe den

---

361 Noelle/Neumann (Hg.): *Jahrbuch der öffentlichen Meinung 1958–1964* (1965), S. 96–99.

SPIEGEL aus durchsichtigen Gründen zum Schweigen bringen wollen, und der Vorwurf des Landesverrats sei nur vorgeschoben. 27 Prozent hielten Landesverrat dagegen für eine so ernste Sache, dass das Vorgehen von Polizei und Justiz gerechtfertigt gewesen sei. Die Mehrheit – 31 Prozent – war geteilter Meinung; gegen eine Untersuchung sei grundsätzlich nichts einzuwenden, wohl aber gegen die Art und Weise, wie sie durchgeführt worden sei; hier seien »Dinge passiert, die in einem Rechtsstaat nicht vorkommen dürfen«. Das Vertrauen in ebendiesen Rechtsstaat und die vom Grundgesetz garantierten Bürgerrechte war allerdings nicht in seinen Grundfesten erschüttert. Immerhin 53 Prozent der Befragten glaubten weiterhin daran, dass der Rechtsstaat funktioniere und das Recht auf Meinungsfreiheit gewahrt sei. Dagegen waren 25 Prozent der Meinung, man müsse daran zweifeln, »ob wir noch in einem Rechtsstaat leben«; 22 Prozent konnten sich nicht entscheiden.

Bei allen Verschiebungen, die sich aus diesen Zahlen herauslesen lassen, so spiegelt sich darin nicht unbedingt eine Revolution wider. Auch die Wahlen zwischen Herbst 1962 und 1965 lassen nicht auf ein Erdbeben schließen, das die politische Landschaft der Bundesrepublik grundlegend verändert hätte. In den acht Landtagswahlen, die seit der SPIEGEL-Affäre stattgefunden hatten, verbuchten CDU und CSU fünfmal Stimmengewinne und nur dreimal Verluste, wobei vermutlich nur die Landtagswahlen in Hessen und Bayern im November 1962 unmittelbar von der Affäre um Strauß und Augstein beeinflusst wurden.[362] Auch die Bundestagswahl im September 1965 gewann die Union, wobei Kanzler Ludwig Erhard diesen Wahlsieg nicht zuletzt

---

362 Vgl. Ritter/Niehuss: *Wahlen in Deutschland* (1991), S.158–179; in Hessen kam die CDU am 11.11.1962 nur noch auf 28,8 Prozent der Stimmen nach 32,0 vier Jahre zuvor; in Bayern gewann die CSU am 25.11.1962 gegenüber 1958 1,9 Prozent hinzu.

einem glänzenden Ergebnis der CSU in Bayern zu verdanken hatte. Die unmittelbaren Konsequenzen der SPIEGEL-Affäre waren also überschaubar: Demonstrationen von einigen tausend Menschen – bei einer Gesamtauflage des SPIEGEL von circa 500 000 Exemplaren gar nicht einmal so viele –, ein beschädigter Bundeskanzler, dessen Tage nicht nur wegen seines Alters ohnehin gezählt waren, und ein zurückgetretener Minister, der das Image vom intelligenten, aber unberechenbaren, kaltherzigen und tendenziell korrupten Machtmenschen außerhalb seiner Anhängerschaft nie mehr loswerden sollte.[363] Und noch etwas ist zu konstatieren: Der Skandal hatte dem SPIEGEL – schon vor dem Skandal ein Fixstern am westdeutschen Medienhimmel – den Stoff geliefert, aus dem man Mythen macht. Er war mit seiner spezifischen Mischung von Aufklärung und Auflage seither eine fast unantastbare politisch-gesellschaftliche Institution, die niemanden kaltließ und die sich seither gleichsam von 1962 her definiert.

Vielleicht würde sich die SPIEGEL-Affäre heute in die Reihe der Politskandale von den Vorwürfen gekaufter Stimmen in der Hauptstadtfrage 1949/50 bis Parteispendenaffäre um Helmut Kohl einreihen, wenn sie nicht für das Selbstverständnis des führenden deutschen Nachrichten-Magazins von so zentraler Bedeutung wäre, dass man es gleichsam mit gegenwärtiger Vergangenheit zu tun zu haben glaubt. Doch das ist nicht der einzige Grund, wieso die Ereignisse vom Herbst 1962 anders erinnert werden als andere Polit-Skandale. Die SPIEGEL-Affäre gewinnt ihre beson-

---

[363] Vgl. Elisabeth Noelle/Erich Peter Neumann (Hg.): *Jahrbuch der öffentlichen Meinung 1965–1967*, Allensbach/Bonn 1967, S. 222–225; dies schloss gute Umfragewerte (im Sommer 1967 hatten 49 Prozent der Befragten eine »gute Meinung« von Bundesfinanzminister Strauß, die Zustimmung für Außenminister Brandt lag mit 51 Prozent nur wenig höher; vgl. ebenda, S. 226 und S. 234) im Einzelfall nicht aus.

dere Bedeutung aus einer spezifischen Verbindung von teils sichtbaren, teils im Verborgenen verlaufenden historischen Prozessen und dem Ereignis selbst. Die SPIEGEL-Affäre und insbesondere ihre Begleiterscheinungen im öffentlichen Raum waren selbst schon das Ergebnis eines multikausalen Lernprozesses, der seit der zweiten Hälfte der 1950er Jahre immer mehr Fahrt gewonnen und die Republik bereits verändert *hatte*, als Adenauer und Strauß zum Angriff auf den SPIEGEL bliesen. Oder, um mit Anselm Doering-Manteuffel zu sprechen: Schon im letzten Drittel der 1950er Jahre breiteten sich – langsam und zumeist unspektakulär – »neuartige Vorstellungen von politischem Handeln« aus, »und damit kam ein Prozess in Gang, der die für Deutschland typische traditionelle Trennung zwischen dem Verständnis vom ›Staat‹ als einer ›sittlichen Idee‹ im Sinne Hegels auf der einen Seite und dem ›Volk‹ als ›Untertanenverband‹ […] auf der anderen Seite überwand«.[364] Damit gewann aber ein neuer Stil von Politik ebenso an Bedeutung wie ein neues Verständnis von Partizipation und demokratisch-bürgerschaftlichem Handeln.

Im letzten Drittel der 1950er Jahre hatte sich die Bundesrepublik politisch stabilisiert, und sie war ökonomisch auf Erfolgskurs. In diesem Kontext stellte sich auch die Frage nach der Zukunft Westdeutschlands und nach den Potenzialen und Gefährdungen der zweiten deutschen Demokratie neu. Das politische Koordinatensystem veränderte sich Zug um Zug, und auch das generationelle Gefüge begann sich zu verschieben – mit weitreichenden Folgen für die politische Kultur der Bundesrepublik. Man hat diesen Prozess als »Wertewandel«, als »stille Revolution« oder als fundamentale Liberalisierung bezeichnet, und ohne an dieser

---

364 Anselm Doering-Manteuffel: »Politische Kultur im Wandel. Die Bedeutung der sechziger Jahre in der Geschichte der Bundesrepublik«, in: Andreas Dornheim/Sylvia Greiffenhagen (Hg.): *Identität und politische Kultur*, Stuttgart 2003, S. 146–158, hier S. 147.

Stelle tiefer in die noch immer laufende Debatte einsteigen zu wollen,[365] steht doch fest, dass die Ansprüche der Bürger stiegen. Sie wollten mitgestalten, sich selbst in die Gesellschaft einbringen und weniger Objekt als Subjekt von Politik werden. Der SPIEGEL hatte durch seine Art der investigativen Berichterstattung und seinen Stil der Kritik an der Bundesregierung dazu beigetragen, diesen Trend zu beschleunigen. Im Herbst 1962 konnte er erste Früchte dieser Entwicklung ernten, die er nicht ausgelöst hatte, aber seit einiger Zeit fast jede Woche neu schürte. Mitte der 1950er Jahre wären Adenauer und Strauß mit dem Argument, die nationale Sicherheit wiege schwerer als ein demokratisches Grundrecht wie die Pressefreiheit, vielleicht noch durchgekommen. 1962 gelang dies nicht mehr, und eben weil dies nicht mehr gelang, erhielten die Kräfte der Veränderung und ihre Protagonisten neuen Schwung.

4. Licht und Schatten

Auf der Habenseite der SPIEGEL-Affäre stehen also der Bedeutungszuwachs des kritischen Journalismus als ebenso notwendiges wie legitimes Organ der Kontrolle politischer Entscheidungsträger, die Implementierung des Grundrechts auf Pressefreiheit durch die juristische Aufarbeitung des Skandals nach 1962 sowie zusätzliche Impulse aus der Mitte der Gesellschaft für mehr Mitsprache und Mitgestaltung jenseits der Mechanismen der repräsentativen Parteiendemokratie. Doch wo gehobelt wird, da fallen Späne, und wo viel Licht ist, ist auch Schatten. Die oft gehörte

---

365 Vgl. Andreas Rödder: *Die Bundesrepublik Deutschland 1969–1990*, München 2004, S. 207–216, und Ulrich Herbert: »Liberalisierung als Lernprozess. Die Bundesrepublik in der deutschen Geschichte – eine Skizze«, in: ders. (Hrsg.): *Wandlungsprozesse in Westdeutschland. Belastung, Liberalisierung 1945–1980*, Göttingen 2002, S. 7–49.

Die Folgen

Geschichte von der Bedeutung der SPIEGEL-Affäre für die demokratische Entwicklung der Republik lässt sich auch anders erzählen, ja sie muss anders erzählt werden, wenn man die negativen Folgen des Skandals nicht ignorieren will. Oder mit anderen Worten: Verursachte der SPIEGEL mit seinem »Kreuzzug«[366] gegen Franz Josef Strauß nicht auch unliebsame Kollateralschäden? Denn dass die in der Mediengeschichte der Bundesrepublik vielleicht einzigartige Kampagne, die Rudolf Augstein und der SPIEGEL zwischen 1958 und 1962 gegen Strauß führten, so etwas wie ein Kreuzzug war, ist offensichtlich.

Augstein und der SPIEGEL konstruierten ein Feind- und Zerrbild von Franz Josef Strauß, den sie wahlweise zur Gefahr für die Demokratie oder zur Bedrohung für den Frieden überhöhten – »zum Abziehbild des Bösen schlechthin«. Und Strauß ließ kaum eine Gelegenheit ungenutzt, um seinen Gegnern neue Munition und neue Stichworte zu liefern. Das »überdimensionierte Feindbild« Strauß blieb nicht ohne Wirkung und setzte sich schon vor der eigentlichen Affäre bei linksliberalen Intellektuellen und regierungskritischen Journalisten durch. Martin Walser hat noch vierzig Jahre später nachdenklich darüber gesprochen, wie sehr der SPIEGEL seinerzeit seine Wahrnehmung von Franz Josef Strauß beeinflusste, ja deformierte.[367]

Die Skepsis ist auch Peter Merseburger, dem Weggefährten und Biographen Augsteins, in seiner Schilderung der SPIEGEL-Affäre anzumerken.[368] Augstein habe in seiner Überzeugung,

---

366 So Peter Merseburger: *Rudolf Augstein. Der Mann, der den SPIEGEL machte*, München 2009, S. 232; die folgenden Zitate finden sich ebenda, S. 232f.

367 Vgl. »Erinnerung kann man nicht befehlen. Martin Walser und Rudolf Augstein über ihre deutsche Vergangenheit«, in: DER SPIEGEL vom 2.11.1998.

368 Merseburger: *Rudolf Augstein* (2009), S. 232 und S. 234f.

Strauß als Nachfolger Adenauers um jeden Preis verhindern zu müssen, »eine gnadenlose Jagd« auf den Verteidigungsminister eröffnet und die »Schlagkraft seiner publizistischen Kampfmaschine gnadenlos an dem Mann« erprobt, »den er für ein bundesrepublikanisches Verhängnis« hielt. In der Causa Strauß habe sich Augstein nicht »mit der Rolle des kritischen Beobachters und Kommentators« begnügt, er habe sein Magazin »zur Kampfpresse« gemacht und »bedenklich nahe an der Grenze zum Agitator« operiert. Auch ein anderer ehemaliger Redakteur des SPIEGEL, Michael Heller, stellte fest, der Journalist Augstein habe in der Auseinandersetzung mit Strauß all seine Möglichkeiten ausgeschöpft, um »Politik mit anderen Mitteln« zu machen.[369] Das heißt aber nichts anderes, als dass Augstein und der SPIEGEL im Kampf gegen Strauß »das journalistische Ideal der Objektivität und Ausgewogenheit« zumindest »zeitweise« aufgaben.[370]

Augstein antizipierte diese Form von Kritik und schrieb Ende September 1962 an seine Leser: »Wer uns verübelt, daß wir einen wichtigen Mann mit Skandalen zudecken, dem antworten wir: Die Geistesverfassung des westdeutschen Wählervolkes und seiner Regierungsmehrheit läßt uns keine andere Wahl. Demokratie kann in diesem Lande offenbar nur mit dicken Prügeln eingebleut werden.«[371] Spätestens hier stellt sich freilich die Frage nach der Qualität dieses recht handgreiflichen Verständnisses von Demokratie. Franz Josef Strauß war autoritär, und seiner Toleranz gegenüber Andersdenkenden konnten enge Grenzen gesetzt sein. Doch wie verhielt es sich mit Augstein, der sich im Dienste der Demokratie zur publizistischen Prügelstrafe ermächtigt fühlte?

---

369 Haller: »Deutschland als Problem«, in: Wilke (Hg.): *Massenmedien und Zeitgeschichte* (1999) S. 630.
370 Jankus: »Franz Josef Strauß« (2002), S. 299.
371 »Lieber Spiegel-Leser«, in: DER SPIEGEL vom 26.9.1962.

Strauß war immerhin sowohl als Bundestagsabgeordneter als auch als Parteivorsitzender demokratisch gewählt, Augstein dagegen war lediglich Chef eines Nachrichten-Magazins in eigener Sache, der beschlossen hatte, Strauß müsse weg[372] – demokratische Spielregeln hin oder her. Der CSU-Vorsitzende und der Herausgeber des SPIEGEL waren Kinder ihrer Zeit, sie hatten die NS-Zeit als junge Erwachsene und den Krieg als junge Offiziere erlebt. Sie hatten sich auf ihre Weise um den demokratischen Neubeginn verdient gemacht, und sie hatten ihre eigenen Konsequenzen aus ihren Erfahrungen gezogen. Strauß und Augstein waren sich also einerseits ähnlicher, als sie je zugegeben hätten, und sie waren doch zugleich politisch wie Feuer und Wasser. Nicht zuletzt daraus erwuchs die explosive Mischung, die in der SPIEGEL-Affäre gipfelte.

Wenn Augstein und der SPIEGEL das »Sturmgeschütz der Demokratie« waren,[373] so war Strauß das Sturmgeschütz des demokratischen Konservatismus in der Bundesrepublik. Sturmgeschütze sind keine Präzisionswaffen, sie walzen nieder, was sich ihnen in den Weg stellt, das Sichtfeld der Besatzung ist ausgesprochen begrenzt, und sie können nur in eine Richtung schießen, weil sich die großkalibrige Kanone nicht drehen lässt. Ihre Trefferwirkung ist freilich verheerend. Entsprechend hart ging es zur Sache, als Strauß und Augstein aufeinandertrafen. Die Berichterstattung des SPIEGEL gegenüber Strauß war bewusst verletzend, sie gab ihr Objekt, wo es ging, der Lächerlichkeit preis und operierte hart an der Grenze zur Beleidigung.[374] Strauß

---

372 Vgl. »Erinnerung kann man nicht befehlen«, in: DER SPIEGEL vom 2.11.1998.
373 »Hausmitteilung«, in: DER SPIEGEL vom 11.11.2002.
374 Vgl. »Greißlige Henn'«, in: DER SPIEGEL vom 22.3.1971; vgl. auch Merseburger: *Rudolf Augstein* (2009), S. 473, der von einem »persönlichen Vernichtungsfeldzug« sprach.

dagegen spielte alle Karten aus, die er als Bundesminister in der Hand hatte – und verlor.

Man könnte auch sagen, dass Strauß in der SPIEGEL-Affäre Opfer und Täter zugleich war – und dass der Kampfjournalismus von Augsteins Nachrichten-Magazin durchaus nicht nur mit Gewinnen, sondern auch mit Kosten für die westdeutsche Demokratie verbunden war. In diesem Sinne scheint die These plausibel, dass der SPIEGEL durch die Art seiner Berichterstattung in der Causa Strauß einer teilweise giftigen politisch-gesellschaftlichen Polarisierung Vorschub leistete, die sich in den 1960er und 1970er Jahren immer wieder Bahn brach. Debatten wurden schnell allzu grundsätzlich und wie zwischen Augstein und Strauß mit alttestamentarischer Entschlossenheit – beinahe auf Leben und Tod – ausgefochten. Der Sache diente das nicht unbedingt, wohl aber einem bis heute sichtbaren und oft wenig hilfreichen Stil der politischen Kommunikation, über den Jan Heidtmann im Sommer 2012 in der »Süddeutschen Zeitung« geschrieben hat, diese »Empörung als Prinzip« habe nicht das Ziel, ein Problem zu diskutieren und zu lösen, sondern es gehe darum, »eine Sache zu erledigen – im doppelten Wortsinn«.[375]

---

375 »Empörung als Prinzip«, in: *SZ* vom 8.8.2012.

ZEITZEUGEN-GESPRÄCHE

»Das war ein Kälteschock.«

*Zeitzeugen-Gespräch mit
Bundesminister a. D. Hans-Dietrich Genscher,
Bundesminister a. D. Horst Ehmke, Dieter Wild und
David Schoenbaum.*

Moderation und Bearbeitung: Hauke Janssen

Herr Genscher, Sie sind 1927 in Reideburg an der Saale geboren worden. Zur Zeit der SPIEGEL-Affäre waren Sie 35 Jahre alt und Bundesgeschäftsführer der FDP. 1969 wurden Sie Innenminister der sozialliberalen Koalition, und von 1974 bis 1992 waren Sie Außenminister und Vizekanzler erst unter Helmut Schmidt und dann unter Helmut Kohl...

Hans-Dietrich Genscher
... nicht unter – mit.

... nach dem Studium der Rechtswissenschaften in Halle und dem abgelegten Ersten Staatsexamen kamen Sie 1952 in den Westen, nach Bremen, und traten in die FDP ein: Was war das damals für eine Partei, welche Persönlichkeiten haben Sie besonders angezogen?

Hans-Dietrich Genscher
Meine Vorbilder in der FDP waren Thomas Dehler und Reinhold Maier. Die FDP war damals eine in ihren regionalen Gliederungen höchst unterschiedliche Partei. Ich kam in Bremen in einen sehr liberalen und fortschrittlichen Landesverband,

sehr im Gegensatz zum Landesverband Nordrhein-Westfalen. Für mich handelte es sich um die konsequente Fortsetzung meines politischen Engagements im Osten. Ich war im Januar 1946 in die liberaldemokratische Partei eingetreten und dort mehr als ruhendes Mitglied denn als aktives der liberalen Sache verpflichtet. Ich suchte die liberale Partei und fand sie in der Zusammenarbeit mit Walter Scheel, mit Karl-Hermann Flach und Wolfgang Mischnick, Vertreter einer jüngeren Generation, die versuchten, der FDP eine neue Ausrichtung zu geben. Auch unter dem Gesichtspunkt der Parteispaltung im Jahr 1956, als der Ministerflügel sich von uns löste, weil man glaubte, man könne mit einer rechtsliberalen Partei einen besonderen Erfolg erzielen.[376]

In Lutz Hachmeisters Referat am Nachmittag war die Rede davon, dass es Anfang der fünfziger Jahre in der nordrhein-westfälischen FDP durch die sogenannte Naumann-Gruppe zu einem Unterwanderungsversuch ehemaliger Nationalsozialisten gekommen war, bis im Januar 1953 die britische Besatzungsmacht gegen den Kreis um den ehemaligen Goebbels-Staatssekretär Werner Naumann vorging. Die Bremer FDP stand gegen diese Leute ...

Hans-Dietrich Genscher
... zusammen vor allem mit den Baden-Württembergern.

---

[376] Im Februar 1956 kündigte die FDP auf Bundesebene die Regierungskoalition mit der CDU/CSU auf und ging in die Opposition. Daraufhin trat eine größere Gruppe aus der Partei aus, darunter die Bundesminister Franz Blücher, Fritz Neumayer, Victor-Emanuel Preusker und Hermann Schäfer (deshalb »Ministerflügel«), und gründete die Freie Volkspartei (FVP).

Mit Hans-Dietrich Genscher, Horst Ehmke, Dieter Wild, David Schoenbaum

... während es von Augstein, der 1955 in die FDP eintrat, und seinem Freund Wolfgang Döring, damals eines der führenden Mitglieder des Landesverbandes Nordrhein-Westfalen, hieß, beide hätten mit dem von Naumann lancierten sogenannten Deutschland-Programm sympathisiert. Standen Sie Anfang der fünfziger Jahre in einem anderen politischen Lager als Augstein und Döring?

Hans-Dietrich Genscher
Nein. Augstein und Döring gehörten damals zu denen, die sagten, wir müssen die junge Generation, die enttäuscht und verführt worden ist, in den demokratischen Bereich hineinziehen. Das war eine vollkommen andere Auffassung als die der Leute um Naumann – die hatten eine restaurative Einstellung. Denken Sie an die Rede, die Wolfgang Döring im Bundestag unter Hinweis auf seine jüdische Ehefrau im Zusammenhang mit der SPIEGEL-Affäre gehalten hat.[377] Döring war kein restaurativer

377 Döring sagte, der Verdacht, es sei bei der Aktion gegen den SPIEGEL nicht alles mit rechten Dingen zugegangen, bewege viele Menschen, unten anderem »meine eigene Frau, von deren sechsundzwanzig Familienmitgliedern zweiundzwanzig in deutschen Konzentrationslagern umgekommen sind, eine Frau, der es schwer gefallen ist, nach Deutschland zurückzukommen, der ich mich wochen- und monatelang bemüht habe klarzumachen, daß alle ihre Sorgen und Zweifel, die sie vielleicht hier oder da haben könnte, unberechtigt sind, die mich fragt: Ist es möglich, daß, wenn nur ein Verdacht besteht, es sei nicht alles mit rechten Dingen zugegangen, irgendwo eine Hemmung besteht, diesen Verdacht aufzuklären?« Vgl. Protokoll der Fragestunde und der Bundestagsdebatte am 7. November 1962, abgedruckt in: Alfred Grosser / Jürgen Seifert (Hg.): *Die Spiegel-Affäre. Band I: Die Staatsmacht und ihre Kontrolle*, Olten und Freiburg i. Br. 1966, S. 307–376, hier S. 351f; sowie David Schoenbaum: *Ein Abgrund von Landesverrat. Die Affäre um den SPIEGEL*, Berlin 2002 (Erstausgabe 1968), S. 120f.

Mensch, sondern jemand, der, aus eigener Lebenserfahrung motiviert, eine verführte Generation für die demokratische Gesellschaft gewinnen wollte.

Herr Ehmke, Sie wurden 1927 geboren, in Danzig...

Horst Ehmke
Sechs Wochen vor Genscher.

Sie waren 1962 also ebenfalls 35 Jahre alt und bereits Rechtsprofessor in Freiburg. Sie traten 1947 in die SPD ein und arbeiteten eine Zeit als Assistent von Adolf Arndt, dem führenden Juristen in der Partei. 1963 bis 1966 gehörten Sie zu den Anwälten von Conrad Ahlers in dem Verfahren am Bundesgerichtshof, aber vor allem vertraten Sie die Beschwerde des SPIEGEL vor dem Verfassungsgericht. 1969 wurden Sie Bundesjustizminister, später Bundesminister im Kanzleramt und Minister für Forschung und Technologie, Post- und Fernmeldewesen.
    Wie kam der Kontakt zum SPIEGEL zustande, und mit welchen Überlegungen und Absichten sind Sie an das Verfahren in Karlsruhe gegangen?

Horst Ehmke
Die Schlüsselfigur für mich war Conny Ahlers, wir kannten uns schon viele Jahre. Als es zur SPIEGEL-Affäre kam, fragte Conny mich, ob ich ihn verteidigen würde. Ich sagte »Ja«, obgleich ich Verfassungsrechtler und nicht Strafrechtler war. Aber es gab ja eine ganze Gruppe von Beschuldigten und eine ganze Gruppe von Verteidigern. Später haben erst Ahlers und dann Arndt Augstein geraten, ich sollte den SPIEGEL-Verlag in der Verfassungsbeschwerde vertreten. Das habe ich übernommen, ich war gewissermaßen das Verbindungsglied zwischen Verfas-

sungsgerichtsprozess und den Strafverfahren. Mit Connys Strafverteidigung hatte ich allerdings nicht mehr viel zu tun. Mein Engagement war eigentlich ein politisches, weil ich erstens schon meine Rechnung mit Strauß hatte und zweitens, weil mir klar war, wenn das hier durchgeht, dann ist die Tür offen für alles Undemokratische.

Wer waren Ihre Hauptansprechpartner beim SPIEGEL, und wie funktionierte die Zusammenarbeit?

Horst Ehmke
Mein Assistent Michael Nesselhauf[378] war eine wichtige Stütze. Wir kamen nach Hamburg, und der SPIEGEL hat uns zuerst an der Elbchaussee, im Hotel Jacob, einquartiert. In meinem Zimmer stand ein Strauß – 40 rote Rosen. Aber die kamen nicht von Augstein, sondern von einer Dame, die in einer anderen Sache von mir beraten werden wollte. Wir dachten schon, das würde so weitergehen. Aber nach einer Weile verfrachtete man uns in die Stadt und in bescheidenere Quartiere. Rudolf Augstein lernte ich eigentlich erst durch den Prozess wirklich kennen. Er hatte einen Bruder, Josef Augstein. Rudolf war nationalliberal, Josef war nationalkonservativ. Er hieß bei uns nur »die deutsche Eiche«. Eines Tages meldete er sich bei mir in Freiburg. Ich holte ihn vom Bahnhof ab, und er sagte zu mir: »Ja, wann gehen wir denn zu Ihrem Vater?« Er dachte wohl, ein Professor müsse ein älterer und seriöserer Mensch sein, als ich es damals war.

Eines muss ich noch sagen: In einem Landesverratsverfahren geht es um Jurisprudenz und um Vorurteile, aber vor allem geht

---

[378] Michael Nesselhauf war nach seiner Freiburger Zeit von 1967 bis 1986 beim SPIEGEL beschäftigt, seit 1971 als Verlagsleiter, heute führt er ein Anwaltsbüro und ist seit 2005 gewählter Richter am Hamburgischen Verfassungsgericht.

es um Tatsachen, und für Tatsachen sind Juristen nur begrenzt zuständig. Dafür gab es das Archiv des SPIEGEL, und ich kann nur sagen: »Hut ab.« Besonderer Dank gilt den beiden Herren Heinz Höhne und Robert Spiering, die damals in den Karlsruher SPIEGEL-Verfahren die Grundlage zu unserem Erfolg gelegt haben.[379] Spiering war unglaublich gut in der Zusammenarbeit, bei der Beantwortung von Fragen, die noch offen waren. Später, nach dem Prozess, bekam ich die Zusage, immer wenn ich eine Frage hätte, um Hilfe bitten zu können. Also im Grunde hätte nicht der SPIEGEL mich, sondern ich den SPIEGEL bezahlen müssen.

Herr Schoenbaum, Sie wurden 1935 geboren, waren damals 27 Jahre alt und damit der jüngste Zeitzeuge dieser Runde.

David Schoenbaum
Das gibt es nicht alle Tage, dass ich die Chance habe, links außen zu sitzen und die Jugend zu vertreten.

Sie haben in Wisconsin-Madison studiert, 1965 in Oxford promoviert und bis 2008 als Professor für Geschichte an der Universität Iowa gelehrt. Bei uns kennt man Ihre Studie *Hitler's Social Revolution* und Ihre Erwiderung auf die Thesen Daniel Goldhagens. Eingeladen aber haben wir Sie als Autor des 1968 erschienenen Buches *Ein Abgrund von Landesverrat. Die Affäre*

---

[379] Vgl. »Belege zur Titelgeschichte Foertsch. Eine Dokumentation von Heinz Höhne und Robert Spiering. Anlage zum Schriftsatz der Beschwerdeführerin vom 1. Mai 1963 – 1 BvR 586/62«. Die Dokumentation wollte die Frage klären, wieweit die Titelgeschichte Foertsch (= »Bedingt abwehrbereit«) durch öffentliche, jedermann zugängliche Quellen belegt ist – um somit den Vorwurf des Geheimnisverrats zu entkräften. Heinz Höhne war damals Redakteur und Robert Spiering Dokumentar beim SPIEGEL.

um den ›Spiegel‹. **Herr Schoenbaum, Sie haben im Herbst 1962 als junger Amerikaner Deutschland bereist und das Geschehen hautnah miterlebt. Wie sind Sie nach Deutschland gekommen? Was verbindet Sie mit Deutschland, und wie kam es, dass Sie ein Buch über die SPIEGEL-Affäre geschrieben haben?**

David Schoenbaum
Im Herbst 1962 saß ich als Doktorand im Institut für Zeitgeschichte und blätterte in alten Dokumenten. Die SPIEGEL-Affäre interessierte mich in verschiedenerlei Hinsicht. Denn ehe ich Historiker wurde, war ich Journalist. Meine Journalistenkollegen nennen mich einen Historiker und meine Historikerkollegen einen Journalisten und weder die einen noch die anderen meinen das als Kompliment.

Drei Jahre später, als ich die Dissertation fertiggestellt hatte und vor der misslichen Aufgabe stand, eine Stelle zu finden, kam mir der Bundesgerichtshof entgegen und hob die Anklagen gegen die SPIEGEL-Redakteure auf. Mein New Yorker Verlag fand den Plan, ein Buch über die Affäre zu schreiben, interessant und schoss mir 1500 US-Dollar vor. Ich meldete mich daraufhin bei Herrn Schmelz im Bonner Büro des SPIEGEL. Ein kleines drahtiges Männchen mit einer unvergesslichen Stimme. Er hat mich an den Verlagsgeschäftsführer Hans Detlev Becker weitergeleitet. Becker war begeistert. Er räumte mir ein Büro ein und erlaubte mir, dass eben erwähnte Archiv zu benutzen. Ich setzte mich an die Arbeit, und ein paar Jahre später entstand ein Buch. Was mich an der Affäre interessierte, war natürlich die Frage nach der Kontinuität zwischen deutscher Geschichte und Gegenwart.

Herr Wild. Sie wurden 1931 geboren, waren damals 31 Jahre alt und seit knapp zwei Jahren SPIEGEL-Redakteur in Hamburg. Später gingen Sie als Korrespondent nach Paris, leiteten bis

1990 das Auslands-Ressort und waren 1994 bis 1998 stellvertretender Chefredakteur des SPIEGEL. Herr Wild, Sie haben in Freiburg studiert, einer Hochburg des deutschen Liberalismus, und dort über den Liberalismus promoviert: Waren Sie ein Liberaler?

Dieter Wild
Ich denke, ja. Natürlich kein solcher wie Herr Genscher. Ich war ja auch nie Minister.

Hans-Dietrich Genscher
Nicht alle bei uns sind Minister.

Dieter Wild
Aber überdurchschnittlich viele ...

SPIEGEL
Herr Wild, wie sind Sie zum SPIEGEL gekommen, und was bedeutete Ihnen im Sommer 1960 das Blatt?

Dieter Wild
Das war für mich eine schwierige Entscheidung, zum SPIEGEL zu gehen. Ich war zunächst Hilfsassistent an der Universität Freiburg im historischen Seminar für 50 DM Monatssalär. Dann wollte ich Journalist werden. Ich habe Bewerbungen an alle bedeutenden Zeitungen gesandt und bekam nichts als geschäftsmäßige Ablehnungen, denn ich besaß keinerlei Ausbildung. Mit einer Ausnahme, es kam ein Brief von Rudolf Augstein: »Wann können Sie auf unsere Kosten nach Hamburg kommen?« Ich bin mit schlechtem Gewissen nach Hamburg gefahren, denn ich las sehr wenig den SPIEGEL, eigentlich nur, wenn mich ein Titelbild besonders ansprach. Becker und Augstein sagten: »Na ja, Sie haben wenig

Vorbildung, kein Volontariat. Wir bieten Ihnen die Redaktion der Leserbriefe an.« Das fand ich nicht ganz meiner würdig und habe abgesagt. Ich bin stattdessen zu der damals in Köln neu aufgestellten »Deutschen Zeitung« gegangen, einer konservativen, der Wirtschaft nahestehenden Zeitung.[380] Die hatten wenig Geld und konnten nur unerfahrene, schlecht bezahlte Leute anstellen, dafür hatte man den Vorteil, dass man schon als junger Redakteur Leitartikel schreiben konnte. Nach einiger Zeit meldete sich der SPIEGEL und bot mir nun eine Stelle als Redakteur im Ressort Deutschland an. Meine Kollegen bei der »Deutschen Zeitung« waren entsetzt. Sie sagten: »Das ist ein Revolverblatt. Du verkaufst deine Seele.« Und ich habe geantwortet: »Na ja. Ich verkaufe meine Seele, aber nur, wenn es wirklich gut bezahlt wird.« Ich verdiente damals 750 Mark und habe Becker und Augstein gesagt: »Ich will 1500 Mark.« Mir schien, dass beide erbleichten gegenüber einer solch wahnsinnigen Forderung. Aber sie war dann gar nicht so hoch, wie ich später erfahren habe. Und ich bin dann dort geblieben.

Herr Genscher, bei welcher Gelegenheit haben Sie den SPIEGEL das erste Mal als einen politischen Faktor in der Bundesrepublik wahrgenommen, und wie haben Sie Rudolf Augstein kennengelernt?

Hans-Dietrich Genscher
Den SPIEGEL habe ich schon in Halle gelesen. Wenn jemand in Westberlin war, brachte er Zeitungen mit, die haben wir noch Tage später studiert, einfach weil es Produkte freier Berichterstattung waren. Den SPIEGEL erst recht. Wir wussten, dass der SPIEGEL ein kritisches Blatt ist. Für mich war Westdeutschland das

---

380 Eigentlich: »Deutsche Zeitung und Wirtschafts-Zeitung«.

freie Deutschland, und deshalb empfand ich die SPIEGEL-Krise als einen Kälteschock. Rudolf Augstein habe ich durch Wolfgang Döring kennengelernt, die eng befreundet waren. Er hat uns zusammengebracht, und dann haben wir uns öfter gesehen.

Herr Ehmke, Sie und Ihre Kollegen Ulrich Klug und Peter Schneider, die Gutachter für den SPIEGEL in dem Verfassungsgerichtsverfahren waren, galten den Praktikern beim Bundesverfassungsgericht, so schreibt es Joachim Schöps, als »Universitäts-Grünschnäbel«.[381] Sie trafen in Karlsruhe auf eine andere Generation, nämlich die Vorkriegsgeneration von Juristen. Kam es zu einem, wie man heute sagen würde, *Clash of Cultures*?

Horst Ehmke
Das war wohl Herrn Schöps' eigene Meinung. Schneider war ein Schweizer Verfassungsjurist, später Rektor der Universität Mainz, ein hervorragender Verfassungsrechtler und Staatsrechtler; Ähnliches gilt für den Kölner Professor Klug, eine ganz große Hilfe im Prozess. Die Gutachter hatten jedoch einen Nachteil. Ein Professor darf als Ordinarius vor deutschen Gerichten auftreten, auch vor dem Verfassungsgericht, aber man braucht jemanden, der sich mit den Verfahren und den Leuten auskennt. Der SPIEGEL hatte dafür den Freiherrn Curt Ferdinand von Stackelberg, aus der berühmten baltischen Familie, und so trafen wir uns bei Stackelbergs. Das hatte drei Vorteile. Er kannte sich in Karlsruhe aus, zweitens hatte er eine polnische Frau, die phantastisch kochte, und er hatte fünf Töchter. Unter der Verteidigung waren weitere bedeutende Juristen: Heinemann, Arndt, Schlabrendorff und so

---

381 Joachim Schöps: *Die SPIEGEL-Affäre des Franz Josef Strauß*, Reinbek bei Hamburg 1983, S. 192.

weiter und so weiter. Wir hatten ein erstklassiges Team. Aber ich sage noch einmal, das war nur die eine Seite der Medaille. In dieser Art von Prozessen kommt es auf die Darlegung der Tatsachen an, und da war das SPIEGEL-Archiv nicht zu schlagen. Das Archiv schaffte das Material heran, das wir brauchten, um zu widerlegen, was da an Unsinn behauptet wurde.

Herr Schoenbaum, Sie haben damals mit vielen Beteiligten und Beobachtern gesprochen, unter anderem mit dem wegen seiner Kommentare zu den Nürnberger Rassegesetzen umstrittenen Juristen und Chef des Bundeskanzleramtes Hans Globke. Welchen Eindruck machte Globke auf Sie?

David Schoenbaum
In einem Wort: reptilienhaft. Das Interview war mittelergiebig, weil er meinen Fragen ausgewichen ist. Meine besten Interviews waren – wie es sich gehört – mit Herrn Augstein und mit Herrn Strauß, aber aus verschiedenen Gründen. Herr Augstein hat mir – glaube ich – die Wahrheit farbig und geradezu schauspielerisch vorgeführt, und Herr Strauß, der unüberbietbar charmant und unterhaltsam war, erzählte mir Märchen. Ich wusste, dass es Märchen waren. Er wusste, dass ich es wusste. Ich wusste, dass er wusste, dass ich es wusste. Und es war ein großartiges Gespräch.

Horst Ehmke
Ich finde es sehr gut, dass David sagt: »Er erzählte Märchen.« Viele hatten damals ja die Meinung über Franz Josef Strauß, der lüge, wenn er den Mund aufmache. Ich war nicht sicher, ob er überhaupt log. Als junger Referendar musste ich im Bonner Landgericht einmal einen Staatsanwalt vertreten in einem Fall von Edelsteindiebstahl. Der Angeklagte war nicht am Diebstahl beteiligt, aber sollte das Diebesgut versteckt haben. Mir fiel die

Aufgabe zu, ihn zu vernehmen. Er sagte, er hätte die Edelsteine genommen, dann hätte er sie mit Staufferfett eingerieben, in einen ölgetränkten Lappen eingepackt und weggelegt. Ich hakte nach: »In Staufferfett, damit die nicht rosten?« Und er antwortete im Brustton der Überzeugung: »Ja.« Ein Gutachter bescheinigte ihm später eine »Pseudologia fantastica«. Nun zu Strauß: Als wir zusammen in der Regierung waren, habe ich mich oft mit ihm unterhalten und bin mehrfach an einen Punkt gekommen, an dem mir diese Geschichte einfiel. Zum ersten Mal trafen wir uns im Auswärtigen Amt: Willy Brandt, damals Außenminister, Strauß Finanzminister, und ich war Staatssekretär im Justizministerium. Es ging um Sanktionen gegen Rhodesien, das heutige Simbabwe. Damals sagte Strauß: »Ich möchte die Herren bitten, dass wir uns einmal ernsthaft über die SPIEGEL-Affäre unterhalten.« Darauf sagte Brandt, er müsste gehen. Und dann hat Strauß mir dargelegt, warum er überhaupt nicht gelogen habe in der SPIEGEL-Affäre. Ich fragte: »Dann hat Fritz Erler gelogen?«, der ihm das im Bundestag vorgeworfen hatte. »Ja«, antwortete er. Mir ist nie klar geworden, ob Strauß bewusst log oder ob er sich in einen Zustand hineinredete, in dem er das für wahr hielt, was ihm nützlich war.

Herr Wild, am 8. Oktober erschien der SPIEGEL-Artikel »Bedingt abwehrbereit«. Ahnte man im Hause, was auf einen zukommen würde? Interessierte man sich in der Redaktion überhaupt für diesen Titel?

Dieter Wild
Nein, das hat man überhaupt nicht vorausgesehen. Dieser Titel war sehr schwer lesbar und, wie wir alle fanden, eigentlich nur für Militärexperten interessant. Augstein kam auf die Montagskonferenz mit dem Heft in der Hand und sagte: »Hat wohl keiner gelesen.« Und so war es. Das kann schon mal passieren, auch

beim SPIEGEL. Dann erreichten uns die ersten Warnungen, dass irgendetwas im Busch sei, aber wir haben gedacht: Na ja, sollen sie doch ermitteln, schlimmstenfalls taucht irgendein Ermittlungsrichter oder Staatsanwalt hier auf. Dass aber eine Besetzungs- und Verhaftungsaktion in diesem Ausmaß vorbereitet wurde und sehr sorgfältig geplant wurde, das hat keiner gedacht.

Waren Sie an dem Freitagabend, als die Aktion begann, in der Redaktion?

Dieter Wild
Nein, ich war schon zu Hause und bekam einen Anruf von einem Kollegen, der sagte: »Hier ist die Polizei, der SPIEGEL wird besetzt.« Da ich sehr nahe hier wohnte, bin ich sofort hingefahren. Ich bekam einen großen Schrecken, als ich sah, dass große Polizei-Mannschaftswagen vor dem Speersort parkten. Man konnte das Pressehaus noch betreten, aber im 6. Stock war Schluss. Hinter einer großen Glastür mit SPIEGEL-Aufschrift befand sich der Empfang, und da saßen Polizisten, überall waren Polizisten in Zivil oder in Uniform. Und die sagten: »Sie können hier nicht weitergehen.« Ich habe gefragt: »Was ist denn los?« Da bekam man keine Antwort: »Das werden Sie schon noch erfahren.«

Dazu sollte man wissen, der Freitagabend, das ist eigentlich die Hauptzeit beim SPIEGEL, da wird das Blatt gemacht.

Dieter Wild
Damals hatten wir einen relativ frühen Redaktionsschluss. Die Deutschland-Redaktion war schon nahezu komplett weg. Neben Chefredakteur Claus Jacobi waren in der Hauptsache noch technische Redakteure da, der Chef vom Dienst und alle, die notwendig waren, um die laufende Ausgabe Freitagnacht fertigzustellen.

Zeitzeugen-Gespräche

Besetzt, beschlagnahmt und versiegelt: Links eine versiegelte Tür in der SPIEGEL-Redaktion, rechts bewachen Polizisten den Zugang zur SPIEGEL-Dokumentation; Hamburg am 27. Oktober 1962

Dann erklärte die Staatsanwaltschaft, alle Druckfahnen der in Arbeit befindlichen Ausgabe Nr. 44, mit einer Titelgeschichte über die Kuba-Krise, vor dem Druck prüfen zu wollen …

Dieter Wild
… mit der interessanten Begründung, es gelte zu verhindern, dass neue Straftaten begangen würden. Wo doch die Aufdeckung von Straftaten erst festgestellt werden sollte. Tatsächlich stand hinter jedem der noch Anwesenden, es mögen 15 oder 20 gewesen sein, ein Kriminalbeamter, um zu gucken, was der Redakteur trieb. Die fertiggestellten Druckfahnen wurden dann zu dem leitenden Staatsanwalt, Siegfried Buback, getragen. Erst nachdem vom zuständigen Ermittlungsrichter das »Okay« kam, durfte gedruckt werden. Das war ein klarer Fall von Vorzensur.

Mit Hans-Dietrich Genscher, Horst Ehmke, Dieter Wild, David Schoenbaum

Herr Genscher, Sie waren im Oktober 1962 Bundesgeschäftsführer der FDP und Geschäftsführer der Bundestagsfraktion. Wie haben Sie von dieser Aktion gegen den SPIEGEL erfahren, und hielten Sie den Vorwurf »Landesverrat« für gerechtfertigt?

Hans-Dietrich Genscher
Ich habe zunächst, wie jeder andere Bürger im Land, aus den Nachrichten davon erfahren und hatte – wie gesagt – das Gefühl, es wird kälter im Lande. Die Vorstellung, dass eine Zeitschrift besetzt wird, war für mich so absurd, dass ich das nicht für möglich hielt. Und dann habe ich erlebt, wie ein Mann, den ich als einen politischen Kämpfer kennengelernt hatte, nämlich Wolfgang Döring, zum ersten Mal angeschlagen erschien. Ihm war bewusst, dass er als ein enger Freund Augsteins möglicherweise in die Affäre hineingezogen werden könnte, und ihm war auch bewusst, dass hier eine politische Sache lief.

Man muss kurz analysieren, wie die Bundesrepublik Deutschland damals regiert wurde. Nach dem Grundgesetz gab es eine Bundesregierung, einen Bundeskanzler und Bundesminister, die in eigener Verantwortung ihr Ressort leiteten. Tatsächlich existierte ein Netzwerk, das bestand aus Adenauer und dem Leiter des Bundeskanzleramts Hans Globke, und Globke regierte die Ressorts über die Staatssekretäre. Das hieß, die Staatssekretäre in dieser Regierung waren in vielen Fällen mächtiger als ihre Minister. Das erklärt zum Beispiel, dass Justizminister Stammberger nicht informiert wurde, wohl aber dessen Staatssekretär. Das war kein Einzelfall.

Ich spürte, wie sich für Wolfgang Döring ein großes Problem auftat und dass er entschlossen war, das nicht hinzunehmen. Seine Bundestagsrede am 7. November war wie ein Aufschrei. Sie war zugleich ein Meisterwerk, indem er nämlich als Erstes sagte: »Ich brauche in diesem Hause niemandem zu sagen, dass ich mit Herrn Augstein seit Jahren befreundet bin.« Er wischte damit jeden Verdacht beiseite, er wolle diesen Umstand herunterspielen, und sagte weiter, er spreche aber nicht nur als sein Freund, sondern auch als Staatsbürger. Und dann protestierte er gegen die Vorverurteilung Augsteins durch Adenauer (»verdient am Landesverrat«)[382] und die Rolle von Strauß bei der Verhaftung von Ahlers. Zuletzt gab er der Sache eine historische Dimension, indem er auf das Schicksal der jüdischen Familie seiner Ehefrau hinwies. Er stellte damit die Aktion gegen den SPIEGEL in den historischen Zusammenhang dessen, was in Deutschland nach 1933 passiert war und was sich nicht wiederholen durfte. Seine Rede hatte eine unglaubliche Wirkung.

Am Ende sind die Minister der FDP zurückgetreten, weil Strauß nicht zurücktreten wollte. Sie können sich vorstellen, dass nicht jeder der Minister Lust darauf hatte, zurückzutreten, aber wenn einer auf die Idee gekommen wäre, nicht zurückzutreten, wäre er zurückgetreten worden. Das war die Grundstimmung, die zeigte, dass nicht nur das Land, nicht nur die Presse, sondern auch der Deutsche Bundestag sich erhob. Für mich ist in diesen Tagen die Republik eine andere geworden.

Sie sagten, dass Justizminister Wolfgang Stammberger, FDP, in der Affäre von seinem Staatssekretär nicht informiert wurde und dass Stammberger und die FDP sich dadurch düpiert fühlten ...

---

[382] Wörtlich: Wenn »Sie hier sagen: Herr Augstein verdient am Landesverrat. Dann haben Sie als erster ein Urteil gefällt, das zu fällen nur dem Gericht zusteht«; vgl. »Verhandlungen des Deutschen Bundestages – 4. Wahlperiode – 45. Sitzung. Protokoll der Fragestunde und der Bundestagsdebatte am 7. November 1962«, abgedruckt in: A. Grosser/ J. Seifert (Hg.): *Die SPIEGEL-Affäre. Band I* (1966), hier S. 351f.

Hans-Dietrich Genscher
Dieser Punkt war nur ein Teilaspekt. Der eigentliche Skandal war die Aktion gegen den Verlag, die Vorverurteilung durch Adenauer im Bundestag und der Versuch, zu vertuschen, dass die Bundesregierung jemanden einsperren lässt – in Spanien, wo damals der Diktator Franco herrschte. Es war ja nicht das demokratische Spanien von heute.

Horst Ehmke (zu Genscher)
Eines möchte ich dich fragen: Strauß behauptete, Adenauer hätte ihm für die Ahlers-Verhaftung alle Vollmachten gegeben, und in Bezug auf Stammberger habe er sich mit Adenauer abgestimmt. Was war eure Meinung? War Adenauer an dem Übergehen von Stammberger beteiligt, oder hat Strauß das nur vorgeschoben?

Hans-Dietrich Genscher
Im Grunde stand das nicht im Mittelpunkt unserer Betrachtung.

Horst Ehmke
Aber Adenauer hätte Strauß nicht entlassen können, wenn dessen Version zutraf und er sich das hätte schriftlich geben lassen.

Hans-Dietrich Genscher
Er hätte ihn immer entlassen müssen, weil die FDP-Minister zurücktraten. Sonst wäre das das Ende von Adenauer als Bundeskanzler gewesen. Insofern hat er da so gehandelt, wie er in solchen Dingen zu handeln pflegte.

Nachdem die FDP ihre Minister zurückgezogen hatte, gab es eine längere Debatte. Die CDU verhandelte auch mit der SPD. Es wurden Überlegungen zu einem neuen Mehrheits-Wahlrecht angestellt, das der FDP sehr geschadet hätte, aber

schließlich fand sich die schwarz-gelbe Koalition wieder zu einem neuen Kabinett Adenauer zusammen, allerdings ohne Strauß und mit dem Versprechen Adenauers, noch 1963 als Kanzler zurückzutreten.

Hans-Dietrich Genscher
Diese Erklärung hatte Adenauer schon bei der Regierungsbildung 1961 abgegeben. Es gab auch Druck aus der Union, dass er zurücktreten sollte – übrigens angeführt von Strauß. Die SPIEGEL-Affäre hat den Fall Adenauer allenfalls verstärkt. Die Endzeit begann mit dem 13. August 1961, in dem Versagen als deutscher Bundeskanzler in dem Augenblick, in dem die Mauer gebaut wird und er nichts anderes zu tun hat, als Wahlkampf zu machen, und ausgerechnet an diesem Tage dem Gegenkandidaten, der in Berlin zu den Berlinern spricht, nachzusagen, er sei von unehelicher Geburt und so weiter. Das war eigentlich das Ende der Ära Adenauer.

Dr. Horst Ehmke
Mir hat sich eingeprägt, dass der angegriffene Willy Brandt nicht zurückschlug, sondern nur sagte: »Der alte Herr versteht die Situation nicht mehr.« Das wirkte.

Herr Schoenbaum, die vom SPIEGEL erhoffte öffentliche Debatte um die Atomwaffenstrategie der Bundeswehr fand nicht statt. Der SPIEGEL-Titel »Bedingt abwehrbereit« löste zwar die SPIEGEL-Affäre aus, aber keine Diskussion um die Atomstrategie von Strauß. Das ging im politischen Skandal und Verhaftung und Durchsuchung unter. Hatte denn aus Ihrer Sicht der militärische Aspekt des Artikels überhaupt eine größere Bedeutung, oder handelte es sich bei nüchterner Betrachtung lediglich um eine Skandalisierung des SPIEGEL?

David Schoenbaum
Ich finde es merkwürdig, was alles nicht diskutiert worden ist. Es war eben »geheim«. Ich habe in meinem Buch geschrieben, dass die unausgesprochene Folgerung der Strauß'schen Politik gewesen sei, die Bundeswehr so zu bewaffnen, dass sie einen nuklearen Gegenschlag seitens der Alliierten auslösen, ja selbständig einen vorbeugenden Angriff unternehmen könne.[383] Soviel ich weiß, war ich der Erste, der dieses und auch anderes geschrieben und veröffentlicht hat. Ich habe sogar eine Rückfrage bei meinem Rechtsberater, Horst Ehmke, angestellt, ob ich beim nächsten Besuch in der Bundesrepublik am Flughafen verhaftet werden würde. Er hielt es für unwahrscheinlich.

Inzwischen sind nahezu 45 Jahre vergangen, wollen Sie mal raten, wie oft ich auf die militärstrategischen Aspekte meines Buches angesprochen worden bin? Die Antwort ist »null« – kein Mal. Interessant an der Sache ist doch, dass die ganze Zeit der Osten davon ausging, dass die revanchistische Bundesrepublik einen neuen Krieg anzetteln wollte mit Atomwaffen. Hier hatten sie, würde man meinen, den Beweis. Bis heute habe ich keine Erklärung dafür, dass ein so frappanter Tatbestand so wenig zur Kenntnis genommen worden ist.

Herr Wild, hat Sie die Reaktion der Öffentlichkeit auf die Aktion gegen den SPIEGEL überrascht?

Dieter Wild
Ja. Denn der SPIEGEL war damals noch ein recht umstrittenes Blatt. Die Zahl der SPIEGEL-Feinde war sehr groß in der Publizistik. Insofern war es schon überraschend, dass nicht nur die Medien, die dem SPIEGEL freundlich gesinnt waren, Partei ergriffen, son-

---

383 Schoenbaum (2002), S. 57

dern eben auch solche, die das nicht waren, etwa die »FAZ«, die nach anfänglichem Zögern schließlich die Kurve gekriegt und dann doch sehr entschieden Partei ergriffen hat. Diese Demonstrationen waren schon gewaltig. Da kochte der Zorn der Studenten hoch gegenüber Strauß, gegenüber der Polizei. Alles fixierte sich auf Strauß, noch bevor klar war, wieweit Strauß in diese Geschichte verwickelt war. Die Öffentlichkeit sah diesen Gewaltexzess gegen eine Redaktion von unliebsamen Schreibern, und das hat völlig genügt, um diese Welle der Empörung loszutreten.

Horst Ehmke
Ich glaube, dass ein Unterschied bestand zu sonstigen Demonstrationen. Hier ging das Bürgertum auf die Straße. Ich glaube, das war ein entscheidender Punkt. Professoren und sonstige angesehene gute Bürger, wie man in Deutschland sagt, von denen man nie geglaubt hätte, dass sie überhaupt demonstrieren gingen

Dieter Wild
Also, Herr Ehmke, überrascht hat uns auch, wie relativ zögerlich die politische Opposition im Bundestag sich der Sache annahm. Die SPD-Führung hatte zunächst wohl Sorge, sich zu sehr mit Landesverrätern zu solidarisieren, und es gab dieses berühmte Wort von Wehner: Bei Landesverrat müsse man »schnell und scharf« vorgehen. Das änderte sich dann, und die SPD hat knapp zwei Wochen später mit ihren Anfragen im Bundestag die Regierung sehr in Verdrückung gebracht.[384]

384 Gemeint sind die Erklärung des damaligen stellvertretenden SPD-Vorsitzenden Herbert Wehner vom 27. Oktober 1962 sowie die Fragestunden und Debatten im Deutschen Bundestag am 7., 8. und 9. November 1962. Die Erklärung Wehners und Protokolle finden sich in A. Grosser/J. Seifert: *Die SPIEGEL-Affäre, Band 1* (1966), S. 247, S. 307–376 und S. 376–396 und S. 396–421.

Horst Ehmke
Die SPD wollte erst einmal genau wissen, was passiert war, und stellte sich dann hinter den SPIEGEL. Es wurde ja auch gegen Helmut Schmidt ermittelt …

Hans-Dietrich Genscher
Ich möchte ergänzen: Plötzlich stand das Parlament der Regierung gegenüber. Döring sagte: »Das ist keine koalitionspolitische Frage.« Das heißt, er sagt, wir sind zwar mit dieser Regierung in einer Koalition, aber hier geht es um eine prinzipielle Frage, und damit machte er die Debatte frei. Adenauer reagierte mit dem taktischen Versuch, der FDP zu drohen, indem er zeigte: »Ich kann auch mit den Sozialdemokraten.« Das war ein Versuch, der am Ende nichts genützt hat. Ich glaube, dass er am Ende froh war, Strauß bei dieser Gelegenheit loszuwerden. Wenn denn einer fallen musste, war ihm Strauß wahrscheinlich der Liebste.

**Familien-Geschichten:
Franziska Augstein und Monika Hohlmeier
über ihre Väter Rudolf Augstein und
Franz Josef Strauß**

Moderation und Bearbeitung: Martin Doerry

Frau Augstein, Sie haben kürzlich erklärt, dass Sie das Jahr 1962 und die SPIEGEL-Affäre als eine Anbahnung des Jahres 1968 begreifen würden. Mit den Sympathiekundgebungen der Bürger für Rudolf Augstein hätten sich die Deutschen vom Obrigkeitsstaat verabschiedet. War Franz Josef Strauß ein Katalysator für diesen Prozess?

Franziska Augstein
Ja – sicher. Der Vater hatte vielerlei Anlass, Strauß sehr dankbar zu sein.

Monika Hohlmeier
Das stimmt. Das finde ich auch.

Franziska Augstein
Nicht nur, weil Strauß auf diese Art und Weise 1968 vorbereitet hat, sondern auch, weil er entscheidend dazu beigetragen hat, dass die Auflage des SPIEGEL sich in der zweiten Hälfte der sechziger Jahre fast verdoppelte.

Frau Hohlmeier, wenn Sie heute hören, dass die SPIEGEL-Affäre von manchen Historikern als wahre Geburtsstunde

der Nachkriegsdemokratie in Deutschland bezeichnet wird, verletzt Sie das? Immerhin war Ihr Vater dann ein Hindernis für diese Demokratie.

Monika Hohlmeier
Nein, ich würde es einfach ein bisschen differenzierter sehen. Ich gestehe dem SPIEGEL den Blickwinkel zu, das ist klar. Der SPIEGEL sagt: »Wir sind das Symbol dafür.« Es wäre seltsam, wenn der SPIEGEL das nicht tun würde. Aber ich glaube, dass auch ein anderer Faktor eine Rolle gespielt hat: Wenn Wohlstand zunimmt, dann nimmt die Bereitschaft, befehlsartig Obrigkeit entgegenzunehmen, deutlich ab. Sie können jetzt auch in vielen anderen Ländern dieser Welt beobachten, dass mit zunehmendem Wohlstand der Wunsch, selbst zu entscheiden, Selbstverantwortung zu übernehmen und selbst seine Bürgerrechte durchzusetzen, deutlich zunimmt. Zudem gab es natürlich auch andere Medien, wie die »Frankfurter Allgemeine«, die »Welt«, die »Bild«, die »Süddeutsche« und etliche weitere, die sich die Pressefreiheit und Demokratie auf die Fahne geschrieben hatten.

Frau Augstein, wann haben Sie erfahren, welche besondere Bedeutung Franz Josef Strauß für Ihren Vater hatte?

Franziska Augstein
Ganz früh. Strauß lief sozusagen mit. Schon für das ganz kleine Mädchen, also aus der Sicht der Volksschülerin, so zweite, dritte Klasse, da gab es immer den »Strauß«. Wir haben damals Politik gespielt in der Schule, und die Kinder von Eltern, die CDU wählten, die malten dann »CDU« an die Tafel. Dann kamen die SPD-Kinder und haben das durchgestrichen und haben »SPD« hingemalt. Es hat keiner »CSU« gemalt, das war in Hamburg schlecht zu machen.

Was haben Sie gemalt? Sie können doch weder das eine noch das andere gemalt haben.

Franziska Augstein
Ich habe natürlich SPD gemalt. Ich bitte Sie.

Monika Hohlmeier
Ihr Vater war aber lange in der FDP.

Franziska Augstein
Das ist richtig, das habe ich aber immer für eine Verirrung gehalten. Damals, in dem Alter, als wir dieses Spielchen machten, fragte ich einmal den Vater: »Papa, sag mal, warum hat der SPIEGEL so viel Erfolg gehabt? Wie ist das gekommen?« Und dann hat er gesagt: »Fränzchen, gleich nach dem Krieg gab es wenig Papier, und die Leute brauchten etwas, um sich den Hintern abzuwischen.« Ich habe das geglaubt. Danach erst kam die SPIEGEL-Affäre ins Spiel. Da gab es also noch eine zweite Komponente, die den SPIEGEL wichtig gemacht hatte.

Als Strauß 1980 Kanzlerkandidat wurde, waren Sie 16 Jahre alt. Es gab damals in der jungen Generation eine massive Ablehnung des Kandidaten Strauß. Haben Sie sich an diesen Diskussionen beteiligt?

Franziska Augstein
Ja. In Hamburg – ehrlich gesagt – musste man über Strauß nicht viel diskutieren. Ich glaube, es bestand in dieser Frage flächendeckend durch alle Parteien hindurch in Hamburg mehr oder minder Einigkeit.

Monika Hohlmeier
Wobei die Veranstaltungen mit meinem Vater gerade hier in Hamburg riesengroß waren.

Franziska Augstein
Das glaube ich Ihnen sofort. Das ist eine Sache, die der Vater immer bestätigt hat. Neben Herbert Wehner und Rudi Dutschke, so hat er gesagt, sei Franz Josef Strauß der allerbeste Volksredner im Lande gewesen. Und deswegen waren die Säle voll, wenn Ihr Vater auftrat.

Monika Hohlmeier
Die Erinnerungen, die ich an die Veranstaltungen in Hamburg oder Lübeck habe, sind sehr zwiespältig. Da spielte der SPIEGEL 1980 eindeutig auch eine Rolle, weil mein Vater als der Kriegstreiber, der Kriegslüsterne, der Machtmensch, der Korrupte dargestellt wurde. Das hat ihn sehr, sehr verletzt, hat aber auch bei den Veranstaltungen dazu geführt – und das lag sicher nicht allein in der Verantwortung des SPIEGEL –, dass es zum Teil zu Auseinandersetzungen kam, die eigentlich einer Demokratie nicht würdig waren. Dass meinem Vater mitunter fast das Recht streitig gemacht wurde, dass Menschen auf der Straße ausfallend wurden, weil sie glaubten, sie müssen sich da gegen einen Wüstling verteidigen. Natürlich war mein Vater ein temperamentvoller Mensch. Wenn der einmal einen Wutausbruch hatte, dann war das schon wie ein ordentliches bayerisches Gewitter. Aber er war auch einer, der sehr sorgfältig nachgedacht hat, und gerade dieser Vorwurf der Kriegstreiberei hat ihn ganz extrem verletzt. Mein Vater hat einen wunderbaren Satz geprägt: »Ich kenne den Krieg, und deshalb will ich den Frieden.« Mein Vater war Soldat im Zweiten Weltkrieg und hat daraus die Einstellung mitgenommen, man muss im Frieden auch wehrbereit sein und den Frieden – wenn notwendig – verteidigen. Diese Haltung hat

ihn ja ursprünglich mit Ihrem Vater verbunden. Manchmal war Franz Josef Strauß Ihrem Vater fast zu wenig national. Eine überraschende Konstellation, das weiß man heute fast gar nicht mehr.

Franziska Augstein
Wir können uns vielleicht darauf einigen, dass Ihr Vater sich sehr martialisch für den Frieden eingesetzt hat.

Monika Hohlmeier
Ja, darauf können wir uns verständigen. Das stimmt.

Frau Augstein, wenn Sie heute den linken Zeitgeist der späten siebziger Jahre betrachten, mit dem Feindbild Strauß, empfinden Sie das alles auch ein wenig als selbstgerecht?

Franziska Augstein
Also, das, was Frau Hohlmeier erlebt hat, das ist nicht fair gewesen. Selbstgerecht kann ich die politische Opposition gegen Strauß nicht finden. Die war politisch gerechtfertigt.

Aber besonders differenziert war das Bild von Strauß in der linken Öffentlichkeit nicht, oder?

Franziska Augstein
Dann muss ich jetzt noch ein bisschen aufzählen: Also, vom Atom-Strauß habe ich nicht viel mitbekommen. Seine Zeit als Atom-Minister, das war ja in den fünfziger Jahren, und auch seine Haltung in der SPIEGEL-Affäre waren in meiner Jugendzeit nicht mehr akut. Aber wir hatten ja neuen Stoff in den siebziger Jahren. Außenpolitisch zum Beispiel hat er einige Kommentare geäußert, die jeden empören mussten. Das Apartheidregime in Südafrika zum Beispiel fand er ganz in Ordnung.

Monika Hohlmeier
Oh, oh, oh – Vorsicht ...

Franziska Augstein
Pinochets Diktatur in Chile: Da hat er dem Pinochet bescheinigt, es sei eine gute Demokratie, die er da eingerichtet habe.

Monika Hohlmeier
Das ist auch nicht richtig so ...

Franziska Augstein
Das waren Dinge, die fanden wir schlimm, und ich finde sie rückblickend immer noch schlimm.

Frau Hohlmeier, warum ist das nicht richtig?

Monika Hohlmeier
Mein Vater hat natürlich in der Außenpolitik auch einen pragmatischen Kurs verfolgt. Wenn ich seine Reise zum Beispiel nach China betrachte, zu Mao Zedong, in dessen Ära Grausiges geschehen ist. Trotzdem war sich mein Vater klar darüber, dass China einer der ganz großen Mitspieler auf dieser Erde werden würde. Also hat er sich auf den Weg gemacht, als noch keiner sich auf den Weg machen wollte.

Franziska Augstein
Mein Vater war damals auch in China ...

Monika Hohlmeier
Franz Josef Strauß hat sich für die Befreiung Nelson Mandelas eingesetzt, hat wirklich mit dem Regime intern gerauft, und hat deswegen einen Besuch in Südafrika gemacht – und wurde dann als

bedingungsloser Befürworter des Apartheidregimes dargestellt. Das hat ihn empört, weil er natürlich auch bei diesen Reisen nicht nur liebenswürdig mit den Herrschaften gesprochen, sondern das genaue Gegenteil getan hat. Die Meinungsbilder meines Vaters waren durchaus differenziert. Zum Beispiel wurde er ja immer wieder dargestellt als einer, der unbedingt Zugriff zu Atomwaffen haben wollte. Das ist nachweislich falsch. Ich habe meinen Vater in den achtziger Jahren gefragt, wie er dazu steht. Und mir wurde klar: Niemand hatte mehr Angst vor dem Krieg als mein Vater. Das, was ihn umgetrieben hat, war die Konstellation, dass Deutschland – wie es manchen anderen Ländern ja ergangen war, Ungarn etwa, Kuba – plötzlich zum Spielball zwischen zwei Mächten wird und nicht die Möglichkeit hat, sich selbst zu verteidigen. Er hatte Angst davor, dass die Amerikaner irgendwann ihre Bündnispartner im Stich lassen und dass sie unter Umständen aus geostrategischem Kalkül heraus Deutschland, wenn es notwendig sein würde, nicht verteidigen würden. Es sollten über den Kopf Deutschlands hinweg keine Entscheidungen getroffen werden können, die Land und Menschen zerstören. Und das hat ihn gerade 1962 – in der Zeit der SPIEGEL-Affäre – geprägt.

Franziska Augstein
Gut, verstanden.

Monika Hohlmeier
Es war nicht so, dass das ein Hirngespinst war, wie wir heute wissen.

Franziska Augstein
Ja. Faszinierend finde ich, dass in der Tat Strauß die Atomwaffen in der Bundesrepublik haben wollte, weil er Angst hatte, dass im Falle eines Angriffs von Seiten der Sowjetunion die

Amerikaner Deutschland womöglich nicht verteidigen, sondern einfach aufgeben würden. Das war sein Beweggrund, und das Faszinierende daran ist, dass mit ähnlicher Argumentation Ende der siebziger Jahre Helmut Schmidt uns die Pershing-Raketen beschert hat.

Monika Hohlmeier
Ja, das ist richtig. Und ich glaube, er hat in manchen Dingen, zum Beispiel bei der Westbindung, recht behalten, und bei der Wiedervereinigung hat er ebenfalls recht behalten. Viele, auch Ihr Vater, auch Genscher, haben Mitte der achtziger Jahre glühende Reden dagegen gehalten, dass es jemals wieder eine Wiedervereinigung geben könnte. Mein Vater wurde damals massiv angegriffen, als er eine Wiedervereinigung noch als Option dargestellt hat, und zwar im Sinne einer friedlichen Wiedervereinigung unter einem europäischen Dach. Er ist deswegen auch zu Gorbatschow gereist. Was ich aber für besonders wichtig halte, war, dass meinem Vater immer unterstellt wurde, dass er letztendlich das alles mit kriegerischen, mit allen…

Franziska Augstein
Entschuldigung, das hatten wir schon. Das unterstellt Ihrem Vater hier auch niemand. Darf ich einmal ganz kurz zu der Reise nach Russland etwas sagen? Strauß hatte ja Humor. Und dafür schätze ich ihn besonders. Zum Beispiel gibt es dieses herrliche, Bismarck zugeschriebene Zitat, dass man vom »Mantel Gottes, wenn er durch die Geschichte weht«, einen »Zipfel ergreifen« muss, worauf Franz Josef Strauß sagte: »Wir sind jetzt drin in der Zipfelproduktion.« Das war richtig schön.

Ich möchte auf den Anfang dieser Beziehung zwischen den beiden Herren zurückkommen, also in den fünfziger Jahren.

Es hat ein denkwürdiges Treffen gegeben in Hamburg, was dann keinen guten Verlauf genommen hat. Damals hat Ihr Vater, Frau Hohlmeier, weil er fürchtete, den Zug nicht zu bekommen, Augstein genötigt, trotz roter Ampel einfach weiterzufahren. Solche Dinge sind ein paarmal passiert. Ihr Vater drängte beispielsweise auf die Entlassung eines Bonner Verkehrspolizisten, weil der ihm nicht immer freie Fahrt gewährt, sondern ihn wie jeden anderen Verkehrsteilnehmer behandelt hatte.

Monika Hohlmeier
Davon gibt es aber noch andere Schilderungen, wie das Buch von Herrn Dr. Finger beweist.

Frau Hohlmeier, da gibt es so viele Geschichten über Ihren Vater, dass ein paar davon schon stimmen werden.

Monika Hohlmeier
Ja, es gibt viele unheimlich lustige Geschichten oder auch manchmal unlustige Geschichten über meinen Vater, bei denen ich mich selber auch manchmal gefragt habe: »Mensch, hat er da so zornig reagieren müssen?« So ab und zu – wie ich vorhin schon gesagt habe – war das schon wie ein Gewitter. Aber es gibt auch viele Märchen über meinen Vater, die gezielt erfunden wurden, um das Bild des bösartigen Wüstlings zu schaffen, und die werden nicht richtiger, auch wenn sie immer wieder wiederholt werden.

Gewitter klingt jetzt ein wenig nach Naturgesetz. Also ganz so einfach war es doch nicht.

Monika Hohlmeier
Eine Naturgewalt war er schon.

Ich will darauf hinaus, dass Rudolf Augstein den jungen Franz Josef Strauß kennengelernt und gemerkt hat, was das für ein Temperament ist. Aber ein Temperament, von dem Rudolf Augstein meinte, dass es sich nicht zügelt, dass es sich im entscheidenden Moment womöglich nicht in der Gewalt hat.

Monika Hohlmeier
Das habe ich anders kennengelernt.

Bei Rudolf Augstein hat sich aber der Eindruck verfestigt, dass dieser Politiker für Deutschland gefährlich sein könnte. Würden Sie im Nachhinein einräumen, dass Ihr Vater mit seinem Temperament ein paar Probleme hatte?

Monika Hohlmeier
Wenn ich ehrlich bin, klipp und klar: Nein, nicht in dem Sinne, dass er ein gefährlicher Mann war. Dass er ein impulsives Temperament hatte, bayerisch-barocker Art, dass er – sagen wir mal, aus Hamburger Sicht – ein bisschen schnell explodierte, das weiß ich als Tochter auch. Aber ich habe meinen Vater trotzdem auch als jemanden kennengelernt, der zum Beispiel im Gegensatz zum öffentlichen Bild bei Personalfragen entsetzlich zaudernd war. Das heißt sehr vorsichtig, manchmal übervorsichtig. Ab und zu hat er sich auch von Leuten fast ausnutzen lassen. Und wenn er bei uns daheim einmal wütend wurde, dann war das sicher nicht schön, aber das war dann so, wie es war. Und wir Kinder haben dann eben dagegengehalten, was er akzeptierte. Wir waren ja von unserer Mutter und unserem Vater auch so erzogen worden: »Ihr sagt immer eure Meinung. Ihr seid eigene Persönlichkeiten.« Er hat dann sogar zugehört. Und einen Tag später hat er uns angerufen und gefragt, wie wir das gemeint hätten. Dann wollte er es noch mal genau wissen, warum wir das gesagt haben.

Wenn Rudolf Augstein gesagt hat, dass Ihr Vater ein gefährlicher Mann gewesen sei, hat er bestimmt nicht an Ihre Familie gedacht, sondern an den Rest der Republik.

Monika Hohlmeier
Aber weder als Ministerpräsident noch als Bundesfinanzminister oder auch als Bundesverteidigungsminister hat er je etwas ganz Entsetzliches gemacht, was Deutschland geschadet hätte.

Franziska Augstein
Darf ich da anknüpfen. Über meinen Vater hat Strauß nun aber wiederum gesagt: Er ist und ist es immer gewesen, »der böse Geist« in der deutschen Politik. Auch eine schöne Beschimpfung. Sie haben ja eben eine kleine Charakterisierung Ihres Vaters vorgenommen. Ich mache das jetzt mal aus meiner Sicht für den meinen. Erstens Personalfragen: Mein Vater konnte durchaus sehr entschlossen sein, aber immer, wenn man wollte, dass Augstein etwas Negatives über irgendeinen Politiker oder einen anderen Menschen schreibt, dann hat die SPIEGEL-Redaktion sehr sorgfältig aufgepasst, dass Augstein den Betreffenden nicht getroffen hat. Kaum kannte er jemanden, konnte er über den nichts Böses mehr sagen. Das ist eine kleine Parallele zu Strauß, vielleicht. Dann, sehr wichtig: Ich habe ein paar Lehren von ihm mit auf den Weg bekommen, zum Beispiel: Schreib niemals einen Brief, der nicht in der »Bild-Zeitung« abgedruckt werden könnte. Sehr nützlich, da habe ich mich allerdings nicht immer dran gehalten. Zweite Lehre: Man muss immer seine Steuern zahlen, wegen so etwas sich erwischen zu lassen, das ist zu blöd. In Parenthese stand aber auch folgender Spruch von meinem Vater, den er schätzte: »Die Hand, die den Wechsel fälscht, darf nicht zittern.«

Monika Hohlmeier
Spannend.

Franziska Augstein
Na, der Satz ist einfach schön. Und er stimmt. Angewandt hat mein Vater ihn eigentlich nur bei Tisch. Da zitterte seine Gabel nicht. Der frühere Chefredakteur Claus Jacobi und viele andere haben, wenn sie mit Augstein gegessen haben, dieselbe Erfahrung gemacht: Augstein nahm seine Gabel und aß vom Teller des anderen. Jacobi sagte, er empfehle allen, das Gleiche zu bestellen wie Augstein, dann sei das weniger riskant. Ich habe das anders gemacht. Wir, mein Vater und ich, haben immer so bestellt, dass wir beides mochten. Ich habe von seinem Teller gegessen und er von meinem. Das ging auch. Und was ist das Letzte, was ich noch sagen wollte? ... Er hat wirklich wenig gelangweilt.

Monika Hohlmeier
Das haben – glaube ich – beide so an sich gehabt. Gelangweilt haben die nie.

Halten Sie die Aussage Ihres Vaters, dass Strauß ein gefährlicher Mann gewesen sei, immer noch für richtig?

Franziska Augstein
Na ja. Im Nachhinein kann man nicht sagen, dass Strauß gefährlich war, denn er war ja offenbar nicht gefährlich. Dass man nicht wollte, dass er Bundeskanzler wird, das war aus der Zeit heraus verständlich und gerechtfertigt. Er hat einfach den Rechtsstaat ein bisschen zu wenig geachtet. Bei jemandem, der das Parlament anlässlich der SPIEGEL-Affäre belügt, mochte man sich einfach nicht vorstellen, dass es in diesem Stil weitergeht. Die beiden haben sich mit Freuden befehdet, allerdings nicht privat.

Als Strauß dann nicht Kanzler geworden war, als er wieder nach Bayern gezogen war und dann nur noch ohnmächtige Schauer körnigen Eises nach Norden schickte, da gab es gar keinen Anlass mehr, etwas gegen ihn zu haben. Deswegen konnte mein Vater es sich ja auch nach dem Tod von Strauß leisten zu sagen: Niemand sei dem Bayern wohler gesinnt gewesen als er.

Im Alter traten die beiden sich offenbar ein bisschen versöhnlicher gegenüber. Da gab es gemeinsame Bierrunden, eine gewisse Entspannung des Verhältnisses.

Monika Hohlmeier
Es hat eine gewisse Entspannung gegeben. Ich habe mit meinem Vater tatsächlich auch über das Thema SPIEGEL-Affäre gesprochen, über das er wirklich ungern geredet hat. Das war für ihn eine ganz, ganz tiefe Wunde, aber trotzdem, da haben wir Kinder nicht lockergelassen. Dabei hat er zum Beispiel erzählt, der Chefredakteur einer bayerischen Regionalzeitung habe ihm mal die Frage gestellt, ob er dieses Verfahren »in Gang« gesetzt habe. Und daraufhin hat mein Vater gesagt: »Nein, damit habe ich nicht das Geringste zu tun.« Dann wurde drei oder vier Tage später die Frage umgewandelt und unzulässigerweise dieselbe Antwort verwendet. Die Frage hieß nun: »Haben Sie etwas mit der SPIEGEL-Affäre zu tun?« Aber es wurde dieselbe, nicht zu dieser Frage gehörige und somit falsche Antwort gedruckt. Er hat die Affäre definitiv nicht in Gang gesetzt, wie ja nun selbst der SPIEGEL in der historischen Aufarbeitung bestätigt, aber natürlich hatte er mit der SPIEGEL-Affäre zu tun.

Dass zwischen Augstein und ihm persönlich dann eine Zeitlang der Gesprächskontakt mehr als schwierig war, das glaube ich schon. Aber mein Vater war sich immer ganz sicher, dass er nicht gelogen hat. Dass er Fehler gemacht hat, klar. Heute wissen wir, dass es eine totale Überreaktion des Staates war. Heute wissen wir auch, dass man sich damals, in dieser düsteren Zeit, in der die Welt fast vor dem Ausbruch des dritten Weltkriegs stand, mit den Verhaftungen in etwas hat hineinjagen lassen, was ein großer Fehler gewesen ist. Im Nachhinein weiß man immer mehr. Und wir wissen, dass Kanzler Adenauer meinen Vater bewusst losgeschickt hat. Da gibt es den Briefwechsel meines Vaters mit Adenauer, in dem er das festgehalten hat.

Franziska Augstein
Ja, Ihr Vater schreibt das an Adenauer, aber ob Adenauer das auch genau so gesagt hat, ist unklar.

Monika Hohlmeier
Es gibt aber Zeitzeugen dafür, eine der Zeitzeuginnen ist seine Schwester Maria Strauß. Er hat damals in seiner tiefsten Verzweiflung Maria gesagt: »Und hätte ich es mir doch schriftlich geben lassen.« Das war ein Stoßseufzer aus tiefstem Herzen. Inzwischen lässt sich das auch anhand der Biographie von Adenauer belegen, dass das so ist.

Dass er den Augstein und den SPIEGEL nicht geliebt hat, darüber brauchen wir jetzt nicht zu reden, und auch nicht darüber, dass Adenauer zur freien Presse nicht gerade ein Top-Verhältnis hatte. Aber was meinen Vater am meisten geärgert hat, das waren die Fehler, die er wirklich begangen hat, die hat er sich nie verziehen: die Verkennung der tatsächlichen Umstände und des Bundeskanzlers.

Frau Hohlmeier, Sie sprechen immer von Fehlern, aber Sie dementieren den Begriff »Lüge«.

Monika Hohlmeier
Aus seiner Sicht, so wie er es uns erklärt hat, war es keine.

Franziska Augstein
Manche Leute können etwas nicht als Lüge wahrnehmen, weil sie selber überzeugt davon sind, dass sie recht haben.

Aber diese berühmte Anweisung Ihres Vaters an den Militärattaché Achim Oster in Spanien, den SPIEGEL-Redakteur Conrad Ahlers festnehmen zu lassen, hat es zweifelsfrei gegeben. Strauß hat das im Bundestag zunächst bestritten, am Ende sind vier FDP-Minister zurückgetreten – und das alles nur, weil Ihr Vater einen »Fehler« gemacht hat?

Monika Hohlmeier
Die Antwort würde ich gerne den Historikern überlassen. Was allerdings bleibt, ist die Frage, ob es überhaupt eine Möglichkeit meines Vaters gab, eine Weisung zu erteilen, oder nicht. Da gibt es unterschiedliche Auffassungen. Es gibt die Möglichkeit, dass in militärischen Fragen der Bundesverteidigungsminister Weisungen erteilt. Mein Vater selbst hat später gesagt: »Im Nachhinein, wenn ich das im Lichte dessen beurteile, was sinnvoll gewesen wäre, dann wäre es besser gewesen, ich hätte es nicht gemacht.« Allerdings, um eines klar zu sagen: Er wollte nie Rechtsbruch begehen. Das ist ja nachher auch vom Bundesverfassungsgericht bestätigt worden.

Mit 4 zu 4 Stimmen.

Franziska Augstein
Eine kulante Entscheidung.

Monika Hohlmeier
Aber Sie müssen sich selber mal vorstellen: Sie sind Bundesverteidigungsminister, die Welt steht am Rande eines dritten Weltkrieges, und es erklärt Ihnen jemand, da habe jemand Landesverrat

begangen und marschiere gerade mit sämtlichen Militärgeheimnissen, ich sage es jetzt verkürzt, zum Gegner über. Dass mein Vater unter diesen Umständen geglaubt hat, richtig zu handeln, konnten damals viele verstehen. Die Haftbefehle hat ja nicht er beantragt oder erlassen, sondern die Bundesanwaltschaft beziehungsweise der Bundesgerichtshof.

Franziska Augstein
Um das Bild abzurunden: Während der Verteidigungsminister mit der sich anbahnenden Weltkrise beschäftigt war, hatte er aber noch Zeit für die Fibag-Affäre. Er schrieb Briefe an amerikanische Beamte und Politiker und versuchte, politischen Freunden, die eigentlich für das Bauwesen nicht wirklich qualifiziert waren, attraktive Bauaufträge zukommen zu lassen.

Monika Hohlmeier
Wir können jetzt hier alle angeblichen Affären abnudeln...

Franziska Augstein
Nein, das will ich nicht machen. Ich erwähne Fibag nur deswegen, weil es deswegen auch einen Untersuchungsausschuss gab. Und das Interessante ist, dass, einen Tag nachdem der Untersuchungsausschuss die Vorwürfe gegen Strauß niedergebügelt hatte, die Aktion gegen den SPIEGEL losging. Und das ist eine ganz merkwürdige Koinzidenz.

Monika Hohlmeier
Also, dass mein Vater dem Augstein alles zugetraut hat, das stimmt. Das ist so. Das Verhältnis war ein Missverhältnis, aber dass der Franz Josef Strauß der totale Treiber der Aktion war, das stimmt ganz sicher nicht. Ja, er hat auch selbst an diesen Landesverrat geglaubt. Landesverrat ist heute allerdings etwas

ganz anderes als 1962. Es war eine völlig andere Zeit mit einem noch völlig anderen Obrigkeitsdenken ...

Franziska Augstein
Das ist richtig. Man hatte eine völlig hysterische Vorstellung von Landesverrat.

Monika Hohlmeier
In dem SPIEGEL-Artikel wurde meinem Vater ja vorgeworfen, dass die Bundeswehr nur »bedingt abwehrbereit« sei. Es gab vier Kategorien: »zur Abwehr bedingt geeignet«, »zur Abwehr voll geeignet«, »zum Angriff bedingt geeignet«, »zum Angriff voll geeignet«. Der SPIEGEL warf damals dem Bundesverteidigungsminister Strauß vor, dass die Bundeswehr die schlechtestmögliche Einstufung erhalten habe. Mein Vater wollte aber niemals eine Bundeswehr, die voll angriffsbereit ist. Sie sollte voll abwehrbereit werden, niemals aber eine Angriffsarmee. Das war für ihn die Lehre aus der Geschichte. Er wollte also maximal die zweitschlechteste Einstufung erreichen. Das Erstaunliche ist ja, dass der SPIEGEL damals mehr Schlagkraft für die Bundeswehr haben wollte als Franz Josef Strauß. Als der Artikel »Bedingt abwehrbereit« erschien, war mein Vater gerade im Urlaub in Südfrankreich. Man hatte ihm dort den Artikel mit den Worten gegeben, das sei ein ziemlich langweiliges Werk, das könne er später lesen. Daraufhin hat er sich erst einmal gar nicht damit befasst. Erst als er nach Hause kam, stellte er fest, dass plötzlich das ganze Ministerium kopfstand. Das heißt, es lief alles erst mal los ohne Franz Josef Strauß.

Franziska Augstein
Er war ja daran gewöhnt, dass der SPIEGEL gegen ihn schrieb. Deswegen fiel diese Geschichte ihm überhaupt nicht auf. Da musste er erst darauf aufmerksam gemacht werden.

Frau Augstein, Ihr Vater soll Anfang der sechziger Jahre mal mit einigen Kollegen zusammengesessen und beschlossen haben: Jetzt beleidigen wir den Strauß. Und dann wurde nachgefragt: Ja, wie denn – justiziabel oder nicht? Nein, eher nicht justiziabel, aber wir beleidigen ihn jetzt mal. Was empfinden Sie, wenn Sie so etwas hören?

Franziska Augstein
Es ist doof. Beleidigung ist kein Argument.

Heute würde man wohl eher von »provozieren« sprechen.

Franziska Augstein
So würden wir das heute nennen. Natürlich.

Was hat Ihr Vater Ihnen über sein Verhältnis zu Strauß berichtet? Haben Sie mit ihm darüber reden können?

Franziska Augstein
Ja. Er hat ihn geschätzt für seine analytische Intelligenz. Geradezu sympathisch war ihm der Umstand, dass Strauß Politiker wie Kurt Georg Kiesinger, Rainer Barzel und Helmut Kohl für nicht satisfaktionsfähig gehalten hat.

Monika Hohlmeier
Das stimmt.

Franziska Augstein
Ein bisschen bizarr fand er dann allerdings, dass Strauß den Satz über Kohl: »Der ist total unfähig«, nicht nur im Privaten sagte, sondern gleich der Presse anvertraute. Ich glaube, dass mein Vater viel lieber gegen Strauß gekämpft hat als gegen Kohl. Kohl

war wie ein großer Marshmallow, man haut rein, und es passiert gar nichts.

Was dann aber hinzukam, war natürlich diese perfide, witzige, boshafte Jovialität, mit der mein Vater am Ende so nett über Strauß gesprochen hat: »Aber unsere private Fehde ist doch lange vorbei, und ich bin Ihnen so wohlgesinnt.« Das sagt einer über jemanden, der aus seiner Sicht einfach unwichtig geworden ist. Also konnte er ihn nun loben.

Ihr Vater, Frau Hohlmeier, war daran beteiligt, dass Rudolf Augstein und eine Reihe von Journalisten ins Gefängnis wanderten. Hatte er im Nachhinein ein schlechtes Gewissen?

Monika Hohlmeier
Nein. Sie sprechen immer in Schuldkategorien. Ich glaube, dass mein Vater aus der Situation heraus gedacht hat, in der er als Verteidigungsminister handelte. Die Haftbefehle kamen ja vom Bundesgerichtshof. Mein Vater hat einmal in einem späteren Interview gesagt: »Ich habe versucht, das zu tun, was meine Pflicht war.«

Sie meinen, Ihr Vater hat keine Nacht schlecht geschlafen, als Augstein im Gefängnis war?

Monika Hohlmeier
Ich weiß ganz genau, dass mein Vater in den Tagen fast überhaupt nicht mehr geschlafen hat. Völlig klar, und zwar aus den unterschiedlichsten Gründen. Vor allem aus der Besorgnis um die äußerst kritische Lage, die wir in der Welt hatten. Es wäre sehr befremdlich, wenn da mein Vater gesagt hätte: »So, jetzt kann ich ruhig schlafen. Herr Augstein ist im Knast.« Das ist völlig unvorstellbar. Entschuldigen Sie, so barock sind wir in Bayern jetzt auch wieder nicht.

Trotzdem ist natürlich für einen Menschen, der sich nichts hat zuschulden kommen lassen, die Erfahrung von drei Monaten Knast ziemlich dramatisch. Hat Ihr Vater Ihnen, Frau Augstein, darüber später berichtet?

Franziska Augstein
Die beste Quelle für die drei Monate Knast ist meine Mutter Maria. Sie hatte meinen Vater kennengelernt, bevor die SPIEGEL-Affäre begann, und die beiden waren ein sehr enges, verliebtes Paar damals – und dann wird der Mann ihr weggenommen. Meine Mutter hatte einen kleinen Volkswagen, sie hatte gerade erst ihren Führerschein gemacht. Es war Herbst, also ziemlich kalt. Und sie hat dann, solange der Vater in Hamburg eingesperrt war, jeden Tag für ihn eine Suppe gekocht und die in einem Topf, in ein Handtuch eingewickelt, in den Volkswagen gestellt und ist damit zum Untersuchungsgefängnis gefahren. Und immer an derselben Stelle, weil sie noch nicht so gut Auto fahren konnte, nahm sie die Kurve zu steil, und die Suppe schwappte über, und die ganze Sorge meiner Mutter war nur, dass am Ende noch was im Topf drinbleibt für den Vater.

Wo immer Rudolf Augstein dann eingesperrt war, in Koblenz, in Karlsruhe, ist meine Mutter ihm nachgereist, hat sich in Pensionen einquartiert und sich täglich beim Gefängnispersonal – sie durfte ihn ja nicht besuchen – nach ihm erkundigt.

Sie erzählte mir, ihr Mann sei in der Haft gut behandelt worden, habe unter dem psychischen Druck aber wahrnehmbar gelitten.

Nach den drei Monaten im Gefängnis kam Ihr Vater zurück nach Hamburg. Welchen Eindruck hat er dann auf Ihre Mutter gemacht?

Franziska Augstein

Er war froh, erleichtert und ist sofort zur nächsten Pressekonferenz erschienen: Auftreten, reden, wieder das Heft in die Hand nehmen. Und dann hat man sich ins Juristische gestürzt. Der SPIEGEL hat eine Verfassungsbeschwerde in Karlsruhe eingereicht.

Aus meiner Perspektive, der des kleinen Kindes, war die SPIEGEL-Affäre für meinen Vater kein einschneidendes Erlebnis. Ganz im Gegensatz zu seinen Erfahrungen im Zweiten Weltkrieg. Er hat sehr oft über den Krieg gesprochen, hat erzählt. Natürlich kindgerecht. Seine Lieblingsgeschichte war die von seinem erfolgreichen Rückzug aus der Ukraine auf einem schwangeren Pferd mit zwei Kanistern Sonnenblumenöl. Das hat ihn beschäftigt, nicht die 100 Tage in Untersuchungshaft. Der Krieg kam immer wieder hoch.

Monika Hohlmeier

Das war bei meinem Vater auch so. Dieser Krieg ist eine ganz tiefe Erfahrung, das Elend, grausame Situationen. Und nach dem Tod meiner Mutter hat mein Vater fast sechs Wochen lang seine entsetzlichsten Kriegserlebnisse noch mal geistig vor seinen Augen ablaufen lassen. Da ist mir erst klar geworden, was dieser Krieg tatsächlich in meinem Vater hinterlassen hat. Er wollte sich de facto wohl klarmachen: Ich habe diesen Krieg überstanden, ich muss die Situation nach dem Tod meiner Frau auch überstehen, und ich werde das schaffen. Und eine kleine Nebenbemerkung sei erlaubt: Meine Mutter war von der SPIEGEL-Affäre sehr hart getroffen. Sie hat Unsägliches aushalten müssen, wurde persönlich brutal angefeindet und sogar tätlich angegriffen. Sie floh damals regelrecht aus Bonn nach Rott am Inn.

Frau Augstein, Ihr Vater wurde während der Haftzeit häufig vernommen. Das ist eine psychisch anstrengende Situation. Was wissen Sie davon, wie er darauf reagiert hat?

Franziska Augstein
Es gibt da eine Geschichte, die zeigt, in welcher Verfassung er damals war: Als die Redaktion durchsucht wurde, da führte man ihn auch immer wieder aus dem Untersuchungsgefängnis ins Pressehaus. Da stand in seinem Büro ein Wandsafe. »Herr Augstein, öffnen Sie bitte mal den Safe.« – »Oh, das geht nicht. Ich habe den Schlüssel nicht.« – »Ja, wo ist denn der Schlüssel.« – »Ja, den Schlüssel hat meine Sekretärin in Hannover.« Dann sind die Beamten nach Hannover gefahren, haben die Sekretärin besucht, die selbstverständlich den Schlüssel nicht hatte, weil sie in Hamburg gar nicht arbeitete. Dann sind die Beamten wieder nach Hamburg gefahren, schließlich musste der Schlüssel nun halt doch beigebracht werden. Wozu es nun hilfreich gewesen sein soll, da zwei Tage Aufschub zu bekommen, erschließt sich mir nicht. Der Safe stand ja unter Bewachung. Diese Episode zeigt, dass Rudolf Augstein wirklich nervös war und versuchte, sich ein bisschen Luft zu verschaffen.

Glauben Sie, dass Ihr Vater der These, dass die Republik mit der SPIEGEL-Affäre erst wirklich demokratischen Boden unter die Füße bekommen hat, heute noch zustimmen würde?

Franziska Augstein
Ja, sicher.

Manche Historiker glauben inzwischen, dass sich die Republik auch ohne die SPIEGEL-Affäre ähnlich entwickelt hätte.

Franziska Augstein
Also, ich halte es mit dem, was Hans-Ulrich Wehler gesagt hat. Für ihn war die SPIEGEL-Affäre einschneidend, weil sich mit ihr der »Trend der Protestmobilisierung zugunsten der Pressefreiheit«, und damit die »Abwendung von obrigkeitsstaatlichen Traditionen durchgesetzt« habe. Dieser Deutung hänge ich auch an. Ich bin sicher, dass mein Vater es auch getan hätte, aber ich bin nicht sicher, dass er es gesagt hätte, weil das wie Angeberei geklungen hätte.

Frau Hohlmeier, hat die Erfahrung, die Ihr Vater mit der SPIEGEL-Affäre gemacht hat, bei ihm zu der Erkenntnis geführt, dass die Pressefreiheit ein so hohes Gut ist, dass man besser die Finger davon lässt?

Monika Hohlmeier
Ich glaube, mein Vater hat freiheitlicher gedacht, als es ihm der SPIEGEL immer bescheinigt hat. Er hat ja dann auch nach der Auseinandersetzung mit Rudolf Augstein immer noch mit dem SPIEGEL gesprochen und ihm Interviews gegeben. Er hat gezielt das Medium SPIEGEL genutzt, seine Devise war: Ich möchte auch Andersdenkende erreichen mit meiner politischen Nachricht. Das war ein zutiefst demokratisches Verständnis von meinem Vater. Helmut Kohl hat das nicht getan. Mein Vater hat den SPIEGEL als Sparringspartner ausgesucht, und deswegen haben wir Kinder damals auch ganz bewusst seine Erinnerungen im SPIEGEL veröffentlicht, obwohl wir natürlich auch vielfältige Angebote von anderer Seite hatten. Wir haben es bewusst getan, weil uns klar war, dass dieses Verhältnis zum SPIEGEL natürlich den Menschen Franz Josef Strauß sehr geprägt hat.

Und umgekehrt wohl auch Rudolf Augstein.

Was Sie, Frau Augstein, aus der Zeit der SPIEGEL-Affäre berichten, erinnert mich an unsere Zeit in den siebziger Jahren, in der wir als Kinder keinen Fuß mehr allein vor die Tür setzen konnten. Jeder von uns ging mit drei Sicherheitsbeamten. Wir sind mit gepanzerten Autos zur Schule gefahren. Auf jeder Sportveranstaltung standen hinter uns zwei Sicherheitsbeamte, und vor der Haustür standen achtzehn Bereitschaftspolizisten. Das heißt, dass die besondere Konstellation, in der mein Vater stand, sich auf unsere Familie schon sehr einschneidend ausgewirkt hat. Bei uns hat es nie eine Diskussion darüber gegeben, wie viel unser Leben wert wäre. Das war völlig klar für uns: Unser Vater, unsere Mutter, sie wären bereit gewesen, jeden Preis zu zahlen. Trotzdem ist es von außen nur schwer einzuschätzen, was es für uns Kinder und für unsere Mutter bedeutet hat, über fast zwei Jahrzehnte zu den Hauptzielen der RAF, vormals Baader-Meinhof, zu gehören und somit der Höchststufe der Gefährdung ausgesetzt zu sein. Meine Mutter hat Ängste und auch Depressionen ausgestanden, was sie nie in der Öffentlichkeit gezeigt hat. Da stand sie immer als die starke Frau Strauß da. Am Ende dieses Wahlkampfs 1980, der wirklich ein brutaler Wahlkampf gewesen ist, bin ich plötzlich in der Nacht irgendwann um 5.00 Uhr aufgewacht, und mein Vater stand weinend und schlotternd vor mir. Ich habe meinen Vater noch nie so gesehen. Ich war total erschrocken. Ich war 18 Jahre alt, und da steht plötzlich dieser Koloss, dieser brillante Politiker vor dir und weint. Diese Angriffe, die gerade auch vom SPIEGEL gegen meinen Vater geführt wurden, haben bei ihm zu ganz tiefen Verletzungen geführt. Und er hat damals tatsächlich erwogen, dass er alles hinschmeißt, dass es ihm jetzt reicht. Er war in dieser Nacht völlig zusammengebrochen. Und, für mich wirklich erstaunlich, um 10.00 Uhr morgens stand er auf, hat seine Akten gepackt, ging nach draußen, und der Fahrer hat bestimmt nicht gemerkt, was um 5.00 Uhr morgens bei der Familie Strauß passiert war.

Franziska Augstein
Was Sie da eben sagten: dass in Ihrer Familie keines der Kinder einen Preis hatte, das finde ich schön. Das galt ganz genauso für meinen Vater und bezog sich auf seine gesamte Familie. Einmal hatte sein Bruder Josef ein finanzielles Problem, und da hat Rudolf Augstein seinem Bruder gesagt: »Josef, all mein Geld würde ich für dich geben.« Dann ist mir noch eine andere Parallele eingefallen, Sie sagten vorhin, Ihr Vater sei durchaus ein ziemlicher Macho gewesen.

Monika Hohlmeier
Ja, das stimmt. Aber er hat sich von mir gerne einwickeln lassen.

Franziska Augstein
Aber hat er sich von Ihnen etwas sagen lassen? Meiner war auch ein Macho, das kann man, denke ich, so sagen. Er hat das nur ein bisschen verkleidet. »Warum gibt es keine weiblichen Ressortleiter im SPIEGEL?«, hat er zum Beispiel gefragt und dann gleich gesagt: »Die wollen doch alle nicht, die Frauen.«

Eine Erinnerung: Mitte der neunziger Jahre waren wir in den Skiferien, ich hatte unlängst begonnen, als freie Journalistin für das Feuilleton der »FAZ« zu schreiben. Auf meinen damaligen Artikel über Eric Hobsbawm war ich ziemlich stolz. Mein Vater las ihn und sagte nur: »Du erklärst ja überhaupt nicht, woher der Name Hobsbawm kommt.« Damit war der Artikel erledigt. Ein paar Jahre später hatte er dann doch etwas gelernt. Ich sage das, weil ich da gleich eine Frage an Sie anschließen möchte. Ein paar Jahre später also – da war ich schon bei der »Süddeutschen Zeitung« – habe ich Monate vor Ausbruch des Irakkrieges gegen diesen kommenden Krieg geschrieben, einen längeren Artikel. Mein Vater ruft mich an und sagt: »Du schreibst ja jetzt die Artikel, die ich früher geschrieben habe.« Da ist er über seinen Schatten gesprungen. Und jetzt möchte ich Sie fragen: Inwieweit hat Ihr Vater Sie beim Eintritt in die Politik ermutigt?

Monika Hohlmeier
Die, die uns Kinder eigentlich hindern wollte, in die Politik zu gehen, das war meine Mutter. Sie hatte fast Angst davor und sagte: »Das, was ich erlebt habe, soll keiner von euch noch mal erleben.« Mein Vater hingegen hat mit uns drei Kindern ganz offen über Politik geredet und diskutiert. Aber als ich eines Tages mit dem CSU-Ausweis ganz stolz um die Ecke bog und dachte, das müsse jetzt meinem Vater gefallen, fragte er mich nach meiner Physiknote, die stand gerade zwischen 4 und 5, dann fragte er mich nach meiner Latein-Note, die war damals auch nicht besser, und anschließend frage er mich nach meiner Mathematik-Note. Und dann teilte er mir mit: »Nicht dass du jetzt eine dieser aktenköfferchentragenden Jungfunktionärinnen wirst, die viel quatschen, aber nichts wissen. Lerne erst einmal etwas Gescheites, mach eine gute Ausbildung.« Wenn wir irgendwas dahergeplappert haben, dann hat er gesagt: »So, und jetzt liest du erst mal das und das und das, und da gibt es eine Universitätsbibliothek, und da gibt es noch entsprechende Studien dazu. Und wenn du das alles gelesen hast, dann diskutieren wir zwei wieder drüber.« Wir haben uns dann natürlich auf die Socken gemacht und viel gelesen. Da habe ich viel von ihm profitiert.

Lassen Sie uns zum Schluss noch einmal in die fünfziger Jahre zurückkehren. Zu den finsteren Kapiteln der Nachkriegszeit gehört der Umgang mit den Altnazis. Rudolf Augstein holte ehemalige SS-Leute in die Redaktion, Franz Josef Strauß

setzte sich mit Hans Globke, dem Kommentator der NS-Rassengesetze, an einen Kabinettstisch. Das verbindet die beiden auf eine gewisse Weise. Frau Augstein, was halten Sie heute davon?

Franziska Augstein
Ich habe über diese Sache mit meinem Vater gesprochen. Er hat gesagt: Es hätte keinen Sinn gehabt, den SPIEGEL mit lauter Emigranten zu machen, die keine Ahnung davon gehabt hatten, was sich in den Vorjahren in Deutschland abgespielt hatte. Du brauchtest natürlich alte Nazis, und zwar eben solche, die Funktionen ausgefüllt hatten, so dass sie die Apparate, um die es ging, so gut kannten, dass sie in der Lage waren, darüber zu schreiben. Das leuchtet mir vollkommen ein. Das Zweite, was er dann gesagt hat, war, dass er ja nicht denen hinterherschnüffeln konnte, um festzustellen, ob es sich um Kriegsverbrecher handelte. Er hat mir gesagt, dass man diese Leute gefragt habe: »Haben Sie irgendetwas gemacht, haben Sie sich schuldig gemacht?« Und wenn die gesagt haben: »Nein, habe ich nicht.« Dann hat man das hingenommen. Implizit hieß das aber auch: Wenn sich herausstellte, dass dieser Mann doch schuldig war, würde er sofort rausgeschmissen.

Wie beurteilen Sie das Verhalten Ihres Vaters, Frau Hohlmeier?

Monika Hohlmeier
Mein Vater war zutiefst ein Naziverächter. Ihm war aber auch bewusst, dass es natürlich nicht möglich ist, jeden aus der Mannschaft zu eliminieren. Adenauer war da übrigens noch großzügiger. Der wollte seinen Frieden haben, der wollte seine Koalitionsrunde bilden, und damit hatte es sich für den. Meinem Vater

war dabei insgesamt unwohl. Des Vaters Vaterhaus oder auch das der Mutter waren bayerisch-monarchistisch und gänzlich antinationalsozialistisch eingestellt. Aber letztendlich war mein Vater pragmatisch genug und hat gesagt: »Wenn das Kabinett so ausschaut, wie es ausschaut, dann habe ich damit zu arbeiten – aus.« Ich glaube, wir haben es heute mit unserem Urteil deutlich leichter als die, die 1950 oder 1955 Entscheidungen treffen mussten. Wir haben die Zeit gehabt, uns damit analytisch lange, lange zu befassen. Wir können viel kritischer urteilen.

Frau Augstein, Frau Hohlmeier, wir danken Ihnen für dieses Gespräch.

»... dann gehe ich mit auf die Barrikaden.«
Zeitzeugen-Gespräch mit dem Altbundeskanzler und damaligen Innensenator Hamburgs Helmut Schmidt

Moderation und Bearbeitung: Georg Mascolo

Herr Schmidt, Sie sind nicht nur Zeitzeuge, sondern auch einer der Betroffenen der SPIEGEL-Affäre gewesen. Nicht nur gegen Rudolf Augstein und andere SPIEGEL-Redakteure ist damals ermittelt worden, sondern lange auch gegen Sie – länger als gegen Rudolf Augstein. Denn die Bundesanwaltschaft war bis zuletzt entschlossen, Sie wegen fahrlässiger Preisgabe von Staatsgeheimnissen anzuklagen. Als der SPIEGEL aus Anlass des 50. Jahrestages viele Unterlagen anschaute, die bis dahin unter Verschluss lagen, gehörte dazu – mit Ihrer Einwilligung – auch die Akte Schmidt bei der Bundesanwaltschaft in Karlsruhe.

Herr Schmidt, versetzen wir uns zurück in das Jahr 1962. Sie waren Innensenator in Hamburg, ein aufstrebender und bundesweit bekannter Politiker, und der SPIEGEL war ein aufstrebendes Blatt hier in Hamburg. Wie war Ihr Verhältnis zu Rudolf Augstein und zum SPIEGEL?

Helmut Schmidt
Wir kannten uns, aber es war ein relativ kühles nachbarschaftliches Verhältnis. Es gab zwei Leute beim SPIEGEL, mit denen ich persönlich aus Studentenzeiten und aus Kriegszeiten befreundet war. Der eine war Conny Ahlers, und der andere war Hans Schmelz.

Conrad Ahlers und Hans Schmelz waren die Autoren der Titelgeschichte »Bedingt abwehrbereit«, die die Aktion der Staatsmacht auslöste. Beide hatten sich intensiv mit militärtheoretischen Fragen, insbesondere der Atombewaffnung Deutschlands, beschäftigt. Das war ein Thema, das auch Sie in diesen Jahren umgetrieben hat.

Helmut Schmidt
Ohne allzu anspruchsvoll erscheinen zu wollen, darf ich in Erinnerung rufen, dass ich im Jahr 1961 ein Buch veröffentlicht habe, »Verteidigung oder Vergeltung«, das alsbald ins Englische übersetzt wurde.[385] Das war ein Jahr vor der SPIEGEL-Affäre. Ich war damals ganz gewiss ein Fachmann, Sie haben gesagt, für »militärtheoretische Fragen«. Ich würde sagen für militärstrategische Fragen.

In Ihrem Buch haben Sie sich vehement gegen eine Atomrüstung der Bundeswehr ausgesprochen und davor gewarnt, dass ein möglicher dritter Weltkrieg, ein nuklear ausgetragener dritter Weltkrieg, auf deutschem Boden stattfinden könnte.

Helmut Schmidt
Das Buch kritisierte im Wesentlichen die damalige offizielle Strategie der Nato. Diese ging davon aus, dass die konventionelle Verteidigung des Westens im Falle eines Krieges gegen die damalige Sowjetunion in keiner Weise ausreichen würde. Man verließ sich darauf, dass der Westen der sowjetischen Führung androhte, für den Fall eines Angriffs mit massiver Vergeltung zu antworten. Das hieß, mit Zerstörung der Sowjetunion, was gleichzeitig die

---

[385] H. Schmidt: *Verteidigung oder Vergeltung. Ein deutscher Beitrag zum strategischen Problem der Nato.* Stuttgart-Degerloch 1961.

Zerstörung Westeuropas ausgelöst hätte. Die damaligen Fähigkeiten der Sowjetunion reichten zur Zerstörung Amerikas nicht aus, sie waren aber voll ausreichend zur Zerstörung Europas und insbesondere Deutschlands.

Mitte der fünfziger Jahre machte Bundeskanzler Konrad Adenauer einen ehrgeizigen CSU-Politiker zum Bundesminister für Atomfragen – Franz Josef Strauß. Ein Jahr später wurde Strauß Verteidigungsminister. Strauß, so vermutete nicht nur der SPIEGEL damals, wollte die Bombe für die Bundeswehr. Wie haben Sie Strauß und seine Politik in diesen Jahren wahrgenommen?

Helmut Schmidt
Er war ein sehr intelligenter, sehr schneller Mann. Ich habe seine atomaren Vorstellungen zunächst nicht ernst genommen, sondern für phantastisch gehalten. Erst im Laufe der sechziger Jahre habe ich begriffen, dass sie ernst zu nehmen waren.

Aus der aktuellen SPIEGEL-Titelgeschichte[386] erfahren wir, dass Strauß und etliche seiner höchsten Militärs planten, taktische Atomsprengköpfe bereits einzusetzen, kurz bevor ein sowjetischer Großangriff losbricht. Und der SPIEGEL zitiert aus einem Vermerk, den Henry Kissinger[387] nach einem Treffen mit Franz Josef Strauß am 20. Mai 1961 an seine, also die US-Regierung, geschrieben hat: Man solle dafür Sorge tragen,

---

[386] »Ein Abgrund von Lüge«, in: DER SPIEGEL 38/2012, abgedruckt im Anhang des vorliegenden Bandes.
[387] Der spätere US-Außenminister Henry Kissinger (geboren 1923) lehrte an der Harvard Universität und diente schon damals der US-Administration vielfach als Berater in Sicherheitsfragen. 1954 erschien: H. Kissinger: »Nuclear Weapons and Foreign Policy«.

amerikanische Atomwaffen auf deutschem Boden so gut zu sichern, dass ein Zugriff physisch unmöglich sei, denn Strauß sei zuzutrauen, in einer Krisensituation – ich zitiere – »die Waffen einfach zu nehmen«.

Helmut Schmidt
Wenn er das damals schriftlich niedergelegt hat, dann zeugt das vom erheblichen strategischen Instinkt Henry Kissingers.

In dieser Situation begann Conrad Ahlers für eine Titelgeschichte zu recherchieren, in deren Mittelpunkt die Atomstrategie von Nato und Bundeswehr steht, und er sucht Ihren Rat.

Helmut Schmidt
Er rief am Nachmittag an, und ich sagte: »Lieber Conny, es tut mir furchtbar leid, ich kann Ihnen frühestens heute Abend um zehn Uhr zur Verfügung stehen.« Und dann kam er nachts, und wir haben etwa eine Dreiviertelstunde miteinander geredet. Rat suchen? Da war die Geschichte schon geschrieben.

Er hatte das Manuskript der SPIEGEL-Geschichte »Bedingt abwehrbereit« bei sich.

Helmut Schmidt
Das hat er mir gezeigt, und ich habe es überflogen.

Sie holten Ihren Freund und Nachbarn Willi Berkhan dazu, der sich damals im Bundestag auf Seiten der SPD mit verteidigungspolitischen Fragen befasste.

Helmut Schmidt
Ja.

Und dann nahmen Sie, so ist es überliefert, einen Bleistift in die Hand und machten an einigen Stellen Kreuze, an manchen schrieben Sie etwas an den Rand.

Helmut Schmidt
Ich habe zunächst einmal angefangen zu lesen, und wenn mir etwas auffiel, habe ich einen Strich an den Rand gemacht. Es handelte sich zum Teil um sachliche Fehler oder um nicht ganz exakte Ausdrucksweisen, aber vor allen Dingen um einige Stellen, von denen ich dachte, dass sie bisher unter »geheim« klassifiziert worden waren. Das waren fünf oder sechs Stellen.

Was der SPIEGEL publizieren darf, ohne sich dem Vorwurf des Geheimnisverrats auszusetzen, wurde damals auch zwischen Rudolf Augstein und Conny Ahlers diskutiert. Den SPIEGEL-Leuten war bewusst, dass es Grenzen gibt. Verstehe ich Ihre Kreuze richtig als die Punkte in dem Manuskript, bei denen Sie sagten: »Passt mal lieber auf beim SPIEGEL, dass ihr hier nicht etwas veröffentlicht, was euch hinterher einen Haufen Ärger einbringt.«?

Helmut Schmidt
So ungefähr. Ich habe nicht gesagt, das dürft ihr nicht schreiben. Ich habe nur gesagt, das könnte geheim sein, guckt euch das noch mal genau an.

Das war recht prophetisch.

Helmut Schmidt
Ja, und ich bin nicht sicher, ob Conny Ahlers den Rat angenommen hat.

Doch, das hat er. Den Teil der Geschichte kann ich aufklären.

Helmut Schmidt
Ach – ja. Das ist für mich ganz neu.

Der SPIEGEL hat nach dem Treffen mit Ihnen entschieden, bestimmte Fragen im Hinblick darauf, was geheim ist oder nicht, zur Absicherung dem Bundesnachrichtendienst vorzulegen mit der Bitte um Auskunft, ob es sich hier um Staatsgeheimnisse handelt.

Helmut Schmidt
Und hat der BND die Fragen ernst genommen, und hat man Ihre Fragen ernsthaft beantwortet?

Der BND hat alle Fragen beantwortet.[388] Was die ernst nehmen oder nicht, ist allerdings schwer zu sagen.

Helmut Schmidt
Ich sage etwas Leichtfertiges zwischendurch: Ich habe damals vom BND überhaupt nichts gehalten.

Wenn ich das richtig sehe, ist das doch in Ihren Jahren als Kanzler noch schlimmer geworden.

Helmut Schmidt
Ich kannte den General Gehlen. Mein Freund Fritz Erler, damals stellvertretender Vorsitzender des Verteidigungsausschusses im Bundestag, hat mich 1954 oder 1955 gebeten: »Fahr doch mal nach Pullach und guck dir den General Gehlen an.« Ich habe zwei Stun-

---

388 Vgl. dazu den Beitrag von Jost Dülffer im vorliegenden Band.

den mit Gehlen geredet, und als ich zurückkam nach Bonn, habe ich zu Fritz Erler gesagt: »Du, das ist ein schräger Vogel, da würde ich sehr vorsichtig sein.« Das war die Art und Weise, wie man – nicht öffentlich, aber unter Freunden – miteinander zu reden pflegte. Mein Misstrauen in den BND hat sich fortgesetzt bis in meine Zeit als Verteidigungsminister, das heißt bis in die siebziger Jahre.

Nun gehörten Sie zu den wenigen, die das Manuskript der Titelgeschichte »Bedingt abwehrbereit« gelesen hatten, Das Heft erscheint, und es passiert zunächst einmal gar nichts. Hatten Sie den Eindruck, bei dem Artikel handelte es sich um etwas ganz Besonderes?

Helmut Schmidt
Nein.

Verriet der SPIEGEL militärische Geheimnisse?

Helmut Schmidt
Für mich war das geläufige Materie. Wie gesagt, ich hatte ein Buch über die Strategie der Nato geschrieben. Ich war wirklich ein Fachmann und ein Mitglied der International Defence Community.

Doch dann, achtzehn Tage nach Erscheinen des Titels, rückt die Staatsmacht an und besetzt die Redaktion des SPIEGEL, damals noch beheimatet am Speersort, wo heute Ihr Büro bei der »Zeit« ist. Wie erfuhren Sie davon?

Helmut Schmidt
Das weiß ich nicht mehr.

Sie spielen schnell eine aktive Rolle. Sie lassen überprüfen, ob der Einsatz der Hamburger Polizei rechtmäßig ist, und besprechen sich mit dem Hamburger Bürgermeister Paul Nevermann. Hatten Sie den Eindruck, dass die Aktion rechtswidrig war?

Helmut Schmidt
Den Eindruck hatte ich – ja.

Dann wird die Geschichte für Sie persönlich bedrohlich. Denn bei der Durchsuchung des SPIEGEL wird auch das Manuskript mit Ihren handschriftlichen Anmerkungen gefunden, mit den Kreuzen, die Sie gemacht haben. Sie gehören auf einmal zum Kreis der Beschuldigten.

Helmut Schmidt
Und?

In der heutigen Zeit wäre die Einleitung eines Ermittlungsverfahrens wegen des Verdachts der Beihilfe zum Landesverrat für einen Politiker womöglich das Ende der Karriere – damals nicht.

Helmut Schmidt
Das wäre ja auch noch schöner gewesen. Nein, mein politisches Engagement beenden zu müssen, daran habe ich überhaupt nicht gedacht. Ich habe den Landgerichtsdirektor, ich glaube, er hieß Dierks, nicht sehr höflich behandelt, und ich habe meine Einschätzung seines Vorhabens dadurch zum Ausdruck gebracht, dass ich mir nicht einmal einen Anwalt zur Seite gesetzt habe. Er hat mich mehrfach ausführlich vernommen, und ich habe ausführlich geantwortet und habe die in meinen Augen eindeutige

Lächerlichkeit der Vorwürfe betont. Das hat er natürlich in sein Protokoll nicht aufgenommen.

Sie haben im März 1963 eine Pressekonferenz gegeben und haben sich zu den Vorwürfen geäußert.

Helmut Schmidt
Das kann sein. Ich habe das ganze Zeug nicht ernst genommen.

Es gab damals einen zweiten Verdacht der Bundesanwaltschaft. Demzufolge sollen Sie den SPIEGEL und Rudolf Augstein vor dem Einsatz der Staatsmacht gewarnt haben.

Helmut Schmidt
Davon habe ich nachträglich erfahren. Was meine Person angeht, ist der Verdacht unbegründet.

Dann wird Rudolf Augstein freigelassen, auch Conrad Ahlers. Der Bundesgerichtshof entscheidet schließlich im Mai 1965, gegen beide kein Verfahren zu eröffnen. Aber die Ermittlungen gegen Sie laufen weiter. Sie haben es mit einer Bundesanwaltschaft zu tun, die nicht davon ablassen will, Helmut Schmidt den Prozess zu machen. Was führte schließlich zur Einstellung des Verfahrens im Dezember 1966?

Helmut Schmidt
Ein Prozess wäre damals einigen Politikern auf der rechten Seite des Spektrums sehr recht gewesen, und das Verhalten der Ermittlungsbeamten würde ich als »vorauseilenden Gehorsam« bezeichnen. Als die Sache endlich eingestellt wurde, war die politische Szene wesentlich verändert. Inzwischen war die erste Große Koalition gegründet worden. Strauß wurde Finanzminis-

ter, Karl Schiller Wirtschaftsminister, und Gustav Heinemann wurde Justizminister. Ich habe durch Zufall Heinemann auf dem Flur oder in der Fraktion getroffen. Er war ein väterlicher Freund, und ich habe gesagt: »Gustav, guck dir doch mal die Akten an, da läuft ein Ermittlungsverfahren gegen mich.« Ich habe nicht gesagt: »Heb das Ermittlungsverfahren auf.« Und dann bekam ich eine gewisse Zeit später die Nachricht, das Ermittlungsverfahren sei aufgehoben. Inzwischen hatten die das heruntergestuft von Beihilfe zum Landesverrat auf ...

... fahrlässige Preisgabe von Staatsgeheimnissen. Was das eigentlich ist, verstehe ich nicht.

Helmut Schmidt
Wenn Sie aus Versehen ein Papier liegen lassen. Das ist fahrlässiger Umgang. Aber ich habe nie die Einstellungsverfügung gesehen, ebenso wenig wie ein Dokument zur Eröffnung des Verfahrens. Das hat dazu geführt, dass mein Misstrauen in gewisse Behörden des Bundes sich ausgeweitet hat auf die Bundesanwaltschaft, die war bis dahin noch davon ausgenommen.

Sie waren ein in jeder Hinsicht ungewöhnlicher Beschuldigter. Heute hätte ein Innensenator, gegen den ermittelt wird, mindestens drei Strafverteidiger, und er hat ein Beratungsbüro für die begleitende Pressearbeit und Spin-Doktoren. Sie haben sich nicht einmal einen Anwalt genommen. Wenn man die Vernehmungsprotokolle liest, dann ist das immer so: Helmut Schmidt geht da hin und unterhält sich.

Helmut Schmidt
Er geht nicht da hin. Herr Dierks kam in mein Büro.

Darf ich annehmen, dass Sie darauf bestanden haben?

Helmut Schmidt
Das weiß ich nicht mehr. Jedenfalls hätte er mich verhaften müssen, wenn er mich in seinem Büro hätte vernehmen wollen. Ich wäre freiwillig nicht hingegangen. Inzwischen gab es die Innenbehörde,[389] und die saß im Sprinkenhof, nicht weit von hier. In meinem Büro stand hinter dem Schreibtisch eine schwarz-rot-goldene Fahne. Und in dem Gespräch mit dem Landgerichtsdirektor Dierks muss ich darauf hingewiesen haben, mit einer Bemerkung wie: »Ich stehe zu dieser Fahne.« Das hat er natürlich in sein Protokoll nicht aufgenommen.

Bei einem Mittagessen im Hamburger Hotel »Vier Jahreszeiten« am 9. Oktober 1962 trafen Sie auf Rudolf Augstein. Die Geschichte »Bedingt abwehrbereit« ist tags zuvor erschienen, und Sie geben Ihre Einschätzung wieder und sagen: Na ja, da sei der SPIEGEL – ich zitiere aus dem aktuellen Heft – »ja tüchtig rangegangen«. Aber der SPIEGEL hatte aus Ihrer Sicht die Grenzen des Zulässigen nicht überschritten?

Helmut Schmidt
Aus meiner Sicht hatte er sie vielleicht in ein oder zwei Punkten der fünf oder sechs Punkte, die ich angestrichen hatte, berührt. Aber warum soll ich ihm das vorwerfen. Das ist doch nicht meine Aufgabe. Ich bin doch nicht die Bundesanwaltschaft. Ich war Innensenator.

---

389 Im Frühjahr 1962 wurde die Hamburger Polizeibehörde mit erweiterten Befugnissen zur Innenbehörde umstrukturiert. Polizeisenator Schmidt wurde Innensenator.

Sie waren als Innensenator, Herr Schmidt, auch Zeitzeuge dessen, was in diesem Land geschehen ist nach der Aktion gegen den SPIEGEL. Welche Bedeutung hat die SPIEGEL-Affäre in Ihrer Erinnerung für die Demokratisierung in Deutschland gespielt?

Helmut Schmidt
Eine ganz große Bedeutung, insbesondere der Zusammenbruch der Vorwürfe. Es ist wahrscheinlich kein Zufall, dass wir nur wenige Jahre später die Große Koalition bekommen haben. Ich muss eine Sache erwähnen. Ich war schon ein Beschuldigter, glaube ich, als Tausende von jungen Leuten, Studenten in der Masse, zum Untersuchungsgefängnis gegangen sind. Sie wollten den Augstein rausholen. Und ich habe mich in einen

Hamburgs Innensenator Helmut Schmidt, umringt von Demonstranten am Abend des 31. Oktober 1962

Polizeiwagen mit Blaulicht gesetzt mit Lautsprecher und habe die jungen Leute dazu überredet, ins Audimax der Universität zu gehen. Das muss am Abend gewesen sein. Das heißt, ich habe die Demonstration, die in Gefahr war, das hamburgische Untersuchungsgefängnis zu besetzen, aufgelöst. Das ging dann einigermaßen friedlich vor sich, und natürlich habe ich in dem damaligen Audimax in der Edmund-Siemers-Allee eineinhalb oder zwei Stunden lang Rede und Antwort gestanden. Übrigens war auch der junge Peter Schulz dabei, später wurde er Senator und Bürgermeister in Hamburg. Er hat mir dabei geholfen, Antworten zu geben.[390]

Woher kam die Empörung der jungen Leute?

Helmut Schmidt
Das Misstrauen gegen die Obrigkeit spielte eine Rolle. Auch gegen die deutschnationalen Teile der Obrigkeit. Sie dürfen ja nicht übersehen, dass die Nachkriegsparteien aufgebaut sind aus Personal, das vorher schon mal anderen Parteien angehört hatte.

Hat es Sie überrascht, dass ausgerechnet die Verhaftung eines Herausgebers und Chefredakteurs eines Blattes wie der SPIEGEL zu dieser Form von Mobilisierung bei den Deutschen geführt hat?

Helmut Schmidt
Überrascht nicht – nein. Ich habe es begrüßt.

Weshalb?

---

390 Vgl. dazu auch die Erinnerungen von Peter Schulz: »Rostock, Hamburg und Schanghai«, Bremen 2009, S. 254ff.

Helmut Schmidt
Aus Instinkt.

Franziska Augstein hat im SPIEGEL der vergangenen Woche geschrieben, dass mit 1962 gleichsam der Auftakt von 1968 beginnt, dass eine Linie zu ziehen ist vom Aufbegehren gegen den Obrigkeitsstaat des Jahres 1962 und den dann folgenden Veränderungen in Deutschland. Über diese These ist hier von der deutschen Historikerzunft leidenschaftlich gestritten worden. Darf ich Sie fragen, wie Ihre Einschätzung wäre?

Helmut Schmidt
Da ist was dran, aber es ist nicht die ganze Wahrheit.

Wie sehen Sie es?

Helmut Schmidt
Die intellektuelle Quelle des Studentenaufstands der Jahre 1967 und 1968 und folgende ist der Vietnamkrieg. Der amerikanische studentische Protest gegen die Kriegführung in Vietnam. Die Bewegung beginnt in Amerika, dann schwappt sie über den Atlantik nach Europa. Die jungen Leute liefen mit Bildern von Mao Zedong herum und wussten gar nicht, wer das eigentlich war. Sie waren für die Gegner der Vereinigten Staaten von Amerika. Der Antiamerikanismus spielte eine große Rolle, dann die kommunistische, genauer gesagt die marxistische Revolutionstheorie. Es waren vielerlei Dinge, die gleichzeitig auftauchten.

Stellen wir uns vor, dass es heute wieder zu einem Einsatz der Staatsmacht ähnlichen Umfangs käme gegen den SPIEGEL, die »Süddeutsche Zeitung«, die »FAZ« oder die »Zeit«. Glauben

Sie, dass es zu einer ähnlichen Form von Solidarisierung der Menschen kommen würde?

Helmut Schmidt
Ich würde das, ohne zu zögern, mit Ja beantworten. Die demokratischen Instinkte sitzen heute noch tiefer als 1962 und 1968 und 1978 und 1988.

Sollte in der Zukunft noch einmal ein Einsatz der Staatsmacht gegen die Medien drohen, dann wüssten also die Deutschen Ihrer Meinung nach, was sie an der Pressefreiheit haben?

Helmut Schmidt
Ja. Und wenn ich dann noch unter den Lebendigen bin, dann gehe ich mit auf die Barrikaden.

Zusammenfassung und Ergebnisse

Von Hauke Janssen

In seinem Eröffnungsvortrag verteidigte Hans-Ulrich Wehler die SPIEGEL-Affäre als »Unikat« und nannte sie einen »Wendepunkt in der politischen Kultur der Bundesrepublik« mit »außerordentlich langlebigen, positiven Auswirkungen bis in unsere unmittelbare Gegenwart hinein«, eine Wertung, die Zuspruch, aber auch Widerspruch fand.

Wehler weilte im Oktober 1962 in Stanford, Kalifornien, als in die, wie er sagte, »paradiesische Idylle«, die Nachricht von der Aktion gegen den SPIEGEL hineinplatzte. Wehler beschloss, in Amerika zu bleiben, bis die Krise einen positiven Ausgang fände, und das war wochenlang ganz ungewiss.

Die anwesenden Zeitzeugen teilten Wehlers Erinnerung an die SPIEGEL-Affäre als eine Schlüsselsituation, in der sich der Weg der Bundesrepublik zum Guten oder zum Bösen entschied. Hans-Dietrich Genscher spürte einen »Kälteschock«. Horst Ehmke glaubte: »Wenn das hier durchgeht, dann ist die Tür offen für alles Undemokratische«, und Helmut Schmidt meinte, es sei kein Zufall, »dass wir nur wenige Jahre später die Große Koalition bekommen haben«.

Der »nachgeborene« Historiker Norbert Frei ließ dann im zweiten Referat des Tages mit feiner Nadel die Luft aus diesem »Ballon« und markierte solche Berichte als »generationsstiftende Pathosformel«.

Es handele sich um »die verdichtete Erinnerung eines politischen Erlebnisses«, das seinerzeit offenkundig dazu beitrug, das »Zusammengehörigkeitsgefühl einer Alterskohorte« zu stärken, nämlich jener der »Flakhelfer und jungen Frontsoldaten«. Diese jungen Leute hätten den »Schock des Frühjahrs '45« rasch als Chance verarbeitet, und ebenso rasch ging ihnen Adenauers Kanzlerdemokratie »auf die Nerven«.

Frei beurteilte den Einschnitt im Oktober 1962 »weniger scharf, als es den damaligen Protagonisten« erscheint. Die SPIEGEL-Affäre sei »beileibe nicht die erste Attacke auf die Meinungsfreiheit« gewesen. Auch hätte es bereits zuvor einen »erkennbar vorangekommenen Prozess der Sensibilisierung der Öffentlichkeit« gegeben. Die SPIEGEL-Affäre, so der Professor aus Jena, habe lediglich ein »schon gut gefülltes Fass des Unmuts zum Überlaufen« gebracht.

Mit dieser Meinung stand er nicht allein. Sein Hamburger Kollege Axel Schildt meinte: »Der Oktober 1962 war nicht der Ausgangspunkt einer neuen politischen Kultur, sondern wurde ihr retrospektiv an Bedeutung gewinnendes Symbol für ein neues zivilgesellschaftliches Bewusstsein.«

Die SPIEGEL-Affäre bleibt aber auch nach Meinung Schildts und anderer das große symbolträchtige Ereignis, an dem sich die Entwicklung verdichtete und das ihr »enormen Aufwind« (Schildt) verlieh, sie, wie Wehler sagte, mit »massiver Schubkraft beschleunigte«.

Von der Affäre profitierten Demokratie und Pressefreiheit, »besonders aber der SPIEGEL selbst« (Frei), der nun »publizistischer Motor« einer sich liberalisierenden Gesellschaft war, die »zusehends die Schlacken älterer Gesinnungen und Mentalitäten« abstreifte.

Damit stellte sich die Frage nach der Rolle des SPIEGEL in der Presselandschaft der jungen Bundesrepublik. War er schon vor der Affäre ein »Sturmgeschütz der Demokratie«, oder wurde er dazu erst mit ihr?

Nach den Worten Axel Schildts wäre es sicher zu einfach, von einem Szenario auszugehen, in dem auf der einen Seite allein

»die Guten«, nämlich »das linksliberale Nachrichten-Magazin«, und auf der anderen Seite die böse Staatsmacht der Adenauer-Zeit stünde. Das bestätigten beide Referenten dieses Veranstaltungsblocks.

Norbert Frei entdeckte im SPIEGEL der 1950er Jahre, wie er sagte, »Erstaunliches«. Zwar sei »zweifellos« die »Nonkonformität« des Blatts hervorzuheben, namentlich Augsteins beharrliche Kritik am Kurs des Kanzlers. Aber darüber könne man nicht die »kaum weniger erhebliche« Konformität des Blattes übersehen. Schließlich gerate eine »irritierende Gleichzeitigkeit von Apologie und Aufklärung in den Blick, die der SPIEGEL beim Thema Nationalsozialismus an den Tag legte«. Erst Ende der 1950er Jahre fände man den SPIEGEL immer öfter auf der Seite derer, »die gegen Antisemitismus, Verdrängung und Verleugnung eintraten«.

Dass es in den 1950er Jahren »SS-Seilschaften« beim SPIEGEL gegeben habe, die Einfluss auf die Berichterstattung jener Jahre gewannen, ist die These Lutz Hachmeisters. Während der Arbeit an seiner Habilitationsschrift über SS-Brigadeführer Franz Six war er auf einige von dessen »Schülern« gestoßen, die schließlich ihren Weg in die bundesdeutsche Presselandschaft fanden.

Gemeint sind die ehemaligen SD-Leute Horst Mahnke und Georg Wolff, die Anfang der 1950er Jahre zum SPIEGEL kamen, dort schnell zu Ressortleitern befördert wurden und es beinahe nach weit oben geschafft hätten.

Wolff, der über 70 Titelgeschichten für den SPIEGEL verfasst hat, war 1959 als Chefredakteur im Gespräch. Doch bot zu dieser Zeit ein Chefredakteur mit SS-Vergangenheit, so vermutet Hachmeister, wohl schon zu viel Angriffsfläche. Mahnke hatte ein Angebot als Leiter des Persönlichen Büros von Augstein, wechselte 1960 aber lieber zu Springer.

Hachmeister meint, dass der SPIEGEL in den frühen Fünfzigern »wie kein anderes Blatt in Deutschland über Aufenthaltsorte und neue Betätigungen der ehemaligen SD- und Gestapo-Intelligentsia« berichtete. Dafür, so glaubt Hachmeister, bediente sich der SPIEGEL der Kontakte Mahnkes und Wolffs zu ehemaligen SD-Kameraden, von denen einige inzwischen bei der Organisation Gehlen untergekommen waren.

»Natürlich hätte Augstein nicht bewusst nach SD-Leuten für den SPIEGEL gesucht. Mit ihrem Erfahrungswissen und ihren alten nachrichtendienstlichen Verbindungen kamen sie ihm aber nicht ungelegen« (Hachmeister). Mit den »hoch spannend«, »schnoddrig, zynisch und abgeklärt geschriebenen Storys aus der ›Verwandlungszone‹ zwischen NS-Staat und Nachkriegsdeutschland ließen sich Auflage und Bedeutung steigern«.

Schon Norbert Frei hatte darauf hingewiesen, dass der Befund »der Verbandelung« von Journalisten mit ehemaligen NS-Kadern leider alles andere als ungewöhnlich für die damalige deutsche Medienlandschaft der Zeit gewesen sei. Das bestätigten in der Diskussion Peter Merseburger und andere mit vielen Beispielen bis hin zum öffentlich-rechtlichen Rundfunk. »Die ›Stunde Null‹ der deutschen Presse«, so Frei, »war kaum weniger eine Illusion als die Vorstellung von einer ›Stunde Null‹ im Ganzen.«

Es sei kein Zufall gewesen, so begann Eckart Conze den zweiten Veranstaltungsblock, dass der SPIEGEL-Artikel, der die Krise auslöste, sich mit sicherheitspolitischen Fragen beschäftigte. Denn damals bildeten sich jene Strukturen heraus, die die Militärstrategie bis zum Ende des Kalten Krieges bestimmten. Die damit verbundenen Entscheidungen aber waren das Ergebnis »scharfer politischer Auseinandersetzungen«.

Diese vielschichtigen Entwicklungen seien allerdings mit der »ebenso plakativen wie skandalisierenden Formulierung ›Griff nach der Bombe‹ kaum angemessen überschrieben«. Schwinge da doch die Behauptung mit, Verteidigungsminister Strauß habe »die Bundesrepublik zu einer unabhängigen Atommacht« machen wollen – und »vielleicht auch die Behauptung, der SPIEGEL habe das verhindert«. Doch nach allem, was er wüsste, »wollte Strauß keine deutsche ›Bombe‹«.

Strauß wollte allerdings, so Conze weiter, ein »angemessenes Mitspracherecht« über die gemeinsamen Verteidigungsfragen der Nato, ein Mitspracherecht, das sich »auch auf nukleare Fragen erstrecken müsse«.

Als im Januar 1961 die Kennedy-Administration in den USA die Macht übernahm, vollzog sie binnen weniger Wochen einen militärstrategischen Kurswechsel. Der Gedanke einer atomaren Streitmacht der Nato wurde fallen gelassen, stattdessen verlangte man eine verstärkte konventionelle Rüstung in Europa.

Strauß aber hielt am Ziel der Nuklear-Rüstung der Nato fest. Er fürchtete, dass der neue Kurs das politische Gewicht der Bundesrepublik reduzieren würde. Die Bundeswehr sollte nicht bloß das »konventionelle Fußvolk« der amerikanischen »atomaren Ritter« bilden. Schließlich argwöhnte Strauß, dass sich hinter der Strategie Kennedys die mangelnde Entschlossenheit der USA verbarg, zur Verteidigung der Verbündeten atomare Waffen auch einzusetzen.

Die Bundeswehrführung empfahl, die Nato-Streitkräfte so auszurüsten, dass diese zu einem vorbeugenden atomaren Schlag, einem »preemptive strike«, in der Lage seien. Genau das stand am 8. Oktober im SPIEGEL, und es stand dort auch, dass das Nato-Manöver »Fallex« gezeigt hätte, dass eine solche Kriegsführung nicht funktionieren würde. Die Botschaft, so Conze, war eindeutig: Strauß war als Verteidigungsminister gescheitert.

Conzes Korrekturen an der These vom »Griff nach der Bombe« und an der Person Strauß wurden anschließend kontrovers diskutiert. Moderator Klaus Wiegrefe war beim Studium der Akten der Bundesanwaltschaft aufgefallen, dass Oberst Martin, der Hauptinformant des SPIEGEL, damals so beunruhigt war, weil er glaubte, dass Strauß seine nuklearen Pläne hinter dem Rücken des Kanzlers und der Amerikaner verfolgte, in fast staatsstreichartiger Weise. Oberst Martin litt an dem Gefühl, er habe einen Dienstherrn, der völlig unkontrollierbar sei. Deshalb habe er sich schließlich an den SPIEGEL gewandt.

Anschließend sprach Peter Merseburger über Augstein und Strauß, und er sprach gleichsam als »Historiker ebenso wie als Zeitzeuge«, denn er war von 1960 bis 1965 selber beim SPIEGEL.

Augstein wollte einen Kanzler Strauß mit allen Mitteln verhindern, und er machte – so schilderte es Merseburger – den Bayern in einem »jahrelangen Kreuzzug« für die »linke Intelligenz der Republik zur Inkarnation von Gefahr und Aggressivität, von Korruption und Machtbesessenheit, zum Abziehbild des Bösen schlechthin«.

Höhepunkt dieser Kampagne bildete der Titel »Endkampf« aus dem Frühjahr 1961, die »wohl schärfste Polemik gegen einen deutschen Politiker«, die »in der Bundesrepublik bislang je veröffentlicht wurde«.

Lutz Hachmeister steuerte dazu eine Episode aus den Memoiren Georg Wolffs bei. Wolff zufolge ließ Augstein keinen Zweifel daran, dass der Titel beleidigenden Charakter haben sollte: »Wenn es denn zum Prozess kommt, dann soll es mir recht sein. Dann gehe ich auch für sechs Monate ins Gefängnis.«

Überhaupt bildete die Frage nach dem »wahren« Strauß, über den es, wie Thomas Schlemmer bemerkte, immer noch keine wissenschaftliche Biographie gibt, eines der wiederkehrenden Themen dieser Konferenz.

Den einen galt Strauß als ein »impulsives Temperament« mit Wutausbrüchen zwar »wie ein ordentliches bayerisches Gewitter«, am Ende aber »übervorsichtig« und einer, der »sorgfältig nachdachte« (Hohlmeier), den anderen als »Kraftwerk ohne Sicherung« (Schmidt), als »unüberbietbar charmanter und unterhaltsamer Märchen-Erzähler« (Schoenbaum), als jemand, der »sich in einen Zustand hineinredete, in dem er das für wahr hielt, was ihm nützlich war« (Ehmke), als jemand, »der einfach den Rechtsstaat zu wenig geachtet« hat (Franziska Augstein), als »Gottseibeiuns der Linksintellektuellen« (Schlemmer), als »Gefahr für den Staat, unbeherrschbar, unberechenbar«, bereit, »über Leichen zu gehen« – Letzteres stammt nicht aus dem SPIEGEL, sondern aus dem Tagebuch von Adenauer-Intimus Heinrich Krone.

Und Strauß, so wieder Merseburger, half heftigst mit, sich zum »Atomfeuer-speienden Drachen« aufzublasen. Augstein: »Der Minister war höchst eilfertig, seinen Ruf zu ruinieren, man konnte ihm kaum folgen.«

Strauß initiierte zwar nicht die Ermittlungen gegen den SPIEGEL, trieb aber die anlaufende Aktion der Bundesanwaltschaft nach Kräften voran. Schon zwei Tage nach Erscheinen des »Fallex«-Artikels, so Merseburger, habe Strauß an Adenauer geschrieben, dass der »publizistische Terror« eine ebenso »kriminelle Angelegenheit« sei wie der gewaltsame, und habe auf »energische Maßnahmen« gedrängt. Nachdem er die Verhaftung von Ahlers in Spanien eingeleitet hatte, soll er auf dem Weg nach Hause mit unbändiger Freude gesagt haben: »Die Schweine – jetzt haben wir sie endlich.«

Nach der Polizeiaktion gegen den SPIEGEL am Freitagabend, den 26. Oktober, war die Stimmung in der Redaktion, so berichtet Merseburger, »keinesfalls heroisch, sondern eher beklommen« gewesen. Sämtlicher Arbeitsmittel beraubt, schien den Redakteuren die Zukunft düster, der Vorwurf des Landesverrats schüchterte viele ein.

Auch Augstein, so Merseburger, verhielt sich »in den ersten Wochen seiner Haft nicht gerade wie ein Held«. Auf Anraten seines Bruder hatte er sich am 27. Oktober zwar freiwillig gestellt, stritt aber zunächst ab, die von Ahlers geschriebene

Titelgeschichte näher zur Kenntnis genommen zu haben – er habe zu dieser Zeit stark unter »Drehschwindel« gelitten. Während andere ihre Haut zu retten suchten oder vorsorglich mit anderen Verlagen verhandelten, so Merseburger, nahm Conrad Ahlers mehr Verantwortung auf sich, »als er zu vertreten hatte«. Doch bald wendete sich das Blatt für den SPIEGEL. Rudolf Augstein, so Merseburger, wurde im Verlauf der Affäre zu einer Figur »von nationaler Bedeutung, zum Helden der Pressefreiheit«, und das Magazin gewann an Auflage und Macht.

Anschließend sprach Jost Dülffer, Mitglied der »Unabhängigen Historikerkommission zur Erforschung der Geschichte des Bundesnachrichtendienstes« (BND). Zum Komplex SPIEGEL-Affäre / BND, so der Kölner Emeritus, existierte eine ganze Reihe von Thesen. Fast alle müssten »nach dem jetzigen Stand der Kenntnisse« entweder als nicht bestätigt oder gar als »widerlegt« gelten.

Bundesnachrichtendienst und SPIEGEL unterhielten wohl seit Anfang der 1950er Jahre Beziehungen, die Anfang der 1960er Jahre seitens des BND über den Hamburger Residenten Oberst Adolf Wicht gehalten wurden.

Als man im September 1962 in Pullach Kenntnis davon bekam, dass der SPIEGEL einen Artikel über den Generalinspekteur der Bundeswehr, Friedrich Foertsch, plante, wurde Wicht beauftragt, vorab das Manuskript zu besorgen. Aber statt des Artikels bekam Wicht von SPIEGEL-Verlagsdirektor Hans Detlev Becker nur eine Liste mit 13 Fragen, zusammen mit der Bitte um Prüfung auch auf etwaige Geheimhaltungsbedürfnisse. Oberst Wicht meldete sich bald darauf bei Becker mit der Antwort zurück. Dülffer: »Probleme mit der Geheimhaltung diagnostizierte man nicht.«

Als Becker am 16. Oktober bei Gelegenheit Oberst Wicht wiedertraf, fragte er den BND-Mann, ob dieser etwas über Ermittlungen gehört habe. Zwei Tage später bestätigte Wicht offenbar diesen Verdacht – der genaue Wortlaut des Gesprächs zwischen

Becker und Wicht ist bis heute strittig. Jedenfalls existiert seitdem der Verdacht, Oberst Wicht hätte den SPIEGEL vor der Bundesanwaltschaft gewarnt.

BND-Chef Reinhard Gehlen distanzierte sich von Wicht und stritt jede Beteiligung seines Dienstes an landesverräterischen Aktionen des SPIEGEL ab. Aber Adenauer glaubte ihm nicht. Das, so Dülffer, »bildete den inneren Höhepunkt der Krise: Der Kanzler wollte seinen Geheimdienstchef wegen Landesverrat verhaften lassen.«

Dülffer hält den Anteil des BND an der SPIEGEL-Affäre für »unbedeutend«. Im Ergebnis stellte die SPIEGEL-Affäre allerdings eine »Vertrauenskrise Adenauer–Gehlen dar« und »verstärkte eine bereits zuvor bestehende Vertrauenskrise für den Dienst im politischen System der Bundesrepublik«.

Der ehemalige Richter am Bundesverfassungsgericht Wolfgang Hoffmann-Riem sagte, er hätte bis vor kurzem die These vom »Versagen der Justiz« in der SPIEGEL-Affäre bejaht, mache heute aber »ein gehöriges Fragezeichen« dahinter.

Zwar sei manches fraglos »juristisch höchst angreifbar«, etwa die Disproportionalität der durchgeführten Beschlag- und Festnahmen, die Art und Zeitdauer der Durchsuchungen, die geübte Vorzensur und so weiter. Die Frage aber, ob die Aufnahme des Ermittlungsverfahrens an sich den damals üblichen Ansprüchen an die Begründung eines Anfangsverdachts entsprach, müsse er mit einem »Ja« beantworten.

Die akute Sorge auf dem Höhepunkt der Kuba-Krise sei gewesen, der Kalte Krieg könnte zu einem heißen werden. Da »hätte es viel Mut gefordert, trotz Anfangsverdachts keine eingehende Prüfung des Vorliegens von Geheimnisverrats vorzunehmen und dafür eventuell wichtige Beweismittel in den Redaktionen nicht zu suchen«. Zwar könne er die Verklammerung der Akteure mit den damaligen Befindlichkeiten und ihren mangelnden Mut zu neuem

Denken nicht gutheißen, aber verstehen könne er sie. Schließlich ging es inhaltlich um eine – ihre eigene Sachkompetenz übersteigende – Veröffentlichung zu wichtigen militärischen Fragen. Doch dann, so Hoffmann-Riem, setzte die Affäre eine »produktive Kraft der Zerstörung« frei und stimulierte so eine Neuorientierung, die 1966 zu einem Verfassungsgerichtsurteil führte, das später ein »Meilenstein der Verwirklichung der Pressefreiheit in Deutschland« genannt wurde. Demgegenüber sei die Tatsache, dass die Verfassungsbeschwerde des SPIEGEL letztlich mit 4:4 Stimmen zurückgewiesen wurde, »zweitrangig« (was Ehmke in der Diskussion bestätigte).

So habe er, Hoffmann-Riem, als Berichterstatter in der »Cicero«-Entscheidung 2007 dem Verfassungsgericht unter Nutzung der Argumentation des SPIEGEL-Urteils vorgeschlagen, die Durchsuchung der Redaktionsräume von »Cicero« für verfassungswidrig zu erklären. In Bezug auf die Justiz hätte die Aufarbeitung der SPIEGEL-Affäre also »einen wichtigen Beitrag zur Überwindung der restaurativen Gründungsphase der Bundesrepublik geleistet«. So gesehen könne man sagen: »Die Affäre hat sich gelohnt.«

Michael Mayer, einige Jahre Mitarbeiter am Institut für Zeitgeschichte, Abteilung »Auswärtiges Amt«, beschäftigte sich ergänzend zu diesem Band mit der »außenpolitische Dimension der SPIEGEL-Affäre«. Gemeint waren zunächst jene Vorgänge in der Nacht zum 27. Oktober, die schließlich wesentlich zum Rücktritt des Bundesverteidigungsministers Strauß beitrugen. Denn Strauß hatte am Justiz- und Außenminister vorbei dem Militärattaché Achim Oster in Madrid telefonisch befohlen, die spanischen Behörden dazu zu bewegen, Ahlers umgehend zu verhaften. Parteikollege Bundesinnenminister Hermann Höcherl nannte dieses Vorgehen zwölf Tage später im Deutschen Bundestag »etwas außerhalb der Legalität« liegend.

Nicht nur der Deutsche Bundestag fühlte sich in dieser Sache nicht richtig informiert, wenn nicht gar getäuscht, sondern auch die spanischen Behörden. Mayer ging den daraus erwachsenen Irritationen nach.

Schließlich widmete er sich der Frage, ob und inwieweit die Nato nicht doch an der Aufnahme von Ermittlungen gegen den SPIEGEL beteiligt war. Ein von ihm aufgefundenes Dokument mit einer handschriftlichen Notiz von Karl Carstens, damals Staatssekretär im Außenministerium, gibt solchen Vermutungen neue Nahrung.

Nachdem die Konferenz an ihrem ersten Tag den Skandal selbst sowie seine Vorgeschichte rekonstruiert und bewertet hatte, ging es am zweiten Tag, um die Reaktionen in der Zivilgesellschaft und um die politischen Folgen.

Zu dem dritten Themenblock »Der Protest« begrüßte Moderator Volker Lilienthal, Inhaber der Rudolf-Augstein-Stiftungs-Professur für die Praxis des Qualitätsjournalismus, der Reihe nach Axel Schildt, Frank Bajohr und Frank Bösch.

Axel Schildt stellte die SPIEGEL-Affäre als »eine Brücke von den frühen zu den später 1960er Jahren« vor und versuchte die Reaktionen auf die Affäre in den »Protestzyklus« der Jahre 1957/58 bis 1962 einzuordnen. Aus dieser Sicht stellten die Proteste gegen die Polizeiaktion im Oktober 1962 zwar nicht den »Ausgangspunkt einer neuen politischen Kultur« dar, gaben der Entwicklung dahin aber »enormen Aufwind« und wurden ihr »retrospektiv an Bedeutung gewinnendes Symbol«.

Als Adenauer 1957 taktische Atomwaffen als im »Grunde nichts anderes als eine Weiterentwicklung der Artillerie« bezeichnete, auf die auch die Bundeswehr ein Anrecht habe, und dann 1958 entsprechende Planungen bekannt wurden, demonstrierten, organisiert von SPD und Gewerkschaften, Hunderttausende gegen die atomare Aufrüstung der Bundeswehr.

Doch obwohl die Mehrheit der Bevölkerung jede militärische Planung mit atomaren Waffen ablehnte, wurden solche Pläne von der Adenauer-Regierung und ihrem Verteidigungsminister Strauß weitergetrieben. Deshalb, so Schildt, musste der »Vorwurf des Geheimnisverrats zu einem zentralen Punkt der Auseinandersetzung in der SPIEGEL-Affäre werden«. Viele Kritiker der Regierung hielten es für »prinzipiell illegitim«, was da im Geheimen geplant wurde.

Nach der Verhaftung Augsteins versammelten sich etwa 1000 Demonstranten vor dem Hamburger Untersuchungsgefängnis. Die Menge skandierte: »Augstein raus – Strauß rein«, auf Plakaten stand: »Sie schlagen den SPIEGEL und meinen die Demokratie.« Insgesamt wohl 20 000 Menschen, so Schildt, nahmen in diesen Wochen in vielen Städten an solchen Kundgebungen teil.

Bemerkenswert seien die Erklärungen von insgesamt etwa 600 Professoren, Dozenten und wissenschaftlichen Assistenten. Diese elitäre Gruppe, so Schildt, wandte sich zum ersten Mal in so großer Zahl in »demokratischer Absicht« an die Öffentlichkeit. Lauter noch als die Professoren hatte sich zuvor die Gruppe 47 zu Wort gemeldet. In einem Manifest verurteilten die Schriftsteller den Akt »staatlicher Willkür gegen den SPIEGEL«, erklärten sich mit Augstein solidarisch und forderten den Rücktritt von Strauß. Zu den Unterzeichnern gehörten Alfred Andersch, Hans Magnus Enzensberger, Uwe Johnson, Alexander Kluge, Hans Werner Richter, Marcel Reich-Ranicki und Martin Walser.

Im Verlaufe der Affäre schlug die zunächst noch gespaltene Stimmung mehr und mehr zugunsten des SPIEGEL um, und selbst konservative Blätter, wie »FAZ« oder »Welt«, kommentierten die Aktion der Behörden gegen den SPIEGEL nun kritisch. Beispielhaft war der Seitenwechsel des bisherigen SPIEGEL-Kritikers Sebastian Haffner, der am 4. November im ARD-Magazin »Panorama« sagte:

»Wenn die deutsche Öffentlichkeit sich das gefallen lässt, wenn sie nicht nachhaltig auf Aufklärung drängt, dann adieu Pressefreiheit, adieu Rechtsstatt, adieu Demokratie.«

Frank Bajohr beleuchtete die hamburgische Dimension der Affäre. 1962, so seine These, kulminierten lange vorhandene fundamentale Spannungen zwischen der Hansestadt sowie ihrer Medienlandschaft und der Bundesregierung.

An der Elbe sah man die Zukunft des Hafens und der Stadt daran geknüpft, dass sie ihre Mittlerposition zwischen einem sich nach Osten erstreckenden Wirtschaftsraum und Übersee bald wieder ausüben könnte. Hamburgs »Osthandelspolitik« aber galt Adenauer in Zeiten des Kalten Krieges nur als »Ost-Eskapaden«: »Mit der Hafenstadt als solcher ist es vorbei«, stellte Adenauer apodiktisch fest und erntete damit keinen Applaus.

Skepsis gegenüber dem Agieren der Bundesbehörden in der SPIEGEL-Affäre prägte von Anfang an auch die Reaktion des Senats. Hamburgs Erster Bürgermeister Paul Nevermann drohte dem Kanzler, »die Rechtmäßigkeit der Tätigkeit von Bundesbeamten im Bereich des Landes Hamburg« prüfen zu lassen, und in einem Telegramm an Bundesinnenminister Hermann Höcherl forderte Hamburgs Innensenator Helmut Schmidt, »dass hamburgische Beamte nicht zur Amtshilfe bei gesetzwidrigen Amtshandlungen herangezogen werden« dürften.

Mit der Hamburger Presse, insbesondere mit SPIEGEL, »Stern« und »Zeit«, lag Adenauer ohnehin verquer. Als Henri Nannen 1961 im »Stern« schrieb, dass es »für den alten Herrn wohl an der Zeit sei, eines Amtes zu entsagen, das an Ganglien und Gefäße einfach zu hohe Anforderungen stellt«, wollte Adenauers Entourage den Verleger Gerd Bucerius (CDU) auffordern, Nannen als Chefredakteur zu entlassen, als ob das Kanzleramt hier einfach durchregieren könne.

Die Hamburger Presse zeigte sich entsprechend solidarisch, und insbesondere »Zeit« und »Stern« stellten den ausgesperrten Kollegen vom SPIEGEL Arbeitsplätze, Schreibmaschinen und Telefone zur Verfügung, bis deren Redaktionsräume wieder freigegeben waren. Ohne diese Hilfe wäre es dem SPIEGEL schwergefallen, die Zeit der Krise zu überstehen.

Die SPIEGEL-Affäre, so den Block »Protest« beschließend Frank Bösch, war der einzige Skandal in der Geschichte der Bundesrepublik, der nicht nur einen einzelnen Bundesminister stürzte, »sondern zum Rücktritt aller Minister und einer markanten Kabinettsumbildung führte« und so den Rücktritt Adenauers beschleunigte.

Voraussetzung sei gewesen, dass die Affäre nicht nur bei FDP und der Opposition, sondern auch im Lager der Union für große Empörung sorgte, und dieser Empörung ging Bösch im Folgenden nach.

Adenauers Führungsstil, so Bösch, hatte seit den 1950er Jahren auch in den eigenen Reihen Kritik provoziert. Er hielt Informationen zurück und traf einsame Entscheidungen. Doch solange sich Wahlerfolge einstellten, nahm die Partei das hin. Als sein Stern sank, wuchs die Kritik.

Die Informationspolitik des Kanzlers in der SPIEGEL-Affäre galt auch in der eigenen Partei als untragbar. Der Fraktionsvorsitzende Heinrich von Brentano klagte am 6. November 1962: »Die Fraktion ist ja bereit, die Bundesregierung zu unterstützen, wenn sie nur einmal wüsste, was sie unterstützen soll.«

Die Protokolle des Bundesvorstands der CDU zeigten, so Bösch, »mit welcher Wucht sich der Unmut gegen Strauß entlud«. Trotz Kuba-Krise, so Bösch, war auch ein Teil der CDU nicht mehr bereit, den antikommunistisch legitimierten Rechtfertigungen von Adenauer und Strauß zu folgen.

So schweißte die SPIEGEL-Affäre die Union nicht zusammen, sondern verstärkte lange vorhandene innerparteiliche Spannungen, etwa die zwischen »Atlantikern«, wie Ludwig Erhard und Gerhard Schröder, und »Gaullisten«, wie Adenauer und Strauß. Außenminister Schröder distanzierte sich explizit von Strauß' Vorgehen und öffnete so die Tür für einen späteren Kanzler Erhard und dessen Amerika-orientierten Kurs.

Damit wären wir bei den »Folgen der Affäre« und damit beim letzten Themenblock der Konferenz angelangt. Moderatorin Cornelia Rauh begrüßte dazu ihre Kollegin Daniela Münkel, die dankenswerterweise sehr kurzfristig für die erkrankte Christina von Hodenberg eingesprungen war. Der Personenwechsel, so Frau Rauh, habe auch einen Perspektivwechsel zur Folge. Daneben auf dem Podium saß Thomas Schlemmer, München, der aus bayerisch gefärbter Sicht die Folgen der SPIEGEL-Affäre bewertete.

Frau Münkel fragte nach dem »neuen Selbstverständnis der Medien« im Zuge der SPIEGEL-Affäre und versah den Vortragstitel mit einem Fragezeichen. Von den fünfziger bis zu den frühen 1970er Jahren vollzog sich, so ihre These, in Bezug auf die Rolle der Medien in der Demokratie ein »doppelter Transformationsprozess«, der sich in den 1960er Jahren beschleunigte. Kennzeichnend für diesen Wandel seien die zunehmende Bedeutung der Massenmedien im politischen Prozess und die Akzeptanz dieser Tatsache durch die politische Klasse.

Im Gegensatz zu denen, die wie Wehler und Merseburger die Bedeutung der SPIEGEL-Affäre als einer »Zäsur« zur Durchsetzung von Demokratie und Pressefreiheit betonten, hob Frau Münkel stärker die Kontinuitäten als die Brüche hervor.

Das betraf auch den SPIEGEL selbst, der ihrer Meinung nach seit seiner Gründung 1947 durch eine kritische Berichterstattung auffiel. Ständig drohte Zensur, und im Juli 1952 wurde nach einem Adenauer-kritischen Artikel sogar die gesamte Auflage wegen »Verleumdung« beschlagnahmt.

Münkel: »Obwohl der SPIEGEL in den 1950er Jahren ehemalige Nationalsozialisten beschäftigte und in manchem Artikel durchaus antisemitische Untertöne anklangen, profilierte sich das Blatt dennoch schnell als demokratisches Korrektiv.«

Der SPIEGEL und einige andere Blätter hätten sich lange vor der Affäre im Oktober 1962 als eine Art »Gewissen der Demokratie« profiliert. Beispiele aus der Springer-Presse, dem »Stern« und der »Zeit« belegten, dass man der Ära Adenauer keinen »Konsensjournalismus« unterstellen sollte.

Der fundamentale Angriff auf die Pressefreiheit durch die Staatsgewalt im Oktober 1962, der nicht zuletzt durch einen massiven medialen Protest scheiterte, stärkte aber, so Frau Münkel in ihrem Resumée, das seit den 1950er Jahren aufgebaute Selbstverständnis der Presse als »vierter Gewalt«, und der SPIEGEL wurde nun zum »Symbol für dieses Selbstverständnis«.

Thomas Schlemmer lenkte zum Abschluss den Blick noch einmal auf Strauß: Als im November 1962 »Christ und Welt« den »politischen Selbstmord« des Franz Josef Strauß konstatierte, hegte die politische Opposition die Hoffnung, dass es auch mit der Herrlichkeit der CSU endlich vorbei sein würde. Ein Irrtum in beiden Fällen.

Denn Strauß wäre nicht Strauß, hätte er sich einfach geschlagen gegeben. Er ging im Gegenteil unmittelbar nach seinem Rückzug aus dem Bundeskabinett in die Offensive über, und die CSU schaffte bei der bayerischen Landtagswahl vom 25. November 1962 ihr bestes Ergebnis seit 1946. Im Januar 1963 wählte man ihn zum Vorsitzenden der CSU-Landesgruppe im Bundestag, im Juli folgte die Wiederwahl zum CSU-Vorsitzenden – ein möglicher Gegenkandidat trat gar nicht erst an.

Strauß stand für einen modernisierenden Kurs innerhalb der CSU, mit »katholisch-klerikaler, bayerisch-provinzieller und agrarisch-industriekritischer Politik« wusste er nicht viel anzufangen.

Er führte, so Schlemmer, seine Partei aus der Enge belastender Traditionen heraus und öffnete sie angesichts des Strukturwandels im Lande für neue Mitglieder.

1966 schließlich wurde Strauß Finanzminister in der Großen Koalition. Und trotz anhaltender Attacken des SPIEGEL stieg er 1978 zum Ministerpräsidenten Bayerns auf, 1980 wurde er Kanzlerkandidat der Union. Alles andere, als die Chronik eines »verbitterter Rückzugs« (Wolfram Bickerich) nach 1962.

Die SPIEGEL-Affäre, so Schlemmer, nimmt in der Skandal-Chronik des Landes einen »herausgehobenen Platz« ein. Das liegt am Ereignis selbst, aber auch daran, wie es »von den beteiligten Zeitzeugen und Institutionen erinnert« wird. Der SPIEGEL habe durch eine geschickte Inszenierung in eigener Sache nicht wenig dazu beigetragen.

Seiner Meinung nach ließe sich die SPIEGEL-Affäre vom Gewicht her durchaus in eine Reihe mit anderen großen Affären einordnen. Ihr Verlauf sei das Ergebnis eines Lernprozesses gewesen, der seit der zweiten Hälfte der 1950er Jahre an Fahrt gewonnen und die Republik verändert hatte. Ein paar Jahre zuvor wären Adenauer und Strauß mit ihrem Vorgehen vielleicht noch durchgekommen, 1962 nicht mehr. Und weil dies nicht mehr gelang, so Schlemmer, erhielten die Kräfte der Veränderung neuen Schwung.

Zum Abschluss beschäftigte Schlemmer die Frage, ob der Kreuzzug des SPIEGEL gegen Strauß nicht auch »unliebsame Kollateralschäden« im Gefolge hatte.

Schon Merseburger habe darauf hingewiesen, dass Augstein in seiner Überzeugung, einen Kanzler Strauß um jeden Preis verhindern zu müssen, eine »gnadenlose Jagd« auf den Mann eröffnet hatte, den er für ein bundesrepublikanisches Verhängnis hielt. Augstein habe sich dabei nicht mit der Rolle eines kritischen Beobachters und Kommentators begnügt, sondern sein Magazin zur »Kampfpresse« gemacht.

50 Jahre SPIEGEL-Affäre

Wenn Augsteins SPIEGEL das »Sturmgeschütz der Demokratie« war, dann wäre Strauß das Sturmgeschütz des demokratischen Konservatismus. Sturmgeschütze, so Schlemmer, »sind keine Präzisionswaffen, sie walzen nieder, was sich ihnen in den Weg stellt, das Sichtfeld der Besatzung ist ausgesprochen begrenzt, und sie können nur in eine Richtung schießen, weil sich die großkalibrige Kanone nicht drehen lässt. Ihre Trefferwirkung ist freilich verheerend.«

Der SPIEGEL habe durch die Art seiner Berichterstattung einer »teilweise giftigen politisch-gesellschaftlichen Polarisierung Vorschub« geleistet, die sich in den 1960er und 1970er Jahren immer wieder Bahn brach. Debatten wurden allzu grundsätzlich und mit alttestamentlicher Entschlossenheit – beinahe auf Leben und Tod – ausgefochten. Diese »Prinzip der Empörung« hätte nicht das Ziel gehabt, ein Problem zu diskutieren, sondern es ging darum, eine Sache – im doppelten Wortsinn – zu erledigen.

Cornelia Rauh beschloss den wissenschaftlichen Teil der Konferenz mit der Pointe, sie ahne, dass es zur Feier des 60. Jubiläums der Affäre eine neue Sektion geben werde, mit dem Titel: »Erinnerungen an die SPIEGEL-Affäre«, und dass dann »das Jahr 2012 möglicherweise als das Jahr der Rehabilitierung von Franz Josef Strauß« gelten werde – ein Abschlusswort mit Augenzwinkern, das mancher gern aufnahm.

»Aufklärung in eigener Sache ist immer eine Herausforderung«, schrieb Sven Felix Kellerhoff. »Verklärung« und »Fremdschämen« lauerten allerorten. Das Hamburger Magazin übte sich in »Selbstreflexion« und ließ manche »Mythen« relativieren, meinte Thomas Thiel in der »Frankfurter Allgemeinen«: Es sei »eine erfreulich unpompöse, dichte und völlig der sachlichen Debatte gewidmete Veranstaltung« gewesen, »die keine generelle Umdeutung, aber in vielen Punkten eine Neuakzentuierung brachte«.

Wenn das so war, ist die Rechnung aufgegangen, einmal was die Natur der Veranstaltung betrifft, zum anderen in Bezug auf die vielbeschworene »Erinnerungskultur« und den Anteil des SPIEGEL daran: denn die Bereitschaft zur sachlichen Neubewertung ist Voraussetzung dafür, dass die Affäre auch zukünftig als besonderes Ereignis in der Geschichtsschreibung lebendig gehalten wird.

ANHANG

366 »Bedingt abwehrbereit«, von Conrad Ahlers/Hans Schmelz, aus: DER SPIEGEL Nr. 41, vom 8. Oktober 1962

370 »Die SPIEGEL-Affäre. Chronik der Ereignisse«, aus: DER SPIEGEL Nr. 40, vom 1. Oktober 2012

378 50 Jahre SPIEGEL-Affäre, Teil I: »Ein Abgrund von Lüge«, von Georg Bönisch/Klaus Wiegrefe, aus: DER SPIEGEL Nr. 38, vom 17. September 2012

406 »1962 begann das Jahr 1968«, von Franziska Augstein, aus: DER SPIEGEL Nr. 38, vom 17. September 2012

410 50 Jahre SPIEGEL-Affäre, Teil II: »Ein Land erwacht«, von Georg Bönisch/Gunther Latsch/Klaus Wiegrefe, aus: DER SPIEGEL, Nr. 39, vom 24. September 2012

428 »Entnazifiziert war entnazifiziert«. Ex-Verlagsdirektor Hans Detlev Becker, Jahrgang 1921, über ehemalige Nationalsozialisten im SPIEGEL, von Klaus Wiegrefe, aus: DER SPIEGEL Nr. 2, vom 8. Januar 2007

433 Dokumente aus der Zeit der Haft Rudolf Augsteins

Anhang

TITEL 41/1962

TITEL 45/1962

TITEL 48/1962

TITEL 3/1963

Anhang

BUNDESWEHR

STRATEGIE

Bedingt abwehrbereit

(siehe Titelbild)

Man kann amerikanische Politik nur dann beeinflussen, wenn man sie mit den Amerikanern macht und wenn man nicht Politik gegen die Amerikaner macht.

Bundesverteidigungsminister Franz-Josef Strauß am 20. März 1958 im Deutschen Bundestag.

Der Kanzler verließ seine Hauptstadt Bonn. Wie der Führer zu Beginn des Westfeldzuges am 10. Mai 1940 frühmorgens, bezog er einen Befehlsbunker in der Eifel.

Den Kanzler begleiteten die Herren des Bundesverteidigungsrates und die Führungsstaffeln der Bundeswehr.

Es war höchste Kriegsgefahr. Das Manöver „Fallex 62" (Herbstübung 1962), eine Stabsrahmenübung der Nato, ging aus der Phase der „Spannungszeit" in die des „Verteidigungsfalles" über*. Der europäische Nato-Oberbefehlshaber, US-General Norstad, hatte „allgemeinen Alarm" gegeben, nachdem westliche Vorposten angegriffen worden waren.

Konrad Adenauer spielte an diesem 21. September Boccia in Cadenabbia. Des Kanzlers Manöverrolle hatte der Sonderminister Heinrich Krone, Konrad Adenauers engster politischer Vertrauter, übernommen. Franz-Josef Strauß pflegte in seinem Riviera-Reduit die von der Fibag-Affäre und von dem Ringen um die bayrische Ministerpräsidentschaft angegriffenen Nerven. Zur Verwunderung seiner Mitarbeiter verpaßte er diese wichtige Übung, während US-Verteidigungsminister McNamara sogar für 48 Stunden nach Westdeutschland kam, um den Verlauf von „Fallex 62" zu beobachten. Der Manöverpart des Bundesverteidigungsministers oblag dem Bundeswehr-Personalchef, Ministerialdirektor Karl Gumbel.

Die Bundeswehr führte derweil der Generalmajor Graf Kielmansegg, sonst Kommandeur der 10. Panzer-Grenadier-Division in Sigmaringen. Aber der Bundeswehr - Generalinspekteur, Vier-Sterne-General Friedrich Foertsch, machte nicht Ferien wie sein Kanzler und sein Minister; in der Manöverleitung beobachtete er Zug um Zug der Übung, die dem höchsten deutschen Soldaten über die Kriegsbereitschaft der Bundesrepublik und die Kampfbereitschaft seiner Streitkräfte reichlich Aufschluß gab.

„Fallex 62" war das erste Manöver der Nato, dem die Annahme zugrunde lag, daß der dritte Weltkrieg mit einem Großangriff auf Europa beginnen würde.

Der dritte Weltkrieg begann an jenem Freitag vor fast drei Wochen in den frühen Abendstunden. Die Manöverleitung ließ eine Atombombe mit mittlerer Sprengkraft über einem Fliegerhorst der Bundeswehr explodieren. Weitere Atomschläge gegen die Flugplätze und Raketenstellungen der Nato in der Bundesrepublik, in England, Italien und der Türkei folgten.

Es gelang den Russen jedoch nicht, mit dieser ersten Atomsalve die Vergeltungswaffen des Atlantikpaktes auszuschalten.

Etwa zwei Drittel der westlichen Atomwaffenträger blieben intakt. Die 14tägige Spannungszeit, die dem russischen Papierangriff vorausging, war von der Nato genutzt worden, um ihre Raketen zu tarnen und ebenfalls einen Teil ihrer Flugzeuge ständig in der Luft zu halten oder auf vorbereiteten Ausweichplätzen zu stationieren.

Aber auch der sofortige Gegenschlag dieser Nato-Verbände konnte die rote Aggression nicht im Keim ersticken. Der Osten behielt genügend Divisionen und Atombomben, um seinen Angriff voranzutreiben.

Nach wenigen Tagen waren erhebliche Teile Englands und der Bundesrepublik völlig zerstört. In beiden Ländern rechnete man mit zehn bis fünfzehn Millionen Toten. In den Vereinigten Staaten, die inzwischen von mehreren sowjetischen Wasserstoffbomben getroffen wurden, waren die Verluste noch größer.

Das Chaos war unvorstellbar — auch wenn man berücksichtigt, daß von der Manöverleitung zur Erprobung der Hilfsmaßnahmen die Explosion von mehr Atom-Sprengkörpern angenommen wurde, als die Russen im Ernstfall voraussichtlich einsetzen würden und könnten.

Dieses Chaos behinderte das Vorrücken der ebenfalls dezimierten und stark angeschlagenen kommunistischen Divisionen. Trotzdem konnten sie — weil der Nato Truppen fehlten — im Nordwesten der Bundesrepublik einschließlich Schleswig-Holsteins große Geländegewinne erzielen. Hamburg wurde nicht verteidigt, ein Verzicht, für den sich schon vor dieser Übung Innensenator Helmut Schmidt eingesetzt hatte — wie weiland unter ähnlichen Umständen der Hamburger Reichsstatthalter Karl Kaufmann. Auch die militärische Führung war an einem mörderischen Straßenkampf nicht interessiert.

Der Zweck von „Fallex 62" war, die militärische Bereitschaft der Nato und die Funktionsfähigkeit der Führungsstäbe zu prüfen sowie vor allem die

Bonns höchster Soldat Foertsch: Ersetzt eine Atomrakete ...

---

* Beim Kriegsspiel kämpfen zwei Parteien, Blau und Rot, auf der Karte gegeneinander. Der Leitende, der das Spiel anlegt, fixiert die Ausgangslagen für beide Parteien, deren Führer alsdann frei operieren: der Führer Blau mit den eigenen Kräften, der Führer Rot mit denen des angenommenen Gegners. Bei einer Planübung wie „Fallex 62" spielt nur die eigene Seite, während die Operationen des Gegners von der Leitung eingesetzt werden. Kriegsspiel und Planübung sind Lehr- und Erkenntnismittel der militärischen Führung. Sie dienen der Ausbildung und der Überprüfung der operativen, personellen und materiellen Erfordernisse des Kriegsplans

»Bedingt abwehrbereit«

DEUTSCHLAND

Notstandsplanung für die Bevölkerung zu exerzieren. Deshalb nahmen auch zahlreiche zivile Dienststellen — die Innenministerien des Bundes und der Länder, die Regierungspräsidenten und Landräte sowie das Bundespost- und das Bundesverkehrsministerium — an der Übung teil.

Es zeigte sich, daß die Vorbereitungen der Bundesregierung für den Verteidigungsfall völlig ungenügend sind, wobei das Fehlen eines Notstandgesetzes nur eines von vielen Übeln ist.

Das Sanitätswesen brach als erstes zusammen. Es fehlte an Ärzten, an Hilfslazaretten und an Medikamenten. Nicht besser war es auf dem Gebiet der Lebensmittelversorgung und der Instandhaltung lebenswichtiger Betriebe und Verkehrswege. Die Luftschutzmaßnahmen erwiesen sich als vollkommen unzureichend. Eine Lenkung des Flüchtlingsstroms war undurchführbar. Auch das Fernmeldesystem war in kürzester Zeit außer Betrieb.

Die an dem Manöver teilnehmenden Beamten und Zuschauer, darunter der Bonner Historiker Professor Walther Hubatsch sowie Vertreter des Bundesverbandes der Industrie, waren von dem Manöververlauf erschüttert. Bundesinnenminister Hermann Höcherl gewann die Erkenntnis, in einer solchen Katastrophe könne nur helfen, was vorher vorbereitet sei. Er zog das Fazit der mangelhaften Vorbereitungen: „Unter den gegenwärtigen Umständen hat fast keiner eine Chance."

Die Mängel der Bundeswehr waren bereits in der „Spannungszeit", also vor Angriffsbeginn, offenbar geworden.

Die amerikanischen Heeresverbände auf dem westeuropäischen Halbkontinent waren binnen zwei Stunden mit 85 Prozent ihrer Mannschaftsstärke kampfbereit. Die neun mobilen Divisionen der Bundeswehr hingegen, die bereits da Nato-Kommando hören, waren personell nicht aufgefüllt; es fehlte zudem an Waffen und Gerät. Die Truppenarztstellen waren nur zu einem Viertel besetzt. Für die Hunderttausende von Bundeswehrreservisten, die ihre Wehrpflicht hinter sich haben und die erst — nach Annahme der Kriegsspieler — an den Wehrleitstellen meldeten, gab es keine Offiziers- und Unteroffizierskader, und erst recht keine Waffen.

Die Verbände der Territorialverteidigung (TV) waren mit ihren wenigen schweren Pioniereinheiten den Aufgaben kaum gewachsen. Zur Bekämpfung durchgebrochener Panzer waren überhaupt keine Einheiten der TV vorhanden.

Das Nato-Oberkommando qualifiziert die alliierten Streitkräfte in vier Stufen:

▷ zum Angriff voll geeignet,
▷ zum Angriff bedingt geeignet,
▷ zur Abwehr voll geeignet und
▷ zur Abwehr bedingt geeignet.

Die Bundeswehr hat heute — nach fast sieben Jahren deutscher Wiederbewaffnung und nach sechs Jahren Amtsführung ihres Oberbefehlshabers Strauß — noch immer die niedrigste Nato-Note: zur Abwehr bedingt geeignet.

Solchen halbstarken Verteidigungskräften auf dem Zentralschlachtfeld Europas steht schon in normalen Zeitläufen ein kompaktes erstes Ost-Treffen gegenüber: Zehn Panzer- und zehn

...5000 deutsche Soldaten?: US-Raketen mit Atomköpfen* in Deutschland

mechanisierte Divisionen der Sowjets mit 6000 Sturmgeschützen und Panzern, in der Masse vom mittleren Typ T 54 sowie 1000 schwere Panzer vom Typ „Josef Stalin", auf dem Territorium der DDR; zwei Sowjetdivisionen in Polen und vier in Ungarn.

Sechs Divisionen der Nationalen Volksarmee, außerdem sechs Grenzdivisionen und drei Grenzbrigaden der Volkspolizei sowie 13 polnische und 14 tschechoslowakische Divisionen umrahmen den sowjetischen Kern.

Die Tschechen sind modern armiert, aber wenig kampftüchtig. Den Polen fehlt es an ebenbürtigen Waffen und an Kampfgeist. Die Nationale Volksarmee mit 2500 Panzern meist älteren Typs (T 34/85) wurde bei den Warschau-Pakt-Manövern des vergangenen Jahres in vorderster Operationslinie eingesetzt, obwohl ihr Kampfwert auch nicht hoch eingeschätzt wird. Die russischen Divisionen in Mitteldeutschland zählten zur Elite der Sowjet-Armee.

Einen Entsatzangriff der Nato-Verbände gegen ein blockiertes Westberlin — mit der Bundeswehr als Stahl-

* Typ „Mace", Reichweite 1200 Kilometer.

spitze, wie US-Präsident Kennedy es immerhin in einem Gespräch mit dem Bonner Botschafter Grewe für diskutabel hielt — würde die rote Armee-Kombination vermutlich abschmettern können. Doch reicht ihre Durchschlagskraft nach Ansicht des Generalstabes nicht hin, um umgekehrt die atlantische Front „aus dem Stand" aufzurollen, auch nicht, wenn sie den Angriff mit taktischen Atomwaffen vorwärtszuschießen sucht.

Eine Offensive der Ost-Heere gegen den Westen bedarf des systematischen Aufmarsches der vordersten Angriffsverbände und starker Reserven, um den rollenden Angriff aus rückwärts gestaffelten Wellen zu nähren. Während der Vorbereitungen für den Berliner Mauerbau am 13. August letzten Jahres etablierte die Sowjet-Armee in der DDR vorsorglich mehrere Führungsstäbe für jene vorn Armeen, die im Krisenfall nachgeschoben werden sollten.

Mit solchen Aufmarschbewegungen per Bahn und Straße können die Sowjets den vereinigten Streitkräften in der Zone binnen zehn Tagen rund 50

Anhang

DEUTSCHLAND

Divisionen aus den sowjetischen Westprovinzen zuführen.

Transporter der roten Luftwaffe für zwei Luftlandedivisionen, darunter eine Fallschirmdivision, komplettieren den sowjetischen Aufmarschapparat. Alle Ostverbände der ersten Linie stehen auch in Friedenszeiten voll mobil unter Waffen. Ihr Vorrücken in der „Spannungszeit" ist eine Transportfrage.

Die Nato dagegen muß, um mit angemessenen Abwehrkräften aufmarschieren zu können, die aktiven Divisionen erst auffüllen und Reserven mobilisieren.

Allerdings, die Frontstärke der Sowjet-Division ist mit 10 000 Mann zuzüglich selbständiger Artillerie- und Raketenverbände geringer als das durch-

Rotarmisten im Manöver: Nachschublinien tödlich bedroht

schnittliche 20 000-Mann-Kriegssoll der Nato-Division, die über eigene schwere Artillerie verfügt. Zudem braucht ein Angreifer eine — auf die Gesamtfront berechnete — Überlegenheit von drei zu eins für den Angriff. Um ihn vor solch einer Operation abzuschrecken oder aber ihr widerstehen zu können, hat die Nato gegen die rund 120 roten Angriffsdivisionen zwischen Alpen und Ostsee mindestens 40 Abwehrdivisionen vonnöten.

Demgegenüber beträgt das bisherige Nato-Soll für diese Abwehrfront genau 33 Divisionen. Die tatsächliche Frontstärke beläuft sich heute auf 23 Divisionen:

▷ Fünf US-Divisionen zuzüglich drei Regiments-Kampfgruppen, die mit dem Atomgranatwerfer Davy Crockett ausgestattet sind;
▷ drei britische Divisionen (einschließlich einer kanadischen Brigade);
▷ je zwei belgische und holländische Divisionen und eine dänische Division;
▷ neun Bundeswehr-Divisionen (fünf Panzergrenadier-, zwei Panzerdivisionen, eine Luftlande- und eine Gebirgsdivision (eine zehnte steht kurz vor Beendigung der Aufstellung) mit rund 2000 Panzern, 4000 Schützenpanzern und 700 Selbstfahrlafetten.

Außerdem lagert in der Bundesrepublik das Material für zwei US-Divisionen; die Soldaten können binnen einer Woche auf dem Luftwege transportiert werden, wie die Lufttransportübung „long thrust", die im vergangenen Jahr stattfand, bewiesen hat.

Die amerikanischen Divisionen sind ständig einsatzbereit. Die englischen Divisionen haben eine Stärke von 60 Prozent; im Rahmen von „Fallex 62" wurden deshalb britische Reservisten nach Deutschland geflogen. Auch die holländischen und belgischen Einheiten sind unterbesetzt, und bei den Bundeswehr-Divisionen, von denen die Gebirgs- und die Luftlandedivision noch keine drei vollen Brigaden haben, schwankt die Ist-Stärke bei Einführung der 18monatigen Wehrdienstzeit zwischen 80 und 90 Prozent.

Darüber hinaus fehlt es der Nato an Schlachtfliegern zur Unterstützung der kämpfenden Truppe und an konventionellen Raketenwerfern vom Muster der russischen Stalin-Orgel.

Angesichts dieser Unterlegenheit des Westens nimmt das Nato-Oberkommando an, daß der Osten im Konfliktsfall einen Großangriff mit drei massierten Stoßkeilen führen würde:

▷ Nördlich der Elbe gegen Schleswig-Holstein, kombiniert mit Luftlandeoperationen gegen die dänischen Inseln und auf Jütland, um die Ostsee-Ausgänge zu gewinnen und für die eigenen Seestreitkräfte, insbesondere U-Boot-Flottillen, offenzuhalten.
▷ Beiderseits der Autobahn Helmstedt - Köln am Ruhrgebiet vorbei über den Rhein.
▷ Aus dem thüringischen Balkon auf Frankfurt am Main und zum Flan-

kenschutz gegen Süden auf Nürnberg und München.

Fesselungsangriffe aus dem Böhmer Wald, durch das Fichtelgebirge und den Harz würden die ausflankierten Nato-Kräfte binden.

Diese breite Offensive — Angriffsszenario: Nordsee und Atlantik — kann der Osten wegen der schwachen Mannschaftsstärke des Westens mit ausschließlich konventioneller Feuerkraft vortragen. Allein den 20 Sowjet-Divisionen in der DDR sind zu diesem Zweck sieben Artillerie- und sechs bis acht Raketenwerfer-Brigaden beigegeben. Hinzu kommt eine starke Schlachtfliegertruppe, die den Raid der Panzerkeile durch konventionelle Bomben und Bordwaffen unterstützt.

Die taktischen Atomwaffen fehlen indes in den Divisionen der Sowjet-Armee. Ihre Kaliber übersteigen das Maß, mit dem eine Division im Gefecht zweckmäßigerweise hantiert; für ihre Reichweiten fehlt es an Aufklärungs- und Führungsmitteln.

Erst auf der Armee-Ebene gibt es daher bei den Sowjets taktische Kernwaffen. Sie sind in Spezialverbänden zusammengefaßt, wodurch die rein konventionelle Kampfführung der Divisionen verbürgt bleibt.

Die gegenwärtig an Zahl noch zu schwachen Nato-Divisionen haben aber auch dann, wenn die Sowjets nur konventionell kommen, keine andere Wahl, als das Übergewicht des Angreifers mit Hilfe taktischer Atomwaffen auszugleichen. Diese Kampfmittel, die im operativen Luftkrieg dem Angreifer beim ersten Schlag auf die feindlichen Raketen-, Flieger- und Radarbasen begünstigen, kommen in der Eröffnungsphase des Erdkampfes dem Verteidiger zugute.

Beide Seiten, Angreifer und Verteidiger, sind durch die bloße Existenz taktischer Atomwaffen gezwungen, ihre Truppenverbände auseinanderzuziehen; die Aufmarschräume werden dünner besetzt. Im Stabe des Nato-Kommandos Europa Mitte rechnet man denn auch damit, daß der Osten seinen Angriffsaufmarsch über die Südgrenze der DDR in die Tschechoslowakei hinein ausdehnen und die Neutralität Österreichs bedrohen würde, um das Donaubecken zu gewinnen.

Trotzdem aber muß sich der Angreifer, um durchzubrechen, zu Schwerpunkten ballen, womit er den taktischen Atomwaffen des Verteidigers lohnende Ziele bietet.

Außerdem vermag der Verteidiger die Verbindungslinien, über die der Angreifer seine Spitzen versorgt und mit frischen Kräften nährt, mittels taktischer Atomwaffen nachhaltig zu unterbrechen, während Vollmotorisierung und Waffen mit erheblich höherer Feuerfolge als im Zweiten Weltkrieg das Nachschubproblem ohnehin komplizieren.

US-General Lemnitzer, bisher amerikanischer Wehrmacht-Generalstabschef, künftig Nato-Oberbefehlshaber in Europa: „Die Nachschublinien der Sowjet-Armee sind tödlich verwundbar."

Ist allerdings ein Durchbruch des Angreifers gelungen und die Front in Bewegung geraten, dann wird die Ver-

»Bedingt abwehrbereit«

---- DEUTSCHLAND ----

wendung atomarer Sprengkörper durch den Verteidiger sehr schwierig. Die eigene Truppe und die eigene Zivilbevölkerung werden dann in hohem Maße gefährdet, die Aufklärung der Ziele ist erschwert.

Solche Sorgen brauchte sich der Westen noch nicht zu machen, als er im Jahre 1949 nach Stalins Berlin-Blokkade und dem Putsch der tschechischen Kommunisten den Nordatlantischen Verteidigungspakt schloß. Die Amerikaner hielten damals das Atommonopol. Ihre Atomherrschaft erlitt durch die Produktion der sowjetischen A-Bomben in den ersten fünfziger Jahren keine fühlbare Einbuße, weil die Überlegenheit der USA im Bereich der Trägerwaffen bestehen blieb.

Aber das Kriegsbild, das die Nato-Strategen entwarfen, befriedigte trotz atomaren Übergewichts keineswegs: Gegen einen Einfall der sowjetischen Massenheere nach Westeuropa konnte die Bombe in der ersten Kriegsphase nichts ausrichten, und hinreichende Abwehrverbände fehlten dem seit 1945 demobilisierten Westen. Also befand der Nato-Rat 1952 in Lissabon das — inzwischen längst legendär gewordene — Plansoll von 85 Divisionen bis Juni 1954 für die Front vom Nordkap bis in die Türkei.

Mit dieser Streitmacht, zu der die bereits projektierten zwölf deutschen Divisionen noch nicht zählten, glaubte die Nato-Spitze mit dem operativen Traumkonzept „Vorwärtsstrategie" verfahren zu können: Die 85 Nato-Divisionen plus Reserven fangen einen sowjetischen Angriff gegen Westeuropa auf und befreien per „Operation im Nachzuge" die Völker Osteuropas und der Sowjet-Union.

Das Lissabon-Soll nebst „Vorwärtsstrategie" blieb Planpapier. Die europäischen Nato-Staaten scheuten die Kosten für große Heere; sie vertrauten sich statt dessen der „massiven Vergeltung" an, dem dicken Atomknüppel, mit dem die Amerikaner einen Angriff der Sowjets zu sühnen drohten.

Der Vorsprung, den die amerikanische Produktion an Atom- und Wasserstoffwaffen sowie an Trägerflugzeugen auch nach den ersten russischen Kernversuchen vor der Sowjetischen Rüstungstechnik hielt, schien diese Verteidigungsdoktrin fürs erste zu rechtfertigen. Die Heere der Nato verkümmerten.

Die Nato-Planer mußten aber erkennen, daß ihr „Vergeltungs"-Feuerzauber, der in der Sowjet-Union aufflammen sollte, den Vorstoß sowjetischer Angriffsdivisionen erst nach geraumer Zeit durch Zerstörung der Basis aushungern würde. Aus dieser Erkenntnis ergab sich beim Scheitern der Lissabon-Pläne die Absicht, den sowjetischen Angreifer mit den vordersten Abwehrkräften überhaupt erst am Rhein zu stellen.

Die mit diesem „fall back" eingeplante Preisgabe der Bundesrepublik belastete die westdeutsche Aufrüstung. Theodor Blank, Bonns erster Wehrminister, erhob schon 1952, bei den ersten Verhandlungen über einen Verteidigungsbeitrag des Bundes, den Anspruch, die Abwehrstrategie des Westens spätestens zu dem Zeitpunkt, zu dem die Masse des Bundeswehrkontingents vom „fall back" auf die „Vorwärtsverteidigung" paratsteht, vom „fall back" auf die „Vorwärtsverteidigung" — nicht „Vorwärtsstrategie" — umzustellen: vorderste Widerstandslinie in Grenznähe.

General Collins, damals amerikanischer Heeres-Generalstabschef, sicherte dem Bonner Aufrüster zu, die Verteidigungspläne nach Blanks Wünschen zu revidieren, sobald die Bundeswehr die Voraussetzungen dafür geschaffen habe. Das war im Juli 1953 gelegentlich der ersten Amerikareise Blanks bei einer Lagebesprechung im Lagezimmer der Vereinigten US-Stabschefs.

Von diesem Zeitpunkt an tüftelte Blank — heute Bundesarbeitsminister — an einem Aufrüstungskalender, nach dem 500 000 Bundessoldaten binnen vier Jahren rekrutiert werden sollten.

Mit dessen hastigem Rekrutierungsprojekt, das den Nato-Bedingungen für Vorwärtsverteidigung genügen sollte, wurden schließlich drei Aufstellungsetappen für die Bundeswehr fixiert:

▷ 1956 — 96 000 Mann,
▷ 1957 — 270 000 Mann,
▷ 1959 — 500 000 Mann.

Jedoch, Blank und seine beiden Chefberater, die Generale Heusinger und Speidel, hatten sich verrechnet. Ihre Planziffern konnten nach dem Start der deutschen Wiederbewaffnung am 10. November 1955 nicht erreicht werden, es fehlte an allem — an Offi-

Anhang

Die SPIEGEL-Affäre Chronik der Ereignisse

23. März 1962 Oberst Alfred Martin vertraut sich Rudolf Augstein und SPIEGEL-Redakteur Conrad Ahlers an, der an einer Geschichte über den Streit in der Nato arbeitet. Martin fürchtet, dass Verteidigungsminister Strauß hinter dem Rücken des Kanzlers nach Atomwaffen strebt.

21. bis 28. September Die Nato-Übung „Fallex 62" (Herbstmanöver) simuliert einen sowjetischen Großangriff auf Westeuropa. Die Bundeswehr erweist sich nur als „zur Abwehr bedingt geeignet" (Nato-Jargon).

29. September Ahlers bittet den SPD-Wehrexperten Helmut Schmidt bei einem nächtlichen Besuch um fachlichen Rat. Schmidt liest das Manuskript und äußert Geheimhaltungsbedenken.

1. Oktober Auf Bitten von Ahlers übergibt Verlagsdirektor Hans Detlev Becker dem Hamburger BND-Residenten Adolf Wicht 13 Fragen. Ahlers will sichergehen, dass er nicht gegen Geheimschutzbestimmungen verstößt. Der BND gibt wenige Tage später grünes Licht.

8. Oktober Der Titel „Bedingt abwehrbereit" erscheint. Bundesanwalt Albin Kuhn vermutet Landesverrat. Er bittet das Verteidigungsministerium um ein Gutachten. Oberregierungsrat Heinrich Wunder übernimmt die Aufgabe.

14. Oktober *Die Kuba-Krise beginnt: US-Spionageflugzeuge entdecken Abschussrampen für sowjetische Nuklearraketen auf der Insel.*

17. Oktober Wunders Gutachten ist fertig: Der SPIEGEL-Titel enthalte 41 Staatsgeheimnisse. Später stellt sich heraus: Der Gutachter irrt in allen Punkten.

Vom 26. Oktober an Beginn der Aktion von BKA, MAD und Polizei gegen den SPIEGEL in Düsseldorf, Hamburg und Bonn. Augstein und andere SPIEGEL-Mitarbeiter werden verhaftet.
Strauß lässt Ahlers in Spanien festsetzen und macht sich der Amtsanmaßung und Freiheitsberaubung schuldig.

29. Oktober 1962 Rudolf Augstein und andere SPIEGEL-Mitarbeiter sind in Haft, die Polizei hält die Redaktionsbüros besetzt. Dem SPIEGEL droht die Pleite, doch andere Verlage helfen aus.

7. bis 9. November Fragestunde im Bundestag: Strauß und Adenauer lügen über ihre Rolle in der SPIEGEL-Affäre. Der Kanzler vorverurteilt Augstein: „Wir haben einen Abgrund von Landesverrat."

19. November Krise in der Koalition: Strauß will nicht abtreten. Die FDP zieht ihre Minister zurück. Wenige Tage später folgen alle CDU/CSU-Kollegen, um eine Regierungsneubildung zu ermöglichen.

26. November Alle Räume der SPIEGEL-Redaktion sind wieder freigegeben. Doch noch immer werden Informanten verhaftet. Auch Augsteins Bruder Josef kommt ins Gefängnis.

14. Dezember Kanzler Adenauer bildet ein neues Kabinett, mit der FDP, aber ohne Strauß. Er verspricht, im kommenden Herbst zurückzutreten.

7. Februar 1963 Die SPIEGEL-Leute sind nach und nach freigekommen. Rudolf Augstein wird als letzter aus der U-Haft entlassen.

15. Oktober Adenauer tritt zurück, Ludwig Erhard (CDU) wird neuer Kanzler.

11. Dezember Der Bundestag hebt die Immunität der Abgeordneten Gerhard Jahn und Hans Merten, beide SPD, auf. Sie sollen geheime Unterlagen an den SPIEGEL weitergegeben haben.

13. Mai 1965 Der BGH lehnt die Eröffnung des Hauptverfahrens gegen Rudolf Augstein und Conrad Ahlers ab. Die anderen Ermittlungsverfahren werden nach und nach eingestellt.

2. Juni Die Staatsanwaltschaft in Bonn stellt fest, dass Strauß sich „objektiv" der Freiheitsberaubung und Amtsanmaßung schuldig gemacht hat. Das Verfahren wird dennoch eingestellt.

5. August 1966 Das Bundesverfassungsgericht weist zwar die Beschwerde des SPIEGEL mit Stimmengleichheit ab, doch die unterlegenen Richter kritisieren das Vorgehen von Bundesanwaltschaft und BGH.

1. Dezember Große Koalition unter Kurt Georg Kiesinger (CDU) mit vielen Beteiligten aus der SPIEGEL-Affäre: Strauß wird Finanzminister, Heinemann Justizminister, Ahlers stellvertretender Leiter des Bundespresseamts, Schmidt SPD-Fraktionschef, Horst Ehmke und Karl Carstens werden Staatssekretäre.

15. Februar 1967 Das letzte Ermittlungsverfahren – gegen einen Bundeswehroffizier – wird eingestellt. Ahlers hatte ihn bei seinen Recherchen befragt.

DEUTSCHLAND

zieren, Unteroffizieren, Waffen, Kasernen, Übungsplätzen.

Bonns Nato-Partner wurden mißtrauisch. Franz-Josef Strauß, seit 1953 im zweiten Kabinett Adenauer zunächst Sonder-, alsdann Atom-Minister, sah seine Chance. Er trachtete nach Blanks Amt.

Im Hamburger Wochenblatt „Die Zeit" belehrte er seinen Kabinettskollegen Blank: „Man sollte nicht um der Erfüllung einer Zahl willen Streitkräfte aufstellen, die (modernen) Anforderungen nicht entsprechen." Gegen Blanks Wehrpflichtkur setzte Strauß das inhaltslose Gebrauchsmuster „Qualitätsarmee".

Sechs Jahre später, nach der Athener Nato-Rats-Konferenz im letzten Mai, auf der die Amerikaner stärkere konventionelle Streitkräfte für die Nato propagiert und Blanks Konzept postum gerechtfertigt hatten, wünschte Strauß die Spuren jener Scheindialektik aus der Zeit seines gnadenlosen Konkurrenzkampfes mit Blank zu verwischen. In einer für die Bundeswehr bestimmten „Stellungnahme des Herrn Bundesministers der Verteidigung" zur Athener Konferenz hieß es: „Wir haben in der Vergangenheit – es war damals, als die SPD die Aufstellung von 500 000 Mann konventionellen Truppen als ,museumsreifen Unsinn' gebrandmarkt hat – immer den Standpunkt vertreten, daß wir in Europa ein starkes Maß an konventionellen Streitkräften brauchen..."

Im Mai 1956 allerdings hatte Strauß seinen Vordermann Blank mit der Parole attackiert, die Bundeswehr brauche Atomwaffen, wogegen Blank an seinem Programmsatz festhielt, konventionelle Waffen seien wichtiger. Schließlich aber war Blank müde: „Die Führung der Verteidigungspolitik bedeutet für mich nicht mehr als ein Martyrium."

Am 16. Oktober 1956 ergriff Strauß die militärische Macht. Sogleich ging er daran, seine „Qualitätsarmee" einzurichten, und zwar per Trick. Willkürlich differenzierte er, was die Nato-Pläne nicht vorsahen, zwischen Kriegs- und Friedensstärke der Bundeswehr. Das Kriegssoll von 500 000 Mann setzte er auf das Friedenssoll von 350 000 Mann herab und streckte auch noch die Aufstellungsfrist für die einzelnen Verbände.

Dabei war Strauß schlau genug, die ursprüngliche Plan-Endstufe von 500 000 Mann nicht schlechthin zu streichen. Sondern: „Wenn wir mal Reserven haben, dann können wir ja auffüllen" — von Friedens- wiederum auf Kriegsstärke.

Strauß hatte Glück. Seine Manipulationen deckten sich mit der Rüstungstendenz im Pentagon, die zu jener Zeit als „Radford-Plan" die Militärpolitik der Eisenhower-Regierung bestimmte[*]: Die US-Army, abermals verringert, war nur mehr „Stolperdraht", bei dessen Berührung durch einen Angreifer irgendwo auf der Welt der globale Atomkrieg losgehen sollte.

Die Sowjets, denen Westen an Heeresverbänden erdrückend überlegen, orientierten sich dagegen an der Maxime ihres Panzer-Marschalls Rotmistrow:

---

[*] Admiral Radford amtierte von 1953 bis 1957 als amerikanischer Wehrmacht-Generalstabschef.

»Bedingt abwehrbereit«

---- DEUTSCHLAND ----

„Es ist völlig klar, daß Atom- und Wasserstoffwaffen allein, das heißt ohne entscheidende Operationen der modern ausgerüsteten Landstreitkräfte, den Ausgang des Krieges nicht bestimmen können." Sowjetgeneral Krassilnikow hatte diesen Lehrsatz ergänzt: Die Atomkriegsführung erfordere „nicht die Herabsetzung der Truppenstärke, sondern vielmehr deren Erhöhung, denn die Gefahr, daß ganze Divisionen ausfallen, wächst, und um sie zu ersetzen, werden große Reserven notwendig sein".

Zugleich stockten die Sowjets aber auch ihren Vorrat an Atom- und Wasserstoffwaffen mehr und mehr auf. Und ihre Sputnik-Raketen wiesen sich als Trägermittel mit transkontinentaler Reichweite aus.

Die Nato reagierte darauf mit dem Planprogramm MC 70, einer Rüstungs- und Führungsdirektive des nordatlantischen Militärausschusses (Military Committee) in Washington. Sie empfahl für die Zeit von Anfang 1958 bis Ende 1963 die folgenden Planziele:

▷ 30 Divisionen allein in Nato-Abschnitt Europa Mitte und
▷ taktische Atomwaffen für alle diese Divisionen sowie die Nato-Luftwaffen.

Die Erfahrung spricht dafür, daß beide Ziele in der Laufzeit der MC 70, also bis Ende nächsten Jahres, nicht erfüllt werden. Am Soll der mitteleuropäischen Divisionen fehlen heute noch sechs.

Die Ausstattung der Divisionen und Luftstreitkräfte mit taktischen Atomwaffen ist ebenfalls noch nicht in vollem Umfang erreicht*.

* Die taktischen Atomwaffen der Nato-Truppen umfassen folgende Kurzstreckenraketen:
Lacrosse (Reichweite: 32 Kilometer),
Honest John (40 Kilometer),
Sergeant (150 Kilometer),
Corporal (140 Kilometer) und
Redstone (400 Kilometer);
die Mehrzweck-Kanone 17,5 Zentimeter (bis 30 Kilometer) und -Haubitze 20,3 Zentimeter (bis 32 Kilometer);
die Flugkörper Matador (750 Kilometer) und Mace (1200 Kilometer),
die Flug-Rakete Nike Hercules (50 Kilometer Höhe) sowie
den Atom-Granatwerfer Davy Crockett (bis 10 Kilometer).

Heeres-Inspekteur **Zerbel**
Für die Bundeswehr die schlechteste Zensur

Dem bundesdeutschen Heer fallen gemäß MC 70 je Division ein Honest-John-Bataillon, je Korps ein bis zwei Sergeant-Bataillone zu. Die Honest-John-Bataillone sind noch nicht komplett, die Sergeant-Bataillone erst im Aufbau.

Die Bundesluftwaffe verfügt bisher nur über zwei kampfbereite Nike-Fla-Bataillone. Und nur ein kleiner Teil der fünf Jagdbombergeschwader der Luftwaffe ist bisher für atomaren Einsatz ausgerüstet*. Ihre mittlerweile untauglich gewordenen 24 Matador-Geschosse werden durch drei bis fünf Pershing-Raketen-Bataillone (Reichweite des Pershing: 600 Kilometer) ersetzt. Die Ausbildung der deutschen Pershing-Mannschaften hat in Amerika bereits begonnen.

Die Sprengkörper für die laut MC 70 den Verbündeten zugeteilten amerikanischen Atomköpfe bleiben bis zum Gebrauch in den SAS-Lagern (special ammunition sites) unter Verschluß. Diese Depots, von Nato-Soldaten aller Nationen im Turnus bewacht, liegen in den Bereitstellungsräumen verstreut, so daß sie für die Truppe sofort verfügbar sind. Amerikanische Offiziere, jederzeit alarmbereit, üben die Schlüsselgewalt aus.

Bevor der erste Atomschuß aus diesen Arsenalen abgefeuert werden kann, muß der Oberbefehlshaber in Europa vom US-Präsidenten die Erlaubnis dazu erhalten haben. Erst dann darf der Oberbefehlshaber atomare Sprengkörper im unteren KT-Bereich** an die Kommandierenden Generale der Korps ausgeben, und zwar je nach den Feuerplänen für unterschiedliche Lagen mit verschiedenem Detonationswert. Die Korps können den Feuerbefehl selbst erteilen oder den Divisionen freigeben. Kommandierende Generale oder Divisionskommandeure geben den Feuerbefehl an den Artilleriekommandeur. Der Befehl bestimmt das Ziel, den Zeitpunkt des Abschusses und die geforderte Wirkung; den vorgesetzten Kommandobehörden und der Luftwaffe werden diese Details gemeldet. Der Artilleriekommandeur gibt das Feuerkommando unmittelbar an die Waffe.

Nach ähnlichem Befehlsschema vollzieht sich der Abwurf taktischer Atombomben durch die Nato-Luftflotten. In den Luftflotten-Depots lagern etwa zwei Drittel der in Europa vorhandenen Atomkapazität. Diese Sprengköpfe gehören zum mittleren KT-Bereich.

Die atomare Feuerkraft der Luftwaffen gilt bis heute – neben dem auf U-Booten montierten sowie in England, Italien und der Türkei verbunkerten amerikanischen Mittelstreckenraketen – als schärfstes Schwert der Nato. Außerdem sind auch Einheiten des Strategischen Bomber-Kommandos der US-Luftwaffe für die Verteidigung Europas eingeteilt. Doch droht den

* Neben den fünf Jabogeschwadern zu je 50 Maschinen verfügt die Luftwaffe noch über zwei Jagd- und je ein Aufklärungs- und Transportgeschwader. Insgesamt hat sie 600 Einsatzmaschinen.
** Die Hiroshima-Bombe der Amerikaner im Sommer 1945 hatte eine Sprengwirkung von 20 000 Tonnen (20 Kilotonnen = KT) herkömmlichen Sprengstoffs. Diese Wirkung gehört heute zum unteren Bereich.

Anhang

DEUTSCHLAND

Bomberverbänden Abschußgefahr: Die U-2-Verluste über der Sowjet-Union und Rotchina haben gezeigt, daß Fla-Raketen in großen Operationshöhen treffsicher funktionieren.

Die Zuversicht der Nato-Stäbe gründet sich immer noch auf den Vorsprung der amerikanischen vor der sowjetischen Atomwaffenproduktion. Die Vereinigten Staaten haben bislang — so US-Verteidigungsminister McNamara auf der Athener Nato-Konferenz im Mai — viermal mehr Kernmaterial zu Sprengköpfen verarbeitet als die Sowjets.

Amerika allein hält 97 Prozent der Gesamtkapazität atomarer Kampfmittel im Westen, eine Kraft, die rechnerisch hinreicht, um 90 Prozent der militärisch interessanten Ziele im Osten zwei- bis dreifach überlagert zu decken. Die restlichen zehn Zielprozente im Osten sind nicht aufgeklärt oder so beweglich, daß sie auch mit einer noch höheren Atomkapazität des Westens nicht sicher gefaßt werden können. Ein Nato-Planspiel vor zwei Jahren offenbarte bereits den atomaren Sättigungsgrad des Westens: Auf ein und denselben Ostsee-Hafen fielen zu gleicher Zeit drei Atombomben. Grund: Die Nato-Strategen sind sicher, daß die Sowjet-Armee wegen der Verwundbarkeit ihrer Landverbindungen mit Teilen ihres Nachschubs auf den Seetransport ausweicht; in der Marine spricht man von der „Rollbahn Ostsee".

Also setzten drei Nato - Kriegsspieler aus drei verschiedenen Befehlsstellen je eine Atombombe auf jenen Ostsee-Hafen.

Um den Haushalt der Atommunition in Ordnung zu bringen und Feuerzucht zu sichern, hat das Pentagon ein „Gemeinsames Kommando" der amerikanischen Wehrmachtteile eingerichtet, das die Feuerpläne koordiniert. Ein Verbindungsstab des Zentralkommandos sitzt beim Nato-Oberbefehlshaber Europa in Paris.

Dieses Zielverteilungsbüro beantwortet freilich nicht die Grundsatzfrage, ob überhaupt, beziehungsweise wann von welchen Atomwaffen Gebrauch gemacht werden darf. Die Antwort darauf wird durch folgende Faktoren erschwert:

▷ Die wechselseitige Patt-Konstellation zwischen den strategischen Kernwaffen beider Seiten, in der auch der Angreifer durch den nachträglichen Gegenschlag des Angegriffenen vernichtet werden kann.

▷ Die Ausrüstung der sowjetischen Frontarmeen mit taktischen Atomwaffen.

▷ Die nach amerikanischem Urteil infolgedessen wachsende Gefahr lokaler — konventioneller oder begrenzt-atomarer — Konflikte in Europa, verursacht beispielsweise durch die Berlin-Krise.

In der Patt-Lage könnte Amerika versucht sein, örtliche Erfolge der Sowjetarmee in Europa im Kampf mit den noch an Zahl unterlegenen Nato-Verbänden hinzunehmen, um den beiderseits tödlichen Schlagabtausch mit strategischen Kernwaffen zu vermeiden. Und die Sowjets umgekehrt könnten durch die atomstrategische Todesbalance verführt werden, eben solche begrenzten Vorstöße zu wagen und territoriale „Faustpfänder" zu besetzen.

Der damalige Stabschef der US-Army, General Taylor, forderte schon Anfang 1959 deshalb eine Erhöhung des konventionellen Solls der MC 70. Aber die repu-

Bundeswehr-Gründer* (1954): Foertsch saß im Lager

blikanische Eisenhower-Administration war nicht geneigt, mehr Geld für die konventionelle Rüstung auszugeben. Genauso scheuten auch die Europäer höhere Militärbudgets.

Die Eisenhower-Regierung ersann eine Abhilfe, durch die nun, nachdem sie bereits die taktischen Atomwaffen nach vorn in die europäische Front eingeschleust hatte, auch strategische Nuklear-Raketen in Nato-Befehlsgewalt gebracht werden sollten. Die Amerikaner dachten, damit ihren Mangel an interkontinentalen Raketen auszugleichen.

So boten sie Ende 1960 in den ersten, noch zu Eisenhowers Amtszeit konzipierten Entwürfen der Plandirektive MC 96, die Ende 1963 als Dokument MC 70 abgelöst, den europäischen Bundesgenossen mehr als 100 Mittelstreckenrake-

* Sicherheitsbeauftragter Theodor Blank (Mitte), Generale Adolf Heusinger, Hans Speidel.

ten des Musters Polaris mit einer Reichweite von damals noch 2000 (heute bereits 3000) Kilometern an. Die Polaris-Raketen sollten nicht nur auf U-Booten feuerbereit sein, sondern auch auf dem westeuropäischen Festland Feuerstellungen beziehen. Auch die Bundeswehr sollte einen Raketenanteil erhalten.

Enthusiastisch begrüßte Bonns Verteidigungsminister Strauß die Raketen-offerte, während alle anderen Nato-Partner bis heute skeptisch und zurückhaltend blieben. Strauß wähnte sich am Ziel seines Wunsches, an der amerikanischen Atommacht teilzuhaben und so ein Stück atomarer Souveränität zu erhaschen. Überdies glaubte er, das Polaris-Projekt werde den Franzosen ihr Hegemonial-Instrument in Europa, die atomare „force de frappe" (Abschreckungsmacht) aus der Hand winden.

Aber die nüchtern rechnenden Generalstäbler im europäischen Nato-Oberkommando zu Paris täuschte die Polaris-Verheißung nicht darüber hinweg, daß zwischen den Abschreckungshoffnungen und den Abschreckungsmitteln auf der untersten Stufe des Abwehrsystems nach wie vor eine Diskrepanz klaffte.

Bei Kriegsspielen im Pariser Nato-Hauptquartier stellte sich heraus: Die Nato-Widerstandslinien sind schwach besetzt und Reserven nicht vorhanden, so daß die Abwehrverbände selbst bei kleineren Vorstößen des Ostens von Abschnitt zu Abschnitt hin und her rochieren mußten, solange sie sich nicht mit atomarer Feuerkraft zur Wehr setzten. Solche Querbewegungen aber führten zu gefährlichen Entblößungen breiter Frontabschnitte.

Atomares Abwehrfeuer der Nato auf den sowjetischen Angreifer, der ebenfalls taktische Atomwaffen mitführte, drohte jedoch die sogenannte Atomspirale (escalation) in Bewegung zu setzen: Wer im atomaren Feuerkampf unterliegt, greift nach dem jeweils nächst dickeren Kaliber.

Im Nato-Hauptquartier schloß man aus den Spielresultaten, die Heeresverbände müßten komplettiert und auf diese Weise die „atomare Schwelle" im System der „gestuften Abschreckung" angehoben werden; der Zeitpunkt, zu dem gegen einen sowjetischen Überfall nur noch Atomwaffen helfen, müsse hinausgeschoben werden.

Zu den hohen Offizieren, die solche Kriegsspiele im Jahre 1959 anlegten, leiteten und auswerteten, gehörte im obersten Rang der atlantischen Militärhierarchie der Bundeswehr-Generalleutnant Friedrich Foertsch, seit dem 1. Januar jenes Jahres „Deputy Chief of Staff Plans and Policy" (stellvertretender Generalstabchef für Planung und Grundsatzfragen) im Nato-Oberkommando Europa.

Foertsch zog später das Resümee seiner Arbeitsleistung in der atlantischen Kommandospitze: „Ich habe den Kameraden dort beigebracht, nicht immer gleich mit Atomwaffen herumzuschießen."

Die Reformbestrebungen im europäischen Nato-Hauptquartier, von der neuen demokratischen Kennedy-Administration seit Anfang 1961 forciert, waren im letzten Herbst zu Plan-Empfehlungen an die Nato-Regierungen ausgereift: Die europäischen Heeres-

»Bedingt abwehrbereit«

DEUTSCHLAND

verbände sollen nicht nur aufgefüllt, sondern vermehrt und so nahe an die Demarkationslinie herangeführt werden, daß örtliche Grenzverletzungen ohne Atomfeuer per Gegenstoß bereinigt werden können. Die Abschreckung gegenüber konventionellen Übergriffen östlicher Heereskräfte soll dadurch an Überzeugungskraft gewinnen.

Die taktischen Atomwaffen bleiben gleichwohl in den europäischen Nato-Divisionen, weil auch die Sowjets diese taktischen Waffen haben, wenn auch nicht in den Divisionen, sondern innerhalb der Armeen. US-General Lemnitzer zu amerikanischen Theorien, nach denen die taktischen Kernwaffen aus den Frontverbänden herausgelöst und im Hinterland stationiert werden sollten: „Das wäre Wahnsinn; die Waffen würden, wenn man sie gebraucht, ja nicht wieder nach vorn kommen." Offen ist jedoch die Frage, ob die taktischen Atomwaffen nicht wie in der Sowjet-Armee besser einem Sonderkommando unterstellt werden.

schränkte Botschafter von Walther ein; über Einzelheiten, warnte er vorsorglich, werde man noch reden müssen.

In Wahrheit lehnte Bonns Verteidigungsminister Strauß von Anfang an die Neuerungen ab. Er verdächtigte die Amerikaner, sie würden, um ihr Land vor den strategischen Kernwaffen der Sowjets zu bewahren, bei Kriegsausbruch mit dem Einsatz der Atomwaffen zu lange zögern.

Strauß: „Man kann heute den Krieg mit konventionellen Mitteln nicht als das geringere Übel in Kauf nehmen, weil man glaubt, dadurch das Opfer eines atomaren Krieges zu verhindern ... Durch einen solchen akrobatischen Akt der Selbsttäuschung lassen sich die Atomwaffen nicht eliminieren." Der Minister behauptete, die atomare Abschreckung verlöre an Glaubwürdigkeit, falls die Nato sich auf einen konventionellen Krieg vorbereite.

Die seit Ende 1958 schwelende Berlin-Krise sprach allerdings gegen Straußens Theorien; die Gefahr örtlicher

Als die neuen Plan-Forderungen der Nato in Bonn vorlagen, trug Strauß dem von Generalmajor Schnez geleiteten Stab des Generalinspekteurs Foertsch auf, eine strategische Analyse zu entwerfen.

Mit Moltkescher Gründlichkeit skizzierten die jungen Kriegsgötter der Bonner Ermekeilkaserne mehrere Kriegsbild-Studien. Darin war der Ausgangslage der Stabsrahmenübung „Fallex 62" bereits vorweggenommen: Die Sowjets starten einen Großangriff gegen Europa mit einem atomaren Zerstörungsschlag auf die Raketenbasen, Rollfelder und Fernmeldezentren der Nato sowie auf die Heeresverbände im grenznahen Abwehrraum.

Über die Schlußfolgerungen für die atlantische Strategie konnten sich die westdeutschen Generalstäbler jedoch nicht einig werden. Auf ihre Meinungsverschiedenheiten wies Straußens Presseoberst Gerd Schmückle in einem Zeitungsartikel hin: „Es gibt Generäle,

„Starfighter"-General Kammhuber, „Starfighter"*: „Ohne Waffe, die bis zum Ural wirkt, sind wir nur Satelliten"

Das Polaris-Angebot aus dem ersten Entwurf zur MC 96 wurde jedoch zugunsten konventioneller Verstärkung zurückgestellt. US-Präsident Kennedy verbrämte sein Desinteresse an solch einer Nato-Atommacht höflich, als er den Europäern riet, sich zunächst einmal auf eine gemeinsame Kontrolle dieser Waffe zu einigen.

Dem amerikanischen Nato-Botschafter Finletter ließ Kennedy im Atlantikrat erklären, daß die Heeresverbände hätten Vorrang, und eine Polaris-Ausstattung, wenn sie eines Tages erfolgen sollte, müßten Amerikas Verbündete jedenfalls bar in Dollars bezahlen.

Amerikas Verteidigungsminister McNamara drückte es deutlicher aus: „In vier bis sechs Jahren wollen wir so weit sein, daß Europa gegen einen konventionellen Großangriff auch konventionell verteidigt werden kann."

Die Bonner Regierung wies ihren Nato-Botschafter von Walther im Januar dieses Jahres an, die neuen Plan-Forderungen des Nato-Stabes zu akzeptieren — „als Planungsgrundlage", so

Zusammenstöße war für jedermann sichtbar geworden. Sie zwang den Westen, militärische Operationen zu planen, die im Ansatz nur mit konventionellen Kräften möglich sind, wenn der Westen keinen Atomkampf beginnen will.

So erwogen Nato-Strategen zum Beispiel, die Ostsee-Ausgänge zu sperren, sobald die Sowjets Westberlin blockieren sollten. Eine Sanktion dieser Art verlangt aber konventionelle Abwehrvorbereitungen für den Fall, daß die Sowjets den Ostsee-Riegel aufbrechen wollten.

Franz-Josef Strauß hingegen, ob seiner rhetorischen Kraftmeierei teils bewundert, teils verrufen, möchte die westliche Berlin-Politik gar nicht militärisch abstützen. In den kritischen Tagen nach dem 13. August 1961 wandte er sich bei internen Beratungen gegen jede energische Aktion und beschuldigte Bürgermeister Brandt eines Spiels mit dem Feuer.

* Neben Kammhuber: Messerschmitt-Direktor Rothe.

die sich darauf versteifen, ein Krieg in Europa dauere nicht länger als 48 Stunden. Andere sprechen von 48 Monaten. Die Differenz beider Zahlen spiegelt die geistige Entfernung wider, die Luftwaffen- und Heeresexperten im allgemeinen voneinander trennt, sobald die Rede ist vom Kriegsbild unserer Tage kommt."

Eine Gruppe von Generalstäblern, unterstützt von deutschen Offizieren aus den Nato-Stäben, argumentierte: Nur ein stärkeres deutsches Heer kann den Abschreckungsfaktor vergrößern und die Sowjets von einem derartigen Angriff abhalten. Auch gewährleiste allein eine Vermehrung der deutschen Truppen die „Vorwärtsverteidigung" an der Zonengrenze. In einer Denkschrift an Generalinspekteur Friedrich Foertsch wiesen die deutschen Angehörigen des Nato-Oberkommandos außerdem darauf hin, mehr Bundessoldaten vergrößerten das politische Gewicht der Bundesrepublik im atlantischen Bündnis, dagegen seien die Strebens Bonns nach Mittelstreckenraketen nur Mißtrauen.

Andere Offiziere aus dem Führungsstab der Bundeswehr meinten jedoch,

Anhang

DEUTSCHLAND

die Nato könne einem ersten atomaren Angriffszug des Ostens am besten begegnen, indem man auch die schon vor Jahren in den Vereinigten Staaten erörterte Idee eines „preemptive strike" (vorbeugender Schlag) aufnimmt, der dem sowjetischen Atomschlag zuvorkommt, und zwar in dem Augenblick, in dem die Angriffsabsicht der Sowjets klar erkannt ist.

Ihre Forderung: Die Nato braucht eine eigene, von den USA unabhängige Atommacht, notfalls zu Lasten der konventionellen Rüstung.

Der Fliegergeneral Kammhuber, bis Ende letzten Monats Inspekteur der Bundesluftwaffe, hatte bereits 1955 beim Nato-Luftmanöver „Carte blanche", bei dem eine ähnliche Kriegs-Eröffnungsphase exerziert wurde, ähnliche Überlegungen angestellt. Damals schon plädierte Kammhuber dafür, daß „die Bundeswehr eine Waffe haben muß, um bis zum Ural wirken zu können. Anderenfalls sind wir nur Satelliten".

Mit dem Starfighter-Programm legten Strauß und Kammhuber die Grundlage für diese Wunderwaffe: Jagdbomber, die Atomköpfe transportieren können und die später durch Raketen ersetzt werden sollen.

Die Jagdbomber sind für den vorbeugenden Schlag prädestiniert, weil sie, auf die kilometerlangen Betonpisten angewiesen, durch Raketenbeschuß oder Bombenwurf beim feindlichen Eröffnungsschlag sehr gefährdet sind. Fraglich bleibt, ob sie bei Rückkehr vom ersten Frontflug noch unversehrte Landebahnen finden werden.

Für alle Staffeln sind zwar weit gestreut Ausweichhäfen eingerichtet, auch sollen jetzt Betonbunker zum Abstellen der Maschinen und provisorische Landemöglichkeiten auf Autobahnen gebaut werden, aber schon ein nahe dem Rollfeld detonierender Atomsprengkopf zerstört die Radargeräte, ohne deren Hilfe ein Starfighter nur schwer heruntergelotst werden kann.

Die Strauß-Obristen verfertigten ihre Kriegsbild-Studien, obwohl die amerikanische Regierung einen „preemtive strike" bislang immer abgelehnt hat. Er widerspricht dem defensiven Charakter des atlantischen Bündnisses. Davon, daß der Westen niemals zuerst losschlagen würde und daß die Sowjet-Union das weiß, verspricht man sich in den Hauptstädten des Westens eine „stabilisierende Wirkung" auf die weltpolitische Lage.

Die Kampfaufträge für die Nato-Luftwaffen beruhen deshalb auf dem sofortigen Gegenzug nach Angriffsbeginn. Sie gelten vor Raketenbasen, auf Flugplätze und vor allem auf die empfindlichsten Stellen des russischen Angreifers: die langen Nachschublinien. Das Schlachtfeld Europa soll an der Weichsel abgeriegelt werden.

Zu gleicher Zeit obliegt es den Heeresverbänden der Nato, den aus dem Aufmarschraum zwischen Weichsel und Zonengrenze anrennenden Gegner zu stoppen.

Bis zum Jahr 1958 galt der Rhein als Hauptverteidigungslinie. Die schwachen Nato-Divisionen hätten einen massierten Angriff zwischen Zonengrenze und Rhein nur verzögern zu können. Dabei sollten sie mehrere Widerstandslinien, an natürliche Hindernisse angelehnt, jeweils eine bestimmte Frist halten, um die für den Jagdbomber- und Raketeneinsatz erforderlichen Funkfeuer zu sichern, die westlich jener Linien installiert sind.

Die Nato-Planer hatten errechnet, daß sich ein atomarer Gegenschlag auf die Verbindungslinien des Ostens erst nach Tagen bei dessen Angriffsarmeen auswirkt. Spätestens am Rhein aber, so lautete die Nato-Rechnung, würde die Sowjet-Armee gezwungen sein, ihre Verbände umzugruppieren.

General Friedrich Foertsch im europäischen Nato-Oberkommando, sein Amtsvorgänger als Bundeswehr-Generalinspekteur, und General Adolf Heusinger, und General Hans Speidel, Heeresbefehlshaber im Nato-Kommando Europa Mitte, setzten mit der Zeit durch, daß die Nato-Hauptverteidigungslinie

Französischer General **Massu**
„Wenn's losgeht, wird er schon kommen"

vom Rhein weiter nach Osten vorverlegt wurde.

Nach dem 13. August vergangenen Jahres befahl der amerikanische Nato-Oberbefehlshaber Norstad, im Hinblick auf eventuelle Scharmützel an der Zonengrenze, daß auch der Grenzraum zu verteidigen sei. Eindringende Volksarmee- oder Sowjet-Verbände seien über die Grenze zurückzudrücken.

Eine holländische Brigade rückte damals auf Norstads Befehl zur Sicherung des Grenzraums nach Bergen-Hohne in die Lüneburger Heide vor.

Auf dem Reißbrett war nun endlich fertig, was der erste deutsche Verteidigungsminister, Theodor Blank, schon Ende der fünfziger Jahre hatte erreichen wollen: die „Vorwärtsverteidigung".

Bis heute fehlen freilich, wie „Fallex 62" erwiesen hat, noch die Kräfte, mit denen das Nato-Oberkommando dieses operative Konzept erst ins Werk setzen kann.

Obschon der Algerien-Krieg liquidiert ist, weigert sich Frankreichs General-Präsident de Gaulle, die in Algerien frei gewordenen französischen Divisionen dem atlantischen Oberkommando zu geben. Dreiviertel des französischen Heeres hält de Gaulle vielmehr unter nationalem Kommando fest. Dazu gehört auch das in elsässischen und lothringischen Garnisonen untergebrachte Armeekorps des Fallschirmgenerals Massu.

De Gaulle führt dieses Korps westlich des Rheins als seine persönliche operative Reserve, als „Interventionstruppe" an der Leine. Mit ihr möchte er bei einem Durchbruch der Sowjets in Richtung Atlantik nach eigenem Geschmack operieren können.

Das Nato-Kommando Europa Mitte benötigt das Korps Massus indessen dringend für eine frontnähere Aufgabe. Denn der Frontabschnitt, den die Franzosen in Süddeutschland einschließlich der bayrischen Hauptstadt München zu halten haben, ist nur schwach besetzt, so daß München nicht ernstlich verteidigt werden könnte, so wenig wie Hamburg oder Hannover.

Der Heeresoberbefehlshaber im mitteleuropäischen Nato-Abschnitt, General Speidel, tröstet sich über das notorisch Nato-widrige Verhalten der Franzosen: „Wenn es losgeht, wird Massu schon kommen."

Aber selbst dann, wenn Massu kommen sollte und wenn Speidel das französische Korps in Elsaß-Lothringen zu seiner mitteleuropäischen Streitmacht hinzuzählt und wenn bis nächsten Jahres alle eingeplanten zwölf deutschen Divisionen zur Verfügung stehen sollten, wird der Nato-General immer noch nicht über genügend Divisionen gebieten können. Speidel braucht nach eigenem Urteil und dem des Nato-Oberkommandos in Paris für seinen Abschnitt Mitteleuropa mindestens 35 Divisionen — sofern er nämlich die Bundesrepublik nahe der Zonengrenze und nicht erst zwischen Weser und Rhein verteidigen soll.

Die neue Führungsvorschrift der Bundeswehr, die TF (Truppenführung) 62, schreibt für die Verteidigung im Atomkampf je Division eine Abschnittsbreite von 25 Kilometern und für die Verteidigung ohne Atomwaffen Divisionsbreiten von zwölf Kilometern vor. General Speidel hingegen muß bei seinen heute vorhandenen Kräften der einzelnen Division im mitteleuropäischen Abwehrraum eine Abschnittsbreite von mehr als 30 Kilometern zumuten.

Unter diesen Bedingungen kann schon ein einziger Durchbruch des Angreifers die ganze Front in der Mitte Europas aus den Angeln heben. Der sowjetische Generalstab rechnet unter solchen Auspizien, wie seine Kriegsspiele beweisen, konsequenterweise damit, in sieben Tagen am Rhein zu sein.

Das neue Nato-Konzept „Vorwärtsverteidigung" soll diese Rechnung durchkreuzen: Zusätzlich zu den voll aufzufüllenden Plan-Divisionen überwachen

»Bedingt abwehrbereit«

DEUTSCHLAND

Deutsche Panzergrenadiere: Verteidigung an der Elbe ...

bewegliche „Deckungsbrigaden" die Grenzabschnitte in der besonders gefährdeten Norddeutschen Tiefebene. Ihr taktischer Auftrag schließt ein, kleinere Vorstöße auszubügeln und bei kompakten Angriffen den operativen Verbänden genügend Zeit für den Aufmarsch zu verschaffen.

Der Zeitgewinn ist schon deshalb vonnöten, weil die mobilen Nato-Divisionen in der Bundesrepublik wegen des Kasernenmangels und der geographischen Enge des westdeutschen Territoriums vielfach so stationiert (disloziert) sind, daß sich ihr Aufmarsch in riskanten Kreuz- und Querbewegungen zur Front vollziehen muß.

An natürlich stärkeren Grenzabschnitten wie dem Bayrischen Wald sollen außerdem Minenfelder sperren, damit aktive Verbände wie die US-Regimentskampfgruppen frei werden.

Im Verein mit solchen Vorhuten und Grenzwächtern sollen die Nato - Divisionen auch einem größeren Angriff, den die der Sowjets rein konventionell führen, ohne Atomfeuer standhalten und den Gegner zu einer „Pause" nötigen können. Die „Pause", in der die Diplomaten handeln, erzwingt äußerstenfalls ein einmaliger, je nach Angriffswucht dosierter Atomschlag.

Erst wenn dieser „selective strike" (ausgewählter Schlag) nicht den gewünschten Effekt hat, schlägt die „Stunde der Vergeltung".

Die neuen Nato-Forderungen für diese atomar rückversicherte „Vorwärtsverteidigung" stehen im vierten Entwurf zur Plandirektive MC 96 zu lesen. Ihre Laufzeit erstreckt sich auf die Jahre 1964 bis 1970; über den Leistungsanteil während der ersten drei Jahre dieser Frist will der Atlantikrat im Dezember verbindlich befinden.

Die neue Direktive, die von allen Nato-Regierungen für den konventionellen Kräftezuwachs mehr Geld und Soldaten fordert, stellt an Organisationsstruktur und Stärke des deutschen Bundesheeres folgende Ansprüche:

▷ Zusätzlich zu den zwölf geplanten Divisionen vier mechanisierte

... ohne Kernwaffen?: US-Atomgranatwerfer „Davy Crockett"

Deckungsbrigaden mit verstärkten Aufklärungs- und Pionier-Bataillonen;

▷ Ausbau der Luftlandedivision (bisher nur zwei schwache Brigaden), so daß sie als Panzergrenadierdivision verwendbar ist;

> eine Ist-Stärke aller mobilen Verbände von über 100 Prozent, damit sie in wenigen Stunden auch ohne Kommandierte, Urlauber und Kranke kampfbereit sind.

Erst nachdem Verteidigungsminister Strauß dieses Programm, wenn auch unter Vorbehalt, in Bausch und Bogen gebilligt hatte, ließ er die Detailposten durchrechnen. Die Führungsstäbe der Bundeswehr und des Heeres gingen mit Rechenschiebern und Stärkenachweistabellen an die Arbeit.

Resultat: Die Präsenzstärke der Bundeswehr — heute 375 000 Mann — würde von den ursprünglich geplanten, längst noch nicht erreichten 500 000 Mann auf 750 000 Mann klettern müssen, wenn alle Nato-Forderungen und alle nationalen Wünsche der Teilstreitkräfte einschließlich einer Personalreserve für die von Strauß ersehnten Mittelstreckenraketen erfüllt würden. Dies wären mehr Soldaten als vor der Mobilmachung im Jahre 1939.

Mit dieser Mammutzahl operierte der Verteidigungsminister später, als er die Amerikaner wegen ihrer Planungen öffentlich angriff, obwohl Anforderungen in dieser Höhe weder von Washington noch von der Nato an die Bundeswehr ergangen waren.

Auch die Nato weiß, daß die Bundesrepublik in absehbarer Zeit eine derartige Streitmacht nicht aufstellen kann. Es fehlt an Soldaten. Es fehlt an Geld.

Die von Anfang an kritische Personallage macht den Bundeswehr-Organisatoren ohnehin am meisten Kopfzerbrechen. Der Nachwuchs für Offiziers- und Unteroffizierskorps reicht nicht aus. Die Planstellen in manchen Kompanien sind nur zur Hälfte besetzt, zumal Offiziere und Unteroffiziere zu Ausbildungszwecken einen Lehrgang nach dem anderen zu absolvieren haben.

Eine überschlägige Rechnung der Finanzexperten des Verteidigungs- und des Finanzministeriums ergab zudem, daß wären 750 000 Mann-Bundeswehr zusammen mit Straußens speziellen Raketenplanungen jährlich rund 30 Milliarden Mark verschlingen würde, von denen der bis vier Milliarden allein für den deutschen Anteil an einer europäischen Atommacht draufgingen.

Bundesfinanzminister Starke aber hat dem Verteidigungsminister für die komplette Bundeswehr in der Zukunft ein Maximum von 20 Milliarden Mark (1962: 15 Milliarden, 1963: 18 Milliarden) pro Jahr zugestanden.

Die Führungsstäbe der Wehrmachtteile legten daraufhin zwei realistischere Rechenergebnisse vor:

▷ Eine Bundeswehr von 580 000 Mann; Finanzbedarf einschließlich Kosten für die Raketen: 23 Milliarden Mark, ohne Raketen: 20 Milliarden Mark;

Anhang

DEUTSCHLAND

▷ eine Bundeswehr von 500 000 Mann; Finanzbedarf einschließlich der Raketenkosten: 20 Milliarden Mark.

Für die erste Lösung setzte sich vor allem der Führungsstab des Heeres ein: Mit 580 000 Mann könnte die Bundesrepublik, selbst eingerechnet eine Personalreserve von 20 000 Mann für eventuelle Raketentruppen, auch finanziell den Nato-Forderungen gerecht werden, wenn man überflüssiges Beiwerk, wie teure Starfighter und Zerstörer, verringere.

Strauß verwarf diesen Vorschlag: „Eine Atombombe ist so viel wert wie eine Brigade und außerdem sehr billiger. Wir können uns keine Einschränkung unseres Lebensstandards und unseres Exports erlauben. Wir wollen auch nicht auf unseren Raketenanspruch verzichten."

In seiner „Stellungnahme" zur Athener Nato-Konferenz im Mai dieses Jahres hatte Strauß geschrieben: „Ich habe nicht umsonst in Athen davor gewarnt, die deutschen Möglichkeiten auf diesem (konventionellen) Gebiet zu überschätzen. Wir haben unseren konventionellen Beitrag geleistet... Wenn eine Verstärkung der konventionellen Waffen verlangt wird, dann kann sie nicht mehr von uns geleistet werden."

Der Bonner Verteidigungsminister will seine Etatmittel lieber in atomarer Feuerkraft als in herkömmlichen Brigaden anlegen, obwohl im Rahmen der 500 000 Mann die dringendsten Wünsche der Nato-Führung nach mehr M(obilisation)-Tag-Verbänden nicht erfüllt werden können.

Als M-Tag-Verbände gelten Einheiten, die ohne personelle oder materielle Ergänzung in Minuten (Luftwaffe, Raketentruppen, Radar-Einheiten) oder Stunden (Land- und Seestreitkräfte) „combatready", kampfbereit, sind. Der Verlauf von „Fallex 62" hat bewiesen, daß die Zahl dieser M-Tag-Verbände groß sein muß, weil Reserveverbände nicht mehr rechtzeitig gebildet werden können.

Der deutsche Verteidigungsminister dachte daran, der Nato mit einem Taschenspielerkunststück entgegenzukommen. Er wollte den Mangel an Soldaten mit einem atomaren Kleinstkampfmittel ausgleichen, dem Atom-Granatwerfer Davy Crockett.

Strauß ließ sich dabei auch nicht durch Berichte seiner Offiziere aus Washington stören. Im amerikanischen Heeres-Generalstab hatte man auf die Frage, ob Davy Crockett die herkömmliche Artillerie ersetzen könne, lakonisch geantwortet: „Auf keinen Fall!"

Trotzdem beauftragte Strauß seinen Führungsstab, sich Gedanken über eine neue Truppengliederung zu machen. Wenn jedes Grenadier-Bataillon einen Atom-Granatwerfer erhielte, könnte die Divisions-Artillerie wegfallen und könnten auch die Bataillone zahlenmäßig verkleinert werden. Auf diese Weise wäre es möglich, den Forderungen des atlantischen Oberkommandos nach einer höheren Bereitschaftsstärke gerecht zu werden.

Strauß selber umschrieb die Vorzüge einer Ausrüstung mit Davy Crockett: „Es gibt eine amerikanische Gefechtsfeld-Atomwaffe von ganz kurzer Reichweite und von begrenzter Wirkung. Ein einziger Schuß einer solchen Waffe ist gleichbedeutend mit etwa 40 oder 50 Salven einer gesamten Divisions-Artillerie."

Prompt wies Washington die Bonner Umrüstungsideen zurück. Damit würden die deutschen Divisionen vollends die Fähigkeit verlieren, konventionell zu kämpfen.

Die Reorganisationspläne des Ministers stießen auch in der Bundeswehr auf Widerstand. Nur im Stab des Generalinspekteurs Foertsch und in seinem persönlichen Stab fand Strauß Parteigänger.

Militärjournalist Adelbert Weinstein, stets amtlich mit Sorgfalt eingewiesen, verriet in der FAZ: „In der Bundeswehr selbst fände ein Nachfolger (des Ministers Strauß) keineswegs nur moderne Offiziere vor. Neben

„Fallex"-Beobachter McNamara
Deutsche an die Front

General Heusinger und dem Generalinspekteur Foertsch vertreten nur wenige... die Militärpolitik von Strauß rückhaltlos."

Die Bonner Frontlinie, die Strauß-Adept Weinstein umriß, verläuft, grob markiert, zwischen den Führungsstäben der Bundeswehr einerseits und denen des Heeres andererseits. Der Streit trägt die Züge des historischen Dialogs zwischen dem Oberkommando der Wehrmacht (OKW) und dem Oberkommando des Heeres (OKH) zu Hitlers Zeiten.

Damals nahm das OKW, von Hitler gefangen und begünstigt, dem OKH mehr und mehr Macht weg. Heute rezipiert der Bundeswehr-Stab, im Sog der ähnlich roulettartig rotierenden Intelligenz des Verteidigungsministers, vorbehaltlos dessen Militärpolitik und verficht sie mit Straußscher Verve.

Des Ministers robuster Presseoberst Schmückle zog im Stuttgarter Wochenblatt „Christ und Welt" gegen die amerikanischen Theoretiker der neuen Nato-Strategie zu Felde: „Mit ihrer heimlichen Gier nach Krieg werden diese Autoren die Beute der seltsamsten Einbildungen... Sie verharmlosen das neue Kriegsbild in Europa und legen ihm die gefälschte Patina vom konventionellen Waffengang auf."

Den Kameraden im Bundesheer kreidete Schmückle an: „Unterstützt werden die (amerikanischen) Philosophen von Militärs, die die Aufgabe der Gewalt nicht begreifen können und deren verhärtetes Gedächtnis immer noch damit beschäftigt ist, Panzer- und Kesselschlachten im Stil des Zweiten Weltkrieges zu schlagen... Ach, diese heftigen Träume der Männer auf alten Lorbeeren!"

Nächtelang diskutierte man in den Kasinos der Kriegsschulen und der Feldbataillone. Oberstleutnant Graf Bernstorff, Taktiklehrer an der Heeres-Offiziersschule in Hamburg, bat den Heeres-Inspekteur Zerbel, gegen Schmückle Front zu machen. Aber Straußens Presseoberst ist unantastbar. Und Graf Bernstorff quittierte den Dienst.

Oberst Karst, Fachmann für „Erziehung" der Bonner Ermekeilkaserne, schickte der Zeitung „Christ und Welt" eine Replik auf Schmückles Pamphlet; Hauptpunkt der Kritik: Schmückles Ton sei ungehörig. Die Redaktion des Blattes lehnte die Aufnahme ab.

Karst überreichte seinen Artikel den Inspekteuren von Heer, Luftwaffe, Marine und auch dem Generalinspekteur Foertsch, der sich während seiner Dienstzeit bei der Nato gegen die Bevorzugung von Atomwaffen gewandt hatte.

Allein, Bundeswehr-Generalinspekteur Foertsch hatte seine Überzeugungen gewechselt. Im Nato-Oberkommando hatte Foertsch bei präziser Generalstabsarbeit erkannt, daß die konventionell fundamentierte „Vorwärtsverteidigung" mehr Sicherheit gewährt als der unglaubwürdige Atomschreck, nicht zuletzt für die Bundesrepublik.

Seit dem 1. April vergangenen Jahres Generalinspekteur der Bundeswehr, konnte Friedrich Foertsch der vehementen Zungenfertigkeit seines Oberbefehlshabers schon bald nicht mehr widerstreben.

Unverdrossen suchte Franz-Josef Strauß Anfang Juni dieses Jahres in Washington den amerikanischen Verteidigungsminister McNamara zu bewegen, sich mit 500 000 deutschen Soldaten zufriedenzugeben. Aber der Amerikaner hatte längst herausgefunden, daß die Deutschen damit nicht die von der Nato verlangten Divisionen und Brigaden in voller Kriegsstärke würden aufstellen können. Der Amerikaner war verärgert.

Strauß bot als Ausgleich „some other elements" an, nämlich Grenzsicherungsverbände, die aus einem aktiven Stamm bestehen und im Ernstfall durch Reservisten aufgefüllt werden. McNamara hielt dagegen, solche Verbände seien nur ein Behelf.

Sechs Wochen später berief US-Präsident Kennedy seinen militärischen Berater, General Taylor, zum ameri-

»Bedingt abwehrbereit«

DEUTSCHLAND

kanischen Wehrmacht-Generalstabschef und gab die Ablösung General Norstads bekannt. General Taylor hatte 1959 als Stabschef der US-Armee seinen Hut genommen — ein in der Bundeswehr wie in der Hitler-Wehrmacht nicht vorstellbares Ereignis —, weil er seine „Strategie der flexiblen Reaktion" gegen die offizielle Doktrin der „massiven (Atom-)Vergeltung" in der republikanischen Eisenhower-Ära nicht durchsetzen konnte. Und zu eben jener Zeit hatte der amerikanische Nato-Oberbefehlshaber Norstad Verständnis für den Drang der Europäer zur autonomen Nato-Atommacht gezeigt. Der neue demokratische US-Präsident Kennedy wies Norstad zurecht: „Bedenken Sie, daß Sie Amerikaner sind."

Als Kennedy mit der Berufung Taylors zum Generalstabschef zugleich die Ablösung Norstads vom Nato-Oberbefehl verfügte, schlug Bonns Verteidigungsminister Strauß Alarm. Der Personenwechsel war ihm willkommener Anlaß, gegen die neuen Nato-Forderungen, die schon neun Monate vorher erhoben worden waren, vor aller Welt zu demonstrieren und sich sein Veto von der deutschen Öffentlichkeit bestätigen zu lassen.

Ungeachtet der Warnungen des Bundesaußenministers Schröder, des Außenamt-Staatssekretärs Carstens und sogar des mit Carstens befreundeten Bundeswehr-Stabschefs Schnez, der bis dahin ein treuer Parteigänger des Ministers gewesen war, die Beziehungen zu Washington nicht zu strapazieren, veranstaltete der Minister eine Kampagne gegen die Militärpolitik der Kennedy-Administration.

In einem Interview mit Weinstein erklärte Strauß: Die Divisionen des Westens könnten nur durch tak-

Friedens-OB* Strauß, Untergebener: Fahrkarte zugestanden

tische Atomwaffen (vom Typ Davy Crockett) „aufgewertet" werden. Mit den modernen Waffen beginne die Abschreckung in der vordersten Linie. Dagegen Amerikas Verteidigungsminister McNamara: „Wir müssen Situationen begegnen können, in denen ein atomarer Gegenschlag entweder ungeeignet oder ganz einfach unglaubwürdig ist."

Strauß widersprach weiter der amerikanischen Auffassung, daß auch die kleinste Atomwaffe in der westlichen Abwehrfront am Eisernen Vorhang schon den großen Weltkrieg auslösen könne. Er ließ durchblicken, daß er es bedaure, nicht wie de Gaulle handeln zu können, der „in der Praxis die amerikanischen Vorstellungen einfach ignoriere".

McNamara hatte gesagt, in bestimmten Lagen könnten allein konventionelle Divisionen den Krieg verhüten. Strauß fand dieses Urteil „anfechtbar" — zumal in Westeuropa dazu nicht 30, sondern 60 bis 100 Divisionen gehörten, die man sich nicht leisten könne.

Laut McNamara bekämpfen die großen Atomwaffen im großen Krieg vorzugsweise militärische Ziele. Nach Strauß widerspricht das „dem Wesen der Atombombe, die eine politische Waffe ist, mit der man die Angst vor der Bombardierung der Bevölkerung steigern kann".

Straußens Demagogie empörte die Amerikaner; die deutschen Heeresgenerale erschreckte sie. Die Behauptung des Bonner Verteidigungsministers, in Westeuropa seien 60 bis 100 Divisionen für die Abschreckung vonnöten, fand bei den Militärs kein Verständnis.

Sowohl die Generale Heusinger und Speidel als auch Foertschs Amtsnachfolger im Nato-Stab, Generalmajor Mueller-Hillebrandt, halten übereinstimmend 40 Divisionen für hinreichend, wenn diese Verbände ständig kampfbereit sind. Das Geld dafür ist da, sofern Europa einschließlich der Bundesrepublik auf kostspielige Raketenprotzerei verzichtet.

Um einen solchen Verzicht plausibel zu machen und die Angst der Europäer vor den russischen Raketen auszu-

räumen, hatte McNamara erklärt: „Die Vereinigten Staaten machen sich ebenso viele Sorgen wegen des Teils der sowjetischen Atomschlagkraft, der Westeuropa erreichen kann, wie wegen des Teils, der auch die Vereinigten Staaten erreichen kann. Wir haben die atomare Verteidigung der Nato auf eine globale Basis abgestellt." Der amerikanische Minister setzt sich für eine Arbeitsteilung im westlichen Bündnis ein, durch die Geld gespart werden soll.

Trotzdem besteht Strauß auf seinen Raketen und entschied entgegen den Forderungen der Nato: 500 000 Mann sind genug.

Am 17. Juli meldete sich Franz-Josef Strauß, von Generalinspekteur Friedrich Foertsch begleitet, bei Kanzler Konrad Adenauer im Palais Schaumburg. Strauß holte Adenauers Zustimmung zu diesen neuen Planzahlen ein.

Die Zahlenspiele des Verteidigungsministers, vor allem aber dessen Anerbieten, den Bundeshaushalt zu schonen, verfingen beim Kanzler. General Foertsch sekundierte dem Minister mit strategischem Fachkunstwerk. Adenauer revanchierte sich mit dem Rat, die fehlenden Brigaden ganz einfach durch „Fähnchen auf der Landkarte" zu ersetzen; ob diese Brigaden erst 1966 oder 1967 bereitstünden, sei doch nicht so wichtig. Aber man müsse der Nato gegenüber wenigstens den Schein wahren.

Oberbefehlshaber Strauß und sein Generalinspekteur marschierten zufrieden ab. Das Ergebnis von „Fallex 62" lag noch nicht vor. Es besagt: Mit Raketen an Stelle von Brigaden und mit Atom-Granatwerfern an Stelle von Soldaten ist eine Vorwärtsverteidigung der Bundeswehr nicht möglich, eine wirksame Abschreckung bleibt fraglich.

Kriegs-OB* Adenauer, Berater
Fähnchen auf die Landkarte . . .

US-Stabschef Taylor, Kamerad
. . . statt geforderter Brigaden

* Nach dem Bonner Grundgesetz ist der Bundesverteidigungsminister nur im Frieden Oberbefehlshaber. Im Krieg geht der Oberbefehl auf den Kanzler über.

377

50 Jahre SPIEGEL-Affäre

Ein Abgrund von Lüge
Geheimakten belegen, wie die Bundesregierung vor 50 Jahren versuchte, den SPIEGEL mundtot zu machen. Die dramatischen Ereignisse im Herbst 1962 gerieten zum Testfall für die Pressefreiheit.

Die Woche beginnt freundlich in Hamburg. Nebelschwaden, die vom Wasser her hochziehen, lösen sich bald auf. Von Osten weht ein leichter Wind, sieben Stunden lang wird die Sonne scheinen, das Thermometer klettert auf 17 Grad. Es ist Montag, der 8. Oktober 1962, 11 Uhr, im Pressehaus am Speersort 1, sechster Stock, Konferenzraum der SPIEGEL-Redaktion.

Rudolf Augstein, 38, ist wieder fit, das passt zum guten Wetter. Er leitet, wie immer, diese Konferenz. In der Woche zuvor hatte der Herausgeber mit Schwindelanfällen zu kämpfen, schon als Jugendlicher litt er daran. Er war bei seinem Hausarzt und kurzzeitig im Krankenhaus – und deswegen kaum im Büro.

Aber der Laden läuft auch ohne ihn. Augstein hat zwei tüchtige Chefredakteure und einen ebenso tüchtigen Verlagsdirektor an seiner Seite. Das Blatt ist seit gut 15 Jahren auf dem Markt, die Auflage wächst beständig. Sie nähert sich der Marke von 500 000 Exemplaren.

Der SPIEGEL ist keck, forsch, oftmals schnoddrig im Ton, er enthüllt große und weniger große Skandale, er legt sich, ganz im Gegensatz zur meist staatsgetreuen Tagespresse, gern mit Politikern an.

Auf dem Tisch liegt die Ausgabe 41/1962, 118 Seiten stark. Das Titelbild zeigt einen älteren Herrn in Uniform, der den Kopf leicht nach rechts dreht und lächelt, als hätte er soeben ein nettes Kompliment bekommen. Das Haar ist streng gescheitelt, über der sauber gebundenen Krawatte trägt der Mann das Eiserne Kreuz: Friedrich Foertsch, 62, ist Generalinspekteur der Bundeswehr, Deutschlands ranghöchster Soldat.

Die Titelgeschichte beginnt auf Seite 32. »Bedingt abwehrbereit« heißt sie. In nüchtern-sachlichen, für SPIEGEL-Verhältnisse ungewohnt zurückhaltenden Worten beschreibt sie den Zustand der jungen Bundeswehr. Der Armee von Offizier Foertsch und der von Franz Josef Strauß, dem Verteidigungsminister im vierten Kabinett Adenauer. Strauß ist Vorsitzender der bayerischen CSU, jung, alert, schneidend intelligent – und überzeugt davon, dass nur er Konrad Adenauers geborener Nachfolger sein könne. Genau das sucht Augstein zu verhindern. Seit 1961, wird er später erklären, habe er einen »Kampf« gegen Strauß geführt. Dessen Problem ist die Bundeswehr.

Im Kriegsfall, dies hatte das Nato-Manöver »Fallex 62« wenige Wochen zuvor drastisch gezeigt, fehlte es an allem: Waffen, Gerät

Verhafteter Rudolf Augstein

und Soldaten. Und der Kriegsfall liegt bedrohlich nahe. Berlin ist geteilt, vor kurzem noch standen sich am Checkpoint Charlie russische und amerikanische Panzer gegenüber. »Fallex 62« hat auch deutlich gemacht, dass das westdeutsche Sanitätswesen unmittelbar nach Beginn eines Krieges zusammengebrochen wäre, ebenso die Lebensmittelversorgung.

Deshalb stellten die Nato-Oberen der deutschen Truppe und deren Befehlshabern ein miserables Zeugnis aus: »zur Abwehr bedingt geeignet«. Das war die schlechteste Note überhaupt. Die beste hieß: »zum Angriff voll geeignet«.

Und da das »Fallex«-Planspiel von einem Atomkrieg in Mitteleuropa ausging, berichteten die Autoren der Titelstory von ganz frischen und ganz brisanten Überlegungen im Verteidigungsministerium, wie ein solcher Krieg aussehen würde. Auch die Zahl der Opfer war kalkuliert worden, und der SPIEGEL druckte sie: Bis zu 15 Millionen westdeutsche Bürger würden im nuklearen Feuer oder danach sterben. Eine schreckliche Übungsbilanz.

Augstein nimmt in der Konferenz das Heft, hält es hoch und schaut in die Runde. Spöttisch fragt er: »Hat wohl keiner gelesen?«

Wer das Militärwesen und die Militärpolitik regelmäßig verfolgt, der erfährt in der Tat kaum Neues, und deshalb ist Conrad (»Conny«) Ahlers, wie sein Boss Augstein einst Offizier im Zweiten Weltkrieg und nun einer der beiden Verfasser des über 8000 Wörter zählenden Stücks, kaum stolz darauf. »Eine mühsame Lektüre«, gibt er gegenüber den Kollegen zu, »nur für besonders interessierte Leser verdaulich.«

Mühselig, schwer verdaulich, kaum News – die wenig schmeichelhaften Etikettierungen stehen im Kontrast zu dem Echo, das der Artikel auslösen wird.

Denn 18 Tage später schlägt die Staatsmacht gegen den SPIEGEL los, in Hamburg, in Bonn, in Düsseldorf. Dutzende Polizisten, Beamte des Bundeskriminalamts und Soldaten des Militärischen Abschirmdienstes durchsuchen Redaktionsräume und Privatwohnungen von SPIEGEL-Leuten, nehmen nach und nach sieben Redakteure (darunter Augstein) und Verlagsmitarbeiter fest, versiegeln das Archiv, schüchtern Sekretärinnen ein – »das ganze Besteck«, wie sich später ein Fahnder erinnerte. Es sind Maßnahmen, wie sie in der noch jungen Republik nie zuvor gegen ein Presseorgan gewagt wurden.

Denn mit jener Titelstory soll der SPIEGEL Landesverrat begangen haben. Im »Dritten Reich«, an das sich alle Beteiligten noch gut erinnern, verlor man dafür leicht sein Leben, und auch nun, in Zeiten des Kalten Krieges, riskiert man 15 Jahre Zuchthaus.

Die Fahnder suchen verräterische Unterlagen, wollen das Informantennetz des SPIEGEL ausheben, besetzen wochenlang Teile von Verlag und Redaktion, was ein weiteres Erscheinen des Blattes unter normalen Umständen ausgeschlossen hätte; zum Glück helfen andere Verlagshäuser aus.

Sie hatten es, sagte Augstein im Oktober 2002, kurz vor seinem Tod, »auf die Vernichtung des SPIEGEL abgesehen«. Sie, das ist die Bundesanwaltschaft in Karlsruhe, die das Verfahren betreibt, das ist Verteidigungsminister Strauß, der sich der Freiheitsberaubung schuldig macht, weil er Titelautor Ahlers widerrechtlich in Spanien festnehmen lässt, und das ist Kanzler Adenauer, der das Verfahren gutheißt und öffentlich zum Anzeigenboykott gegen das Magazin aufruft.

Adenauers restaurative Politik war länger schon in Agonie gefallen; den Wertewandel, den er überall bemerkte, begriff er nur als Werteverfall. Noch war seine Bundesrepublik ein verknöchertes Land, in dem Beamte die Bürger wie Untertanen behandelten, Frauen das Einverständnis ihres Ehemanns benötigten, wenn sie arbeiten wollten, Studenten sich siezten.

Aber der Beginn einer neuen Ära ließ sich nicht übersehen, die Zeit der Autoritäten wilhelminischer und hitlerscher Prägung ging bereits zu Ende. Und so provozierte die Überreaktion des Staates eine landesweite Protestwelle, die sich zur größtmöglichen Sympathiekundgebung für den SPIEGEL ausbreitete.

Allein in Hamburg zogen Tausende zu dem Untersuchungsgefängnis, in dem Augstein einsaß, und skandierten, »SPIEGEL tot – die Freiheit tot«. Es sei »schwierig, das öffentliche Interesse an der Affäre zu überschätzen«, notierte am 2. November der US-Generalkonsul in der Hansestadt, sie werde »überall diskutiert, in Restaurants, in Straßenbahnen usw.«.

Dass das Magazin den Generalangriff auf die Freiheit der Presse überlebte, lag weniger am SPIEGEL selbst als vielmehr am öffentlichen Aufbegehren der Deutschen, die inzwischen gelernt hatten, ihre Demokratie zu lieben.

Monatelang kam es zu Protesten, Demonstrationen, studentischen Sitzstreiks. Die großen liberalen Blätter der Zeit wie »Stern«, »Zeit«, »Süddeutsche Zeitung« oder »Frankfurter Rundschau« stellten sich hinter den SPIEGEL und gegen Adenauer.

Die SPIEGEL-Affäre gewann ihre Brisanz auch durch diese »neuartige Mobilisierung der Öffentlichkeit, die spontane Solidarisierung mit dem SPIEGEL, die schroffe Polarisierung zwischen Linksliberalen und Rechtskonservativen«, wie Hans-Ulrich Wehler schreibt. Eine innere Opposition formierte sich, die einem Machtwechsel zustrebte, der dann 1969 mit der Wahl Willy Brandts zum Kanzler tatsächlich erfolgte.

Und ein neues Staatsverständnis breitete sich aus. Die zweite deutsche Demokratie erlebte im Spätherbst 1962 einen »kräftigen Liberalisierungsschub« (Historiker Heinrich August Winkler); wer fortan Politik von oben nach unten konzipiert, muss mit breitem öffentlichem Widerstand rechnen; die Staatsräson verlor den ihr bis dahin zugesprochenen Vorrang vor Freiheit und Rechtsstaatlichkeit.

Am Ende kamen die SPIEGEL-Mitarbeiter wieder frei, am längsten blieb Augstein in Haft: 103 Tage. Strauß hingegen musste gehen, er hatte das Parlament über seine Rolle ebenso belogen wie Adenauer, der von seinem Koalitionspartner FDP gezwungen wurde, verbindlich seinen Rücktrittstermin zu benennen.

Der SPIEGEL jedoch wurde einflussreicher und auflagenstärker denn je. Eine Ironie der Geschichte, auf die schon der Zeithistoriker Norbert Frei verwiesen hat: Ausgerechnet die regierenden Gegner des SPIEGEL hatten diesem das »größte Geschenk« seiner Geschichte zuteilwerden lassen. Der SPIEGEL wurde zum Symbol der Pressefreiheit.

Ein halbes Jahrhundert nach diesen aufregenden, von der SPIEGEL-Affäre ausgelösten Zeiten hat sich ein Redakteurs-Team darangemacht, die Ereignisse zwischen 1961 und 1967 zu rekonstruieren. Tausende Blatt bis dato unbekannter Akten wurden ausgewertet – im Bundesarchiv, im Hamburger Staatsarchiv, im Landesarchiv Nordrhein-Westfalen und bei der Bundesanwaltschaft, die das Verfahren mit Verve betrieb; hinzu kamen Akten des Bundeskanzleramtes, des Justizministeriums und des Verteidigungsministeriums, allesamt freigegeben auf Antrag der SPIEGEL-Redaktion. Gesichtet wurden auch Vermerke des Bundesnachrichtendienstes, des Parlamentarischen Vertrauensmännergremiums und der US-Botschaft in Bonn.

In aller Regel unterlagen diese Papiere den höchsten Sekreturen: »geheim« oder »streng geheim«. Und dies durchaus zu Recht, denn ihre Inhalte sind in vielfacher Hinsicht brisant.

So lässt sich zum Beispiel nun deutlicher als zuvor nachweisen, dass Strauß und etliche seiner höchsten Militärs tatsächlich riskanten Plänen nachhingen. Sie wollten schon dann taktische Atomsprengköpfe zünden, wenn sie glaubten, ein sowjetischer Angriff stehe unmittelbar bevor – und diesen nicht erst abwarten. Was in der historischen Bewertung bislang als Gedankenspiel galt, als reine Analyse, war offenbar mehr: ein konkretes Szenario, das im Verteidigungsministerium favorisiert wurde.

In der atlantischen Allianz lösten die nuklearen Ambitionen von Strauß beispiellose Befürchtungen aus. So schrieb Henry Kissinger nach einem Treffen mit Strauß am 10. Mai 1961 in einem bislang unbekannten Vermerk an die US-Regierung, diese müsse dringend dafür sorgen, die amerikanischen Atomwaffen und deren Lager in der Bundesrepublik so zu sichern, dass es »physisch unmöglich« werde, die Nuklearwaffen »zu nehmen oder einzusetzen ohne unsere Zustimmung«. Strauß sei in einer Krisensituation zuzutrauen, »die Waffen einfach zu nehmen«, also US-Atombomben zu stehlen, wenn er das im Interesse der Bundesrepublik für notwendig erachte.

Erstmals lässt sich auch belegen, was immer vermutet wurde: dass der Verteidigungsminister das Verfahren gegen den SPIEGEL zwar nicht initiierte, wohl aber nur darauf wartete, gegen das Magazin loszuschlagen. Sein Staatssekretär Volkmar Hopf wird später bei einem vertraulichen Mittagessen mit dem US-Gesandten Brewster Morris einräumen, dass sein Ministerium und auch die Bundesanwaltschaft den SPIEGEL »schon lange« im Visier gehabt hätten – wegen des immer wieder aufkeimenden Verdachts, die Hamburger würden brisante Informationen zur »militärischen Sicherheit« enthüllen.

Auch die Bundesanwaltschaft hatte den SPIEGEL seit Wochen auf dem Kieker – und schreckte dabei sogar vor illegalen Praktiken nicht zurück. Denn laut BND-Chef Reinhard Gehlen bat sie den Geheimdienst um »Einwirkungen auf nachrichtendienstlichen Wegen« in der SPIEGEL-Redaktion; zwar durfte er nicht in Redaktionen schnüffeln, aber er tat es trotzdem. Die BND-Leute wollten die »zweifellos vorhandenen Ostverbindungen des SPIEGEL klären«, doch sie fanden nichts, was die Bundesanwälte gegen das Magazin ins Feld führen konnten.

Wäre es nach der Bundesanwaltschaft gegangen, hätte es am Ende etliche Anklagen mehr gegeben: gegen SPIEGEL-Journalisten, gegen Offiziere, die Strauß kritisch gegenüberstanden, gegen Bundestagsabgeordnete der SPD, auch gegen Helmut Schmidt, damals Innensenator in Hamburg.

Überall nämlich witterten die Ermittler Verrat, auch bei kritischen Militärs wie Johann Adolf Graf von Kielmansegg, nachmalig Oberbefehlshaber der Nato-Landstreitkräfte in Mitteleuropa, oder Wolf Graf Baudissin, der mit Kielmansegg das Bild vom »Staatsbürger in Uniform« entworfen hatte. Oder bei Ulrich de Maizière, später Generalinspekteur der Bundeswehr. Bundesanwalt Albin Kuhn, 52, hatte eine »weitverzweigte, gegen die Verteidigungspolitik gerichtete Verschwörung« ausgemacht, die »auf Bekämpfung« dieser Politik mit kriminellen Mitteln ausgerichtet sei: durch Verrat.

In Wahrheit war der SPIEGEL weder das Sprachrohr von Verschwörern, noch gefährdete er die junge Demokratie – vielmehr ging die Gefahr von den angeblichen Beschützern der Republik aus.

Den »Abgrund von Landesverrat«, wie Adenauer die SPIEGEL-Story genannt hatte, gab es nicht. Jedoch hat sich auch die Perspektive mit den Jahren und mit den Inhalten der jetzt einsehbaren Dokumente verändert. Dies zeigt sich bei Betrachtung der Antagonisten Strauß, 47, und Augstein, 38.

Ausgerechnet Strauß, das »Kraftwerk ohne Sicherung« (Helmut Schmidt), hatte in entscheidenden politischen Fragen richtiggelegen. Strauß förderte die Bindung der Bundesrepublik an den Westen, er war für die Nato, für die europäische Integration – und selbstverständlich für die Bundeswehr.

Augstein hingegen bekämpfte erbittert die adenauersche West-Integration, weil er fürchtete, sie könnte irgendwann ein Hindernis sein für die Wiedervereinigung beider deutscher Staaten. Eine Zeitlang sympathisierte er sogar mit jenem rechten Flügel der FDP, deren Repräsentanten die Nähe ewiggestriger Wähler suchten. In der SPIEGEL-Affäre trat dann freilich Strauß die Werte des Westens mit Füßen, der einstige Nationalliberale Augstein wurde hingegen zur Symbolfigur für die Pressefreiheit.

Ein besorgter Oberst plaudert

Bensberg, das Tor zum Bergischen Land, ist eine beschauliche Kleinstadt mit gut 31 000 Einwohnern, nach Bonn sind es rund 40 Kilometer. Nicht weit vom prächtigen Schloss entfernt befindet sich, im Ortsteil Moitzfeld, ein weniger hübsches Gebäude. In dem früheren Kinderheim ist eine Dependance des Verteidigungsministeriums untergebracht – der »Stab für Nato-Übungen«.

Ende 1961, kurz vor Weihnachten, trifft sich hier eine Reihe hochrangiger Offiziere. Ihr Auftrag: ein »verbindliches Kriegsbild« zu entwerfen. Wie also ein künftiger Krieg, der dritte Weltkrieg, verlaufen könnte – und welche Rolle der jungen Bundeswehr dabei zugedacht werden müsse. Vor allem aber soll untersucht werden, welche »Überlebenschancen« die »gesamte Nation (militärisch und zivil)« habe.

Die Zeit drängt, die neue US-Regierung unter John F. Kennedy will einen Paradigmenwechsel in der Verteidigungspolitik. Statt die Sowjetunion durch Androhung eines massiven Atomschlags abzuschrecken, will Washington durch eine Verstärkung der herkömmlichen Streitkräfte beeindrucken: mehr Soldaten, mehr Gewehre, mehr Panzer und Kanonen, mehr Schiffe, mehr Flugzeuge.

So denkt auch der Hamburger Innensenator Helmut Schmidt, in der SPD gilt er bereits damals als einer der fähigsten Köpfe. Eine »Aufrechterhaltung« des »allgemeinen nuklear-strategischen Vergeltungskonzepts ist töricht«, schreibt der Ostfrontsoldat von

1941/42 in einer vielbeachteten Studie: »Die These von der Unvermeidbarkeit nuklearer Verteidigung ist tödlicher Unfug.« Auch Augstein gefällt die Idee der Amerikaner. Eine konventionelle Verstärkung, sagt er, könne der »Anfang von einem atomaren Disengagement in Mitteleuropa sein«.

Franz Josef Strauß hingegen hängt an der alten Nuklearstrategie. Ein Atomsprengkopf, tönt er, ersetze eine ganze Brigade Soldaten und sei zudem billiger. Er muss vielleicht so reden, weil sein Ministerium es nicht schafft, aus Soll-Stellen Ist-Stellen zu machen. »You are nuclear obsessed«, er sei von Atomwaffen besessen, raunzt ihn Henry Kissinger an, der spätere US-Außenminister.

Diese Obsession teilt Strauß mit etlichen Spitzenkräften des Verteidigungsministeriums. Sein Sprecher Gerd Schmückle schreibt in der konservativen Zeitung »Christ und Welt«, es werde in Europa »keinen konventionellen Krieg mehr geben, da beide Seiten atomar bewaffnet sind. Auch dort, wo nur mit konventionellen Waffen geschossen wird, sind die Truppen gezwungen, die Taktik der atomaren Kriegführung anzuwenden«.

Etliche Offiziere im Strauß-Ministerium denken ganz anders, vor allem die des Heeres. Einer von ihnen ist Oberst Alfred Martin aus dem Führungsstab des Heeres. Fast drei Jahre lang saß er bei Shape, dem Hauptquartier der alliierten Streitkräfte in Europa; im Krieg verlor er einen Unterschenkel, immer wieder plagen Martin starke Entzündungsschmerzen.

Prinzipiell ist der Oberst kein Gegner von A-Waffen – jedoch ein strikter Gegner der Strategie des »vorbeugenden Atomschlags«. Im März 1960 hatte er dem SPIEGEL einen Brief geschrieben, aus Sorge, die militärpolitische Konzeption der Amerikaner und der Deutschen könne »in Dissonanz geraten«. Ein mutiger Schritt, heraus aus dem Geheimbereich Bundeswehr. Eine Antwort bekam Martin von der Redaktion nicht.

Der Stabsoffizier ist in Bensberg nicht dabei. Albert Schnez, der Stabschef der Bundeswehr, kippt den ursprünglichen Plan, alle möglichen Formen eines Krieges zu untersuchen. Stattdessen weist Schnez an, so berichtet später ein Teilnehmer den ermittelnden Bundesanwälten, dass sich die »Untersuchung nur auf den nuklearen Krieg« erstrecke.

Erarbeitet wird ein Szenario A: »Die Sowjets beginnen den Krieg mit einem atomaren Überfall« (O-Ton Schnez).

Und ein Szenario B: »Der Westen schlägt atomar zuerst zu 1. gegen einen bereits laufenden, jedoch mit herkömmlichen Waffen geführten sowjetischen Großangriff (entsprechend der damals gültigen Nato-Doktrin – Red.); 2. Pre-emptive, d. h. gegen einen einwandfrei erkannten feindlichen Großangriff, ganz kurz bevor dieser losbricht.«

Alles »rein analytisch«, sagt Schnez: »Keine strategische Planung.« Die Analyse ergibt, dass die Bundesrepublik bei der angenommenen Lage A so gut wie ausradiert wird. Im Fall B errechnen die Experten eine »geringere Schadensquote«.

Erstmals taucht damit der Begriff »preemptive strike« in einer Strategiediskussion unter Bundeswehr-Oberen auf, und Augstein ist sich später sicher, dass dieser Begriff das »Schlüsselwort der SPIEGEL-Affäre« gewesen sei.

Was in Bensberg besprochen wurde, beherrscht schon bald den Flurfunk des Verteidigungsministeriums. Das Offizierskorps scheint geteilt: hier die Strauß-Leute, dort eine Fronde gegen die Atompläne des Ministers. Einige Militärs wissen, dass ein »preemptive strike« sich fundamental unterscheidet vom sofortigen Atomwaffeneinsatz, den die Nato-Strategie im Konfliktfall vorsieht.

Auch Oberst Martin sieht darin einen »eklatanten« Verstoß gegen den Geist der Nato-Verträge, die Bundeswehrstrategie würde »auf Misstrauen und Ablehnung« bei den Verbündeten stoßen und »Zweifel an unserer Glaubwürdigkeit hervorrufen«.

Der Offizier malt ein finsteres Bild: Der Schlag »würde hauptsächlich deutsches Land, deutsche Kultur und deutsche Bevölkerung beiderseits des Eisernen Vorhangs der Vernichtung aussetzen«. Der »wohl entscheidendste Punkt« für ihn: Dem Bundeskanzler, davon ist er überzeugt, sei eine »entschärfte Fassung« der Pläne vorgelegt worden.

Oberst Martin handelt.

Er wendet sich an einen Bekannten, der zu den Mandanten des Rechtsanwalts Josef Augstein zählt, des älteren Bruders des SPIEGEL-Herausgebers. Und schon bald kommt es in Hamburg zu einem Treffen mit Rudolf Augstein und dessen Redakteur Ahlers.

Martin trägt vor, und Augstein ist schnell überzeugt, mit diesen Informationen erstmals eine »Gesamtschau der strategischen Entwicklung zwischen West und Ost« veröffentlichen zu können. Die »fehlt einfach in Deutschland«, während sie in den USA, Frankreich und Großbritannien »publizistisch bekanntgegeben« würde.

Ahlers geht ans Werk, mehrfach trifft er sich im Lauf des Frühjahrs und des Sommers mit Martin und anderen hohen Offizieren. Auch Helmut Schmidt, einen Studienfreund, befragt Ahlers und schlachtet dessen aufsehenerregende Studie aus. Seine Erkenntnisse fasst er in einem elfseitigen Exposé zusammen, aufgeteilt in drei Kapitel. Zum »preemptive strike« notiert Ahlers, dieser sei geplant mit »rund 350 Einsätzen« von Jagdbombern, bestückt mit Sprengkörpern, deren Vernichtungskraft in etwa dem 20-fachen der Hiroshima-Bombe entspricht.

Rudolf Augstein ist entsetzt und informiert den SPD-Bundestagsabgeordneten Gustav Heinemann. Der SPIEGEL-Chef schreibt, dies alles müsse doch »völlig unglaubhaft und geradezu haarsträubend erscheinen«. Dieser Brocken, so Augstein, hänge »über uns«, und keinesfalls wolle er darauf verzichten, »ihn durch eine Dynamitladung abzusprengen«.

Ahlers schreibt die Geschichte auf, sie soll am 26. September als Titel erscheinen. Doch Augstein verschiebt die Veröffentlichung. Er lässt eine andere Strauß-Story drucken, sie trägt die Überschrift »Onkel Aloys«. Es geht um die angebliche Vetternwirtschaft des Bayern. Einerseits ist die Verschiebung redaktioneller Taktik geschuldet – wenn »Onkel Aloys« zuerst erscheint, würde Strauß es kaum wagen, gegen das Militärstück zu schießen. Das würde, so die Hoffnung, als billige Retourkutsche verpuffen.

Andererseits will er Ahlers und Hans Schmelz, dem Co-Autor, mehr Zeit für Sorgfalt geben. Er scheint zu befürchten, dass ansonsten das Ministerium die Gelegenheit hätte, »uns einen Geheimnisverrat zu unterstellen«.

Landesverrat ist nämlich in Redaktionen landauf, landab ein allgegenwärtiges Thema. Max Güde, bis 1961 Generalbundesanwalt, hatte darüber vor dem Deutschen Presserat referiert, und der Text des Vortrags war Anfang 1962 beim SPIEGEL verteilt worden. Güde warnte nachdrücklich, durch zu große Offenheit das »Wohl der Bundesrepublik zu beeinträchtigen«. Es ist die hohe Zeit des Kalten Krieges, und selbst halbwegs liberale Köpfe wie Güde wittern überall Verrat.

Auf der jährlichen Korrespondententagung weist die Chefredaktion ausdrücklich darauf hin, bei allen Themen zu Strauß und zur Militärpolitik akribisch zu sein. Augstein: »Kinder, passt auf! Die hängen uns noch mal was an.«

Allerdings ist die Rechtslage so, dass politische Autoritäten durchaus mit geheimen Dokumenten spielen können. Landesverrat ist definiert als der Verrat von »Staatsgeheimnissen«, und was ein Staatsgeheimnis ist, definiert die Bundesregierung gern selbst. Wenn es dem Verteidigungsminister gelegen kommt, zitiert er bedenkenlos aus Geheimpapieren.

Titelautor Ahlers sichert sich ab, indem er sich mit Jürgen Brandt, Major an der Führungsakademie der Bundeswehr in

Hamburg, austauscht. Das Thema Geheimschutz kommt auch zur Sprache, als Ahlers am Ende seiner Recherchen noch einmal das Urteil von Helmut Schmidt einholt und ihm das Manuskript zu lesen gibt.

Schmidt macht Kreuze am Rand, unterstreicht das eine oder andere Wort. »Na, Conny«, sagt er, »ist denn das nicht geheim? Das muss aber geprüft werden.«

Auch dies tut die Redaktion. Sie wendet sich an den Bundesnachrichtendienst in Pullach, zu dem SPIEGEL-Verlagsdirektor Hans Detlev Becker gute Kontakte pflegt. Die BND-Agenten sind schon deswegen hilfsbereit, weil sie hoffen, auf diese Weise an das Manuskript heranzukommen. Aus der Redaktion erhalten sie aber nur zwei Listen mit 13 Fragen – in 7 Fällen Fachfragen, in den anderen geht es um Geheimnisverrat.

Ahlers fragt, ob er schreiben dürfe, dass »Atomwaffenlager in den Aufmarschräumen der Nato-Truppen versteckt sind«. Das hält der BND für unproblematisch. Die Geheimdienstler geben auch die Formulierung frei, die Kriegsbildstudie trage in sich den »Gedanken eines vorbeugenden Schlages der Nato gegen sowjetische Raketen-Abschussbasen«. Nur einmal reklamiert Pullach »Geheimschutz«, und Ahlers folgt dem Hinweis.

Bubacks folgenschweres Telefonat

Karlsruhe, ein neobarocker Palast in einer Grünanlage, ehedem das Schloss des letzten badischen Großherzogs Friedrich II. – und seit Anfang der fünfziger Jahre Sitz des Bundesgerichtshofs und des Generalbundesanwalts. Es ist der 8. Oktober 1962, in den Geschäften liegt seit den Morgenstunden der SPIEGEL mit dem Foertsch-Titel aus.

In einem fensterlosen Saal verhandelt der 3. Strafsenat; Bundesanwalt Kuhn vertritt die Anklage. In einer Verhandlungspause wird ihm zugeraunt, der SPIEGEL habe einen kritischen Artikel veröffentlicht. Der Ankläger lässt sich das Heft bringen und liest. Sein erster Eindruck: Die Autoren müssen etliche Gespräche mit Informanten geführt haben. Aber er fragt sich, so hat er es in einer späteren Vernehmung formuliert, ob diese Details wirklich »geheimhaltungsbedürftig« seien.

Also will er sich schlaumachen. Kuhn bittet einen Kollegen, den Ersten Staatsanwalt Siegfried Buback, in Bonn anzurufen, beim Justitiar im »Amt für Sicherheit der Bundeswehr«, das zum Verteidigungsministerium gehört. Es ist ein folgenschweres Telefonat für den SPIEGEL – weil Buback um die Erstellung eines Gutachtens bittet. Bei jener Behörde, die im Artikel so heftig attackiert wurde; und die alle militärischen Vorgänge am liebsten in Panzerschränken wegsperrt.

Zuständig für Expertisen solcher Art ist der Oberregierungsrat Heinrich Wunder, 38, ein Franke, knapp drei Jahre lang war er Soldat im Zweiten Weltkrieg.

Kuhn und Buback kennen Wunder, schließlich hat er einmal bei der Bundesanwaltschaft gearbeitet. Und er scheint genug Erfahrung zu besitzen, wohl 30 Gutachten hat er bereits formuliert. Nun jedoch muss Wunder sich mit einem Fall beschäftigen, bei dem es »um hoch diffizile strategische Fragen« geht, und sich, so sagt er später aus, mit dem »Problem der Vorveröffentlichungen« befassen. Was schon einmal beschrieben wurde, kann naturgemäß nicht mehr verraten werden.

Wunder bittet die Pressestelle seines Ministeriums zu klären, »ob die in dem Artikel erwähnten Einzelheiten in vollem Umfang« bereits publiziert worden seien. An das Bundespresseamt und das Archiv des Deutschen Bundestags, weitaus besser sortiert, wendet er sich nicht – »wegen der angeordneten Geheimhaltung«.

Die Pressestelle liefert Krümelkram, nur zehn ausländische Zeitungen werden hier ausgewertet. Und da Wunder zwar viel von Strafrecht und von seinem Promotionsthema Zollrecht versteht, aber nichts von internationaler Militärpolitik, sucht er sich im Organigramm des Verteidigungsministeriums einen Spezialisten als Helfer heraus: den Oberst im Generalstab Hans-Joachim von Hopffgarten.

Der glühende Strauß-Bewunderer ist als Referent beim Führungsstab der Bundeswehr zuständig für Strategie-Themen – und »erschrocken« über die SPIEGEL-Story: »Ich hatte sofort den Eindruck, dass hier jemand geheimste Dokumente fotografiert und zur Verfügung gestellt haben musste. Die Quelle musste ein militärischer Fachmann aus einem hohen Führungsstab sein.«

Die Bundesanwaltschaft will ein »erschöpfendes, umfassendes Gutachten«, und so simulieren Wunder und Hopffgarten einen Prozess. Wunder versucht, sich als Advocatus Diaboli in die »Stellung eines der Richter zu versetzen«, die in einem Prozess gegen SPIEGEL-Journalisten und deren Informanten urteilen müssen.

Am Ende akzeptiert Wunder jeden Hinweis Hopffgartens, schließlich komme es auf »zwei Probleme« an: »Was wird geheim gehalten? Was ist zum Wohle der Bundesrepublik geheimhaltungsbedürftig?« Am 13. Oktober erstattet er bei Kuhn in Karlsruhe einen mündlichen Zwischenbericht, drei Tage später sitzt Wunder in einer Runde bei Strauß, der gerade aus dem Frankreich-Urlaub nach Bonn zurückgekehrt ist.

Strauß fragt, angeblich: »Warum denn ein Gutachten überhaupt?« Die Bundesanwaltschaft müsse doch »von sich aus wissen, dass es hier um wichtige Dinge geht«. Er akzeptiert aber das geplante Vorgehen. Der Einwand eines Generals, bei einer Hauptverhandlung werde »alles auffliegen«, die »echten Planungen« der Bundeswehr und der Nato, wird vom Tisch gewischt.

Während Wunder an seinem Gutachten arbeitet, liefern Aufklärungsflugzeuge der US-Luftwaffe den Nachweis, dass im Westen von Kuba, weniger als 400 Kilometer vom amerikanischen

Festland entfernt, Abschussrampen für sowjetische Mittelstreckenraketen aufgebaut werden. Die Kuba-Krise steuert ihrem Höhepunkt entgegen, ein Atomkrieg droht. In den Fluren des Bonner Verteidigungsministeriums patrouillieren Feldjäger, die Atmosphäre ist aufgeladen. Die Angst vor Spionen nimmt bizarre Züge an.

Am 18. Oktober legt Wunder ein bombastisches Papier vor, der Stempel »STRENG GEHEIM« prangt auf jeder der 25 Seiten. Der Oberregierungsrat listet 41 Stellen aus der SPIEGEL-Titelgeschichte auf, die er für »geheimhaltungsbedürftig im Sinne des § 99, 1 StGB« hält – weil sie »Staatsgeheimnisse« seien. Und er behauptet, »jeder gegnerische Nachrichtendienst« werde nach Lektüre »unbedingt drei Konsequenzen ziehen: a) Er erfährt Tatsachen, die bisher angestellte Vermutungen bestätigen; b) Er gewinnt völlig neue Erkenntnisse und wird Aufträge gezielt verteilen; c) Es werden ihm Probleme eröffnet, die ihm bis jetzt fremd waren.«

Wunders Fazit: »Der zweifellos unter Mitwirkung maßgeblicher Geheimnisträger begangene Verrat und der erfolgte Einbruch in den Geheimbereich der Bundeswehr muss als außergewöhnlich schwerwiegend beurteilt werden.«

Am Abend informiert Strauß den Kanzler. Dieser soll, so der Minister, ihn bestärkt haben: Er möge »ohne Ansehen von Namen und Person vorgehen«.

Die Lügen des Staatssekretärs

Zwei Tage später, Karlsruhe, Bundesanwaltschaft, ein Sonnabend. Bundesanwalt Walter Wagner, 61, ein rundlicher, kleiner Mann, der im Zweiten Weltkrieg Oberstaatsanwalt beim Sondergericht in Posen war, bereitet sich aufs Wochenende vor. Sein Chef ist für ein paar Tage weg, er hat Wagner für die Zeit vom 19. bis zum

23. Oktober die »Vertretung in erstinstanzlichen Sachen übertragen«. Der SPIEGEL-Fall ist eine solche erstinstanzliche Sache, deshalb tauchen Kuhn und Wunder bei ihm auf. Wagner liest erst den Artikel, dann das Gutachten – und plötzlich erscheint Volkmar Hopf, 56, Staatssekretär im Verteidigungsministerium. Er will Wagner von einem notwendigen Schlag gegen den SPIEGEL überzeugen und zieht alle Register. Amerikanische Dienststellen, auch Robert McNamara, US-Verteidigungsminister, und Maxwell Taylor, Kennedys Generalstabschef, hätten sich beschwert beim Kanzler und »nicht nur die Verteidigungsfähigkeit, sondern auch die Bündnisfähigkeit in Frage gestellt«.

Stimmt nicht. Die Amerikaner erklären später offiziell, dass der Artikel in Ordnung sei.

Der Staatssekretär erwähnt, ein hochrangiger deutscher Nato-Offizier habe Generalinspekteur Foertsch in einem Schreiben brisante Informationen mitgeteilt, so brisant, dass Foertsch es sofort vernichtet habe. Und doch seien Einzelheiten im SPIEGEL erwähnt.

Stimmt so nicht.

Hopf legt nach. Er wisse, dass Augstein »nach der Rückkehr von einer kürzlichen Reise nach Frankreich geäußert« habe, so kritisch sei für ihn der Grenzübertritt »noch nie gewesen«. Soll heißen: Augstein habe zu diesem Zeitpunkt verdächtige Papiere am Mann getragen, die bei einer »rechtzeitigen Durchsuchung« hätten entdeckt werden können.

Kann so nicht stimmen. Augstein war in den Wochen zuvor nicht in Frankreich.

Bundesanwalt Wagner scheint beeindruckt, und doch ist er erst einmal der nachdenkliche Jurist. »Schwerpunkt für unsere Aufgabe« könne doch »nicht die Verlautbarung des SPIEGEL« sein, sagt er. Eher doch die »Verratsquelle im Bundesverteidigungsministerium«, das Rubrum eines Verfahrens dürfe nicht heißen:

»gegen Augstein und andere, sondern gegen X und andere, darunter Augstein und Ahlers«. Und er warnt, ein Strafverfahren gegen den SPIEGEL werde »zu falschen Vorstellungen der Öffentlichkeit führen«. Der Konflikt Augstein–Strauß sei doch hinreichend bekannt.

Der Staatssekretär entgegnet, er habe seinen Minister »völlig aus der Sache« herausgehalten – noch eine Lüge. Es könne also von einer Replik des Ministers gegen das Magazin keine Rede sein.

Wagner, der alsbald die Verantwortung wieder abgeben wird, gibt schließlich seine Zustimmung zum bis dahin spektakulärsten Verfahren der bundesdeutschen Geschichte. Das Wunder-Gutachten hat ihn überzeugt, und Hopfs Erklärungen, die Amerikaner seien »bestürzt«, legen die »Dringlichkeit eines Einschreitens« nahe.

Dem Bundesanwalt liegt noch eine Sache am Herzen. »Nach den Bestimmungen« sei er gehalten, das Bundesjustizministerium zu informieren, seine vorgesetzte Dienststelle. Hopf sagt, er selbst werde seinen Kollegen Walter Strauß in Kenntnis setzen, Wagner brauche dies nicht zu tun. Strauß, ein CDU-Mann, ist seit 1949 Justizstaatssekretär und, so sagen es viele, der wirkliche Macher im Ministerium.

Der Justizminister selbst, Wolfgang Stammberger, weiß tagelang von nichts. Dass er nicht eingeweiht wird, hat einen Grund: Stammberger ist Freidemokrat, genau wie Augstein. Die Ausschaltung des zuständigen Ministers ist der erste politische Skandal in der sich anbahnenden Staatsaktion. Und wenn es zutrifft, was Strauß später intern behauptet hat, dann hat Adenauer vorher sogar zugestimmt, dass Stammberger einfach übergangen werden sollte.

Die Chefs unterschätzen die Gefahr

Bonn, dieses Hauptstadt-Provisorium, ist kein diskretes Pflaster. Politiker, Diplomaten, Militärs, Journalisten treffen sich beim Tennis, auf dem Markt, in der Kneipe, da sind Geheimnisse ganz schnell keine mehr.

Auch Franz Josef Strauß plaudert gern, besonders dann, wenn er viel getrunken hat. Bei einem Empfang am 24. Oktober auf Schloss Brühl verliert er die Contenance. Helmut Schmidt sei reif für das Zuchthaus, krakeelt Strauß, und auch den SPIEGEL verwünscht er. Irgendwann kotzt er in die gepflegte Gartenlandschaft des berühmten Schlosses.

Die Ausfälle des Verteidigungsministers machen die Runde, auch SPIEGEL-Journalisten hören davon. Dass sich gegen ihr Magazin etwas zusammenbraut, weiß die Chefredaktion bereits seit dem 9. Oktober.

Augstein sollte am folgenden Tag an einer Podiumsdiskussion teilnehmen. Bei der Vorbereitung für diesen Auftritt sitzt er neben Helmut Schmidt. Man tafelt im feinen Hotel Vier Jahreszeiten, und der Senator frotzelt, der SPIEGEL sei bei der »Fallex«-Geschichte »ja tüchtig rangegangen«. Bundeswehr-Offiziere in der Ermekeil-Kaserne seien der Ansicht, der Artikel offenbare »eine Menge Staatsgeheimnisse«, dies habe ihm Staatssekretär Hopf am Telefon erzählt.

Für Schmidt ist klar: Die Strauß-Leute würden »immer verrückter«. Und Augstein glaubt nach dem Gespräch mit dem Innensenator zu wissen, was gegen ihn und seine Leute vorliegen könnte: Verdacht auf Landesverrat.

Doch die Redakteure des Magazins nehmen die Nachricht nicht wirklich ernst. Als SPIEGEL-Informant Oberst Martin eine gute Woche später Ahlers anruft und ihn warnt, die Lawine sei ins Rollen gekommen, man suche »einen gewissen A. und seinen

Hintermann«, entgegnet Ahlers gelassen, dass er davon erfahren habe. Aber jetzt wolle er erst einmal in den Urlaub nach Spanien fliegen. Martin wünscht eine gute Reise und fügt hinzu: »Seien Sie vorsichtig!«

Die Führungskräfte des Hamburger Blattes unterschätzen die Lage. Verlagsdirektor Becker glaubt, die Justiz könne nur auf Antrag des Verteidigungsministeriums den SPIEGEL verfolgen. Einen solchen Antrag hält Becker jedoch für unwahrscheinlich, weil sich Strauß dadurch »politischen Missdeutungen aussetzen« würde.

Unruhig wird Becker erst nach einem Besuch des Hamburger BND-Residenten. Der Auslandsgeheimdienst, der ja Fragen von Ahlers beantwortet hatte, fürchtet, in die Ermittlungen gegen den SPIEGEL hineingezogen zu werden. Bis dahin war Becker davon ausgegangen, es gebe nur »irgendwelche dienstlichen Untersuchungen im Bundesverteidigungsministerium«. Nun erfährt er, dass die Bundesanwaltschaft eingeschaltet ist.

Am folgenden Tag ruft Becker Titelautor Ahlers und die Anwälte des Verlags zusammen. Eine Sprachregelung wird vereinbart. Ahlers solle im Fall einer Vernehmung erklären, dass er die Passagen zu »Fallex« ins Manuskript erst hineingeschrieben habe, nachdem andere Medien über das Manöver berichtet hatten. Ansonsten solle er die Aussage verweigern.

Noch immer glaubt niemand ernsthaft an einen staatlichen Zugriff. Nur Ahlers trifft Vorsorge: Er gibt vor dem Abflug nach Spanien einer Sekretärin Unterlagen zu »Bedingt abwehrbereit«. Sie möge die Papiere doch aufbewahren, »außerhalb des SPIEGEL-Verlags«.

Der falsche Augstein

Dienstag, 23. Oktober, Bundesanwaltschaft in Karlsruhe. In seinem Büro tippt Buback eigenhändig die Anträge auf Haftbefehle und Durchsuchungsbeschlüsse auf seiner Schreibmaschine – kein Kanzleibeamter, keine Sekretärin soll etwas mitbekommen. Der Fall ist hochgeheim. Am selben Tag noch stimmt der zuständige Ermittlungsrichter allem zu: Durchsuchungen seien, ergänzt er, »auch zur Nachtzeit zulässig«.

Das heißt: Zugriff ohne jegliche Beschränkung. Schlafende Kinder, Einbruch in die Intimsphäre, alles egal.

Der Richter akzeptiert auch, dass der Durchsuchungsbeschluss im Fall Augstein nicht nur »der Person, der Wohnung und der sonstigen Räume des Beschuldigten sowie seiner sämtlichen Geschäftsräume in Hamburg und Bonn und seines Archivs« gilt. Augstein sei »ferner verdächtig«, »Beamte oder Mitglieder der bewaffneten Macht ... durch Geldgeschenke ... zur Verletzung ihrer Amts- und Dienstpflichten« verleitet zu haben.

Bestechung also. Der Verdacht liefert den Grund, die Buchhaltung des Unternehmens auf den Kopf zu stellen: Mit diesem Trick wird versucht, das im Gesetz verankerte Redaktionsgeheimnis auszuhebeln; ein Journalist darf schweigen, um Informanten zu schützen – nicht aber Bestochene.

Für Bestechung gibt es keinerlei Beleg, und es wird ihn auch nie geben. Wahrheitswidrig schwadroniert ein Sprecher der Bundesanwaltschaft kurz darauf: »Der Verdacht der Bestechung hat sich erheblich verstärkt.«

Mit Wagner war besprochen worden, den Bundesnachrichtendienst (»ungeklärte Beziehungen zwischen SPIEGEL und BND«) ebenso herauszuhalten wie das Bundesamt für Verfassungsschutz (»Der Kreis der Mitwisser soll möglichst klein gehalten werden«). Und auch die Polizei, weil viele Beamte »geschwätzig«

seien. Zwei Behörden hingegen genießen das Vertrauen: die in Bad Godesberg bei Bonn ansässige »Sicherungsgruppe« (SG) des Bundeskriminalamts und der Militärische Abschirmdienst (MAD) des Verteidigungsministeriums.

Die Sicherungsgruppe, so bestimmt eine Dienstanweisung, habe »keine eigene Exekutivgewalt«, deswegen dürften »alle Dienstgeschäfte in Ermittlungsverfahren nur in Zusammenarbeit mit den örtlich zuständigen Behörden der Kriminalpolizei durchgeführt werden«. SG-Fahnder reklamieren im Fall der SPIEGEL-Razzia jedoch die Exekutivgewalt einfach für sich – und schweigen den örtlichen Kollegen gegenüber in den entscheidenden Stunden. Ein Vorgehen, das zu heftigen Auseinandersetzungen zwischen Länderbehörden und Bonn führt.

MAD-Soldaten werden mit der Ausspähung von Verdächtigen beauftragt. Das anrüchige Vorgehen tarnt der Abschirmdienst als »Gefechtsübung« – »Sabotage« heißt deren sinnreiches Codewort. Ein Oberst erstellt eine »Sprechtafel« für den Funkverkehr, die »nach Abschluss der Übung zu vernichten« sei.

Fünf Observationsgruppen stehen bereit: »Einstein«, »Zweifel«, »Dreifuß«, »Viertakt« und »Fünfkampf«. Die Hamburger SPIEGEL-Redaktion trägt den Tarnnamen »Hans«, die Bonner Dependance heißt »Gretel«, Ahlers ist »Fliege« und Augstein »Libelle«.

Am 24. Oktober machen sich drei SG-Beamte mit dem Auto auf den Weg Richtung Norden, und in den folgenden Tagen schwärmen die Observationsgruppen des MAD aus. Die Order lautet bei Augstein und Ahlers: Zugriff, wenn deren »Anwesenheit am Wohnort festgestellt« sei.

»Einstein« jagt »Libelle«, aber Augstein ist nicht in seiner Wohnung; gerade eben noch war er kurz in seinem Büro, aber das hat das Observationsteam nicht mitbekommen. Die Fahnder des Strauß-Ministeriums graben eine weitere Adresse Augsteins aus, in Düsseldorf. Sie galt, als er auf der nordrhein-westfälischen Landesliste der FDP für den Bundestag kandidieren wollte: im Jahr 1957.

Und die Observanten scheinen Glück zu haben. Sie entdecken einen Mercedes 220 mit dem Kennzeichen HH-CE 552. Ein SPIEGEL-Fahrzeug, abgestellt auf einem Parkplatz an der Königsallee. Also Augstein. Die MAD-Beobachter halten ein Foto von ihm in den Händen und melden den Kollegen des BKA, dass der Mann, der gerade den Wagen besteigt, »identisch« sei mit der »von ihnen überwachten Person«.

Die Person hat gerade für den Sonntagsschmaus eine Ente gekauft: Erich Fischer holt für den SPIEGEL und die Illustrierte »Constanze« Anzeigen herein, ist 15 Jahre älter als Augstein – und sieht ihm so ähnlich, wie Adenauer und Strauß sich ähnlich sehen.

Gegen 20 Uhr klärt sich die kaum erklärbare Verwechslung auf. Und Staatsanwalt Buback, der nun fürchtet, dass Fischer seinen Arbeitgeber warnt, gibt von einer Telefonzelle in Hamburg-Langenhorn aus den Befehl: Zugriff.

Es ist Freitagabend, Produktionszeit, etwa 60 Redakteure, Dokumentare und Sekretärinnen feilen an der Ausgabe 44/1962, als zunächst acht Männer ins Verlagsgebäude marschieren. Bubacks Befehl lautet: Alle Personen »entfernen«, Zimmer versiegeln. Doch Chefredakteur Claus Jacobi weigert sich, seine Leute abzuziehen. »Dann räumen wir mit Gewalt«, tönt ein Beamter – und fordert das Hamburger Überfallkommando als Verstärkung an. Das fährt zwar vor, der Einsatzführer lehnt es aber ab, die Kollegen physisch zu unterstützen: Er teilt nur Wachen ein.

Erst der Hinweis eines leitenden Redakteurs, es gebe doch gar keinen Räumungsbeschluss, wird akzeptiert. Buback lässt die Redaktion weiterarbeiten – bis um 2.45 Uhr. Alle Druckfahnen werden gelesen, an der Seite eines jeden Mitarbeiters steht ein Polizist. Telefonate und Fernschreiben sind untersagt, der

Fahrstuhl ist zeitweise lahmgelegt. Am frühen Morgen macht die Staatsmacht dann dicht: die Büros der Redakteure, das Archiv, die Toiletten, die Kaffeeküche. Selbst die Besenkammer.

Fast 3000 Quadratmeter Verlagsfläche sind nun besetzt, im Archiv, mit 5,5 Millionen Blatt Papier und 10 000 Meter Mikrofilm eines der am besten sortierten weltweit, werden Tausende Dokumente beschlagnahmt. Es gilt ja die Weisung des Verteidigungsministeriums, jeder Informant müsse enttarnt werden.

Was in dieser Nacht geschieht, urteilt später der Stuttgarter Oberlandesgerichtspräsident Richard Schmid, sei ein Aufeinandertürmen von »Dummheiten, Blamagen und Verlegenheiten des Staates und der Justiz« gewesen.

In Ahlers' Haus tragen Beamte die gehbehinderte Tante ins Souterrain, wo die Kinder schlafen: Fräulein Wildhagen will dabei sein, wenn im Zimmer ihrer Nichten und ihres Neffen herumgewühlt wird.

Und bei den Jacobis durchkramen die Fahnder sogar das Stroh im Ponystall. Ein Notizbuch des Chefredakteurs mit Krakeleien seines sechsjährigen Sohnes wird sichergestellt.

Augstein und Ahlers bleiben verschwunden. Der SPIEGEL-Herausgeber isst mit dem Ehepaar Becker und seiner späteren Ehefrau Maria zu Abend, der Titelautor genießt den spanischen Herbst.

Strauß' ganz kleiner Dienstweg

Vermutlich hätte die SPIEGEL-Affäre einen anderen Verlauf genommen, wäre da nicht an jenem Tag dieses Telefonat von Ahlers' Ehefrau Heilwig mit ihrer Tante gewesen – das eine Ereigniskette in Gang setzte, an deren Ende der Sturz von Franz Josef Strauß stehen würde.

Die Damen plaudern nämlich über die Pläne für die kommenden Tage, und Heilwig Ahlers erzählt, dass sie und ihr Mann eine Schulfreundin in Marokko besuchen wollen, am nächsten Morgen solle es losgehen. So berichtet es Fräulein Wildhagen den SG-Fahndern. Und für die gibt es nur einen Gedanken: Ahlers, der vermeintliche Landesverräter, setzt sich nach Afrika ab.

Gegen Mitternacht erreicht diese Botschaft Staatssekretär Hopf – und der hat eine originelle Idee: Die Sicherungsgruppe, quasi die Leibwache der Bundesregierung, solle sich doch der Sache annehmen. Als deren Chef den Einsatz unter Hinweis auf fehlende Zuständigkeit ablehnt, raunt Hopf, das Verteidigungsministerium werde dann »auf eigenem Weg versuchen«, Ahlers dingfest zu machen.

Das Vorhaben erweist sich allerdings als überaus kompliziert. Zwar gibt es mit der Franco-Diktatur in Spanien ein Auslieferungsabkommen. Das Delikt Landesverrat wird davon jedoch nicht abgedeckt. So bleibt nur die Möglichkeit, darauf zu hoffen, dass die Spanier im Falle von Ahlers' Festnahme ihn als unerwünschten Ausländer abschieben – oder er freiwillig in die Bundesrepublik zurückkehrt.

Doch so denkt Franz Josef Strauß in dieser Nacht der Nächte nicht, vielleicht kann er es auch gar nicht. Er hat vermutlich zu viel getrunken, als er nachts von einer Veranstaltung kommend im Büro eintrifft.

Seinem Adjutanten befiehlt er, ihn sofort mit der Deutschen Botschaft in Madrid zu verbinden. Von nun an wird der ganz kleine Dienstweg beschritten.

Im Verteidigungsministerium ist bekannt, dass Ahlers und der Militärattaché in Madrid, Achim Oster, einander gut kennen. Auch Strauß ist mit Oster per du. Der Sohn des von Hitler ermordeten Widerstandskämpfers Hans Oster hatte einige Jahre in der CSU-Landesgeschäftsstelle gearbeitet.

Als die Leitung nach Spanien steht, weist Strauß einen erstaunten Diplomaten in Madrid an, innerhalb der folgenden 30 Minuten dafür zu sorgen, dass Oster in Bonn anrufe. Das sei ein dienstlicher Befehl – und er fügt hinzu: »Ich handle in diesem Augenblick auch im Auftrag des Herrn Bundeskanzlers und des Herrn Außenministers.«

Die Aussage ist doppelt dreist. Erstens kann Strauß einem Diplomaten nichts befehlen. Und zweitens ist Christdemokrat Gerhard Schröder, der Außenminister und schärfste Rivale im Kampf um die Adenauer-Nachfolge, nicht informiert. Ausdrücklich nicht.

Achim Oster wird auf einer Party aufgetrieben, er rast in die Botschaft, gegen 1.30 Uhr kommt das Telefonat mit Strauß zustande. Oster hat das denkwürdige Gespräch, in dem Strauß zwischen privatem »Du« und dienstlichem »Sie« schwankt, aus der Erinnerung notiert; der bislang unbekannte Vermerk findet sich in seinem Nachlass in der Freiburger Dependance des Bundesarchivs.

Strauß: »Hier geht das Gerücht, dem Ahlers vom SPIEGEL sei in Spanien durch Vermittlung des BMVtdg Quartier gemacht worden. Bist Du daran beteiligt? Dein Name ist in Verbindung damit genannt worden.«

Oster: »Nein, ich habe kein Quartier gemacht. Ahlers ist in der vorigen Woche hier durchgekommen. Ich habe ihn und seine Frau bei der Durchreise gesehen.«

Strauß: »Weißt Du, wo er wohnt?«

Oster: »Ja, in Torremolinos, entweder Hotel Montemar oder Olympico.«

Strauß: »Sehr gut. Glaubst Du, dass er dort gegen mich recherchiert?«

Oster: »Nein, ich hatte nicht den Eindruck. Er und seine Frau waren erholungsbedürftig. Er kommt am 4.11. wieder zurück über Madrid. Im Gegenteil, Ahlers sagte mir, die Strauß-Kampagne, die allein Augsteins ›Hobby‹ sei, sei nun abgeblasen – es würde Frieden gemacht.«

Strauß: »Das hat er sich leider zu spät überlegt. Herr Oberst Oster, ich habe jetzt etwas durchzugeben, was Sie als einen dienstlichen Befehl aufzunehmen haben. Ich komme soeben vom Bundeskanzler, und dies ist zugleich eine Weisung des Bundeskanzlers. Seit heute Abend ist Haftbefehl gegen die Redaktion des SPIEGEL erlassen worden wegen des dringenden Verdachtes des Verrats militärischer Geheimnisse. Mehrere Redakteure sind schon festgenommen. Herr Augstein ist in Kuba. Leider muss ich auch annehmen, dass Offiziere meines Hauses beteiligt sind; gegen 12 Offiziere läuft zurzeit die Festsetzung. Auch gegen Conny Ahlers ist Haftbefehl erlassen. Es kommt darauf an, ihn in den nächsten Stunden, d. h. sofort, vorläufig festzunehmen. Der Generalbundesanwalt muss durch ihn erfahren, wo bei uns im Hause das Loch ist. Ich brauche Dir nicht zu sagen, was dieser Schlag jetzt im Augenblick der ernsten politischen Lage bedeutet. Unsere Sicherheit und die der Nato ist durch die unverantwortlichen Äußerungen im SPIEGEL auf das Ernsteste gefährdet. Ich gebe Dir den dienstlichen Befehl, die spanischen Stellen um Haftunterstützung (sic) zu bitten, um die Sicherstellung des Ahlers unverzüglich zu veranlassen, damit er nicht gewarnt wird und entwischt. Es handelt sich um einen eindeutigen Verdacht des Verrates militärischer Geheimnisse. Außerdem aber sind die Auslassungen im SPIEGEL dazu angetan, die Bevölkerung in der Bundesrepublik zu paralysieren … Diesen Leuten, die unsere Sicherheit in so verantwortungsloser Weise gefährden, muss das Handwerk gelegt werden. Bedenke unsere ernste Lage.«

Strauß vermittelt am Telefon offenbar den Eindruck, er wende sich an den neben ihm stehenden Hopf. Später heißt es, er habe auf einer zweiten Leitung mit dem Staatssekretär telefoniert.

1962 begann das Jahr 1968

Von Franziska Augstein

Vor fünfzig Jahren sollte der SPIEGEL ruiniert werden. Nur wenige Abgeordnete im Bundestag erhoben scharf Einspruch dagegen. Die Sache ließ sich gut an für die Staatsgewalt, mit dem Volk rechnete sie nicht. Ruhe galt in Deutschland ja als Bürgerpflicht. Und die Deutschen sahen sich schon immer eher als Lampenputzer denn als Revoluzzer. Warum Protest und Aufruhr in Deutschland schnell zu Ende waren, hatte Erich Mühsam beschrieben: »Lasst die Lampen stehn, ich bitt! – denn sonst spiel ich nicht mehr mit!«

Niemand rechnete damit, dass die Besetzung des SPIEGEL und die Verhaftung Rudolf Augsteins Aufruhr auslösen könnten. Zur Überraschung der Obrigkeit gab es ihn aber. Zwar friedlich, aber mit Macht, auch mit Witz. Trude Herr (»Ich will keine Schokolade, ich will lieber einen Mann«) hatte einen Riesenerfolg mit dem Song »Tanz mit mir den Spiegel-Twist, auch wenn du von der Kripo bist«.

In gutem Angedenken sollte auch der Mann bleiben, der bei dem Staatsanwalt Siegfried Buback anrief: »Hier ist Augstein, ich bin bei meinem Freund Strauß; wir haben uns wieder vertragen, deshalb können Sie aufhören und nach Hause gehen.«

Das eher konservative Bürgertum protestierte im Theater, und die Studenten protestierten auf der Straße. Sie sahen, was sich hinter den Vorwürfen gegen den SPIEGEL verbarg: der Versuch, Kritik am Staatswesen zu eliminieren. Auf einmal wurden viele brave Bürger zu friedlichen Revoluzzern. Die Bürger bauten auf die im Grundgesetz verbürgten Rechte und leuchteten dem Obrigkeitsstaat heim. Die Staatsgewalt musste nachgeben.

Das war für sie eine neue Erfahrung. Preußen hatte die Furcht vor der Obrigkeit im 19. Jahrhundert in Deutschland etabliert. Die Nazis hatten sich das zunutze gemacht. Und so blieb es – bis 1962.

Mit der SPIEGEL-Affäre hielt sich die Staatsgewalt selbst den Spiegel vor. Viele Funktionäre der jungen Bundesrepublik waren überzeugt, dass der Staat mehr gelte als seine Bürger. Letztere waren wie Minderjährige zu behandeln oder wie nicht voll Zurechnungsfähige. So sahen das im Besonderen Angehörige der Bundesanwaltschaft in Karlsruhe, die den SPIEGEL verfolgte. Sie waren als Nazis ganz gut gewesen. An Demokratie und Meinungsfreiheit konnten sie sich nicht recht gewöhnen.

Als Franz Josef Strauß seine Fehde gegen den SPIEGEL mit juristischen Mitteln betrieb, stieß er in der Bundesanwaltschaft auf Sympathie. Der SPIEGEL galt bei vielen seiner Gegner als ein »nihilistisches« Blatt. Aus den Vorwürfen des »Nihilismus« und der »Nestbeschmutzung« – beides Wörter, die in der Nazi-Zeit Konjunktur hatten – ergab sich der »Landesverrat« wie von selbst.

Kanzler Adenauer, obzwar er ein Gegner des NS-Regimes gewesen war, sah das ganz ähnlich. Demokratie hieß: Kluge Leute regieren, und die Bevölkerung darf zustimmen (die SED in der DDR sah das übrigens nicht anders). Adenauers patriarchalisches Selbstverständnis ähnelte dem eines fürstlichen Landesherrn. Als die West-

deutschen für den SPIEGEL demonstrierten, fühlte der Kanzler sich umzingelt. Da er sich kein neues Volk wählen konnte, suchte er sich andere Schuldige, Reinhard Gehlen zum Beispiel. Dieser, erklärte der greise Regierungschef, müsse sofort verhaftet werden. Warum? Gehlen hatte die Vorläuferorganisation des BND gegründet. Und weil ein SPIEGEL-Mann Kontakte zum BND hatte, war Gehlen also fällig – in Adenauers Augen. Mühsam brachte man dem Kanzler bei, dass man einen Menschen nicht nach Lust und schlechter Laune verhaften lassen kann, zumindest nicht in einem Rechtsstaat.

Zu den Absurditäten der Zeit gehört die »Mosaiktheorie«: Wenn eine Zeitschrift sich unterstand, lauter bekannte Tatsachen schlüssig zusammenzufassen, so dass »der Feind« sich die Mühe nicht mehr selbst machen musste – dann konnte das als Landesverrat ausgelegt werden. Ob oder ob nicht: Das war eine Frage der politischen Machtverhältnisse.

1962 meinte die Obrigkeit, sich die Aktion gegen den SPIEGEL leisten zu können. Der SPIEGEL und die Hamburger Verlage, die halfen, dass er weiterhin erscheinen konnte, wurden abgehört. Der CSU-Innenminister Hermann Höcherl war der Auffassung, der Staat habe sein Recht, Telefone abzuhören, »vor November 1962« nicht ausreichend genutzt. Derselbe Höcherl fand nichts dabei, dass der SPIEGEL-Redakteur Conrad Ahlers rechtswidrig in Spanien verhaftet worden war: »Etwas außerhalb der Legalität« sei das gewesen, aber im Übrigen ganz in Ordnung. Man konnte damals schließlich – noch ein Spruch des legendären Höcherl – »nicht den ganzen Tag mit dem Grundgesetz unter dem Arm herumlaufen«. Er hätte es tun sollen.

Mit der SPIEGEL-Affäre 1962 begann das Jahr 1968. Viele junge Deutsche legten die Lampenputztücher beiseite, es begann die Zeit der Putztruppen.

Vermutlich hat Strauß einfach nur Theater gespielt – und Oster ließ sich täuschen. Denn der Attaché notierte:

»Dazwischen: Herr Hopf, der Haftbefehl gegen Ahlers liegt doch bereits vor?

Zu mir: Ja, der Haftbefehl liegt vor, er lautet auf Verrat militärischer Geheimnisse und auf aktive Bestechung. Ich wiederhole meinen Befehl, es kommt auf größte Eile an, wir bitten die Spanier um Amtshilfe. Ich erwarte Deine Meldung.«

Oster: »Ich fürchte, ich werde bei den Spaniern nichts erreichen ohne Unterlagen, Haftersuchen, Haftbefehl, Übermittlung an spanische Stellen.«

Strauß: »Haftbefehl ist da, der geht jetzt sofort an die spanischen Stellen. Es kommt uns darauf an, dass keine Zeit verloren wird und die vorläufige Festnahme bis morgen früh erfolgt, damit er nicht gewarnt wird. Hast Du verstanden?«

Oster: »Jawohl.«

Offenkundig hält Oster alles für möglich: Augstein auf Kuba, ein Dutzend Offiziere in Haft, sein Freund Ahlers ein Verräter, der Haftbefehl schon unterwegs.

Die deutschen Diplomaten unterhalten gute Kontakte zur spanischen Polizei, der man versichert, der Haftbefehl werde jeden Augenblick eintreffen. Gegen drei Uhr morgens wird das Ehepaar Ahlers im Hotelzimmer in Torremolinos festgenommen und im nahen Málaga in eine Arrestzelle gesperrt.

Später wird die Staatsanwaltschaft Bonn feststellen, dass alle, der Minister, der Staatssekretär und Oster, sich »objektiv« der Amtsanmaßung und der Freiheitsberaubung schuldig gemacht hätten. Strauß versucht, alles unter der Decke zu halten. Sein Adjutant vereinbart mit Oster, so ein Vermerk des Militärattachés, über »die Gespräche in der Nacht völliges Stillschweigen zu bewahren«.

Die Abgeordneten des Bundestags belügt Strauß ohne Hemmungen. Er behauptet, er habe mit Ahlers' Verhaftung nichts zu tun gehabt – und macht alles nur noch schlimmer. Wenig später tritt er zurück, es ist jener Knick in seiner Karriere, der ihn auch langfristig die Chance auf den Kanzlerjob kostet.

Nach einer Nacht im Polizeipräsidium in Málaga erklärt sich Ahlers bereit, nach Deutschland zurückzukehren. Seine Frau und er landen am 28. Oktober in Frankfurt am Main. Ahlers wird verhaftet.

Zu diesem Zeitpunkt ist sein Chef Augstein bereits einen Tag unter Kuratel der Staatsmacht, in Zelle 32 des Untersuchungsgefängnisses am Hamburger Holstenglacis. Der SPIEGEL-Gründer hat sich freiwillig gestellt und gibt sich bei den Ermittlungen kooperativ. Auf Bubacks Geheiß wird er in die Redaktion gebracht, wo er in seinem Büro den Safe öffnen soll.

Buback findet in dem Tresor eine Kopie des Ahlers-Exposés. In diesem Moment sei ihm klar gewesen, sagte Augstein später, dass die Ermittler in den einfach so hingeschriebenen Seiten nur eines sehen können: den Ersatz für einen »Schuldbeweis«.

Ein Land erwacht

Vier Wochen ist die Redaktion besetzt, 103 Tage sitzt Rudolf Augstein in Haft – doch am Ende bricht die Anklage der Bundesanwaltschaft gegen die SPIEGEL-Leute wegen Landesverrats zusammen. Und in Bonn geht die Ära Adenauer zu Ende.

Der Hausherr hat eine Flasche Wein geöffnet. Rudolf Augstein und seine Freundin Maria Carlsson haben Gäste eingeladen: Hans Detlev Becker, der Verlagsdirektor des SPIEGEL, und dessen Frau Elisabeth sind in die Villa am Leinpfad gekommen. Es ist Freitagabend, das Magazin wird bald in Druck gehen, da klingelt das Telefon.

Augsteins älterer Bruder Josef, der in Hannover eine Anwaltskanzlei betreibt und des Öfteren den SPIEGEL vertritt, ist am Apparat. Ein Journalist von der Deutschen Presseagentur (dpa), so berichtet er, habe ihn soeben benachrichtigt, dass sämtliche Redakteure des SPIEGEL verhaftet worden seien, im Verlag liefen Beschlagnahmungen. Das findet die Runde am Leinpfad ziemlich komisch, da bringe der dpa-Kollege wohl etwas durcheinander.

Rudolf Augstein ruft in der Redaktion an, nach mehreren Versuchen meldet sich eine ihm unbekannte Stimme – es wird aufgelegt. So gehen SPIEGEL-Mitarbeiter nicht mit ihrem Chef um.

Wieder meldet sich Josef Augstein aus Hannover im Leinpfad. Hamburgs Innensenator Helmut Schmidt habe eben bestätigt, dass gegen die Chefredakteure, die Kollegen im Bonner Büro und auch gegen Rudolf Augstein Haftbefehle vorlägen. Der Anwalt bricht sofort nach Hamburg auf.

Kurz darauf klingeln auch Redakteure durch und berichten Ungeheuerliches: Die Sicherungsgruppe des Bundeskriminalamts ist, flankiert von Dutzenden Polizeibeamten, im Verlag einmarschiert, durchsucht Räume, der Druck des neuen Heftes ist höchst gefährdet. Es geht um Landesverrat, den der SPIEGEL mit der Titelgeschichte »Bedingt abwehrbereit« begangen haben soll.

Becker hat sofort einen Verdacht, wer hinter der Aktion steckt: Franz Josef Strauß. Das Dauerfeuer des Magazins aus Hamburg droht dem Verteidigungsminister den Weg ins Kanzleramt zu versperren. Becker schimpft: »Und dieses Schwein, der Strauß, hat sich vor wenigen Tagen gebrüstet, es sei bald mit uns aus.«

Laut Becker ist der Runde schnell klar: Augstein dürfe nicht in die Redaktion fahren, wo ihm die Festnahme droht. Die SPIEGEL-Leute sind zur Verteidigung entschlossen. Der Vorwurf des Landesverrats zielt schließlich auf ihre bürgerliche Existenz, dafür kann man 15 Jahre Zuchthaus bekommen. Außerdem gilt die Maxime: Keine Preisgabe von Informanten.

Augsteins Bruder, der Anwalt, trifft sich nach Mitternacht im Hamburger Polizeipräsidium mit dem Ersten Staatsanwalt Siegfried Buback. Die Fahnder wissen nicht, dass der SPIEGEL-Herausgeber seit Monaten von seiner Ehefrau getrennt lebt. Die Adresse im Leinpfad ist ihnen unbekannt. Josef Augstein sichert zu, dass sein Bruder sich um zwölf Uhr mittags der Polizei stellen werde.

Die verbleibenden Stunden bis dahin will Rudolf Augstein nutzen, um Dokumente wegzuschaffen, die verfolgungswütigen Staatsanwälten als Beweismittel dienen könnten. Etwa jene Unterlagen, die Titelautor Conrad Ahlers vor seinem Urlaubsantritt einer Sekretärin anvertraut hat, verpackt in einen DIN-A4-Umschlag, knapp zwei Zentimeter dick.

Augstein bittet die Sekretärin am Telefon, das Kuvert zum Bahnhof Altona zu bringen. Dort trifft sie Maria Carlsson, die den Umschlag freilich nicht behält, sondern an eine Freundin weitergibt, die ihn im Weinkeller versteckt.

Bald darauf trifft der SPIEGEL-Herausgeber pünktlich im Hamburger Polizeipräsidium ein. »Gut, dass Sie Wort gehalten haben«, sagt Buback.

Es ist Samstag, der 27. Oktober 1962. Der SPIEGEL ist besetzt, sein Gründer in Haft. Doch schon in diesen Stunden zeichnet sich ab, dass die Staatsmacht auf Widerstand stoßen wird – auch aus den eigenen Reihen. Denn eine knappe Stunde nach Augstein fährt Helmut Schmidt vor dem Polizeipräsidium vor. Den Vormittag über haben Journalisten den Innensenator der Hansestadt angerufen, er will sich nun »über den Ablauf der Aktion unterrichten« lassen. Schließlich sind es Hamburger Polizisten, die dem Bundeskriminalamt (BKA) Amtshilfe bei der Besetzung des SPIEGEL leisten.

Buback bringt den Senator kurz auf den neuesten Stand, was dessen Stimmung nicht hebt. Schmidt ist erst am Vorabend kurz vor der Razzia knapp informiert worden. Er zweifelt an der Rechtmäßigkeit des Vorgehens, das werde »Herrn Strauß teuer zu stehen kommen«.

Schmidt treibt auch ein persönlicher Grund an, die Aktion ernst zu nehmen: Sein Studienfreund Ahlers hatte ihm Ende September Teile des Manuskripts zu lesen gegeben, mit dem der SPIEGEL Landesverrat begangen haben soll. Die Ermittlungen der Bundesanwaltschaft könnten sich also gegen ihn richten – und seine politische Karriere früh zerstören.

Noch vom Polizeipräsidium aus ruft Schmidt den Ersten Bürgermeister Paul Nevermann an. Die beiden verabreden sich für den folgenden Tag, aber schon am Telefon erzählt der Senator von seinem Treffen mit Ahlers. Gemeinsam kommen sie zum Schluss, dass Schmidt allenfalls als Zeuge vernommen werden könne und rechtlich »nicht verpflichtet« sei, sich bei der Bundesanwaltschaft zu melden – »der Name eines hamburgischen Senators«, so Schmidt später, solle nicht »ohne Not in die Schlagzeilen der Presse« geraten. Schmidt informiert zudem Herbert Wehner, Hamburgs mächtigsten Sozialdemokraten. Auch der stellvertretende SPD-Vorsitzende gibt Rückendeckung.

Intern lässt Schmidt prüfen, ob das Bundeskriminalamt mit der Aktion am Speersort 1 seine Kompetenzen überschritten hat und ob Hamburger Beamte die Tätigkeit der Bundesanwaltschaft und des BKA »überwachen oder gar hoheitlich beeinflussen« dürfen.

Er setzt sogar die Kripo in Marsch, sie soll herausfinden, ob die Verbündeten von Strauß illegal abhören. Neben dem SPIEGEL sind auch andere Redaktionen im Hamburger Pressehaus untergebracht, und deren Journalisten klagen über Klickgeräusche in den Leitungen. Manchmal brechen diese zusammen, wenn die Worte »SPIEGEL«, »Strauß« oder »Karlsruhe« fallen. Die Hansestadt, das ist klar, wird Kanzler Adenauer, Minister Strauß und die Bundesanwaltschaft bei ihrem Feldzug gegen das Magazin nicht unterstützen.

Augsteins Pistole im Tresor

Eigentlich war der nächtliche Zugriff auf die SPIEGEL-Etagen als finaler Schlag gegen die Aufmüpfigen gedacht – allerdings ahnten die Invasoren wohl nicht, dass sie in einen Bürodschungel geraten würden. Der SPIEGEL besitzt 117 Zimmer auf sieben Stockwerken, und überall werkeln Menschen an der neuesten Ausgabe. Mitarbeiter, die sich dem BKA-Trupp partout nicht beugen wollen.

Ziel der Razzia ist, so steht es im Vermerk eines Kripo-Beamten, nach Schriftstücken zu suchen, »deren Inhalt über die Bundeswehr schlechthin und über getätigte Zahlungen an irgendwelche Informanten Auskunft« gibt.

Eine kaum zu bewältigende Aufgabe: Staatsanwalt Buback steht mit einer Handvoll Beamter vor 17 000 Leitz-Ordnern und 4000 Schnellheftern mit insgesamt 5,5 Millionen Blatt Papier. Und dann gibt es noch 10 000 Meter Mikrofilme, 6000 Bücher, 180 Karteien und Register. Nach 48 Stunden – Augstein ist in Haft, Schmidt bereits auf dem Kriegspfad – zeichnet sich ab, dass die Hausdurchsuchung viele Tage dauern wird. Am Ende kommt sie einer Aussperrung gleich.

In U-Haft treibt Rudolf Augstein die Sorge um, dass die Polizei die beiden Panzerschränke in seinem Büro öffnen könnte. Denn darin befinden sich Kopien von Recherche-Unterlagen des Titelautors Ahlers. Der SPIEGEL-Boss bietet deshalb den Ermittlern an, sie bei den Durchsuchungen zu unterstützen. Er hofft, auf diese Weise die brisanten Papiere unauffällig verschwinden lassen zu können.

Augstein wird am Sonntag, dem 28. Oktober, aus dem Untersuchungsgefängnis zum Pressehaus gebracht. Beamte öffnen seinen Schreibtisch und wenden sich anschließend einem Panzerschrank zu, Augstein wählt die Zahlenkombination 4, 7 – die Tür ist entsichert. Im Tresor finden sich Augsteins Pistole und mehrere Stapel Papiere. Als die Staatsdiener unaufmerksam scheinen, schiebt Augstein das Ahlers-Konvolut unter einen Haufen Unterlagen, der bereits durchgesehen ist. Doch die Beamten bemerken die Finte, stellen den Herausgeber zur Rede. Er wisse nicht, woher die Papiere stammen, sucht sich Augstein herauszureden, gelesen habe er sie auch nicht.

Es ist kein guter Tag für den SPIEGEL. Die Bundesanwaltschaft hat nun erste Hinweise darauf, mit wem Ahlers bei seinen Recherchen gesprochen hat.

Immerhin überzeugt Verlagsdirektor Becker die Beamten davon, dass die SPIEGEL-Mitarbeiter diverse Bücher, Kompendien, Akten für die Produktion der nächsten Ausgabe benötigen. Buback lässt sich eine Liste vorlegen mit Anträgen auf die Freigabe beschlagnahmten Materials, es sind 325 Einzelpositionen. Was die Redakteure und ihre Kollegen der Dokumentation, ein Herzstück des Hauses, für ihre Arbeit anfordern, wird Stück für Stück überprüft.

Trotz allem ist die Stimmung am Speersort besser, als die Lage eigentlich erwarten ließe – auch dafür sorgt Becker. Am 29. Oktober schwört der Verlagsdirektor auf einer Betriebsversammlung im Erdgeschoss des Pressehauses die Mannschaft ein: »Wir haben uns nicht zu schämen. Keiner von Ihnen ist bei Al Capone engagiert, sondern bei Herrn Augstein sind Sie tätig. Die Nummer 45 ist in Arbeit. Wir wollen sie in vollem Umfang, mit unkonventionellem Umbruch, pünktlich, in erhöhter Auflage herausbringen.«

Und er wird fast pathetisch, was eigentlich nicht sein Stil ist. »Der Berg kreißt, das haben Sie alle schon gesehen. Meine Überzeugung ist, dass derjenige, der die tote Maus gezeugt hat, die geboren werden wird, sie mit einiger Beschämung und heimlich begraben wird.«

Becker sollte recht behalten.

Neben dem Selbsterhaltungswillen der Belegschaft verhindert die spontane Solidarität der anderen Verlage in der Medienstadt Hamburg den finanziellen Ruin des Magazins. Büros in den Redaktionen von »Zeit« und »Stern« werden für SPIEGEL-Kollegen freigeräumt; selbst nahegelegene Firmen, die mit Presse nichts zu tun haben, bieten Räume an.

Die erste Ausgabe nach der Besetzung des Verlags handelt von dieser Okkupation, auf dem Titel: Rudolf Augstein. 700 000 Exemplare verlassen die Druckerei, 200 000 mehr als sonst, 140 Seiten, davon über 70 Anzeigenseiten – die bislang umfangreichste Ausgabe ist rasch ausverkauft, es muss nachgedruckt werden.

Autor des Titelstücks ist Walter Busse, Chef des Kulturressorts. Präzise hat er den Überfall beschrieben – zum Unwillen Bubacks, der eine solche Berichterstattung hatte verhindern wollen, weil er auch darin einen Geheimnisverrat sah. Dass der SPIEGEL weiter pünktlich erscheint, bedeutet für die Belegschaft vor allem eines: Zuversicht. »Für uns alle«, erinnerte sich einer der leitenden Redakteure, »war diese Kontinuität sehr wichtig. Es hatten sich keine Spuren von K. o. gezeigt.«

Ein Nichterscheinen hätte sich der SPIEGEL auch nicht leisten können. In einer internen Analyse über »mögliche Auswirkungen einer vorübergehenden Stilllegung des SPIEGEL-Verlags« kommt der Autor zum Ergebnis, dass bereits das Aussetzen einer einzigen Ausgabe den Verlag in Existenznot gebracht hätte. Eine »Beschaffung von Fremdkapital« zur Überbrückung schien den Verlagsmanagern nicht möglich. Denn keine Bank, so glaubten sie, würde ihnen Geld geben, solange »der Tatbestand des Landesverrates als erfüllt vorweggenommen und unterstellt« werde – durch den Kanzler der Bundesrepublik höchstselbst.

Tatsächlich werden Anzeigen storniert, jedoch nur von »einzelnen Schissern«, wie Becker sie nennt. Komme es ganz schlimm, schreibt er später an Augstein ins Gefängnis, »verlieren wir insgesamt vielleicht 20 Prozent des Anzeigenaufkommens«. Im Übrigen sei die Redaktion »bei nach meinem Urteil harmlosen Zentrifugaltendenzen in einzelnen Fällen uneingeschränkt arbeitsfähig und Herr der Situation«. Er sei überrascht, »dass sich gewisse Führungsqualitäten dort zeigen, wo man sie nicht erwartet hätte«.

Mag die Staatsmacht schon überrascht gewesen sein von der hemdsärmeligen, altruistischen Hilfe einiger Verlage für ein Konkurrenzblatt: Mit dem Sturm, der jetzt über sie hinwegfegt, kann sie nicht gerechnet haben. Aus dem Stand entwickelt sich bereits in den ersten Tagen der Besetzung eine Protestbewegung, die es so in der Adenauer-Republik noch nicht gegeben hat. Gegen den alten Kanzler, gegen Strauß, gegen einen Staat, der in den Köpfen seiner Diener immer noch ein Obrigkeitsstaat ist.

Aber vor allem ist es eine Demonstration für Aufklärung, für die Pressefreiheit.

Die Republik geht auf die Straße

Die Gruppe 47, ein hochkarätiger Literatenzirkel um Hans Werner Richter, veröffentlicht ein Manifest. Die Publizierung »sogenannter militärischer Geheimnisse« sei im Kalten Krieg eine »sittliche Pflicht«, steht dort. Karl-Hermann Flach, einer der strategischen Köpfe der FDP, wähnt sich am falschen Ort oder zur falschen Zeit: »Wenn wir hören, dass Kinder weinen, weil zu später Stunde ihre Zimmer nach Belastungsmaterial gegen ihre Eltern durchstöbert werden«, schreibt der Liberale, dann »dürfen wir nicht mehr sicher sein, dass es sich um eine Geschichte aus Moskau, Prag oder Leipzig oder aber aus dem Berlin des Jahres 1944 handelt.«

Ende Oktober drängen mehrere tausend Menschen in einen Saal der Hamburger Universität, der nur 500 Personen fasst. Wegen des Andrangs wird die Protestveranstaltung verschoben, Hunderte ziehen zum Untersuchungsgefängnis, in dem Augstein und sein Chefredakteur Claus Jacobi sitzen. Im Chor rufen sie: »SPIEGEL tot – die Freiheit tot«.

Und: »Jeder Bürger muss es schrei'n, Augstein raus und Strauß hinein«.

In Bayern protestieren sogar Studenten mit CSU-Parteibuch gegen ihren Vorsitzenden und damit pro Augstein, was der amerikanische Historiker David Schoenbaum in seinem Klassiker über die SPIEGEL-Affäre als »Heroismus« bezeichnen wird.

Auch das Ausland nimmt die Affäre gebannt zur Kenntnis. Der Sonderkorrespondent der Londoner »Daily Mail« wird aus dem Himalaja, wo gerade Krieg herrscht, nach Bonn beordert; der seriöse »Figaro« aus Paris titelt: »Grave atteinte à la liberté de la presse« – »schwere Verletzung der Pressefreiheit«.

Und so wächst mit jeder Woche der Druck auf Regierung und Ermittler, besonders die Umstände der Sistierung von Ahlers in Spanien empören. Ein Wissenschaftler untersuchte dazu die Kommentare in 63 größeren westdeutschen Tageszeitungen: In 51 Texten setzt es harsche Kritik an den Regenten in Bonn.

Flankiert wird die »Freiheitsregung« (»Frankfurter Allgemeine«) auch von einer Elite, die sich bislang in »Abstinenz von staatsbürgerlichem Engagement« übte, wie der dänische Politologe Christian Søe feststellte: Deutschlands Professoren. Mit ihrem hohen Sozialprestige, so der Forscher, gaben sie der Protestbewegung »einen stark legitimierenden Rückhalt«.

Immerhin sind es gut 600 Hochschullehrer, die die Adenauer-Politik und das Vorgehen der Staatsanwälte anprangern. Professoren von der Kirchlichen Hochschule in Berlin sprechen von einer »Staatskrise«, die »die Kluft zwischen den Trägern der Staatsgewalt und dem Volke« sichtbar gemacht habe.

Und zur Staatskrise zählt auch, dass es zum Kampf kommt eines großen und eines ganz kleinen Bundeslandes gegen das System Adenauer: Hamburg und Nordrhein-Westfalen versus Bonn. Im föderalen Deutschland gibt es ein Gesetz, wonach der Bundesinnenminister die Länderhoheiten zu respektieren habe – etwa indem der Bund, wenn er seine Sicherheitskräfte in Marsch schickt, die betroffenen Landesregierungen »unverzüglich« benachrichtigt.

Unverzüglich heißt: ohne schuldhaftes Verzögern. Haftbefehle und Durchsuchungsbeschlüsse im Fall des SPIEGEL datierten vom 23. Oktober, spätestens am Tag darauf hätten Hamburg und auch Nordrhein-Westfalen also informiert werden müssen, denn die Staatsmacht geht ebenfalls gegen das Bonner SPIEGEL-Büro vor. Doch die Bundesbeamten schweigen drei Tage lang, und als die Behörden, etwa in Düsseldorf, unterrichtet wurden, hieß es nur, dass polizeiliche Maßnahmen bevorstünden. Kein Wort von Landesverrat. Von Augstein. Vom SPIEGEL.

Willi Weyer (FDP), Innenminister von Nordrhein-Westfalen, beschwert sich bei Bundesinnenminister Hermann Höcherl, einem Parteifreund von Strauß: Die »Ausschaltung der Länderinnenminister« halte er nicht für vertretbar. Weyer fordert, »umgehend« die Innenministerkonferenz zu einer Sondersitzung einzuberufen, »wegen des besonderen Aufsehens«, das der staatliche Zugriff »im In- und Ausland verursacht hat«.

Der Hamburger Innensenator Schmidt attackiert ebenfalls Höcherl wegen der »späten Unterrichtung«, und Nevermann, der Erste Bürgermeister der Hansestadt, schreibt in scharfem Ton an Adenauer, er möge »umgehend« dafür Sorge tragen, dass das »Verfahren« einwandfrei ablaufe. Ansonsten sehe er sich

»gezwungen, die Rechtmäßigkeit der Tätigkeit von Bundesbeamten im Bereich des Landes Hamburg prüfen zu müssen«.

Vor Gericht natürlich. Adenauer droht zurück: Wer die Bundesanwaltschaft behindere, müsse mit »strafrechtlichen Konsequenzen rechnen«. Eine solche Auseinandersetzung zwischen Bonn und zwei Bundesländern hat es bis dahin noch nicht gegeben.

Lügen von der Regierungsbank

Ende Oktober ringt SPD-Vize Wehner erkennbar mit der Tonlage in Sachen SPIEGEL. Das Parteipräsidium verlangt, dass die den Redakteuren vorgeworfenen Delikte »restlos aufgeklärt werden müssen«. Allerdings sollten die Strafverfolger nicht nur gegen die Journalisten, sondern »gegen jedermann, der in strafbare Tatbestände verwickelt sein könnte«, vorgehen – gemeint waren die mutmaßlichen Informanten im Verteidigungsministerium. Wehners Vorsicht hat strategische Gründe. Seit der Verabschiedung des Godesberger Programms 1959 verfolgt er das Ziel, die SPD regierungsfähig zu machen – ein Vorhaben, das angesichts der herrschenden Mehrheitsverhältnisse vorerst nur als Juniorpartner der CDU realisierbar ist. Allzu viel Solidarität mit mutmaßlichen Landesverrätern scheint da nicht opportun.

Andere Sozialdemokraten sehen die Umrisse der Affäre klarer und fordern eine Aufklärung durch den Bundestag. Am 7. November ist es so weit: Die SPD hat 18 Dringlichkeitsfragen eingereicht. Justizminister Wolfgang Stammberger (FDP) meldet sich auf dem Weg in den Plenarsaal spontan krank, und so bleiben nur Höcherl und Strauß, um der Opposition an drei aufeinanderfolgenden Tagen Rede und Antwort zu stehen.

»Was die beiden daraus machten, im Verein mit dem Kanzler«, wird SPIEGEL-Autor Hans Joachim Schöps 1983 in seinem Buch über die Affäre schreiben, »gehört zu den Tragödien des Bonner Parlaments und ist bislang von der Geschichte noch nicht überholt worden.«

Höcherl versteigt sich zu dem Bekenntnis, die Polizei dürfe gelegentlich auch einmal etwas außerhalb der Legalität handeln, und Adenauer macht den Rechtsstaat zur Farce, indem er das vermeintliche Ergebnis der Ermittlungen vorwegnimmt: »Nun, meine Damen und Herren, wir haben einen Abgrund von Landesverrat im Lande; wenn von einem Blatt, das in einer Auflage von 500 000 Exemplaren erscheint, systematisch, um Geld zu verdienen, Landesverrat getrieben wird…« Der Rest des Satzes geht im Tumult unter.

Als es wieder ruhiger ist, legt der greise Kanzler nach: »Gott, was ist mir schließlich Augstein. Der Mann hat Geld verdient auf seine Weise. Es gibt Kreise, die ihm dabei geholfen haben, indem sie den SPIEGEL abonniert haben und indem sie Annoncen hineingesetzt haben. Die Leute stehen nicht sehr hoch in Achtung, die ihm so viel Annoncen gegeben haben.« Dass auch die Bundeswehr im SPIEGEL inseriert, ist dem Kanzler offenbar entgangen.

Er belügt sogar das Parlament, aber das wird erst Jahrzehnte später bekannt. Er habe sich, so behauptet Adenauer, von der Aktion gegen den SPIEGEL »absichtlich ferngehalten«. Dabei war der Schlag gegen das Magazin mit ihm abgesprochen.

Und auch Strauß sagt die Unwahrheit, als es um die illegale Verhaftung von Titelautor Ahlers in Spanien geht: Er habe, so behauptet er zunächst, weder mit ihr etwas zu tun gehabt noch »mit den Maßnahmen, die der Generalbundesanwalt seiner Amtspflicht folgend für notwendig gehalten hat«. Doch die Verantwortung des Ministers für die Festnahme des Redakteurs wird schrittweise enthüllt. Und so stürzt die CDU, analysiert Historiker Schoenbaum, »von Vertrauen in Verzweiflung«. Ein »Krieg aller gegen alle« ist die Folge.

Adenauer hatte bereits eingewilligt, noch vor Ende der Legislaturperiode zurückzutreten. Nun geht es um den genauen Zeitpunkt – und um seine Nachfolge. Am 13. November beschließt die SPD, im Bundestag die Entlassung des Verteidigungsministers zu beantragen. Sie bringt damit Adenauers Koalitionspartner FDP in Zugzwang. Stimmt sie dagegen, gerät sie in Verdacht, die Machenschaften von Strauß in der SPIEGEL-Affäre zu billigen; stimmt sie dafür, katapultiert sie sich aus der Regierung.

Parteivorstand und Bundestagsfraktion der Liberalen berufen schließlich ihre fünf Minister aus dem Kabinett ab. Von Strauß ist in der entsprechenden Erklärung der FDP zwar keine Rede, aber das Zeichen ist deutlich: Die Tage des Verteidigungsministers sind gezählt.

Am 30. November erklärt Strauß, er werde einer neuen Regierung nicht mehr angehören. Und im Zuge der Koalitionsverhandlungen ringt die FDP Adenauer ab, nach der parlamentarischen Sommerpause 1963 das Kanzleramt zu räumen.

Das Revirement entscheidet auch einen seit Jahren schwelenden Streit in der deutschen Außen- und Verteidigungspolitik, wie der Historiker Tim Geiger herausgearbeitet hat. Mit dem Abgang von Strauß verlieren diejenigen, die für eine eigenständige europäische Verteidigungspolitik inklusive Nuklearoption plädieren. Die Atlantiker, die eine enge Bindung an die USA favorisieren, bestimmen von nun an den Kurs.

Der Informant gesteht

Während das Interesse der Bundestagsparteien an der SPIEGEL-Affäre nach der Regierungskrise deutlich abnimmt, ist der Aufklärungswille der Ermittler ungebrochen. Zwar sind am 26. November die letzten Räumlichkeiten des SPIEGEL von der Bundesanwaltschaft wieder freigegeben worden, doch die Suche nach den Informanten des Blatts wird mit aller Macht weiterbetrieben. Nach Lektüre der Titelgeschichte »Bedingt abwehrbereit« war für die Staatsschützer schnell klar, dass die Quelle unter den Heeresoffizieren im Verteidigungsministerium zu suchen sei, insbesondere unter denen, die sich mit strategischen Fragen zur Nato befassen; und die mindestens den Dienstgrad Oberstleutnant besitzen und Geheimnisträger sind.

Eines der beschlagnahmten Papiere engt den Kreis der Verdächtigen ein: Es ist eine Liste der Telefonate, die Ahlers von seinem Büro aus führte. Mehrfach taucht eine Nummer auf, zum ersten Mal angewählt am 10. Mai. Sie gehört Alfred Martin.

Im Ministerium gilt der Oberst ohnehin als möglicher Informant. Er hat den Ruf, ein Anti-Strauß-Mann zu sein. Kollegen, zu denen er ein »sehr enges kameradschaftliches und freundschaftliches Verhältnis« pflegte, hatte er sich bereits anvertraut; sie wussten von seiner »Entschlossenheit«, alles ans Tageslicht bringen zu wollen.

Martin wird am 27. November festgenommen. Er gibt an, zu SPIEGEL-Redakteuren »keine laufenden Beziehungen« unterhalten zu haben. Augstein sei er einmal begegnet, als eine Firma, an der er beteiligt war, »vor 12 bis 13 Jahren« in einem Augstein-Haus Fliesenarbeiten durchgeführt habe. Nein, er habe mit Ahlers, den er von früher kenne, nie gesprochen.

Knapp zwei Tage lang hält Martin dem Druck der Vernehmer stand – bis er sich, nachdem er den »gesamten Problemkreis noch einmal überdacht hatte«, zu einer »vollständigen Aussage nach bestem Wissen und Gewissen« entschließt. Der Oberst berichtet, wie er Kontakt zum SPIEGEL fand – über den Anwalt Josef Augstein. Der Bruder des SPIEGEL-Herausgebers wird am 4. Dezember in Haft genommen, weil er die »Ausspähung von Staatsgeheimnissen« gefördert habe. Als ihm sein Vernehmer erklärt, Titelautor Ahlers wolle, dass seine Unterlagen der Justiz übergeben werden, erklärt sich Josef Augstein bereit, sie aus dem Versteck zu holen – sie sind noch im Weinkeller. Der Anwalt hofft, damit der Entlastung seines Bruders dienen zu können. Als er das Material in den Händen hält, stellt er jedoch fest, dass es sich »ausschließlich um die Arbeitsunterlagen des Herrn Ahlers für den Foertsch-Artikel« handelt.

Papier nur, aber Ahlers hatte Namen von Kontaktleuten notiert; den von Jürgen Brandt etwa, Major an der Hamburger Führungsakademie der Bundeswehr, und den von Helmut Schmidt.

Rudolf Augstein ist, als Oberst Martin festgenommen wird, bereits seit fast fünf Wochen eingesperrt. Nachts hockt er in der Hamburger Zelle, tagsüber hilft er regelmäßig Buback und dessen Leuten bei der Ermittlungsarbeit vor Ort, als Zeuge bei Durchsuchungen. Kein Freigänger, ein Vorgeführter, der in der Nacht zum 28. November nach Koblenz verlegt wird. Hier muss er Schnürsenkel und Gürtel abgeben, wegen der Selbstmordgefahr.

Aus den Protokollen der Augstein-Vernehmungen lässt sich herauslesen, wie der SPIEGEL-Chef von Mal zu Mal ruhiger wird angesichts einer Situation, in der für ihn nichts veränderbar ist. Einmal nur spürt Buback den Zorn Augsteins – als er ihm vorhält, er sei so entschlossen gewesen, Strauß zu Fall zu bringen, dass er deswegen sogar bereit gewesen sei, »Landesverrat zu begehen«. Wenn Augstein eine Bierflasche gehabt hätte, so Buback, dann hätte er sie nach ihm geworfen.

Augstein liest im Alten Testament und glaubt danach zu erkennen, wie Justiz funktioniert: willkürlich, rachsüchtig, patriarchalisch, als »Gerechtigkeit à la Adenauer«. Seine gegenwärtige Lage, schreibt er, erlebe er als Christ – »mein In-Haft-Sein als stellvertretend und als Rückwurf eines Menschen, der vom Glück immer zu sehr begünstigt war«. Eine typische Augstein-Sentenz.

Manche seiner Mitarbeiter sind enttäuscht. »Die Redaktion wollte einen Volkstribun«, urteilt Augstein-Biograph Peter Merseburger, »aber Augstein versuchte, sich wegzuducken.«

Die, die ihn überschütten mit Zuwendungen und Zuneigung, kennen diese Binnensicht nicht. Die Post bringt warme Socken in den Knast, lange Unterhosen, Plätzchen, Bücher, auch eine Platte des Barden Freddy Quinn: »Junge, komm bald wieder«.

Und Briefe, immer wieder Briefe. Der Schauspiel-Grande und Theaterregisseur Gustaf Gründgens schreibt ihm, er halte die »Existenz Ihres Blattes für unentbehrlich«, selbst wenn es »manchmal um der Pointe willen über das Ziel hinausschießt«.

Ahlers, der am 22. Dezember aus der U-Haft entlassen wird, weil es keinen dringenden Tatverdacht mehr gibt, erweist wiederum Gründgens die Ehre. Im Hamburger Schauspielhaus wird »Don Carlos« gespielt, Schillers dramatisches Gedicht, ein gegen die Staatsallmacht geschriebener Freiheitsappell, ein Stück, das Despotie und Menschenwürde thematisiert; uraufgeführt in der Hansestadt am 29. August 1787, knapp zwei Jahre vor der Französischen Revolution. Gründgens spielt den spanischen König Philipp II., einen absolutistischen Herrscher. Sein Gegenpart ist der Marquis von Posa, ihn mimt Will Quadflieg.

Vorn sitzt das Ehepaar Ahlers, und als Quadflieg, ganz zum Schluss, den SPIEGEL-Mann unter den Zuschauern entdeckt, tritt er an den Rand der Bühne, zeigt auf ihn und deklamiert den berühmtesten Satz des Schiller-Stücks: »Geben Sie Gedankenfreiheit!« Viele Zuschauer erheben sich – und applaudieren.

Schmidt in Bubacks Visier

Rudolf Augstein bleibt von allen SPIEGEL-Leuten am längsten in Haft, auch über Weihnachten hinweg. Immer wieder lässt ihn Staatsanwalt Buback zum Verhör antreten. Und immer wieder kommt der auf eine Person zu sprechen: Helmut Schmidt. »Kann es zutreffen«, fragt Buback, »dass Sie die Materialsammlung (gemeint sind die bei Augstein gefundenen Unterlagen – Red.) mit folgender Randbemerkung versehen haben: ›Helmut Schmidts Ansicht‹?«

Augstein: »Das ist durchaus möglich, aber ich habe daran keine Erinnerung. Mir ist auch kein Zusammenhang gegenwärtig, der solch eine Bemerkung sinnvoll erscheinen ließe.« Buback hält ihm die Stelle vor – Augstein: »Ich habe daran keine Erinnerung.«

Buback: »Handelt es sich bei dem Namen Helmut Schmidt um den Hamburger Innensenator?«

Augstein: »Wenn es zutreffen sollte, dass ich den Namen Helmut Schmidt in einer Marginalie aufgeführt habe, dann müsste es sich um den jetzigen Hamburger Innensenator handeln. Einen anderen militärisch relevanten Herrn dieses Namens kenne ich nicht.«

Im Januar 1963 leitet die Bundesanwaltschaft ein Ermittlungsverfahren gegen Schmidt ein – wegen Beihilfe zum Landesverrat. Heute legen Politiker ihr Amt im Allgemeinen nieder, wenn gegen sie ermittelt wird. Schmidt hingegen bleibt. Seine Parteifreunde und auch führende Christdemokraten seien sich einig gewesen, die Sache »tiefer zu hängen«.

Schmidt wird erstmals am 6. Februar vernommen, und der Senator bestätigt seinen Ruf als »Schmidt-Schnauze«; beständig boxt er den Ermittlungsrichter Dierks in die Ringecke.

»Herr Senator«, fragt Dierks und legt Schmidt die Titelgeschichte vor, »enthält dieser Artikel irgendwelche Passagen, die auf Informationen von Ihnen zurückzuführen sind?«

Schmidt entgegnet, eine Antwort könne »eindeutig nicht gegeben werden«, und ergänzt: »Ganz offensichtlich beruht der Artikel zu weiten Teilen auf einer Kompilation aus verschiedenen, teils öffentlich zugänglichen, teils nicht allgemein zugänglichen

Quellen. Zweifellos hat Herr Ahlers von mir auch Informationen bekommen, z. B. hinsichtlich der amerikanischen, aus Literatur und Presse zugänglichen Auffassungen.«

Punkt für Schmidt.

Der Rechtsstaat siegt

Strafverteidiger zu sein in der SPIEGEL-Affäre ist ein hartes Brot. Zwischen ihnen und den Ermittlern gibt es lange Zeit keine Waffengleichheit, wie sie eigentlich im Gesetzessinne wäre. Die Verteidiger dürfen anfangs mit ihren Mandanten nicht unter vier Augen reden – ein Aufpasser sitzt stets dabei.

Und zu den Behinderungen der Anwälte gehört auch, dass Akten in der Regel nur bei der Bundesanwaltschaft oder beim Bundesgerichtshof eingesehen werden dürfen – es könnte ja sein, dass Verteidiger die fast durchweg geheim gestempelten Papiere an Dritte weiterreichen. Das Gutachten des Oberregierungsrats Heinrich Wunder, das dem SPIEGEL Landesverrat in über 40 Fällen bescheinigt, liegt im Panzerschrank. Die Verteidiger können es lesen, aber sie dürfen sich keine Notizen machen.

Im März 1964, fast anderthalb Jahre nach der SPIEGEL-Besetzung, kommt ein neues Gutachten. Es reduziert Wunders Vorwürfe erheblich, aber die Bundesanwaltschaft bleibt auf ihrem Gleis. Selbst die Tatsache, dass das Hauptquartier der US-Streitkräfte in Europa der Adenauer-Regierung längst mitgeteilt hat, seiner Einschätzung nach seien vom SPIEGEL »keine militärischen Geheimnisse« veröffentlicht worden, dient nicht der Entlastung: Karlsruhe erhebt im folgenden Oktober Anklage gegen Augstein, Ahlers und Martin. Augstein und Ahlers sollen »fortgesetzt gemeinschaftlich Staatsgeheimnisse verraten« haben.

Eine Verurteilung zu langen Freiheitsstrafen wäre vermutlich das Ende des SPIEGEL gewesen, wie ihn Augstein geprägt hat.

»Entnazifiziert war entnazifiziert«

Ex-Verlagsdirektor Hans Detlev Becker, Jahrgang 1921, über ehemalige Nationalsozialisten im SPIEGEL

SPIEGEL: Wenn über den SPIEGEL der Gründerzeit berichtet wird, ist gelegentlich die Rede davon, dass einige Redakteure und Mitarbeiter der ersten Stunde eine braune Vergangenheit hatten. Wie beurteilen Sie das heute?

Becker: Unsere Einstellung war: Wer entnazifiziert und als »nicht betroffen« eingestuft worden war oder als »Mitläufer«, der war nicht verdächtig. Man hat das damals formal betrachtet: belastet oder nicht belastet. Ich sehe das heute anders. Heute würde ich sagen, wenn man alles Wissen über das »Dritte Reich« vollständig erfasst und sich fragt, wie hat das alles so laufen können, dann würde man doch sagen: Jemand, der sich dort hat einfangen lassen und mitgemacht hat, der muss nicht gerade hier beim SPIEGEL dabei sein, der kann woanders mitmachen.

SPIEGEL: Es geht vor allem um Horst Mahnke, der bis 1959 beim SPIEGEL arbeitete, auch als Ressortleiter, und um Georg Wolff, jahrzehntelang SPIEGEL-Redakteur und zwischen 1959 und 1967 stellvertretender Chefredakteur.

Becker: Mahnke und Wolff waren, wie immer Sie das nennen wollen, Beamte oder Offiziere im SD.

SPIEGEL: Das war der Nachrichtendienst in Himmlers Reichssicherheitshauptamt. Wolff war im Rang eines SS-Hauptsturmführers in Norwegen dafür zuständig, die Opposition zu überwachen.

Becker: Wolff war nach Kriegsende in Norwegen interniert und ist als unbelastet frühzeitig entlassen worden. Wohlgemerkt aus Norwegen, wo die Vorbehalte gegen das »Dritte Reich« mit am stärksten waren. Und Wolff war ein gut geschulter Fachphilosoph, Schüler von Arnold Gehlen. Von Wolff konnte man viel lernen.

SPIEGEL: Es gab keine grundsätzlichen Bedenken, ehemalige NSDAP-Mitglieder oder SS-Leute einzustellen?
Becker: Nein, grundsätzliche nicht. Entnazifiziert war entnazifiziert.
SPIEGEL: Und wie stellt sich die Person Mahnkes im Rückblick dar? Der SS-Hauptsturmführer sollte nach einer Eroberung Moskaus Archivunterlagen sicherstellen. In Smolensk ging es dann im September 1941 nicht mehr weiter. Danach haben einige aus dem »Vorkommando Moskau«, dem Mahnke angehörte, an der Erschießung von Juden teilgenommen.
Becker: Ich habe das auch gelesen, aber in den fünfziger Jahren war das nicht bekannt.
SPIEGEL: Gegen Horst Mahnke lief später – da hatte er den SPIEGEL bereits verlassen und war zum Springer-Verlag gewechselt – ein Ermittlungsverfahren wegen des Verdachts, an den Exekutionen teilgenommen zu haben. Das Verfahren wurde eingestellt. Mahnkes Behauptung, unschuldig zu sein, konnte nicht widerlegt werden.
Becker: Aus heutiger Sicht ist mir vollkommen verständlich, dass man sagt: »Es gab genug begabte Leute, die man nehmen konnte. Warum musste man ausgerechnet jemanden einstellen, der mindestens insofern angreifbar war, als er antidemokratischen Impulsen aktiv Raum gegeben und sie unterstützt hat?« Das ist vollkommen richtig.
SPIEGEL: Der Medienwissenschaftler Lutz Hachmeister behauptet sogar, Sie und Augstein hätten gezielt ehemalige SD-Leute, Gestapo-Leute und NS-Propagandisten geworben, um deren Insider-Kenntnisse über das NS-Regime auszuwerten.
Becker: Man überschätzt uns, so weit haben wir nicht gedacht. Die Stimmung war: Der Krieg ist aus, aber jeder hat sein Päckchen zu tragen. Mahnke und Wolff kamen nach meiner Erinnerung Ende der vierziger oder Anfang der fünfziger Jahre zum SPIEGEL. Die Währungsreform lag wenige Monate oder kaum Jahre zurück. Was vorgeherrscht hat, das war – wie soll man sagen – eine Art von

Lebensgier: »Wir haben mehr Kleidung, als wir brauchen. Wir haben Autos.« Das ist heute nicht mehr vorstellbar.

SPIEGEL: Die Einstellung von Mahnke und Wolff war also nicht das Ergebnis kühlen Kalküls?

Becker: Nein, in der Redaktion hat kein Mensch irgendeinen Plan gehabt, wie die Zeitschrift sein sollte. Einer der frühen SPIEGEL-Wortführer befand expressis verbis, eine SPIEGEL-Geschichte solle »bunt, nett, harmlos sein – niemandem weh tun«, wie eine Unterhaltungszeitschrift.

SPIEGEL: Zum Glück haben Sie sich nicht daran gehalten.

Becker: Das hat die Redaktion etwas entzweit. Die Verlegung nach Hamburg 1952 war insofern auch eine Zäsur. Aber nun ein Projekt zu starten nach dem Motto: »Was kann man noch machen? Kreuzworträtsel? Nein. Frauenkosmetik? Auch nicht. Also machen wir mal eine Nazi-Serie« – so war das nicht.

SPIEGEL: Der SPIEGEL wird gern als »Sturmgeschütz der Demokratie« bezeichnet, eine Formulierung, die von Rudolf Augstein nach 1962 geprägt wurde, damals aber ironisch gemeint war. Wie war denn Ihr Selbstverständnis als Journalist in den fünfziger Jahren im SPIEGEL? Haben Sie eine Botschaft gehabt, etwa: »Wir kämpfen für die Demokratie!«?

Becker: Also ich bestimmt nicht.

SPIEGEL: Und Rudolf Augstein?

Becker: Nach meiner Erinnerung auch nicht. Der Demokratie brauchten wir nicht zum Durchbruch zu verhelfen, die brach ganz von selbst durch. Unsere Aufgabe war nach meinem Verständnis, für Sauberkeit in Staat und Wirtschaft zu sorgen oder zu kämpfen, das ist auch ein blödes Wort, also ...

SPIEGEL: ... Aufklärung?

Becker: Ja, Aufklärung, danke. Wir wollten über Korruption und Bereicherung, Selbstbedienung, Selbstbegünstigung und Machtmissbrauch aufklären.

Die 73-seitige Anklageschrift wird als »Dienstgeheimnis« gestempelt – ein gutes halbes Jahr später ist sie Makulatur. Denn am 13. Mai 1965 verkündet der 3. Strafsenat des Bundesgerichtshofs (BGH): »Die Eröffnung des Hauptverfahrens gegen die Angeschuldigten Ahlers und Augstein wird abgelehnt. Sie werden mangels Beweises außer Verfolgung gesetzt.«

Zwar seien »einige Tatsachen geheimhaltungsbedürftig« gewesen, urteilte der BGH. Der Artikel habe sich aber »mit kaum einem Gegenstand befasst, der nicht schon vorher in meist zahlreichen Veröffentlichungen von Ministern, Politikern und hohen Offizieren behandelt oder zumindest berührt worden wäre« – ein Nackenschlag für die Bundesanwaltschaft. Und ein Triumph für den SPIEGEL.

Oberst Martin bleibt allerdings außen vor, um seine Person tobt in den folgenden Monaten ein Kampf bis hoch in die Bonner Kabinettsspitze. Es geht um die Frage, ob Adenauer eingeweiht war in die Atompläne seines Verteidigungsministers, die sich von der Nato-Strategie substanziell unterschieden; es geht um die Vermutung, dass ein »preemptive strike«, also ein vorbeugender Atomschlag des Westens, tatsächlich der »Gesamtaufbauplanung der Bundeswehr zugrunde gelegt« worden ist.

Martins Anwälte beantragen, alle an den Planungen beteiligten Offiziere als Zeugen zu vernehmen. Der BGH verlangt deshalb im August 1966 vom Verteidigungsministerium und vom Bundesverteidigungsrat, die entsprechenden Akten zur Verfügung zu stellen. Die Regierung lehnt ab – weil eine »gerichtliche Verwertung dieser Unterlagen die Sicherheit der Bundesrepublik in unvertretbarem Maße beeinträchtigen« würde.

Eine Steilvorlage für die Richter und ein Beleg dafür, dass Oberst Martin durchaus recht gehabt haben könnte mit seinen Befürchtungen, wonach die Bundeswehr unter einem Verteidigungsminister Strauß in einen bedrohlichen Konflikt mit den Verbündeten geraten wäre. Der BGH stellt auch dieses Verfahren ein.

Am Anfang stand der Versuch, ein kritisches Magazin vom Markt zu schießen. Am Ende blieb die Erkenntnis, dass es doch einen Rechtsstaat gab, gestützt durch eine sensibilisierte Öffentlichkeit – auch wenn der SPIEGEL sich mit einer Klage wegen der Durchsuchungen und Beschlagnahmungen vor dem Bundesverfassungsgericht bei 4:4 Richterstimmen nicht durchsetzen konnte.

Die Karlsruher Richter stellten immerhin für alle Ewigkeit fest, dass jedwede Staatsgeschäfte, einschließlich der militärischen, einer »ständigen Kritik oder Billigung des Volkes unterstehen« müssen. Die im Grundgesetz beschriebene Pressefreiheit war jetzt wirklich verankert.

Rudolf Augstein, der 2002 starb, beschrieb es so: »Vielleicht kann man sagen, dass demokratische Normalität zur Regel wurde. Das Ganze bewirkte einen Klimawechsel, der durchgreifenden Politikern nicht zuträglich war.«

Und er sagte auch, damals sei er »nicht ganz sicher« gewesen, dass sich die SPIEGEL-Affäre nicht wiederholen würde: »Heute ist das sicher.«

Dokumente aus der Zeit der Haft Rudolf Augsteins

Fotokopie

Der Ermittlungsrichter
des Bundesgerichtshofs

z.Zt. Bad Godesberg, den 23.10.1962

6 BJs 469/62

Haftbefehl

Der

Verlagsleiter Rudolf A u g s t e i n , Hamburg 1, Speersort 1,

ist zur Untersuchungshaft zu bringen.

Er ist dringend verdächtig,

am 8. Oktober 1962 in Hamburg und an anderen Orten der Bundesrepublik Staatsgeheimnisse verraten zu haben.

- Verbrechen nach § 100 Abs. 1 StGB -

Der Beschuldigte ist Herausgeber des Nachrichtenmagazins "Der Spiegel". Mit seinem Wissen und Wollen sind in der am 8. Oktober 1962 ausgelieferten Nummer 41/16. Jahrgang in der Titelgeschichte "Bundeswehr" (Seite 32 ff) Tatsachen aus dem Bereich der Bundeswehr und der Nato öffentlich bekannt gemacht worden, deren Geheimhaltung vor einer fremden Regierung für das Wohl der Bundesrepublik erforderlich ist. Es besteht der dringende Verdacht, daß sich der Beschuldigte der Geheimhaltungsbedürftigkeit dieser Tatsachen bewußt war und die mit deren Preisgabe verbundene Gefährdung des Wohles der Bundesrepublik gebilligt hat.

Da ein Verbrechen Gegenstand des Verfahrens ist, ist Fluchtverdacht gesetzlich begründet. Darüber hinaus ist mit Rücksicht auf die Art der dem Beschuldigten zur Last gelegten Straftat die Gefahr begründet, daß er die Ermittlung der Wahrheit durch Vernichtung von Spuren der Tat, von Beweismitteln anderer Art oder durch Beeinflussung von Zeugen oder Mitbeschuldigten erschweren werde, wenn er auf freiem Fuß belassen würde (§ 112 StPO).

Gegen diesen Haftbefehl ist das Rechtsmittel der Beschwerde zulässig. Statt der Beschwerde kann mündliche Verhandlung nach § 114d StPO beantragt werden.

(Buddenberg)
Oberlandesgerichtsrat

Anhang

Fragen an Herrn Rudolf Augstein, gestellt von
Joan Calbert, Chef des Bonner Büros von
"Paris Match"

1. Bitte beschreiben Sie uns, wie Sie Ihren Tag im Gefängnis
   verbringen.

Antwort: Lesend und schreibend

2. Wer darf Sie ausser Ihrem Bruder, dem Herrn Rechtsanwalt
   Augstein, im Gefängnis besuchen?

Antwort: niemand

3. Wie werden Sie von der Kripo und auch von den Gefängnisbe-
   hörden behandelt?

Antwort: gut

4. Haben Sie evtl. Beschwerden in dieser Hinsicht zu formulieren?

Antwort: nein

5. Wie ist Ihre Moral ~~und welche Aussichten sind vorhanden für Ihre baldige Erscheinung vor einem Gericht~~?

Antwort: ~~meine Moral ist hervorragend~~
         unbeugsam

-2-

- 2 -

6. Haben Sie den Ahlers-Artikel vor der Veröffentlichung selbst durchgelesen oder an dem Artikel selbst mitgearbeitet?

Antwort: no comment

7. War die SPIEGEL-Aktion für Sie eine Überraschung oder dachten Sie, dass die Veröffentlichung des inkriminierten Artikels für den SPIEGEL gerichtliche Folgen haben könnte, wenn auch nicht in so einer scharfen Form, wie es geschehen ist?

Antwort: eine Überraschung

8. Sind Sie der Meinung, dass die in dem Artikel enthaltenen Informationen in irgendeiner Art die Sicherheit der Bundesrepublik bedrohen konnten, wenn so etwas auch unwillkürlich durch die Veröffentlichung geschehen könnte.

Antwort: no comment

9. Glauben Sie, dass Minister Strauss persönlich in der Angelegenheit interveniert hat, und sollte das Ihrer Meinung nach der Fall sein, was können Sie darüber sagen.

Antwort: no comment

10. Was meinen Sie über die letzten Bundestagsdebatten und die dort abgehaltenen Fragestunden?

Antwort: ein kaum glaublicher Skandal

Anhang

- 3 -

11. Was meinen Sie über die Erklärung des Bundeskanzlers bezüglich der Inserenten des SPIEGEL?

Antwort: dito

12. Was meinen Sie über die Zugabe des Minister Strauss, dass er doch mit Oster in Madrid telefoniert hat?

Antwort: Hört, hört

13. Glauben Sie, dass Ihnen bald eine konkrete Anklageschrift vorgelegt wird?

Antwort: no comment

14. Bitte geben Sie uns bekannt, was Ihnen am Herzen liegt und was Sie noch zu diesen Antworten beifügen möchten.

Antwort: Freiheit, Ehre und Rechtstaatlichkeit

Fluchtplan von Augsteins Eislauf-Partner:

Er war mit dem SPIEGEL-Herausgeber in Hamburg zum Schlittschuhlaufen verabredet. Doch dann brach die SPIEGEL-Affäre über das Land herein. Mit ironischer Entrüstung schrieb Augsteins Sportsfreund:

Nun höre ich zu meinem lebhaften Befremden, dass Du im Gefängnis sitzen musst. Würdest Du mir bitte mitteilen, wie Du Dir das mit dem Eislauftraining vorstellst? SO geht das jedenfalls nicht! Solltest Du noch länger im Gefängnis bleiben, dann muss ich mir einen anderen Schlittschuhpartner suchen.

Deshalb entwickelte der allein gelassene Sparringspartner einen verwegenen Plan, Augstein zu befreien. In einer selbstgemalten Skizze ...

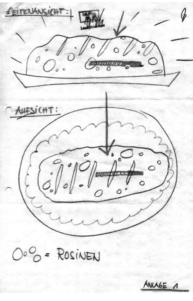

Anhang

Hamburg, den 20. Dezember 1962

Lieber, guter Chef !

Hier stapeln sich Wunderkerzen, grosse, kleine, dicke
und dünne Bücher, Freiheitsstatuen, Muschelenten, Schall-
platten ("Lobe den Herren", von Helma Friis, dem "Engel
von Südtondern), Schnapsflaschen (an die wir Ehrenwort
nicht herangehen), Schokoladentafeln und viele viele
liebe Wünsche aus allen Himmelsrichtungen.
Wielange sollen wir denn noch diesen grossen Haufen für
Sie hüten? Wir möchten Sie jetzt endlich wiederhaben,
denn es ist so trostlos - keiner schimpft mehr mit uns.
Lange kann es bestimmt nicht mehr dauern!
Wir haben versucht, den Weihnachtsmann zu beschwatzen,
Sie in den Sack zu stopfen und per Eilexpress an uns
zurückzuschicken. Ob der alte Mann die Courage hat?
Wenn nicht, lieber Herr Augstein, Sie wissen ja: die
fröhlichsten Weihnachten werden wir auch nicht gerade
feiern.
Dieses ist hoffentlich der letzte Brief, den wir Ihnen
in die Zelle schicken müssen! Wir freuen uns wahnsinnig
darauf, Sie wieder bei uns zu haben. Und es wird, ver-
dammt noch mal, jetzt auch die höchste Zeit.
Alles alles Gute

Ihre Sabine Schappien
Ihre Marlen Annelies
Ihre Elke Heile

Prominente Unterstützung:

Der renommierte Schauspieler, Theaterregisseur und Intendant des Deutschen Schauspielhauses in Hamburg, Gustaf Gründgens, schrieb schon kurz nach Augsteins Verhaftung einen aufmunternden Brief an den SPIEGEL-Herausgeber.

Ich habe mit Empörung von den äußeren Umständen gelesen, die zu Ihrer Verhaftung geführt haben, und möchte Ihnen meine herzlichen Wünsche und Gedanken senden.

Ich glaube nicht, dass der Trubel um Sie, Ihre Mitarbeiter und den SPIEGEL gerechtfertigt ist, und ich glaube auch nicht, dass Sie zu Recht Ihrer Freiheit beraubt sind. Es gibt keine Nummer des SPIEGEL, die ich nicht lese, und kaum eine, über die ich mich nicht ein bisschen ärgere. Aber ich halte die Existenz Ihres Blattes für unentbehrlich.

Der Brief endet mit den Zeilen: »Kann ich etwas für Sie tun – mein Brief ist an den Privatmann gerichtet –, lassen Sie es mich wissen. Ich würde es mit großer Freude tun.«

Solidarität des Bürgermeisters:

Auch namhafte Politiker, Intellektuelle und Künstler bekundeten dem inhaftierten SPIEGEL-Herausgeber ihre Solidarität. Hier Auszüge aus einem Brief des damals Zweiten Hamburger Bürgermeisters Edgar Engelhard:

Lieber Herr Augstein!
Es plagt mich das schlechte Gewissen. Als ich in Südamerika von Ihrem Unglück hörte, war es meine Absicht, Ihnen sofort zu schreiben. Ich bin aber von dieser guten Absicht wieder abgekommen, weil ich sehr im Zweifel war, ob eine bunte Postkarte, in eine Gefängniszelle zugestellt, dem Empfänger wirklich eine Freude bereitet. Ich habe dann von Woche zu Woche auf Ihre Entlassung gebaut, und so unterblieb das Schreiben. ( ) Es war eine vergebliche Hoffnung.
So darf ich Ihnen heute meine guten Wünsche und herzlichen Grüße übermitteln. Wie ich zu Ihnen stehe, habe ich in einem Artikel öffentlich bekundet. ( )
Ich drücke Ihnen beide Daumen, dass Sie bald wieder als freier Mann unter uns sind und von den Anklagepunkten nichts übrig geblieben ist!

Kämpferischer Silvestergruß:

Aus Italien schrieb der linksgerichtete Verleger Giangiacomo Feltrinelli am 31. Dezember 1962 ein Telegramm an den inhaftierten Augstein. Die prägnante Botschaft: »Liberté, Egalité, Fraternité, Giangiacomo Feltrinelli.«

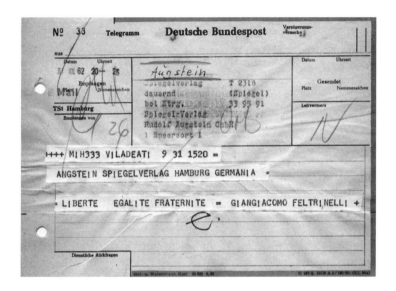

Kurzbiographien der Beiträger

Dr. Franziska Augstein (Jahrgang 1964) ist Journalistin und Miteigentümerin des SPIEGEL. Sie arbeitet seit 2001 als Redakteurin und Kolumnistin für die »Süddeutsche Zeitung«. Augstein ist die Tochter des verstorbenen SPIEGEL-Herausgebers Rudolf Augstein.

PD Dr. Frank Bajohr (Jahrgang 1961) arbeitet bei der Forschungsstelle für Zeitgeschichte in Hamburg. Zu seinen Arbeitsschwerpunkten zählen die Deutsche und Hamburgische Zeitgeschichte, die Geschichte des Antisemitismus und des Holocaust. Unter anderem arbeitete er auch am International Institute for Holocaust Research in Jad Vaschem.

Prof. Dr. Frank Bösch (Jahrgang 1969) ist Direktor des Zentrums für Zeithistorische Forschung und Professor für deutsche und europäische Geschichte des 20. Jahrhunderts in Potsdam. Zu seinen Forschungsthemen gehört die Entwicklung der Massenmedien im Kontext politischer Skandale.

Prof. Dr. Eckart Conze (Jahrgang 1963) ist Professor für Neuere Geschichte in Marburg. Sein Arbeitsschwerpunkt liegt auf der deutschen, europäischen und internationalen Geschichte des 19. und 20. Jahrhunderts. Er war Mitglied der Unabhängigen Historikerkommission zur Aufarbeitung der Geschichte des Auswärtigen Amts in der Zeit des Nationalsozialismus und in der Bundesrepublik.

Dr. Martin Doerry (Jahrgang 1955) ist stellvertretender Chefredakteur des SPIEGEL und Doktor der Neueren Geschichte. Im

Jahre 1987 wechselte er vom Süddeutschen Rundfunk zu dem Hamburger Nachrichten-Magazin, wo er elf Jahre später den Vize-Posten übernahm.

Prof. Dr. Jost Dülffer (Jahrgang 1943) ist Historiker. Seine Schwerpunkte sind Friedens- und Konfliktforschung sowie die deutsche Geschichte im 19. und 20. Jahrhundert. Er ist emeritierter Professor der Universität Köln und Mitglied der Unabhängigen Historikerkommission zur Erforschung der Geschichte des Bundesnachrichtendienstes.

Prof. Dr. Horst Ehmke (Jahrgang 1927) lehrte als Jura-Professor, bevor ihn die SPD auf unterschiedlichen Ministerposten unter den Kanzlern Kurt Georg Kiesinger und Willy Brandt berief. In der SPIEGEL-Affäre war er einer der Strafverteidiger des Redakteurs Conrad Ahlers vor dem Bundesgerichtshof und Prozessvertreter im Verfassungsbeschwerdeverfahren.

Prof. Dr. Norbert Frei (Jahrgang 1955) ist Inhaber des Lehrstuhls für Neuere und Neueste Geschichte an der Universität Jena und Leiter des Jena Center Geschichte des 20. Jahrhunderts. Er war Mitglied der Unabhängigen Historikerkommission zur Aufarbeitung der Geschichte des Auswärtigen Amts in der Zeit des Nationalsozialismus und in der Bundesrepublik.

Hans-Dietrich Genscher (Jahrgang 1927) war 23 Jahre lang Bundesminister und prägte fast zwei Jahrzehnte die Außenpolitik Deutschlands – erst in der sozialliberalen Koalition, dann im Kabinett Kohl. Abrüstung, Entspannung und Ausgleich mit dem Osten standen im Zentrum seiner Politik. Höhepunkt in der Amtszeit des großen Liberalen: die deutsche Wiedervereinigung.

Anhang

PD Dr. Lutz Hachmeister (Jahrgang 1959) ist Journalist, Medienforscher sowie Gründer und Direktor des Instituts für Medien- und Kommunikationspolitik in Berlin. Für seine Arbeiten zu Gesellschaftsthemen und zum Journalismus im Nachkriegsdeutschland erhielt er zahlreiche Auszeichnungen.

Prof. Dr. Wolfgang Hoffmann-Riem (Jahrgang 1940) war zwischen 1999 und 2008 Richter am Bundesverfassungsgericht. Zuvor war das ehemalige SPD-Mitglied als Parteiloser zum Justizsenator in Hamburg berufen worden.

Monika Hohlmeier (Jahrgang 1962) ist Politikerin der CSU. Von 1998 bis 2005 war sie bayerische Staatsministerin für Unterricht und Kultus, bevor sie 2009 in das Europaparlament wechselte. Sie ist die Tochter des ehemaligen bayerischen Ministerpräsidenten Franz Josef Strauß.

Dr. Hauke Janssen (Jahrgang 1958) leitet seit 1998 die Abteilung für Dokumentation beim SPIEGEL. Er ist Wirtschaftswissenschaftler und veröffentlichte mehrere Studien zur Geschichte des ökonomischen Denkens.

Georg Mascolo (Jahrgang 1964) ist Journalist und war Chefredakteur des SPIEGEL. Er arbeitete seit 1988 für die SPIEGEL-Gruppe, zunächst für SPIEGEL TV, wo er unter anderem über den Fall der Berliner Mauer berichtete. 1992 wechselte er zum SPIEGEL, 2008 übernahm Mascolo mit Mathias Müller von Blumencron bis 2013 die SPIEGEL-Chefredaktion.

Dr. Michael Mayer (Jahrgang 1974) ist an der Politischen Akademie Tutzing für den Bereich Zeitgeschichte zuständig. Zu seinen Forschungsschwerpunkten zählen der Holocaust und die deutsch-französischen Beziehungen. Er war als Mitarbeiter des Instituts für Zeitgeschichte im Auswärtigen Amt an der Edition »Akten zur Auswärtigen Politik der Bundesrepublik Deutschland« beteiligt.

Peter Merseburger (Jahrgang 1928) war als Korrespondent und Redakteur unter anderem beim SPIEGEL und der ARD. Zwischen 1968 und 1977 leitete er als Chefredakteur den NDR. Merseburger verfasste Biographien über Kurt Schumacher, Willy Brandt, Rudolf Augstein und Theodor Heuss.

Prof. Dr. Daniela Münkel (Jahrgang 1962) ist Historikerin und arbeitet als Projektleiterin beim Bundesbeauftragten für die Stasi-Unterlagen. Ihre Forschungsschwerpunkte sind Politik-, Medien- und Sozialgeschichte des 20. Jahrhunderts sowie die Mediengeschichte der DDR.

Prof. Dr. Axel Schildt (Jahrgang 1951) ist Historiker und Direktor der Forschungsstelle für Zeitgeschichte in Hamburg. Zu seinen Schwerpunkten gehört die Geschichte der Massenmedien nach dem Zweiten Weltkrieg. Sein Essay »Ankunft im Westen« aus dem Jahr 1999 analysiert die Anfänge der Bundesrepublik.

PD Dr. Thomas Schlemmer (Jahrgang 1967) ist Historiker und arbeitet am Münchener Institut für Zeitgeschichte und an der Ludwig-Maximilians-Universität München. Schlemmers Forschungsschwerpunkt ist neben der deutschen Sozial- und Wirtschaftsgeschichte auch der Faschismus in Italien.

Helmut Schmidt (Jahrgang 1918) war von 1974 bis 1982 fünfter Bundeskanzler der Bundesrepublik Deutschland. Zur Zeit der SPIEGEL-Affäre war er Innensenator Hamburgs und Wehrexperte der SPD, auch gegen ihn wurde ermittelt. Heute ist er unter anderem Herausgeber der Wochenzeitung »Die Zeit« und Buchautor.

Prof. Dr. David Schoenbaum (Jahrgang 1935) ist amerikanischer Historiker. Seine Forschung und Lehre beschäftigt sich hauptsächlich mit der deutschen und europäischen Geschichte im 19. und 20. Jahrhundert und internationalen Beziehungen. Er ist Autor des Buches »Ein Abgrund von Landesverrat – Die Affäre um den SPIEGEL«.

Prof. Dr. Hans-Ulrich Wehler (Jahrgang 1931) ist Historiker mit Schwerpunkt deutsche und amerikanische Geschichte des 18. bis 20. Jahrhunderts. Seine »Deutsche Gesellschaftsgeschichte« gehört zu den Standardwerken zur neueren Historie Deutschlands. Nach seiner Emeritierung 1996 an der Universität Bielefeld ist er weiterhin in der Wissenschaft tätig.

Dr. Dieter Wild (Jahrgang 1931) ist Journalist, promovierter Jurist und Historiker. Von 1960 bis 1999 arbeitete er für den SPIEGEL. Als Redakteur, Paris-Korrespondent und stellvertretender Chefredakteur hat er fast 200 SPIEGEL-Gespräche geführt und zahlreiche Geschichten und Essays verfasst. Danach lehrte Wild unter anderem an der Universität Leipzig.

Personenregister

Achenbach, Ernst 65
Acheson, Dean 151
Adenauer, Konrad 12, 26f.,
    38, 40, 42f., 46, 48f., 51,
    65f., 72, 75, 84, 86, 89–91,
    98, 101f., 108f., 112, 123f.,
    126–130, 134, 137, 150–153,
    161, 174, 178, 180–186, 188,
    198, 200, 202–208, 211–230,
    240f., 243, 246f., 250, 258,
    260, 265, 271f., 274, 293–296,
    299, 313, 326, 330, 344f., 349,
    351, 353–359, 379, 381–383, 385,
    394–396., 401, 404, 407f., 410,
    414, 417–422, 424, 427, 431
Ahlers, Conrad 10, 12, 22, 26f.,
    29, 96, 98, 101, 103–105, 109f.,
    117f., 132, 134, 138f., 150–158,
    162–172, 189, 209, 214, 221,
    282, 294f., 314, 328f., 331f.,
    336, 349f., 350, 352, 380f.,
    389–391, 396–398, 400,
    402–405, 408f., 410, 412–415,
    418, 421, 423–425, 427, 431,
    441
Ahlers, Heilwig 152, 154, 157,
    402f., 409, 425
Aicher-Scholl, Inge 192

Aichinger, Ilse 177
Alexander, Heinz Gustav 54
Andersch, Alfred 177, 192,
    200, 354
Arendt, Hannah 188
Armstrong, Louis 208
Arndt, Adolf 282, 288
Arnold, Karl 65
Augsburg, Emil 52, 63f.
Augstein, Franziska 20, 38,
    132, 267, 300–327, 341, 349,
    406–408, 442
Augstein, Josef 26, 104, 283,
    324, 389, 411f., 423f.
Augstein, Rudolf *passim*
Aust, Stefan 56

Bachmann, Günter 128
Bachmann, Ingeborg 177
Bachrach-Baker, Kurt 54
Bajohr, Frank 353, 355, 442
Barbie, Klaus 63
Barzel, Rainer 229, 317
Baudissin, Wolf Graf 385
Becker, Elisabeth 410
Becker, Hans Detlev 26, 52,
    55f., 64, 88, 92, 102–104,
    106, 116f., 119–121, 127, 149,

285–287, 350, 391, 398, 402, 410f., 415–417, 428–430
Berkhan, Willi 331
Bickerich, Wolfram 258, 359
Bismarck, Otto von 217, 307
Bissinger, Manfred 56
Bittorf, Wilhelm 54
Blank, Theodor 87, 91, 96
Blauhorn, Kurt 54
Blücher, Franz 87, 280
Blumenfeld, Erik 203, 213f., 223
Boenisch, Peter 31
Böhme, Erich 104
Bönisch, Georg 13
Born, Max 183
Bösch, Frank 353, 356, 442
Bracher, Karl Dietrich 28f., 190f.
Brandt, Jürgen 390, 424
Brandt, Willy 29, 110, 127, 187, 218, 241, 247f., 268, 270, 290, 296, 382, 441, 443
Brauer, Max 182, 206
Brawand, Leo 60, 88f., 106, 111
Brentano, Heinrich von 221, 356
Breuer, Richard 150, 153–157, 162–164, 166, 169, 171–174
Brock, Bazon 196
Brockdorff-Rantzau, Cay von 126

Buback, Siegfried 292, 391f., 399, 401, 406, 410, 412, 416, 424–426
Bucerius, Gerd 42, 103, 198, 204f., 237, 243, 245, 355
Busse, Walter 416

Carlsson-Sperr, Maria 104, 319, 402, 410, 412
Carstens, Karl 155, 158f., 169, 171, 353
Castiella y Maíz, Fernando María 170
Christiansen, Sabine 50
Chruschtschow, Nikita Sergejewitsch 100, 103, 151
Colonna di Paliano, Guido 158
Conze, Eckart 346f., 442
Cortina Mauri, Pedro 155f.

Debus, Sigurd 57
Dechamps, Bruno 199
Dehler, Thomas 279
Dickopf, Paul 163–167
Dierks (Landgerichtsdirektor) 335, 337f., 426
Dirks, Walter 38
Doering-Manteuffel, Anselm 271
Doerry, Martin 442
Dollinger, Werner 259
Döring, Wolfgang 280

Dowling, Walter 161
Dreyfus, Alfred 109, 130
Dufhues, Josef Hermann 93, 178
Dülffer, Jost 350f., 443
Dutschke, Rudi 303

Eggebrecht, Axel 38
Ehard, Hans 258
Ehmke, Horst 110f., 141, 279–299, 443
Ehre, Ida 187
Eisenhower, Dwight D. 77, 95
Engel, Johannes K. 88, 102, 106
Engelhard, Edgar 438
Enzensberger, Hans Magnus 177, 192, 354
Erhard, Ludwig 30, 109, 218, 224f., 227, 229, 266, 269, 357
Erler, Fritz 290, 333f.
Eschenburg, Theodor 190

Fay, Wilhelm 223
Feit, Christian 154, 157, 171
Felfe, Heinz 122, 127f.
Feltrinelli, Giangiacomo 439
Fest, Joachim 30
Finger, Stefan 308
Fischer, Fritz 29
Fischer, Erich 401
Flach, Hans-Hermann 280, 417
Flick, Friedrich Karl 248

Foertsch, Friedrich 9, 26, 82, 97, 117f., 284, 350, 379, 391, 395, 424
Fraga Iribarne, Manuel 163
France, Anatole 109, 130
Franco, Francisco 109, 178, 209, 295, 403
Frei, Norbert 343–346, 383, 443
Freiberger, Lorenz 257
Freisler, Roland 29
Fricke, Otto 223

Gates, Thomas S. 93
Gaulle, Charles de 208
Gaus, Günter 56
Gehlen, Arnold 428
Gehlen, Reinhard 64, 112f., 115–117, 119–122, 124f., 128f., 333f., 346, 351, 384, 408
Geiger, Tim 422
Geissler, Christian 184
Genscher, Hans-Dietrich 279–299, 307, 343, 443
Gerstenmaier, Eugen 204, 217, 266
Giordano, Ralph 61
Globke, Hans 46, 91, 197, 222, 289, 293, 326
Goebbels, Josef 40, 45, 196, 280
Goldhagen, Daniel 284
Gorbatschow, Michail 307
Grass, Günter 177, 192, 199

Gressmann, Hans 195
Grewe, Wilhelm 161
Gründgens, Gustav 107, 425, 437
Güde, Max 42, 390
Guillaume, Günter 248
Gündisch, Jürgen 213
Guttenberg, Karl Theodor Freiherr von und zu 228, 256, 260f.

Hachmeister, Lutz 44, 280, 345f., 348, 429, 444
Haffner, Sebastian 197f., 354
Hahlbohm, Siegfried 93
Hanrieder, Wolfram 85
Hardt, Claus 54
Harpprecht, Klaus 30, 233
Hase, Günther von 158, 160
Hassel, Kai-Uwe von 225
Hegel, Friedrich 271
Heidtmann, Jan 276
Hein, Oskar 59
Heinemann, Gustav 219, 288, 337, 389
Heinz, Friedrich Wilhelm 64
Heller, Michael 274
Hemingway, Ernest 111
Heusinger, Adolf 81, 116
Heydrich, Reinhard 50, 60
Heye, Hellmuth 31
Hildesheimer, Sylvia 194, 201

Hildesheimer, Wolfgang 194, 201
Himmler, Heinrich 428
Hindenburg, Paul von 106
Hinz, Gerhard 59
Hirschfeld, Walter 51, 63
Hitler, Adolf 89, 196, 284, 382, 403
Höcherl, Hermann 17, 134, 163f., 166–169, 193, 213, 352, 355, 408, 419–421
Hodenberg, Christina von 24, 30, 180, 357
Hoegner, Wilhelm 253
Höfer, Werner 197
Hoffmann-Riem, Wolfgang 351f., 444
Hohlmeier, Monika 300–327, 348, 444
Höhne, Heinz 112, 384
Hopf, Volkmar 138, 155, 159, 170, 384, 395–397, 403, 405, 409
Hopffgarten, Hans-Joachim von 393
Hugenberg, Alfred 238
Hundhammer, Alois 256

Jacobi, Claus 31, 66, 102–106, 109f., 291, 311, 208, 401f., 418
Jaedicke, Horst 54
Jaene, Hans Dieter 102, 116

Janssen, Hauke 41, 59, 444
Jaspers, Karl 188
Jaumann, Anton 263
Jens, Walter 177
Joël, Günther 167
John, Otto 64
Johnson, Uwe 177, 192, 354

Kammhuber, Josef 79
Kapfinger, Hans 94
Kästner, Erich 187
Kellerhoff, Sven Felix 360
Kennedy, John F. 25, 70, 76, 78, 82, 95, 99f., 136, 151, 161, 184, 186, 241, 347, 386, 395
Khuon-Wildegg, Ernst 54
Kielmannsegg, Johann Adolf Graf von 385
Kiesinger, Kurt Georg 317, 441
Kipphoff, Petra 211
Kissinger, Henry 90, 330f., 384, 387
Klibansky, Joseph 53
Klug, Ulrich 135, 149, 288
Kluge, Alexander 192, 354, 407
Kogon, Eugen 38, 198, 209
Kohl, Helmut 217, 219f., 229, 248, 270, 279, 317, 322, 441
Köhler, Otto 53
Kolbenhoff, Walter 199
Korte, Konrad 249
Kracht, Christian 103

Krämer-Badoni, Rudolf 193f.
Krone, Heinrich 91, 222, 227, 349
Krüger, Hans 226
Kuhn, Albin 124, 385, 391–393, 395
Kunz (Konsulatssekretär in Madrid) 164f.
Küstner, Emil 157

Laegeler, Hellmuth 80
Latsch, Gunther 13
Ledig-Rowohlt, Heinrich Maria 177
Lemnitzer, Lyman L. 78
Lenz, Otto 40
Leonhardt, Rudolf Walter 192, 195
Lilienthal, Volker 353
Littell, Jonathan 51
Lübke, Heinrich 195, 224
Lücke, Paul 226, 228

Mahnke, Horst 45, 51–53, 55, 61–64, 88f., 345f., 428–430
Maier, Reinhold 279
Maizière, Ulrich de 385
Mandela, Nelson 305
Manstein, Erich von 47
Mao Zedong 305, 341
Marqués de Bolarque, Luis 169

Martin, Alfred 26, 81, 98, 347f., 387–389, 397f., 423f., 427, 431
Mascolo, Georg 10, 13, 444
Mathiesen, Johannes 62
Mayer, Michael 352f., 444f.
McNamara, Robert 78, 81, 96f., 395
Meinhof, Ulrike 66
Merseburger, Peter 346, 348–350, 357, 359, 425, 445
Messing, Zenobjucz 58f.
Meyer-Lindenberg, Hermann 167
Mischnick, Wolfgang 229, 280
Morris, Brewster 384
Mühsam, Erich 406, 408
Müller, Hans-Dieter 53
Müller-Roschach, Herbert 160
Münkel, Daniela 357f., 445
Muñoz Grandes, Agustín 155, 164

Nannen, Henri 42, 103, 198, 204f., 209, 237, 241f., 245, 355
Naumann, Werner 280f.
Nayhauß, Mainhardt Graf 41f.
Nebe, Arthur 59f.
Nesselhauf, Michael 283
Neumayer, Fritz 280

Nevermann, Paul 212, 335, 355, 413, 419
Nixon, Richard 230
Nollau, Günther 57

Oberländer, Theodor 225
Oebsger-Röder, Rudolf 52, 64
»Onkel Aloys« 93, 390
Ossietzky, Carl von 188, 192
Oster, Achim 101, 138, 153–155, 165f., 171–174, 314, 352, 403–405, 409

Paczensky, Gert von 30, 198
Pinochet, Augusto 305
Posser, Dieter 209
Pöttker, Horst 130
Pozo, Gonzáles 154f., 165f.
Preusker, Victor-Emanuel 280
Prinz, Günter 31

Quadflieg, Will 425
Quinn, Freddy 425
Quisling, Vidkun 55

Raddatz, Fritz J. 107
Rademacher, Franz 47
Rapacki, Adam 125
Rauh, Cornelia 357, 360
Regnier, Henri 107
Reich-Ranicki, Marcel 177, 192, 195, 354

Reif, Otto 150, 152f., 171
Richter, Hans Werner 177f., 192, 194, 199, 201
Ritter, Gerhard 28, 191
Rosenthal, Wilfried Ritter und Edler von 159
Röttiger, Hans 80
Rotzoll, Christa 54
Rowohlt, Ernst 187
Rudolph, Hans-Wilhelm 62

Sahm, Ulrich 158
Schäfer, Hermann 87, 280
Scheel, Walter 65, 229, 280
Schellenberg, Walter 60
Schildt, Axel 344, 353f., 445
Schiller, Friedrich 425
Schiller, Karl 337
Schlabrendorff, Fabian 288
Schlamm, William S. 186f.
Schlemmer, Thomas 348f., 357–360, 445
Schmeißer, Hans Konrad 240
Schmelz, Hans 10, 88, 98, 103f., 285, 328f. 390
Schmid, Richard 402
Schmidt, Helmut 12, 98, 113, 126, 189, 210, 212f., 266, 279, 299, 307, 328–343, 348, 355, 385f., 389, 391, 397, 411–414, 419, 424–427, 445f.

Schmückle, Gerd 79, 91, 99, 113, 387
Schnabel, Ernst 194f.
Schneider, Peter 149, 288
Schnez, Albert 388
Schoenbaum, David 99, 233, 279–299, 446
Schöps, Hans Joachim 130, 288, 420
Schröder, Gerhard (CDU) 41, 91, 126, 159, 171, 174, 224f., 357, 404
Schrübbers, Hubert 41
Schulz, Peter 340
Schumacher, Kurt 206, 443
Schwarz, Hans-Peter 91, 101, 127, 184
Seebohm, Hans-Christoph 229, 242
Seidel, Hanns 255, 258
Sieburg, Friedrich 43, 193, 199
Siedler, Wolf Jobst 193
Sieveking, Kurt 206f.
Six, Franz Alfred 50f., 55, 60, 62–65, 345
Six, Marianne 63
Søe, Christian 418
Sommer, Theo 109, 130, 146, 195
Soraya von Persien 218
Speidel, Hans 81
Spiering, Robert 284

Springer, Axel 53, 103, 237, 241
Stabenow, Gerhard 59
Stackelberg, Curt Ferdinand Freiherr von 149, 288
Stammberger, Wolfgang 27, 101, 124, 220, 227, 293–296, 420
Staudte, Wolfgang 48
Stehle, Hansjakob 31
Sternberger, Dolf 38
Strauß, Franz Josef *passim*
Strauß, Maria 313
Strauß, Walter 396
Stücklen, Richard 229

Taylor, Maxwell 78, 395
Tesmar, Jürgen von 59
Thiel, Thomas 360
Tobias, Fritz 56
Tschechowa, Olga 187
Tucholsky, Kurt 107

Ulbricht, Walter 103, 211
Unseld, Siegfried 177

Vogel, Hans Jochen 254

Wagner, Walter 394–396, 399
Walden, Matthias 31
Walser, Martin 192, 196, 199, 273, 354
Walz, Hanne 54

Wehler, Hans-Ulrich 10, 37f., 44, 234, 322, 343f., 357, 382, 446
Wehner, Bernhard 59
Wehner, Herbert 413, 420
Weidemann, Hans 62
Weiß, Kurt (Deckname »Winterstein«) 116–121
Welck, Wolfgang Freiherr von 154, 170, 173
Werner, Hermann 59
Weyer, Willi 65, 419
Wicht, Adolf (Deckname »Winkler«) 116–128, 350f.
Wiegrefe, Klaus 13, 347f.
Wiehe, Jürgen 57–59
Wild, Dieter 102f., 279–299, 446
Wildhagen (Fräulein) 402f.
Windmöller, Eva 54
Winkler, Heinrich August 382
Wirsing, Giselher 62, 193, 197
Wolff, Georg 45, 51f., 54–56, 61, 100, 345f., 348, 428–430
Worgitzky, Heinrich 116f.
Wunder, Heinrich 392

Zehrer, Hans 197
Ziesel, Kurt 53, 55
Zimmermann, Eduard 54
Zind, Ludwig 48
Zolling, Hermann 112

Sachregister

Abhöraktionen 211, 408, 413
Alliierte 47, 77, 99, 225, 238, 243, 297, 387
Amigo-System 93 f.
Amnesty International 27
Amt für Sicherheit der Bundeswehr 392
Antisemitismus 48, 53, 239, 345, 358, 440
Atomkrieg 90, 94, 121, 380, 394
Atomschlag, vorbeugender (»preemptive strike«) 83, 99, 161, 224, 297, 347, 387–389, 391, 431
Atomwaffen 9, 73–86, 89–91, 94, 97, 99, 181 f., 224, 296., 306, 331, 347, 353, 384, 387 f., 391
Auslieferung 104, 155–157, 163, 403

Außenpolitik 46, 73, 207, 217 f., 305, 441
Auswärtiges Amt 47, 51, 65, 150, 152–162, 166–174, 290, 352, 440 f.

Berlin-Krise 72, 77, 161
Beschlagnahme 10, 26, 29, 99 f., 102, 111, 131, 136, 140, 146, 240, 242, 292, 351, 357, 402, 411, 415, 423, 432
Besetzung der SPIEGEL-Redaktion 19, 29, 92, 97, 100, 104, 108, 158, 211, 291–293, 334, 381, 402, 406, 410, 412, 416 f., 427
Bestechung, Vorwurf 10, 19, 79, 133, 154, 240, 399, 409
Beweismaterial 119, 124, 137, 212, 268, 351, 412
BGH *siehe* Bundesgerichtshof
BKA *siehe* Bundeskriminalamt
BND *siehe* Bundesnachrichtendienst
Bundesamt für Verfassungsschutz 40–42, 57, 59, 64, 242, 399
Bundesanwaltschaft 22, 26, 29, 99 f., 102, 110, 114, 118–123, 125 f., 134, 139, 151, 162 f., 184, 315, 328, 336–338, 347, 349, 351, 381, 383–385, 392–394, 398 f., 407, 410, 413–415, 420, 422, 426 f., 431

Bundesgerichtshof (BGH) 105, 110, 135, 139f., 142, 165, 282, 285, 315, 318, 336, 391, 427, 431f., 441

Bundesjustizministerium 156f., 163, 167, 290, 383, 396

Bundeskabinett 27, 87, 90, 123, 125, 215, 220, 226, 228f., 250, 257f., 269, 326f., 356, 358, 379, 422, 431

Bundeskriminalamt (BKA) 64, 102, 133, 155, 164, 167, 381, 400 f., 411–414

Bundesnachrichtendienst (BND) 21 f., 51, 64, 112–129, 162, 333f., 350 f., 383f., 391, 398f., 408

Bundespresseamt 392

Bundesregierung 22, 40, 90, 97f., 101, 119, 132f., 148, 151, 156, 159–162, 169f., 173, 178, 183, 185f., 194, 202, 204–206, 211, 218, 221, 251, 272, 293, 295, 355f., 378, 390, 403

Bundestagsdebatte (7.–9. 11.1962) 101, 108, 123f., 134, 164, 167f., 182, 281, 293f., 298, 352, 420

Bundesverfassungsgericht (BverfG) 12, 29, 32, 110, 130–133., 140–142, 145–149, 182, 218, 288, 314, 351, 432, 442

Bundesverteidigungsministerium 29, 81, 91, 96, 100f., 118f., 130, 133, 137f., 150, 152f., 155, 159–161, 170, 380, 383f., 386–388, 392–395, 398, 400, 402f., 420, 423, 431

Bundeswehr 9, 19, 26f., 31, 69, 71f., 75f., 78–83, 89, 91, 96–99, 113, 116–118, 124–127, 137, 151, 182, 296f., 316, 329–331, 347, 350, 353, 379, 385–388, 390, 392–394, 397, 414, 424, 431

BverfG *siehe* Bundesverfassungsgericht

CDU 90, 92, 101, 199, 203, 206, 213, 216–224, 226, 228–230, 243f., 256, 265f., 269, 280, 295, 301, 356, 420f.

CDU/CSU 216f., 220, 222, 224–226

CIA 113

CIC (US-Militärgeheimdienst) 51, 63

»Cicero«-Redaktion, Durchsuchung 131, 148, 352

CSU 87, 230, 248–276, 301, 358

Sachregister

DDR 115, 125, 174, 248, 407, 443
Demokratisierung 31f., 71, 236, 238f.
Demonstrationen 108f., 181, 189f., 193, 197, 200, 209f., 215f., 270, 298, 339f., 354, 382, 417
Deutsch-amerikanische Beziehungen 26, 84f., 161f.
Deutsche Botschaft in Madrid 150, 152–155, 157f., 164f., 167, 169–171, 403
Deutsche Bundespost 164, 211
Deutsche Demokratische Republik *siehe* DDR
Deutsche Presseagentur (dpa) 116, 411
Durchsuchungen 10, 101f., 111, 114, 118, 122, 131, 136, 140–142, 146, 148, 150, 152, 158, 211, 213, 296, 321, 335, 351f., 381, 395, 399, 411, 414, 419, 424, 432

Entnazifizierung 428–430
Ermittlungsverfahren *siehe* Verfahren

Fallex 62 *siehe* Nato-Manöver »Fallex 62«
FDP 27, 43, 63, 65, 101, 109, 222, 226, 228f., 279–281, 293–295, 299, 302, 356, 383, 386, 401, 417, 422
Festnahmen *siehe* Verhaftungen
Fibag (Finanzbau Aktiengesellschaft) 93f., 222f., 261, 315

Geheimhaltung 117f., 139f., 145, 147, 160, 220, 350, 392, 394, 431
Geheimnisverrat, Vorwurf 121f., 124f., 129, 137, 160, 184, 220, 223, 284, 332, 351, 354, 390f., 416
Gestapo 51f., 58f., 64, 225, 346, 429
Gewerkschaften 181f., 211, 353
Große Koalition 27, 125, 228, 336, 339, 343
Gruppe 47 28, 177f., 191, 193–195, 199, 216, 354, 417

Haft 11, 47, 102, 104, 106f., 121, 155, 189, 319f., 349, 383, 409f., 412, 414, 423–425
Haftbefehle 111, 142, 151, 153–156, 162, 165–169, 213, 315, 318, 399, 405, 409, 411, 419
Hauptverfahren *siehe* Verfahren

Hitlerjugend 30, 61, 65
Humanistische Union
　28, 186

infas (Meinungsforschungs-
　institut) 236
Informanten 10, 53, 62, 81,
　134, 136f., 148, 347, 381, 392f.,
　395, 397
Institut für Demoskopie
　Allensbach 265, 268
International Defence
　Community 334
Interpol 153–155, 162–167
Investigativer Journalismus
　30, 50, 138, 239, 244, 272

Justizministerium *siehe*
　Bundesjustizministerium

Kalter Krieg 42, 177, 186, 223f.,
　346, 351, 355, 381, 390, 417
KGB 127
Komitee »Rettet die Freiheit«
　187
Kongress für kulturelle Frei-
　heit (CCF) 28, 195
Konsensjournalismus 30f., 234,
　343f., 358
Konventionelle Verteidigung
　75–77, 80–82, 95, 329, 347,
　387

Kuba-Krise 9, 12, 15, 74, 100, 121,
　136f., 152, 154, 161, 177, 184,
　223, 292, 351, 356, 394

Landesverrat, Vorwurf 10, 12,
　19, 26, 41f., 98, 100f., 103, 106,
　108, 110, 120, 123f., 126f., 132,
　134, 136f., 140, 151, 156, 168,
　182, 221, 224, 251, 268f., 283,
　293f., 298, 314–316, 335, 337,
　349, 351, 381, 385, 390, 397,
　403, 407f., 410f., 413, 419–421,
　424, 426f.
Liberalisierung 27, 30, 208, 230,
　271, 382
Lockheed-Konzern 79

MAD *siehe* Militärischer
　Abschirmdienst
Medien 10, 12, 25, 39, 42,
　115, 179, 185, 187, 196, 198,
　202–204, 208, 218f., 233–248,
　273, 297, 301, 342, 346, 355,
　357, 398
Meinungsfreiheit 13, 24, 27,
　31–33, 39, 189, 269, 344, 407
Meinungsumfragen 221, 238,
　265, 268
Militärische Geheimnisse
　151, 153, 161, 178, 191f., 223,
　315, 334, 405, 409, 417, 427,
　315

Militärischer Abschirmdienst (MAD) 64, 113, 124, 162, 400f., 381
Militärstrategie 9, 70, 346

Nationalsozialisten, ehemalige *(siehe* auch SS-Mitglieder, ehemalige) 21, 30, 46, 66, 92, 239, 280, 325f., 346, 358, 428–430
Nationalsozialistisches Regime *(siehe* auch NS-Vergangenheit) 52, 63, 346, 406f., 429
Nato 9, 26, 69, 75f., 82f., 87, 94, 98, 118, 158–160, 162, 182, 347, 379f., 385f., 388, 391, 395, 431
Nato-Manöver »Fallex 62« 9, 26, 69f., 83f., 98, 102, 105, 111, 118, 136, 182, 347, 349, 379f., 397f.
NSDAP 59, 429
NS-Vergangenheit 31, 47, 52, 64, 185, 188, 197, 225, 275, 346
Nuklearwaffen *siehe* Atomwaffen

Obrigkeitsstaat 12, 20, 27f., 30, 32, 40, 110, 130, 178, 185, 201, 215, 243, 246, 300, 322, 341, 406, 417,

Öffentlichkeit 26, 30–33, 39, 42, 57, 71, 84, 96, 100, 109, 113, 121, 124, 133, 143, 148, 169, 179f., 182f., 185f., 189, 191f., 194, 196–198, 203, 210, 217, 221, 234, 237, 244–246, 248f., 297f., 304, 323, 344, 354f., 382, 396, 432
Organisation Gehlen 51, 62f., 114, 116, 346

PEN-Zentrum 193–195
Polizei 9, 41, 47, 59f., 64, 89, 92f., 100, 102, 104, 109, 140, 152, 157, 162f., 166–169, 177, 179f., 188, 190f., 194, 269, 291, 298, 335, 340, 349, 353, 399f., 409–414, 419, 421
Presse- und Informationsamt 158, 160, 162
Pressefreiheit 12f., 20, 27, 31, 37, 40, 43, 48, 61 103, 118, 130, 136, 140–148, 174, 180f., 189, 193–196, 198, 208–212, 215f., 219, 234, 244–246, 272, 301, 322, 342, 344, 350, 352, 355, 357f., 378, 382, 383, 386, 417f., 432
Pressehaus 19, 102f., 109, 211, 291, 321, 378, 413, 415
Professoren 26, 39, 187, 190, 215f., 229, 298, 354, 418

Proteste *(siehe* auch Demonstrationen) 109, 130–132, 175–230, 246, 322, 341, 353, 356, 358, 382, 406, 417f.
Prozess 56, 110, 336, 348, 393

Rechtsschutz, einstweiliger 141
Regierungskrise 27, 32, 180, 220, 250, 260, 422
Reichssicherheitshauptamt (RSHA) 50–52, 59–62, 428
Ring Christlich-Demokratischer Studenten (RCDS) 257
Rote Armee Fraktion (RAF) 57, 323
Rücktritte 25, 125, 128, 210, 215, 217, 219, 226f., 248, 257, 352, 354, 356, 383

Sicherheitsdienst des Reichsführers SS (SD) 51f., 55, 59, 61–64, 345f., 428f.
Sicherungsgruppe des BKA (SG) 102, 162, 400, 403, 411
Solidarisierung 22, 103, 131, 133, 177, 196, 205, 298, 342, 382, 416, 438
Sowjetunion 77, 82, 94, 122, 151, 306f., 326, 329f., 386
Sozialdemokratie 46, 92, 199, 253
Sozialistischer Deutscher Studentenbund (SDS) 66, 199
Sozialliberale Koalition 66, 207, 229, 247, 279, 441
Spanische Behörden 101, 156f., 166f., 169, 352f.
SPD 27, 47, 182f., 199f., 206, 228, 253f., 260f., 282, 295, 298f., 301f., 331, 353, 385f., 389, 420, 422
SPIEGEL-Artikel »Bedingt abwehrbereit« 9, 13, 19, 25, 69, 82f., 97, 121f., 150, 160, 162, 284, 290, 296, 316, 329, 331, 334, 338, 379, 398, 411, 423
SPIEGEL-Artikel »Endkampf« 95, 348
SPIEGEL-Urteil 130f., 140, 142, 148, 352
Spionage 115, 122f.
Springer Verlag 53, 211, 241, 345, 358, 429
SS-Mitglieder, ehemalige 11, 21, 45, 50f., 55f., 59, 62f., 89, 128, 325, 345, 428f.
Staatsgeheimnisse 29, 137, 139, 154, 196, 328, 333, 337, 390, 394, 397, 423, 427

Strafverfahren *siehe* Verfahren
Studenten 26, 39, 66, 109, 132, 146f., 178, 189, 193, 197, 199, 215, 229, 257, 298, 339, 341, 381, 406, 418
Studentenbewegung 132, 146f.

Terrapress (Pressedienst) 116

Unabhängige Historikerkommission zur Geschichte des BND 114, 129, 350
United Press International (UPI) 126
Untersuchungsgefängnis 104, 109, 122, 189, 209f., 319, 321, 339f., 354, 382, 410, 415, 418
Untersuchungshaft *siehe* Haft
USA 24–26, 30, 45, 70, 74–78, 81f., 84f., 91, 94–96, 100, 151, 161f., 208, 224f., 241, 285, 306f., 330f., 341, 347f., 384, 386f., 389, 393, 395f., 422, 427

Verfahren 29, 110, 106f., 119f., 124, 138–141, 335, 337, 351, 400, 426, 429, 431,
Verfahren, Einstellung 105, 134, 138, 165, 142, 336f., 429

Verfassungsbeschwerde 29, 110f., 142, 145, 282, 320, 352, 441
Verfassungsschutz *siehe* Bundesamt für Verfassungsschutz
Verhaftungen 10, 26, 39, 51, 65, 92, 97, 100f., 104, 108f., 118, 121, 124, 131, 134, 136, 138, 142, 153–155, 157f., 163–169, 172, 177f., 191, 196, 201, 209, 214, 221, 233, 291, 294, 296, 313f., 338, 349, 351f., 354, 379, 381, 403, 405f., 408–411, 421, 423f., 437
Verlage, Solidarität 103, 356, 408, 416f.
Verteidigungsministerium *siehe* Bundesverteidigungsministerium
Vietnamkrieg 147, 341

Wehrmacht 47, 54, 64, 66
Weimarer Republik 28, 40, 186, 192, 238
Wiedervereinigung 72, 74, 182, 206, 307, 385, 441

Zweiter Weltkrieg 80f., 116, 238, 303, 320, 380, 392, 394, 443

Angriff auf die Pressefreiheit
Das Personal in einer Staatsaffäre

Reinhard Gehlen (1902–1979)
PRÄSIDENT DES BUNDES-NACHRICHTENDIENSTES (BND)
Ortet im SPIEGEL „eine große kommunistische Spionagezelle".

Die Helfer in Justiz, Polizei und Geheimdienst

Theo Saevecke (1911–2000)
LEITER DES SG-REFERATS FÜR HOCH- UND LANDESVERRAT
Koordiniert die Festnahmen und Hausdurchsuchungen.

Albin Kuhn (1910–1972)
BUNDESANWALT
Ordnet das Ermittlungsverfahren gegen den SPIEGEL an. Von ihm stammt der Verdacht, Augstein habe Beamte durch „geldliche Zuwendungen" bestochen.

Siegfried Buback (1920–1977)
ERSTER STAATSANWALT BEI DER BUNDESANWALTSCHAFT
Leitet den Einsatz gegen den SPIEGEL in Hamburg und sorgt für die rechtswidrige Vorzensur. Später **Generalbundesanwalt** (1974–1977)

Wolfgang Buddenberg (1911–1997)
ERMITTLUNGSRICHTER BEIM BUNDESGERICHTSHOF (BGH)
Fertigt die Durchsuchungs-, Beschlagnahme- und Haftbefehle gegen den SPIEGEL aus und nimmt in Hamburg die illegale Vorzensur des SPIEGEL vor.

Walter Wagner (1901–1991)
BUNDESANWALT
Hilft als Scharfmacher bei der Organisation des „Zupackens" in Hamburg.

Heinrich Wunder (geb. 1924)
GUTACHTER
Stellt in seinem Gutachten in 41 Fällen Landesverrat durch den SPIEGEL fest.

Gerhard Boeden (1925–2010)
KRIMINALOBERMEISTER DER SICHERUNGSGRUPPE (SG) IN BONN
Später **Präsident des Bundesamtes für Verfassungsschutz** (1981–1991)

Der SPIEGEL und seine Unterstützer

Paul Conrad (1910–1975)
LOBBYIST, TUNESISCHER GENERALKONSUL
Bringt Oberst Martin mit dem SPIEGEL in Kontakt.
12 Tage in Haft

Oberst Alfred Martin (geb. 1915 – keine Angaben)
HAUPTINFORMANT VON AHLERS
Fürchtet, dass die Politik von Strauß zur Vernichtung Deutschlands führt.
30 Tage in Haft

Major Jürgen Brandt (1922–2003)
INFORMANT VON AHLERS
Später **Generalinspekteur der Bundeswehr** (1978–1983)

J. H. DARCHINGER / FRIEDRICH-EBERT-STIFTUNG (2); FIDELITAS (2); INTERFOTO (2); DPA (2); E. BAUER; CONTI-PRESS; DRIVER ULLSTEIN BILD (2); H. ENGELS (2); M. EHLERT / DER SPIEGEL; SZ PHOTO / DAPD / AP; FPA; DPA; U. HEUER; C. FISCHER; CONTI-PRESS; BAYERISCHE STAATSBIBLIOTHEK MÜNCHEN / FOTOARCHIV TIMPE; WILLY PRAGHER / STAATSARCHIV FREIBURG; F. HENRICH / FPA